《人口、资源与环境经济学》
案例选编

高红贵 陈浩 杨晓军 ◎ 编著

中国财经出版传媒集团

经济科学出版社
Economic Science Press

·北京·

图书在版编目（CIP）数据

《人口、资源与环境经济学》案例选编 / 高红贵，
陈浩，杨晓军编著 . -- 北京：经济科学出版社，2024.
10. -- ISBN 978 - 7 - 5218 - 5727 - 6

Ⅰ. C92 - 05；F062. 1

中国国家版本馆 CIP 数据核字第 2024WM3992 号

责任编辑：白留杰　凌　敏
责任校对：徐　昕
责任印制：张佳裕

《人口、资源与环境经济学》案例选编

《RENKOU，ZIYUAN YU HUANJING JINGJIXUE》ANLI XUANBIAN

高红贵　陈　浩　杨晓军/编著

经济科学出版社出版、发行　新华书店经销

社址：北京市海淀区阜成路甲 28 号　邮编：100142

教材分社电话：010 - 88191309　发行部电话：010 - 88191522

网址：www. esp. com. cn

电子邮箱：bailiujie518@ 126. com

天猫网店：经济科学出版社旗舰店

网址：http：//jjkxcbs. tmall. com

北京联兴盛业印刷股份有限公司印装

710 × 1000　16 开　21.25 印张　336000 字

2024 年 10 月第 1 版　2024 年 10 月第 1 印刷

ISBN 978 - 7 - 5218 - 5727 - 6　定价：76.00 元

（图书出现印装问题，本社负责调换。电话：010 - 88191545）

（版权所有　侵权必究　打击盗版　举报热线：010 - 88191661

QQ：2242791300　营销中心电话：010 - 88191537

电子邮箱：dbts@ esp. com. cn）

前　言

　　人口、资源、环境同经济社会的协调发展，实质上是生态经济协调发展。建设生态文明，必须始终注意处理人口、资源、环境同经济建设的关系。中国共产党历届中央领导集体始终坚持把控制人口、节约资源、保护环境放在重要的战略位置，因为它们关系到我国经济和社会的安全，关系到人民生活的质量。党的十八大把生态文明建设提高到与经济建设、政治建设、文化建设、社会建设并列的战略高度，形成了中国特色社会主义"五位一体"的总体布局。建设生态文明，关系人民福祉，关乎民族未来。党的十八大以来，在以习近平同志为核心的党中央坚强领导下，在习近平生态文明思想指引下，我国生态文明建设取得了显著成效。各地区、各部门以及全社会在社会工作实践中探索和创造了不少成功的经验和做法，尤其在应对全球气候变化中的扎实行动方面，为创造一个"天蓝、地绿、水清"的环境贡献了中国智慧。因此，迫切需要加强学习借鉴典型案例和良好实践。

　　《人口、资源与环境经济学》案例选集的编者是长期从事《人口、资源与环境经济学》课程教学的教师，他们在备课授课过程中结合自己的积累和思考，从总体格局来考虑人口、资源和环境问题，体现的是人口、资源与环境经济学的内容。

　　本书围绕人口、资源与环境的逻辑思路来进行设计。（1）人口问题是关系全局的重大问题，是制约我国可持续发展的首要问题，它既是一个社会问题，也是一个经济问题。选取的典型案例包括：流动人口与城市奇迹、人口返乡创业就业与乡村振兴、人口红利释放与国企改革、人口老龄化与社区嵌入式养老。（2）保护和合理利用资源是可持续发展的关键所在。这里所讲的资源是指自然资源，比如矿物、土地、水资源、生物资源等。选取的典型案例包括：百年煤城煤炭资源保护与管理、矿山土地资源再利用、桑基鱼塘资源循环利用、农牧交错地带的资源保护与利用。（3）保护生态环境是可持续发展的根本问题。生态环境保护是功在当代，利在千秋。良好的生态环境是社会生产力持续发展和人们生存质量不断提高的重要基础。选取的案例包括：京津冀大气污染综合治理、云南大理洱海水生态环境治理、三江源水源地保护、"河长制"的探索、绿水青山变金山银山的安吉模式、"沙漠变林海"塞罕坝机械林场、林改第一县的"武平经验"。

本书的特点主要体现在以下方面：（1）有利于通过经济发展分析中国共产党在我国经济发展中的领导作用。中国共产党对中国经济社会可持续发展的领导作用表现在制定战略目标的主导作用、对发展规划的引导作用和发展过程中对问题的纠错作用。（2）通过分析我国在生态文明建设过程中具有代表性的人口、资源、环境与经济协调发展案例，讲好"中国案例""中国故事""中国经验"，让大家真正认识到通过实践创新探索，实现了生产发展、生活富裕、生态美好的目标，激发家国情怀，使命担当。（3）有利于培养学生的世界观、人生观和价值观，有利于培养学生基于中国"土壤"探索中国经济学的理论意识，帮助学生理解与认识时代赋予的责任担当。（4）案例的分析透彻，点评重点突出，文字表述兼具事实的生动性和理论的透彻性，数据、图示通俗易懂，有利于启迪学生对生态文明建设实践路径的认识。

本书是集体智慧的结晶，由高红贵、陈浩、杨晓军编著，共同拟定了撰写提纲和撰写要求，其他各部分的撰稿人包括袁丙兵（案例一：流动人口与城市奇迹——深圳模式）、林琼（案例二：人口返乡创业就业与乡村振兴——汇川实践）、黄小洪（案例三：人口红利释放与国企改革——以广西柳工集团有限公司为例）、孙安（案例四：人口老龄化与社区嵌入式养老——以成都社区为例）、何美璇（案例五：百年煤城煤炭资源保护与利用——贾汪经验，案例十三：绿水青山变金山银山——安吉模式）、卢奕亨（案例六：矿山土地资源再利用——汤山经验，案例十五：林改让"绿色群山"成为"幸福靠山"——武平经验）、许莹莹（案例七：物质与能量的高效循环利用——桑基鱼塘模式，案例十二："河长制"的探索之路——以太湖为例）、阿如娜（案例八：农牧交错地带的资源保护与利用——以内蒙古为例，案例十四："沙漠变林海"的绿色奇迹——塞罕坝机械林场）、宋天喻（案例九：大气污染综合治理——以京津冀为例）、吕婧怡（案例十：云南大理水生态环境治理——以洱海为例）、聂安睿（案例十一：筑牢"中华水塔"——三江源自然保护区）。饶蔚文参与了资料收集和校对工作。

　　在本书编写过程中，我们参阅了大量的资料，再次表示深深的谢意！书中不足之处敬请读者批评指正。

编者

2024 年 8 月 30 日

目　录

案例一

流动人口与城市奇迹

——深圳模式

教学目的：使学生理解深圳经济发展中人口管理与城市规划的作用，在经济特区的背景下，发挥人口红利与城市规划是主要路径。

教学内容：介绍深圳经济特区人口流动管理以及城市规划的历程，以及对经济增长的影响。

重点、难点：本讲的重点也是难点，即用资源配置理论、劳动力市场理论和城市化理论等分析深圳人口与城市协调发展的经验。

案前思考题：谈谈你对深圳人口流动管理的认识。

一、案例背景与教学目的

自 1980 年深圳经济特区成立以来，深圳——这座曾经的小渔村，在改革开放的春风中迅速崛起，踏上了快速发展的征途。改革开放的春风吹遍了深圳的每一个角落，深圳以其开放的政策、灵活的市场机制和优越的地理位置，吸引了大量人口。这些来自五湖四海的追梦者带着对美好生活的向往和对未来的憧憬汇聚在深圳，在这片热土上创造了深圳经济发展的奇迹。随着改革开放的深入，深圳的经济结构发生了翻天覆地的变化。深圳从最初的劳动密集型产业为主导，到如今的高新技术产业、金融业、现代服务业等多元化产业齐头并进，这中间的每一步都离不开流动人口的贡献。这些流动人口不仅为深圳的经济发展提供了宝贵的人力资源，也深刻影响着城市的社会结构和文化面貌。深圳经济特区的蓬勃发展是中国改革开放历史上的重要缩影，它向世界展示了中国特色社会主义发展道路的光明前景和伟大前程。如今国际形势风云变幻、前所未有，了解深圳经济特区的发展历程，分析流动人口与深圳经济发展的内在逻辑，总结深圳人口管理与城市规划的历史经验，不仅能提高学生有关中国改革开放发展的认识，也能深化学生对中国式现代化建设的理解。

二、案 例 内 容

自改革开放以来截至 2023 年末，深圳经济特区在短短四十年多时间里，从 31 万人口的小城镇发展成为拥有 1779.01 万人口的超大城市。这就是中国速度的完美体现。一代又一代特区建设者发扬敢闯敢试、敢为人先、埋头苦干的特区精神，推动深圳从一个落后的边陲农业县迅速崛起成为一座充满魅力、活力、动力和创新力的国际化城市。探讨深圳流动人口管理和城市规划的过程具有重要的理论和实践意义。

（一）深圳市流动人口管理模式的演变

1. 改革开放的流动人口管理——"暂住证"。

（1）政策背景。1978 年改革开放以来，华侨、港澳台地区同胞对大陆的投资不断增长，居住在大陆的华侨和港澳台地区同胞人数快速增加。1982 年实施的《广东省经济特区入境出境人员管理暂行规定》中，提出向在特区内购有住宅或常住的华侨、港澳台地区同胞颁发居住证。"同胞居住证"在一定程度上与流动人口居住证存在一致性（邹湘江，2021）。深圳自 1980 年被设立为经济特区以来，经历了前所未有的快速发展。1983 年，深圳市为严格控制人口增长，更好管理流动人口，于 7 月 6 日发布了《关于颁发〈深圳经济特区居民证〉、〈深圳经济特区暂住证〉的暂行规定的通知》，是首个颁布流动人口暂住证的城市。1985 年，全国开始推广暂住证制度①。此外，深圳在庞大的外来人口群体和日益复杂的治安问题面前，以户籍人口数量为依据

---

① 《公安部关于城镇暂住人口管理的暂行规定》于 1985 年 7 月出台，对流动人口实行以"暂住证"为主的管理办法。

配置的警力严重不足，只能招聘大量编制外协警，在深圳这支队伍被统称为"暂住人口户管员"。暂住证制度实施后，毫无疑问对流动人口管理发挥了积极作用。"以证管人"的方式主要是指流动人口进入深圳，需要办理暂住证、边防证、外出务工证、计划生育证等多种证件，政府从中收取暂住人口管理费（增容费）和各种证件费用。但是，"以证管人"的方式也存在一定弊端，其忽视流动人口的权益，强调对流动人口的管理，在推行过程中出现众多弊病，甚至间接导致了类似"孙××事件"的悲剧发生。

1990~1999 年，深圳常住人口从 167.78 万人增加至 632.56 万人，平均每年增加 46.5 万人；期间，深圳平均每年 GDP 增速在 15% 以上。可见在 20 世纪 90 年代深圳的流动人口已达到非常高的比例，经济的快速增长创造出更多的机会和平台，吸引着人口的大量涌入，而人口涌入带来的人口红利也促进了经济的发展。改革开放初期的户管员和治安员队伍在一定程度上弥补了警力不足的问题，但由于缺乏监管，也导致打人伤人、私自收容审讯、乱罚款、乱收费、乱查证、乱扣车等不规范的执法行为频繁发生（汪建华和刘文斌，2022）。1992 年，深圳市实施户籍分类管理，放宽迁移限制，增加流动人口户籍机会。部分符合条件的流动人口可成为正式户籍居民，享受更多公共服务和福利。深圳加强流动人口服务管理，建立完善的登记制度，提供就业、培训、住房、医疗、教育等服务；推动社会保障体系完善，纳入流动人口，提高保障水平；允许流动人口子女就读公立学校，提供资助；加大住房保障力度，建设公租房和廉租房；加强流动人口劳动权益保护，确保工作中法定权益。

（2）主要特点。户籍制度严格：长期以来，深圳的户籍制度相对严格，对于流动人口来说，想要获得深圳户口存在着较高的门槛。这包括了在深圳的居住年限、就业稳定性、纳税记录等多方面的要求。这些限制使得很多贡献于深圳发展的流动人口难以享受到与户籍人口同等的待遇。在户籍制度下，深圳的公共服务如教育、医疗等很大程度上与户籍挂钩。户籍人口能够享受到更为全面和优质的社会服务，而流动人口则面临服务获取的局限性，这加剧了流动人口在就业、教育、医疗等方面的不平等。为了解决流动人口面临的问题，深圳实行了居住证制度。流动人口可以通过办理居住证来享有一定程度的社会服务，但与户籍人口相比，这些服务仍然存在限制，且在享受这些服务时可能会面临一些实际操作上的困难。

流动人口集中于制造业：在过去，深圳的劳动力市场以从事低端制造业和服务业的劳动者为主，企业也往往以劳动密集型为主。劳动密集型企业依赖大量的劳动力进行生产和提供服务。在深圳的发展初期，大量的农村劳动力转移至城市，参与到制造业和服务业中，尤其是在电子、服装、玩具等行业。这类企业通常不需要高度专业的技术知识或技能，生产过程和技术较为简单，易于管理和操作。由于劳动力成本相对较低，这些企业能够提供成本较低的产品和服务，从而在国际市场中取得竞争优势。劳动密集型企业能够迅速响应市场变化，快速调整生产和服务，以满足市场的多样化需求。

管理模式粗放：深圳吸引了大量的内地流动人口之后，这些人口的涌入对深圳的社会管理和服务体系提出了巨大的挑战。早期深圳在管理和服务上严重不足，在改革开放初期，深圳的户籍制度限制了外来人口的户籍迁移，导致流动人口在教育、医疗、住房等公共服务方面难以享受与本地户籍居民同等权益。在城市内部二元分化的格局下，流动人口获得城市公共服务的机会很少。通过增容费、借读费购买公共服务，几乎是20世纪八九十年代流动人口获得城市公共服务的唯一途径。增容费主要包括3种，即暂住人口管理费、城市基础设施增容费、购房入户城市增容费。只有缴纳暂住人口管理费和各种证件费用，流动人口才能在深圳获得就业和生活的机会，这类费用可视为对基本公民身份的购买。直至21世纪初，流动人口仍需通过办理各种证件、缴纳各种管理费和罚金、买户口、交借读费等方式获得在深圳工作生活的机会和相关公共服务。

2. 21世纪初期的转变。

（1）政策调整。2002年6月，深圳市根据国家计委、财政部的文件，停止收取暂住人口管理费等证件工本费以外的费用，相关部门办理暂住证的热情也随之大为降低。2003年3月，广州孙××事件①发生后，收容遣送制度于同年6月被废止，暂住证失去了强制力，流动人口群体不用再担心因没办证而被收容。此外，在2005年8月，政府为遏制流动人口过快增长、调整人口结构、推进人口管理体制创新，又出台了《深圳市关于加强和完善人口管

① 2003年3月17日，任职于广州某公司的湖北青年孙××在前往网吧的路上，因缺少暂住证，被警察送至广州市"三无"人员（即无身份证、无暂居证、无用工证明的外来人员）收容遣送中转站收容。次日，孙××被收容站送往一家收容人员救治站。在这里，孙××受到工作人员以及其他收容人员的野蛮殴打，并于3月20日死于这家救治站。这一事件被称为"孙××事件"。

理工作的若干意见》及有关户籍、居住、就业、计生、教育管理5个配套文件（"1+5"文件），文件要求拟在深圳停留两个月以上或居住于出租屋的暂住人员必须办理暂住证，否则在租房和就业方面将受到限制。但是，暂住证注定难以再现其在管控流动人口方面的影响力。2008年《深圳市居住证暂行办法》出台，自1984年开始实行的暂住证制度彻底进入历史记忆，户籍制度管控人口和劳动力流动的功能被剥离。

（2）主要特点。

引入居住证制度：深圳市在2003年开始推行居住证制度，以更有效地管理流动人口，并为他们提供基本的公共服务和社会保障。居住证制度的核心目标是实现流动人口的有序管理和提供均等化的公共服务。深圳市政府开始向在市区居住一定时间的非户籍人口发放居住证。居住证成为流动人口享受公共服务的凭证。持有居住证的流动人口可以享受子女义务教育、就业服务、社会保险、卫生和计划生育服务等基本的公共服务。居住证持有者可以参加深圳的社会保险，包括医疗保险、养老保险等，提高了流动人口的社会保障水平。深圳实行积分落户政策，流动人口通过就业年限、社会保险缴纳年限、住房条件等因素累积积分，达到一定分数后可以申请成为深圳的户籍居民。随着政策的不断完善，居住证的功能和含金量不断提升，逐渐成为流动人口在城市中享受平等权益的重要工具。

加强劳动力市场监管：政府加大了对用工企业的监管力度，通过多项措施来确保流动人口的合法权益得到保护。深圳市政府制定和修订了一系列劳动法律法规，如《深圳市员工工资支付条例》《深圳市劳动争议处理办法》等，以保障流动人口的劳动权益。深圳市政府定期组织劳动保障执法检查，重点检查用工企业的工资支付、工时制度、劳动保护等方面，确保企业遵守法律法规。对于违反劳动法律法规的企业，深圳市政府采取了严格的惩罚措施，包括罚款、责令改正、吊销执照等，从而提高了企业的违法成本。深圳市政府建立了劳动保障投诉举报机制，流动人口可以通过电话、网络等多种方式，投诉举报用工企业的违法行为。深圳市政府加强了劳动争议调解工作，通过建立劳动争议调解组织，提供便捷、高效的调解服务，帮助流动人口解决劳动争议。对于经济困难的流动人口，深圳市政府提供了法律援助，帮助他们维护自身的合法权益。

推进社会保障：深圳市政府为了提高流动人口的社会保障水平，逐步将流动人口纳入社会保险体系，提供了基本的医疗和养老保障。同时，深圳市政府不断扩大社会保险的覆盖范围，将更多的流动人口纳入医疗保险、养老保险等社会保险体系中。为了方便流动人口参保，深圳市政府降低了参保门槛，简化了参保流程，使流动人口能够更容易地参加社会保险。对于低收入流动人口，深圳市政府提供了社会保险补贴，帮助他们承担社会保险费用。同时，对于特定群体，如残障人士和贫困家庭，政府也提供了优惠政策。深圳市政府通过各种渠道加强社会保险的宣传和教育，提高流动人口对社会保险的认识和了解，增强他们的参保意识。总之，深圳市政府探索建立多元化的社会保险制度，为不同需求的流动人口提供更多的保险产品和服务。此外，深圳市委政法委在市、区成立"出租屋网格综合管理办公室"（2006 年更名为流动人口和出租屋综合管理办公室），在镇、村、居委会层面也设置相应的综合管理机构，负责承租人的信息采集、房屋租赁管理、管理费征缴等业务。

3. 21 世纪的全面深化。

（1）政策创新。2015 年 6 月开始实施的《深圳经济特区居住证条例》将旧版居住证"三证合一"，规定只要在深居住满一年、缴纳社保满一年就可以申领新版居住证。相对而言，新版居住证享受公共服务的门槛更低，基本公共服务和优惠服务待遇范围更广。除居住证制度外，积分入户、积分入学、发放学位补贴等政策也是推动渐进市民化的重要政策。2010 年，深圳开始推行积分入户政策，将个人素质、纳税、居住、参保、年龄等方面作为主要的积分指标。2017 年入户政策有所调整，包括人才入户和积分入户两类。然而，相对流动人口规模而言，积分入户的名额总量仍然偏少。

随着互联网技术的发展，深圳各区相继实现网格化管理，信息的采集上报、业务分配下达、执法情况反馈、部门沟通等都通过专门的 App 和微信群进行。目前，深圳将综管与各职能部门连接起来，逐渐建立起一套综合化、网格化、技术化、精细化、半规范化的流动人口管理体制。同时，有两个趋势值得关注：一是社会化购买服务，律师、社工等通过政府购买社会组织服务的形式，为社区本地居民和流动人口提供专业服务；二是流动人口进入社区党支部和居委会，每个社区党支部和居委会领导班子都要有一定比例的流动人口，参与社区事务管理。

流动人口进党支部和居委会，对其市民化的推进具有不可忽略的重要意义。尽管只有少数流动人口精英有选举权和被选举权，但迈出这一步却非常不容易。在选举前后有许多本地居民难以理解，为什么要选举外地人进党支部、居委会，他们认为社区是本地居民的社区。而实际上，这一举措正是要打破本地人这种想当然的观念，打破流动人口政治公民权长期被排斥的局面，逐步赋予其参与社区公共事务的权利。

（2）主要特点。

居住证制度完善：深圳市居住证制度是为了加强和完善对外来务工人员的管理和服务，保障外来务工人员的合法权益，促进社会和谐稳定。根据这一制度，持有居住证的流动人口在教育、医疗、住房等方面可以享有与本地居民相似的待遇。首先，持有居住证的流动人口子女可以按照深圳市的相关规定，申请就读公立学校，享受与本地户籍学生同等的教育资源。深圳市实施了"积分入学"制度，外来务工人员可以根据自己的条件积分，为子女争取就读公办学校的机会。其次，持有居住证的流动人口可以在深圳市享受与本地户籍居民同等的基本医疗保险待遇。深圳市实行了城乡一体化医疗保险制度，外来务工人员可以参加职工医疗保险或居民医疗保险，享受相应的医疗保障。同时，深圳市为持有居住证的流动人口提供了多种住房保障措施，如公共租赁住房、安居型商品房等。这些住房项目旨在解决外来务工人员的住房问题，使他们能够享有稳定的居住环境。

建立社区服务中心：深圳市在各社区设立服务中心，为流动人口提供便捷服务，帮助他们融入城市。服务中心提供就业指导，包括就业信息、职业规划、简历和面试技巧，并举办招聘会、职业培训。服务中心还提供法律咨询和法律援助，解答劳动、房产、婚姻等方面的法律问题。此外，服务中心开展职业技能培训，如烹饪、美容、家政服务，以提升流动人口的就业竞争力。同时，服务中心举办文化活动，如歌舞、书画、电影，丰富流动人口的精神生活，促进与本地居民的交流。

推进公共服务均等化：深圳市为平等化流动人口与本地居民的教育和医疗公共服务，加大资源投入并采取措施取得成效。通过增加教育财政投入，实施"积分入学"制度，流动人口子女可享公立学校教育资源；设立教育服务中心，提供入学协助。在医疗领域，实现医保全覆盖，流动人口可参加医疗保险，享受基本医疗服务；设立医疗服务中心，提供便捷医疗服务。同时，推进紧密型医疗服务体系建设，提升服务质量。社会保障方面，提供失业保险、养老保险等福利，实施"鹏城优才"计划，吸引高技能人才。

4. 流动人口管理的成效与挑战。

（1）成效。

管理制度不断完善：深圳市通过积分入学制确保流动人口子女平等接受公立教育，设立教育服务中心辅助入学事宜，提升教育质量。在医疗领域，深圳实现医保全覆盖，建立社区医疗服务中心提供便捷医疗服务，改善流动人口健康状况。同时，建设公租房和实施住房保障政策，增加流动人口住房选择，提高居住稳定性。

城市吸引力增强：深圳市流动人口对经济发展做出了积极贡献，推动了深圳经济的持续快速增长。流动人口为深圳市提供了丰富的劳动力资源，满足了经济发展对各类人才的需求。同时，流动人口在消费、投资等方面也发挥了重要作用，拉动了市场需求，进一步提高了深圳市吸引人口流入的水平。

（2）挑战。

社会保障压力：深圳市流动人口增长给城市带来多重挑战，尤其对基础设施和公共服务构成压力。需扩容和升级交通、住房、水电等基础设施，以及教育、医疗、社会保障等公共服务，以应对日益增长的需求。同时，社会治理和环境保护也面临挑战，需创新管理促进社会融合，实现绿色发展。深圳市在保障流动人口权益的同时维护社会公平面临挑战。随着流动人口的增加，如何在确保他们享有教育、医疗、住房等基本权益的同时，保持社会公正和秩序，是一个亟待解决的重要课题。深圳市需要不断创新政策和措施，促进流动人口融入城市社会，减少城乡差距，实现社会和谐与共融。

城市空间压缩：深圳指出"基于资源环境紧约束的现实状况，综合考虑城市宜居水平"，2035 年深圳划定的常住人口规模上限为 1900 万人。对比成都市 2400 万人的规划体量，少了整整 500 万人。深圳市陆域总面积为 1997 平方公里，而成都市总面积达到 14335 平方公里，两相对比，深圳市总面积不到成都的 14%。而按照 1900 万人的人口上限，未来 15 年，深圳的人口增量空间仅仅约为 144 万人，年均增量空间不足 10 万人。为了容纳更多的城镇人口，深圳只有不断提升城市开发强度，挤压生态空间，扩大城镇空间，这是深圳面临的一个严峻问题。

（二）深圳市城市规划的演变

1. 改革开放初期的城市规划。

（1）背景。1980年，全国人大批准在深圳设立经济特区，这标志着深圳正式成为中国对外开放的前沿阵地。这一决策不仅是对国际形势的精准把握，更是对中国自身发展路径的深刻反思与勇敢探索。自第二次世界大战后，全球经济逐步复苏并进入快速发展期，第三次工业革命为各国经济腾飞提供了强大动力。随着国际分工的日益细化，各国纷纷通过对外开放和吸引外资等手段来加速本国工业化进程。中国顺应和平与发展的时代主题，通过设立经济特区的方式主动融入全球经济体系，实现经济技术的跨越式发展。深圳作为国内首个经济特区，其城市规划与建设自然成为中国对外开放政策的重要实践平台。并且20世纪70年代末的中国刚刚经历了"文化大革命"的动荡，社会经济亟待恢复与发展。邓小平同志提出的改革开放战略，为中国未来的发展指明了方向。深圳作为改革开放的试验田被赋予了特殊的使命与期望。通过设立经济特区，深圳得以享受一系列优惠政策，如减免关税、优惠土地使用费等，这些政策极大地吸引了外资的涌入，为深圳的城市化进程注入了强大动力。在此情形下，深圳迅速成为国际资本与技术的聚集地，城市化进程以一种前所未有的速度不断推进着，城市规划与建设也随之进入了一个全新的阶段。与此同时，随着外资的涌入和经济的快速发展，深圳的人口规模迅速膨胀，城市化需求急剧增加。大量外来务工人员和创业者涌入深圳，对深圳的住房、交通、教育等基础设施提出了更高的需求。并且，工业企业的快速发展也需要更多的土地资源和配套设施支持。深圳初期的城市规划主要以引进外资为主，同时有着大量低层次、低密度的工业用地和居住用地建设。经济特区的开发是以大规模的基建为先导的，深圳特区的基础建设全面展开，首先要实现的是通电、通水、通车、通电信和平整土地。

（2）改革开放初期典型的城市规划特点。

单一功能区划：主要以工业园区和住宅区划分，缺乏城市功能的综合性规划。在改革开放初期，深圳的城市规划受到了当时经济发展模式的深刻影响。为了迅速实现经济的增长和外资的有效引进，城市规划中大量划分了工业园区和住宅区，形成了较为单一的功能区。

　　工业园区作为吸引外资和技术的重要载体被优先安排在城市的边缘地带或交通便利的区域。这些园区内集中了大量以低层次、低密度的工业厂房为主的制造业企业。这种规划方式虽然在一定程度上促进了工业的发展，但也导致了城市功能的单一化和土地利用效率的低下。与此同时，住宅区也按照类似的模式进行规划。为了满足大量外来务工人员的居住需求，城市中建设了大量的职工宿舍和简易住房。这些住宅区往往缺乏必要的商业、文化、教育等配套设施，造成居民生活不便和城市功能的缺失。

　　土地资源过度消耗：追求经济发展速度，导致土地利用效率低下和环境负荷加重。在追求经济发展速度的过程中，深圳的城市规划也面临着土地资源过度消耗的问题。由于土地资源的有限性和经济发展的迫切需求，深圳在城市化进程中不得不采取高强度开发的策略。一方面，工业用地的粗放式开发使得土地资源没有得到充分利用。许多工业厂房建设标准低、容积率低，占用了大量宝贵的土地资源。另一方面，居住用地的无序扩张也加剧了土地资源的紧张局势。随着人口规模的膨胀和住房需求的增加，城市中出现了大量的违章建筑和非法占地现象。这些行为不仅破坏了城市的整体规划和景观风貌，也加剧了城市拥堵和环境污染问题。

　　2. 20世纪90年代的城市规划调整与创新。20世纪90年代，深圳经济特区迎来了建设的高潮。在这一时期内，深圳城市发展速度进一步加快，房地产市场迅速膨胀；受经济利益驱动，特区外以村镇为主体的土地开发全面扩张。城市规划受到市场大潮的猛烈冲击，深圳开始调整城市规划战略，加强对城市发展的系统性规划和管理。1993年深圳市规划国土局开始进行深圳市城市总体规划修编工作，历时三年，在1996年12月，深圳市出台了首个《深圳市城市总体规划（1996－2010）》。该规划在指导创造举世瞩目的深圳市成就中发挥了重大作用。其中主要包括了以下措施。

　　（1）多元化功能布局：开始实行多功能区划，推动居住与商业、公共服务设施的集约化布局。在首个深圳城市规划中强调以"调整城市空间布局结构，对土地使用进行合理盘整，优化产业发展的空间组合，促进区域经济中心城市的形成""确定人口分布和居住形态，提供充足的土地供应，适应市民对住宅充分选择的需求，并配备满足未来生活需要的公共安全、教育、医疗卫生、文化娱乐、体育健身和交往设施"为目标，规范城市建设用地规模，确定城市人口发展规模，将产业安排在合适的城市空间，以特区为中心，由北向西、中、东三个方向发展，形成辐射状的城市基本骨架，并在特区中部组团及市中心区、特区东部组团、特区南山组团、独立城镇安排上打破传统单一功能的城市规划模式，将各部分分别划分功能，推动居住、商业、公共服务设施等功能的集约化布局，以提高土地利用效率，满足城市发展的多元化需求。以经济特区为核心，三条放射轴形成骨架，整个地区划分成9个组团和6个城镇。在此规划下，各类高楼拔地而起。例如罗湖区的东门老街通过商业街区升级和公共空间重塑，成为新的商业和文化地标。

（2）生态环境保护：强调生态保护，规划绿地和生态廊道，保障城市生态系统的可持续发展。在深圳总体规划中构筑了两个层次的空间构架：一是城市建设发展用地；二是保护与保护型发展用地，以山体、水系、植被和组团分隔用地为因素联成系统，在顺应经济发展、城市开发的同时让城市具有良好的生态环境效果，最终实现可持续发展目标。并且深圳城市规划强调将非建用地纳入总体规划通盘考虑，明确规定政府行为要保证城市的宏观结构和综合环境等，这些工作在国内都是首开先河的，具有创新价值。

3. 21世纪初的全面深化与现代化规划体系建设。

改革开放20年间，深圳城市人口从3万人到415万人，国内生产总值从2亿元到1250亿元，城市建成区面积从3平方公里发展到325平方公里。2000年，深圳全市建成道路长度1357公里，是1985年的8.4倍。人口达到701.8万人。2000年深圳的地方财政收入是1979年的1308倍。在快速发展的过程中呈现出多重复合的特征，即城市功能建设量的增长不均衡，城市性质出现多次重大调整，产业类型、人口素质、建设形态等方面存在较大差异。这些特征要求不断调整完善城市规划，准确判断城市发展各方面需求，建立适应长远发展的总体结构。进入21世纪，深圳城市规划迈入现代化阶段，提出了更为综合和长远的发展战略和规划目标。

（1）城市总体规划更新：定期更新城市总体规划，确保规划与城市实际发展保持同步。2010年7月，国家把深圳经济特区范围扩大到整个深圳市。这次扩容特区使得特区范围从原先划定的300多平方公里扩大为1948平方公里。为适应新的发展形势和目标要求，2010年8月，深圳市出台了指导城市转型、促进可持续发展的纲领性文件《深圳市城市总体规划（2010-2020）》（以下简称《规划》）。该《规划》确定了"福田—罗湖"和"前海—南山"两个城市中心，定义城市性质为"经济特区、全国性经济中心城市和国际化城市"，指出要吸取经验教训，克服空间发展困境和资源瓶颈制约，推动工作内容由单一的物质性规划向综合性规划转变，统筹协调城市发展。

（2）城市空间优化：优化城市空间结构，提升土地利用效率，推动城市功能区和交通网络的综合优化。突破空间发展困境，一是要挖掘城市内部使用土地潜力，提高资源利用效率；二是加强区域之间的协同合作，寻求外部合作与支持。《规划》指出，要在保护生态环境的前提下推进土地利用向集约方式转变，并将土地资源根据用途划分 8 大类，进行管理控制，实现土地的综合利用。在空间发展方向上，深圳提出区域空间协调发展，要南北贯通、西联东拓；城市空间布局要外协内连、预控重组、改点增心，加强深圳与周边城市和地区的合作交流，对预留土地严格把控，选取合适城区优先进行改造。并且提出要发展西部、中部、东部、五大城市发展轴，北部、南部两个发展带，进一步划分城市分区和功能组团，优化城市空间结构，推进城市更新改造。

（三）深圳都市圈发展规划

1. 深圳都市圈的概念与发展背景。

（1）概念定义。深圳都市圈是指位于粤港澳大湾区东部，以深圳市为核心，包括东莞、惠州全域和深汕特别合作区，在经济、社会、文化等方面形成紧密联系和协同发展的城市群体。深圳都市圈的总体发展格局为：增强深圳的核心竞争力和辐射带动能力，加快提升东莞、惠州两个副中心的发展，高水平建设深汕特别合作区增长极，整体上建设深莞穗发展轴、深莞惠河发展轴、深惠汕发展轴与珠江口西岸都市圈协同发展轴的四个发展轴。形成"一主两副一极四轴"的都市圈总体发展布局。

（2）发展特点。深圳都市圈的形成源于中国改革开放政策的实施以及珠江三角洲地区经济快速增长的需求。深圳都市圈具备以下几个特点：

高速的经济发展。作为全国人口和经济要素高度聚集的地区，城镇体系和功能较为完善。据统计，2022 年都市圈的地区生产总值约为 4.9 万亿元，分别占全国和广东省的 4.05% 和 37.96%，人均 GDP 达到 14.3 万元，经济密度约为 3 亿元/平方公里。

强大的创新能力。都市圈内部相互协同，形成了较为完善的产业分工体系，培育了很多具有全球竞争力的企业，例如腾讯、大疆和华为等，初步构建以电子信息产业和互联网产业为代表的世界级产业集群。

完善的基础设施。高速公路里程近 2500 公里，边界各类对接道路超过40 条；内部人员往来密切，城际日均出行人数约百万人次，开通跨市公交线路 41 条，形成了要素高效流动的格局。

对外开放的经济。开放型经济发展水平持续保持国内领先，2022 年外贸进出口、外商直接投资额分别约占全国的 8.7%、5.8%。初步建成河套深港科技创新合作区深圳园区、滨海湾新区、中韩（惠州）产业园等一批高水平对外开放门户。

地方行政高度合作。各市已建立了党政主要领导联席会议制度，审议了交通运输、生态环保、产业合作、民生事业等领域重点合作事项 200 项，签署合作协议达 28 项，建立了重点领域合作机制，推动部门间常态化沟通对接。

地理位置优越。深圳都市圈位于粤港澳大湾区和"一核一带一区"区域发展格局中，具备连接内地与国际市场的独特优势。根据《规划》，东莞滨海湾新区、前海片区、中山翠亨新区将联动发展，形成一个紧密合作、互相促进的区域经济体，助力实现与珠江口西岸都市圈的协同发展。

2. 深圳都市圈的空间布局与规划。

（1）"一主两副一极四轴"的发展格局。深圳都市圈在规划建设过程中注重优化空间布局，实现城市功能的合理分布和互补发展，具体规划情况如下：

深圳主中心：全力建设中国特色社会主义先行示范区，提升全国性经济中心城市功能，快速建设以深圳为主的大湾区综合性国家科学中心，壮大战略性新兴产业，发展现代服务业，构建具有国际竞争力的现代产业体系。打造国际综合交通枢纽，建设以海港、空港为核心，高铁、城轨和高速公路为框架的高效衔接国际国内的综合立体交通体系。推进都市核心区的扩展与优化，增强城市的综合承载能力和资源配置能力，带动都市圈一体化发展。提升国际化水平，创建国际消费中心城市，建设前海深港现代服务业合作区、河套深港科技创新合作区深圳园区、沙头角深港国际消费合作区等重要平台，加快构建与国际接轨的开放型经济新体制。

东莞副中心：基于"科技创新＋先进制造"的城市定位，致力于高质量和创新发展，提升经济发展活力，全面增强综合实力。建设大湾区综合性国家科学中心的先行启动区，打造中心城区、松山湖、滨海湾新区三位一体的都市核心区，推进银瓶合作创新区、滨海湾新区、松山湖科学城、水乡功能区四大战略平台建设，连接国内国际双循环的重要节点城市，以科技创新引领的先进制造之都。

惠州副中心：致力于全面提升城市综合竞争力，重点培育和壮大石化、能源、新材料、高端电子信息和生命科学等支柱产业，建设世界级绿色石化产业基地，打造粤港澳大湾区（广东）清洁能源中心。推进仲恺高新区大亚湾经开区、环大亚湾新区、潼湖生态智慧区、中韩（惠州）产业园、惠州新材料产业园和稔平半岛能源科技岛等重大平台的建设，打造广东高质量发展的新增长极，建设更加幸福的一流城市。

深汕特别合作区增长极：建设区域协调发展的合作典范，推进深汕特别合作区的规划与建设，完善区域的城市功能，发展战略性新兴产业和先进制造业，集聚和提升粤港澳大湾区的经济能级。努力将合作区打造成重要产业项目的承载地、重大新项目的引进目的地以及区域高质量发展的孵化器。

（2）"四轴"支撑的区域空间骨架。

深莞穗发展轴：以深圳为核心，通过广深港高铁、穗莞深城际、广深铁路以及广深、莞深高速公路等交通网络，构建连接深莞穗的中部创新发展轴。推进"广州—深圳—香港—澳门"科技创新走廊的规划和实施，加快建设深圳光明科学城、河套深港科技创新合作区深圳园区、燕罗先进制造业园区、九龙山先进制造业园区、东莞松山湖科学城、滨海湾新区和水乡新城等科技创新平台，形成布局合理、开放互通的区域创新体系。

深莞惠河发展轴：以深圳为龙头，利用赣深高铁、深惠城际、京九铁路、长深高速公路等交通通道，连接东莞、惠州、河源，构建东北部产业发展轴。重点发展电子信息、高端装备制造、新材料等主导产业，打造深莞惠科技产业走廊。加快推进深圳坂雪岗科技城、大运深港国际科教城、新桥东先进制造业园区、深圳国际低碳城、深圳国际生物谷、深圳国际食品谷、东莞银瓶合作创新区、东莞东部工业园、惠州潼湖生态智慧区、广东（仲恺）人工智能产业园、惠城高新科技产业园、博罗智能装备产业园、深河产业园、深河科技园等建设，并研究建立深河特别合作区。提升东江流域的水资源供给保障，巩固都市圈北部生态屏障。

深惠汕发展轴：加快建设深汕铁路、深圳外环高速支线、惠州稔平环岛高速公路，连接惠州、汕尾，打通深圳面向粤东沿海的交通通道，构建东部沿海发展轴。高水平建设深汕特别合作区，推进重要城市节点的联动发展，加快环大亚湾新区、惠州新材料产业园、大亚湾石化产业园区、大亚湾新兴产业园、深圳（汕尾）产业园、汕尾高新区等重要产业节点的建设。利用大鹏湾、大亚湾、巽寮湾、双月湾、深汕湾、小漠湾、红海湾等优质山海资源，打造世界级滨海生态旅游度假区。

珠江口西岸都市圈协同发展轴：依托深中通道、深珠城际（伶仃洋通道）、深圳至南宁高铁，加强与中山、珠海、江门等珠江口西岸城市的合作，打造跨江发展轴。连接"澳门—珠海"发展极点，加强与横琴粤澳深度合作区的开放合作。强化前海片区与东莞滨海湾新区、中山翠亨新区的联动发展，建设"深圳—中山"产业拓展走廊，推进粤港澳大湾区珠江口一体化高质量发展试点，着力打造环珠江口的"黄金内湾"。

（3）四通八达的交通布局。都市圈发展的一个很重要的点就是交通上的建设。深圳都市圈在交通上不断发展建设，有力地连接了各个城市，推动深圳都市圈的一体化，促进城市间资源要素的优化配置和互补发展。深圳都市圈的交通建设主要为以下几点：

"三横五纵"铁路格局。三横：莞惠城际，深惠城际大鹏支线、塘厦至龙岗城际和中南虎城际，深大城际、深惠城际龙岗至前海段、深汕高铁和汕汕铁路。五纵：穗莞深城际、深莞增城际、广深中轴城际（原常平至龙华城际）、深惠城际龙岗至惠州段、广深铁路。

惠州加快穗莞深城际南延线、深惠城际、深大城际、深惠城际大鹏支线、莞惠城际小金口至惠州北段等项目规划建设，推动广深中轴城际（原常平至龙华城际）、深莞增城际、塘厦至龙岗城际、深珠城际等前期研究，谋划推动港深西部铁路（洪水桥—前海）、深圳东部地区与深圳第二机场（惠州平潭机场）的快速轨道交通、深莞惠三市跨市市域快线或市域（郊）铁路的规划研究。

高铁东向积极推进深汕高铁建设，增强深圳核心区与深汕特别合作区的快速联系。北向开展广州至深圳高铁新通道前期研究。西向加快建设深圳至江门铁路，推动深珠城际高铁功能研究。

同时，深圳都市圈对外的交通也在不断建设中。深圳都市圈致力于建设多向放射、内部成网、互联互通的国家高快速铁路通道。东向形成快捷连通粤闽浙沿海城市群、长三角城市群的沿海、内陆双通道；北向形成与长江中游城市群的新通道；西向加强与北部湾、滇中、成渝城市群的联系；南向加强与香港的轨道交通联系。

规划提出，完善都市圈轨道服务网络，有力支撑都市圈 1 小时通勤圈建设，形成深圳都市圈与周边省份主要城市 3 小时出行圈、8 小时国内主要城市群出行圈。

同时深圳都市圈共建共享跨市域安居住房。优化都市圈保障性住房规划布局，推动建立跨市域保障性住房建设合作机制。支持在东莞、惠州临深片区、深汕特别合作区等区域沿轨道交通建设大型安居社区，推动跨市保障性住房建设与市政配套设施协同发展，探索跨市域保障性住房建设与产业发展相结合，探索在临深片区共建人才社区，推动产城融合和职住平衡。

3. 深圳都市圈对城市经济的推动作用。

深圳都市圈规划的实施促进了区域内基础设施的建设和升级。高速公路、铁路、地铁等交通网络的完善，缩短了城市之间的距离，提高了物流效率，增强了区域内的经济联系和一体化程度。便捷的交通条件不仅促进了商品和服务的流动，还促进了人口的流动，吸引了更多企业和投资进入都市圈，进一步推动了经济发展，为深圳的科技发展源源不断地输入创新人才。

深圳都市圈通过产业合作与资源整合，推动了区域内产业升级和协同发展。高端制造业和现代服务业在深圳快速发展，同时带动了东莞、惠州等周边城市先进制造业和一般制造业的发展，实现了区域内各城市的优势互补和资源共享，分工专精，让各自的发展更有特色、更有效率。促进了区域经济的一体化进程。各城市之间的经济联系更加紧密，形成了一个具有高度协同效应的经济体。区域内的产业链和供应链更加完善，各城市的经济活动更加协调，资源配置更加合理，从而实现了整体经济效益的最大化。

深圳都市圈的快速发展提升了区域内城市在国际市场上的竞争力。深圳作为科技创新和高端制造业的中心，通过与周边城市的合作，进一步巩固了其全球产业链中的重要地位。同时，都市圈的整体发展也吸引了更多国际企业和投资者的关注，增强了区域的国际影响力。

中国（深圳）综合开发研究院区域发展规划研究所所长刘祥认为，深圳都市圈规划的出台，解决了深圳空间狭小缺乏产业腹地的瓶颈问题，有了更多的产业合作空间。相对深圳来说，东莞惠州周边城市发展水平和速度比较慢，发展不均衡问题突出，过去由于行政区域划分壁垒合作受到制约。深圳都市圈规划出台后，对深圳来说，可以有更大范围、更深程度、更高层次资源配置。产业合作、资源配置都可以向深圳都市圈延伸，实现更大程度的资源配置，拓展产业发展空间，拓展发展腹地。在刘祥看来，大湾区城市之间合作基础非常好，大湾区产业链、供应链都非常完善，70%的问题都能在大湾区层面解决，使产业发展的安全、效率大大提升。深圳发展水平最高，处于后工业化发展时代，以高端制造、现代服务业为主。东莞处于工业化后期，服务业欠缺，以先进制造业为主。惠州处于工业化中后期，以一般制造业为主。深圳都市圈的城市形成大的梯次发展，城市之间处于发展不同阶段，所处供应链发展环节不一样、定位不一样，可以充分考虑城市所处阶段，分工协作，而不是同质化竞争，让城市合作更加有效率、有活力。

深圳都市圈的规划建设和经济发展，体现了中国城市化进程中区域协调发展的新模式和新经验。未来，深圳都市圈将继续发挥其在珠江三角洲经济区的核心作用，通过创新发展理念和高效规划布局，持续推动区域经济的协同增长和可持续发展。

三、案例简评

（一）流动人口的效应

1. 经济增长。

（1）劳动力供给的增加。深圳作为中国改革开放的前沿阵地，吸引了大量年轻的流动人口，为城市提供了充足的劳动力。这些新居民以其年轻化、高技能的特点，不仅为深圳的劳动力市场注入了源源不断的活力，还深刻影响着城市的经济发展轨迹。近十年来，深圳就业人口在常住人口中的占比总体呈现上升趋势，稳定在70%以上的高水平。这些劳动力不仅满足了制造业的需求，还推动了服务业、科技创新产业的发展。在深圳产业结构从早期的"三来一补"模式逐步向高科技、高附加值领域转型的过程中，深圳劳动力市场的良好弹性与快速响应能力发挥了至关重要的作用，确保了经济体系能够顺利适应产业结构的调整与升级，为深圳经济的持续稳定增长提供了坚实的支撑。

（2）创新创业的活力。流动人口中有许多高素质人才和创业者，他们所带来的新思维、新技术和新模式，为深圳的创新创业生态注入强劲的动力。从实践来看，全球创新型城市大多展现出显著的移民特征，比如美国的波士顿和硅谷地区，深圳也是如此（王旭波，2023）。被誉为"中国硅谷"的深圳，其高新技术产业的迅猛发展离不开流动人口的贡献。华为、腾讯等科技巨头的崛起，正是深圳创新创业生态繁荣的生动写照。这些企业不仅在全球市场上占据领先地位，更以其强大的创新能力和品牌影响力，引领着中国乃至世界科技产业的发展方向。它们与深圳的创新创业生态紧密相连，共同构成了推动中国式现代化进程的重要力量。

（3）税收和财政收入的增加。大量流动人口带来了就业和创业机会，显著增加了个人所得税和企业所得税的征缴基数，为深圳的财政收入贡献了重要力量。2021年，深圳市财政收入首次超过1万亿元，其中相当一部分来自流动人口贡献的税收。他们作为城市经济活动的积极参与者，其收入的增长与消费的提升直接转化为税收的增加，为深圳的财政健康与可持续发展提供了坚实的支撑。随着财政收入的稳健增长，深圳政府得以将更多资金投入到教育、医疗、交通、环保等关键领域，不仅极大地提升了深圳城市的综合竞争力，为吸引更多高端人才和企业入驻创造了有利条件，也显著增强了市民的幸福感和归属感。深圳正逐步朝着宜居宜业宜游宜创新的世界级城市目标稳步迈进，其背后是流动人口这一重要群体与深圳城市发展的深度融合与相互促进。

2. 产业结构。

（1）制造业的升级与转型。早期，深圳吸引了大量低成本劳动力，推动了制造业的发展。但随着经济结构的转型，流动人口中的技术工人和工程师促进了制造业的升级和高端化发展，成为深圳高质量发展的核心力量。他们不仅带来了先进的生产技术，还促进了技术创新和产业升级，使得深圳的制造业逐渐从传统的劳动密集型向技术密集型、知识密集型转变。例如，富士康在深圳设立的工厂，不仅制造电子产品，还深入布局高端技术研发领域，努力实现从"制造"向"智造"的跨越。这种转变不仅提升了企业的核心竞争力，还带动了整个产业链的升级和发展。同时，高素质流动人口还促进了制造业与其他产业的融合创新，推动了智能制造、绿色制造等新兴业态的发展。

（2）服务业的扩展与提升。流动人口带来了多样化的需求，推动了服务业的扩展和提升。餐饮、娱乐、教育、医疗等服务行业迅速发展，满足了不同层次人口的需求。据统计，2019 年深圳服务业增加值占 GDP 比重超过60%。服务业增长快于全市经济，正逐步成为全市经济发展的主引擎，而流动人口是这一增长的重要驱动力。深圳的服务业发展不仅体现在传统行业的转型升级上，更体现在新兴业态的培育和发展上。例如，深圳前海作为服务业集聚区的典范，专注于金融、物流、信息等服务业发展，特别是金融企业注册量超 1.5 万家，占比超过 50%，同时还积极培育新兴服务业态，引领贸易模式创新，为全国的服务业发展树立标杆（林苞，2015）。流动人口带来的多样化需求是推动服务业多元化、国际化发展的重要动力。同时，服务业的快速发展也为流动人口提供了更加丰富的就业机会和更高质量的生活服务，形成了良性循环。

（3）高新技术产业的发展。大量高素质流动人口的涌入，为深圳高新技术产业的发展注入了新活力。深圳的高新技术企业数量和产值逐年增加，形成了以电子信息、互联网、生物医药等为代表的高新技术产业集群。根据 2020 年的数据，深圳高新技术产业增加值占 GDP 的比重已超过 30%。在随后的 2020～2022 年，全社会研发投入跑出"加速度"，年均增长12.2%。在空间布局上，深圳的高新技术产业呈现出高度集聚的特点，达到每平方公里 12 家，位列全国城市第一名；在知识产权创造与保护方面，深圳 PCT 和国内专利申请量稳居全国城市首位，每万人高价值发明专利拥有量从2020 年的 57.33 件增至 2022 年的 82.64 件，这一飞跃式增长不仅体现了深圳创新实力的显著增强，也为深圳在全球科技竞争中赢得了更多的话语权和主动权。

3. 消费市场。

（1）消费需求的多样化。流动人口的涌入，带来了多样化的消费需求，促进了深圳消费市场的繁荣。不同年龄、收入、文化背景的人群，对住房、交通、教育、娱乐等方面有着不同的消费偏好，推动了相关行业的发展。深圳，有着最年轻最潮流的市民群体，人口调查数据显示，2023 年深圳人口平均年龄为 32.5 岁。年轻群体在消费上也表现出新的消费需求，成为深圳撬动新型消费的主要目标客群。从日常生活到休闲娱乐，从基础教育到高端培训，每一个细分领域都因他们的到来而焕发出新的生机。2023 年，深圳正式跻身"消费万亿俱乐部"，成为广东第二个、全国第五个万亿元消费城市。面对新起点，深圳正积极探索消费增长新路径，深度挖掘消费潜力，持续增强消费市场的后劲与韧性。

（2）消费结构的升级。随着流动人口收入水平的提高，消费结构也在不断升级。从基本生活消费向高端消费、品质消费转变，消费者的需求层次不断攀升。2021 年的数据显示，深圳的社会消费品零售总额达到近 9000 亿元，其中高端消费品的增长尤为显著，深圳已成为国内外品牌拓展华南、辐射全国的重要据点。在深圳，高端消费不再是少数人的专利，而是越来越多人的选择。从国际奢侈品牌到本土精品设计，从高端购物中心到特色商业街区，深圳的高端消费市场呈现出百花齐放、百家争鸣的繁荣景象。中国（深圳）综合开发研究院专家指出，高端品牌首店纷纷入驻，体现出深圳强大的高端消费吸引力和持续增长力，也为城市经济发展注入新活力。

（3）房地产市场的活跃。流动人口带来的住房需求，推动了深圳房地产市场的活跃和发展。虽然这在一定程度上加剧了房价上涨的压力，但也为房地产开发、建筑业和周边配套服务业带来了巨大的经济效益。根据深圳市统计局的数据，2021 年深圳商品房销售面积达到了 500 多万平方米。随着住房市场的繁荣，也带动了家装设计、物业管理、金融服务及智能家居等新兴行业的快速发展。同时，政府也在积极采取措施，一方面，政府通过增加土地供应、优化土地资源配置等方式，努力缓解住房紧张局面；另一方面，大力推进住房租赁市场建设，为流动人口提供更多元化的住房选择，助力他们更好地融入深圳，共享城市发展的丰硕成果。

4. 社会发展。

（1）社会多元化与包容性。流动人口的涌入，使得深圳成为一个多元化、包容性强的城市。"海纳百川，有容乃大"，多元化的社会要包容，而包容也成为推动深圳城市发展进步的积极力量。不同文化、背景的人在此碰撞、交融，共同创造了丰富多彩的城市文化氛围。而深圳对于身份认同上的包容更延伸到城市的方方面面，内化为城市的特质。无论是社会治理，还是教育就业体系，深圳努力为每个人提供公平、宽松的发展环境。这种多元化与包容性的社会环境，不仅增强了深圳的吸引力和竞争力，更为城市的可持续发展奠定了坚实的基础。未来，随着更多流动人口的加入和城市的不断进步，深圳必将在多元化与包容性的道路上走得更远、更稳。

（2）教育和培训的需求。大量流动人口的子女教育和自身职业培训需求，推动了深圳教育和培训产业的发展。在教育政策方面，深圳对待流动人口及其子女教育的政策是开放的，通过鼓励和扶持民办教育的发展来补充公办教育资源的不足，通过大力扶持民办教育，有效缓解了公办教育资源紧张的问题。这种"公办＋民办"的双轮驱动模式，不仅丰富了教育供给的多样性，也为流动人口子女提供了更多元化的学习选择。深圳教育局数据显示，2012 年深圳市政府投入民办学校 5.3 亿元，其中扶助学校 1.1 亿元，学生学位补贴 3 亿元，其余是对教师的补贴（海闻等，2014）。与此同时，深圳大力投资教育基础设施，吸引了众多优质的教育资源，逐步构建起一个完善的教育体系。从现代化的校园建设到先进的教学设备引进，深圳致力于打造一流的教育环境，以吸引和培养更多优秀人才。这不仅满足了流动人口及其子女的教育需求，也提高了全市的人力资本水平，为深圳的持续发展与竞争力提高奠定了坚实的基础。

（3）公共服务和社会保障的压力。虽然流动人口为深圳经济的增长注入了活力，成为推动深圳城市化建设的重要力量，但也对公共服务和社会保障体系提出了严峻的挑战。从全国普查人口数据看，1990 年，深圳的非本县户籍人口便高达 124.0 万人，占据总人口的 74%（汪建华，刘文斌，2018）。直至 2022 年，深圳常住人口为 1766.18 万人，非户籍人口占 67%，尽管非户籍人口比例下降，但其绝对数量依然庞大。从深圳 40 多年的人口发展来看，深圳常住人口增长速度趋于平稳，户籍人口增长速度高于非户籍人口增速。由此可见，政府在促进户籍制度改革方面的成效，也预示着深圳人口结构向着更加稳定、多元的方向发展。面对如此庞大的人口规模，深圳充分运用数字化等创新手段，通过引入新一代的信息技术，从而形成"互联网＋政务服务"的模式。这一模式不仅极大地提升了政府服务的效率与透明度，还使得公共服务变得更加便捷，努力缓解了流动人口带来的压力。近年来，深圳在公共交通、医疗卫生、文化娱乐等多个领域持续加大投入，不断提升服务水平，极大增强了城市的宜居性。

（二）经验探讨

深圳在探索城市发展模式和治理体系中，勇于创新、勇于实践，形成了一套既符合本地实际又具有前瞻性的宝贵经验。这种经验不仅适用于深圳本身，也对其他中国及国际上的城市化进程具有普遍指导意义，特别是那些经历快速城市化和人口流动的地区。学习深圳的发展经验对中国式现代化建设具有重要的理论与现实意义，对实现中华民族伟大复兴具有深远影响。从人口流动对经济发展的过程中，主要有以下经验：

1. 政策创新与社会包容性。

深圳作为中国改革开放的前沿阵地，在经济发展上取得了举世瞩目的成就，也在促进社会包容性方面进行了诸多政策创新。通过逐步放宽户籍制度，深圳打破了传统户籍壁垒，使得更多外来人口能够享受到与本地居民同等的公共服务与机会，这一举措极大地促进了人口自由流动与合理分布，为城市注入了源源不断的活力。通过建立健全社会保障体系，包括医疗保险、养老保险、失业保险等，使得每一位在深圳工作生活的居民都能获得基本的生活保障，增强了社会的整体稳定性和凝聚力。这种政策创新不仅体现了深圳作为现代化大都市的开放与包容，也为解决城市化进程中普遍存在的"城市病"——如人口膨胀、资源紧张、社会分化等问题提供了宝贵的经验。深圳的实践证明，通过合理的政策设计与实施，可以有效缓解城市化带来的挑战，促进不同社会群体之间的和谐共处与共同发展。

2. 城市规划与生态环境保护的结合。

深圳在城市规划中积极践行绿色发展理念，将生态文明建设与城市发展紧密结合，展现出非凡的前瞻性与责任感。通过严格的土地利用管控措施，深圳有效遏制了无序扩张和土地浪费现象，确保了每一寸土地都能得到高效、合理的利用。同时，智慧城市建设的推进，不仅提升了城市管理效率和服务水平，更为绿色发展提供了强有力的技术支撑。在绿色发展的道路上，深圳不仅注重经济效益的提升，更将生态环境保护置于重要位置。深圳通过推广绿色建筑、发展清洁能源、加强生态修复等措施，成功实现了经济发展与生态环境保护的协调并进。这种"双赢"的发展模式，不仅为市民创造了更加宜居的生活环境，也为城市的可持续发展注入了强劲动力。

3. 技术创新与智慧城市建设。

深圳在城市管理中，以前瞻性的视角广泛应用大数据、人工智能等尖端技术，实现了城市治理模式的深刻变革与效能的显著提升。通过构建智慧城市大脑，深圳能够实时收集并分析海量数据，从交通流量、环境监测到公共安全等各个领域，实现城市运行状态的全面感知与精准预判。这种基于数据驱动的决策机制，不仅极大地提高了城市治理的响应速度和决策准确性，还使得公共服务更加个性化、高效化，满足了市民日益增长的多元化需求。

4. 社区治理与公共服务创新。

深圳在社区治理方面持续深耕细作，不断探索创新路径，成功构建了以社区自治为核心，居民积极参与，社会组织广泛助力的共建共治共享新型社区治理模式。这一模式深刻体现了以人民为中心的发展思想，将社区治理的主动权交到居民手中，激发了社区的内在活力与创造力。在社区自治方面，深圳鼓励并支持社区根据自身特点和居民需求，制定并执行社区规约，自主管理社区事务。这种自下而上的治理模式，不仅增强了居民的归属感和责任感，也促进了社区内部的和谐稳定。同时，深圳还积极推动社区信息公开和透明化，保障居民的知情权、参与权和监督权，让社区治理更加民主、公正。

四、问题探索与理论链接

（一）理论贡献

纵观深圳的发展过程，可以清晰地看到人口流动在其中发挥的巨大作用，从为企业提供充足的生产要素—劳动力，到促进城市经济的快速发展和产业结构的优化调整，人口流动通过优化资源配置，实现了城市经济效率的最大化和公共资源的公平分配。同时，充足的人口也提高了乡镇企业的抗风险能力，在宏观经济陷入萧条的时候，丰厚的人力资本为企业渡过难关提供了有力的保障。在深圳模式成功的过程中，离不开理论强有力的支撑，具体理论可以从人口流动与城市劳动力市场理论、城市化理论、城市规划与资源配置理论、政府干预与市场机制四个大方面展开论述。

1. 人口流动与城市劳动力市场理论。

人口流动理论：在经济学中，人口迁移和流动的理论深入剖析了个体跨越地理界限，以追求更优经济利益的复杂动机与行为模式。这一理论不仅涵盖了传统意义上的经济因素，如工资差异、就业机会、生活成本等；还涉及了非经济因素，如教育资源、社会环境、文化融合度等对个体决策的影响。深圳作为中国改革开放的前沿阵地和经济高速发展的典范，其繁荣景象无疑是对人口流动理论的有力验证。深圳通过提供丰富的经济机会、广阔的市场需求以及相对完善的社会保障体系，吸引了来自五湖四海的劳动者，他们在这里寻求更好的职业发展、更高的生活品质以及更广阔的成长空间。这种大规模的、持续的人口流入，正是人口流动理论中经济机会和市场需求驱动观点的直接体现。

城市劳动力市场理论：该理论进一步细化了城市内外部劳动力市场的运作机制，强调了市场力量在调节劳动力供需关系中的核心作用。深圳作为一座充满活力的现代化都市，其劳动力市场展现出高度的灵活性和开放性。通过实施一系列创新的就业政策，如简化招聘流程、提供职业培训等，深圳不仅降低了劳动力市场的交易成本，还提高了劳动力资源的配置效率。同时，深圳还充分利用市场机制，通过薪酬激励、职业晋升等手段，吸引并留住了大量高素质的人才。这些人才的聚集，不仅为深圳的经济发展注入了强劲的动力，还促进了产业结构的优化升级，形成了良性循环的发展态势。因此，深圳的城市劳动力市场实践，是对城市劳动力市场理论的一次生动诠释和有力补充。

2. 城市化理论。

城市化经济效应：城市化理论探讨了城市化进程对经济增长、生产力提升和社会发展的积极影响。深圳作为中国改革开放的前沿城市，通过有效的城市规划和管理，实现了经济结构的升级和产业的多元化发展，从而促进了城市化进程对经济的积极影响。深圳通过前瞻性的城市规划与精细化的城市管理，成功引导了经济结构的优化升级。从最初的加工制造业基地，逐步转型为以高新技术产业、现代服务业为主导的多元化经济体系，这一过程不仅提高了经济的整体质量和效益，还增强了城市的创新能力和竞争力。随着城市化进程的推进，深圳的基础设施建设不断完善，交通网络日益发达，为经济活动的高效运转提供了有力支撑。

3. 城市规划与资源配置理论。

城市规划的效率与公平性：城市规划理论强调通过合理配置城市资源和空间，实现城市经济效率的最大化和公共资源的公平分配。深圳在城市规划中注重土地利用的高效管理和资源的合理配置，通过智慧城市建设等技术手段提升了城市治理效能，提供了经济发展和居民生活质量的双赢机制。在土地利用方面，深圳展现出了高度的管理智慧。面对有限的土地资源，深圳通过精细化的土地规划，实现了土地的高效集约利用。无论是商业区、住宅区还是工业区，都经过精心布局，确保了每一寸土地都能发挥出最大的经济和社会价值。同时，深圳还注重土地的可持续利用，通过绿色建筑、生态修复等手段，保护了城市的生态环境，为后代留下了宝贵的自然资源。在资源配置方面，深圳同样追求公平与效率的平衡。深圳通过优化公共服务设施布局，如教育、医疗、文化等，确保了不同社会群体都能享受到优质的公共服务资源。深圳还通过智慧城市建设等技术手段，提升城市治理的智能化水平，使得公共服务更加便捷、高效。这些措施提高了居民的生活质量，也增强了城市的吸引力和竞争力。

4. 政府干预与市场机制。

市场失灵与政府干预：经济学中讨论了市场失灵是政府干预的理论基础，特别是在城市化和人口流动管理中，政府在市场资源配置中的角色尤为重要。深圳市在流动人口管理和城市规划中，通过政策引导和市场监管，解决了市场无法完全调节的问题，促进了城市经济的健康发展和社会稳定。在流动人口管理方面，深圳市面临着人口大规模流动带来的诸多挑战，如就业压力、住房紧张、教育资源分配不均等。这些问题单靠市场机制难以有效解决。深圳市政府通过制定和实施一系列政策，如积分入户、居住证制度、人才引进计划等，对流动人口进行有序管理和引导。这些政策不仅缓解了城市人口压力，还促进了人力资源的优化配置，为城市经济发展注入了新的活力。在城市规划方面，深圳市政府同样发挥了关键作用。面对土地资源有限、生态环境脆弱等现实问题，深圳市政府通过科学规划、严格监管和有效激励等手段，确保了城市规划的顺利实施。政府通过制定土地利用总体规划、城市空间发展战略等，引导城市向更加合理、可持续的方向发展。同时，政府还加强了对房地产市场、公共交通等领域的监管，防止了市场垄断和投机行为的发生，保障了城市经济的健康发展和社会稳定。

（二）重要启示

人口与经济密切相关，对于中国来说人口问题尤为重要。中国四十多年来经济持续增长，其中一个被广泛接受的核心因素是改革开放使得人口红利转化为生产力，劳动年龄人口不断增长，劳动力供给充足，资本回报率和全要素生产率提高。

改革开放以来，我国人口从乡村和中小城市快速迁移到城市群和都市圈。根据历次人口普查数据，人口逐渐向长三角、珠三角等地区集中，人口集聚度不断增加。这一趋势推动了这些区域社会经济的快速发展和城镇化水平的提升，对地区的社会繁荣、文化交流和思想创新产生了积极影响。深圳的繁荣同样离不开人口的流动。

第一，人口集聚流动为城市群和都市圈的劳动密集型行业提供了丰富的劳动力，成为当地经济发展的重要支撑。以珠三角城市群为例，1982 年第三次人口普查显示，广东省的流动人口仅为 28.09 万人；而到 2016 年，珠三角的净流入人口达到了 2647.97 万人，占常住人口的 44.14%。这种人口流动推动了珠三角加工制造业和服务业的发展，为区域经济提供了人力支持。2018年，珠三角的国内生产总值从 1979 年的 111.77 亿元增加到 81048.5 亿元，增长了 720 多倍，年均增长率为 17.9%，远高于同期全国 9.44% 的年均增长率。此外，人口流入增加了年轻劳动力的供给，在一定程度上缓解了老龄化压力。根据第七次人口普查结果，2020 年深圳 65 岁及以上人口占比为3.22%，远低于全国的 13.5%。

第二，人口流动和集聚增加了城市群和都市圈的人才供给，增强了城市竞争力，促进了产业创新和文化繁荣。从国际来看，美国开放的移民体系吸引了大量优秀人才，在获得诺贝尔奖的美国人中，大约 1/4 是移民。就中国而言，改革开放以来，深圳通过制定优惠政策、合办科研机构和高等院校，吸引并培养了大量技能型人才，为华为和大疆等科技公司的发展提供了人才支持，推动深圳从"制造工厂"向"创新之城"转型升级。同时，不同地区的人口在城市群和都市圈的集聚促进了文化交流，推动了当地文化的繁荣和思想的创新。

第三，人口流动和集聚加速了城市扩张和城镇化水平的提升。以珠三角城市群为例，2000～2020 年，该地区的外来人口增加了 3514 万人，推动了珠三角各城市建成区的不断扩张。1978～2007 年，珠三角的建设用地总面积从 1526 平方公里增加到 5130 平方公里，扩大为 3.36 倍；其中，深圳、中山、东莞和珠海的城市建设用地面积分别扩大为 6.5 倍、5.6 倍、3.0 倍和2.9 倍。同时，伴随着大量人口的集聚和经济的发展，珠三角的城镇化水平不断提高，2020 年珠三角核心地区的城镇化率达到 86.28%，远高于全国平均水平，可与发达国家和地区媲美。

第四，人口流动和集聚增加了城市群和都市圈的消费市场。大量流动人口的居住和生活消费需求，促进了房地产、商业和通信等行业的快速发展。2020 年，中国消费总额前十位的城市均位于流动人口集中的城市群和都市圈，例如上海、北京、广州、深圳和成都。

第五，人口流动和集聚增加了城市群和都市圈对基础设施和公共服务设施的需求，推动了各类社会公共事业的发展。外来人口虽然经济水平和生活条件可能与本地人不同，但他们同样对基础设施和服务设施有需求。此外，外来人口在当地缴纳的各种税费也为基础设施和服务设施的发展提供了资金支持。

五、问题讨论

1. 人口流动带动的深圳发展的模式有何特点？
2. 改革开放以来，我国的人口流动有何特点？
3. 人口流动对深圳发展的作用对我国共同富裕有何启示？
4. 谈谈流动人口对深圳经济特区发展的贡献。

参考文献

[1] 汪建华，刘文斌. 深圳流动人口治理的历史演变与经验 [J]. 文化纵横，2018 (02).

[2] 海闻，梁中华，于菲. 流动人口子女教育：基于深圳模式的调研分析 [J]. 教育科学研究，2014 (10).

[3] 王旭波. 科技创新的历史逻辑和社会结构——以深圳为例 [J]. 现代经济探讨, 2023 (12).

[4] 林苞. 服务业创新与区域发展策应：深圳个案 [J]. 改革, 2015 (09).

[5] 罗清和, 张畅. 深圳经济特区四十年"四区叠加"的历史逻辑及经验启示 [J]. 深圳大学学报 (人文社会科学版), 2020 (02).

[6] 刘堃. 社会主义市场经济背景下韧性规划思想的显现与理论建构——基于深圳市城市规划实践 (1979 – 2011) [J]. 城市规划, 2014 (11).

[7] 王芃. 探索城市转型和可持续发展的新路径——〈深圳市城市总体规划 (2010 – 2020)〉综述 [J]. 城市规划, 2011 (08).

[8] 徐现祥, 陈小飞. 经济特区：中国渐进改革开放的起点 [J]. 世界经济文汇, 2008 (01).

[9] 张国俊, 黄婉玲, 周春山等. 城市群视角下中国人口分布演变特征 [J]. 地理学报, 2018 (08).

[10] 周春山, 王宇渠等. 珠三角城镇化新进程 [J]. 地理研究, 2019 (01).

[11] 方创琳. 新发展格局下的中国城市群与都市圈建设 [J]. 经济地理, 2021 (04).

[12] 陈波, 张小劲. 城市户籍制度改革的困境与突围——来自深圳的经验启示 [J]. 深圳大学学报 (人文社会科学版), 2017 (03).

[13] 陈景云, 刘志光. 流动人口积分制管理的效果分析——以深圳市为例 [J]. 中国人口科学, 2013 (06).

[14] 陈可石, 邰浩. 兼顾流动人口需求的城中村改造探索——以深圳五和、坂田、杨美村改造为例 [J]. 现代城市研究, 2015 (07).

[15] 刘红升, 靳小怡. 农村流动儿童的身份认同及其影响因素研究——基于深圳市流动儿童调查数据的分析 [J]. 华中农业大学学报 (社会科学版), 2018 (06).

[16] 刘庆, 冯兰. 移居老年人的城市定居意愿及其影响因素分析——基于深圳市的实证研究 [J]. 天府新论, 2013 (05).

[17] 王见敏. 深圳市户籍迁移制度改革经验与成效研究 [J]. 西北人口, 2011 (06).

[18] 钟奕纯, 冯健. 城市迁移人口居住空间分异——对深圳市的实证研究 [J]. 地理科学进展, 2017 (01).

案例二

人口返乡创业就业与乡村振兴
——汇川实践

教学目的：使学生了解汇川区返乡创业就业模式的特色、成效及经验。

教学内容：介绍汇川区返乡入乡创业就业的工作举措、成效和启示。

重点、难点：本讲的重点是汇川区返乡入乡创业就业的工作举措；难点是梳理总结出可供借鉴的经验。

章前思考题：

1. 你了解的返乡创业就业模式有哪些？

2. 你还知道哪些成功的返乡创业相关实践？

一、案例背景与教学目的

改革开放以来，我国大量农民工进城务工，导致农村出现"空心化"现象。尤其在西部地区，大量农村劳动力外流一直阻碍着农村当地的发展，农民进城务工收入成为农村人口维持生计的主要来源，进而带来了农村劳动力人口的净流失（杜妍，2023）。贵州省作为西部欠发达地区之一，经济发展动力较弱，农村劳动力人口流失问题更加突出。为解决农村劳动力流失问题，吸引劳动力返乡创业就业，贵州省政府相继出台各种指导意见和政策。2013年5月贵州省《关于引导和鼓励外出务工人员返乡创业就业的意见》；2015年8月《关于印发"雁归兴贵"促进农民工返乡创业就业行动计划》；2017年6月《关于印发贵州省推进农民工创业园建设指导意见的通知》；2018年贵州省制定"十百千"乡村振兴实施方案，因地制宜打造特色乡村振兴，有助于贵州省城乡融合发展，进一步推动农村城镇化建设，为返乡创业就业创造条件，吸引农民工返乡创业就业。贵州省汇川区作为全国农民工返乡创业试点区、国家"双创"示范基地，被誉为"中国农民工政策发源地"和"返乡创业第一县"，为经济欠发达地区的劳动力集中流出地，提供了吸引返乡入乡人员创业就业、实现乡村振兴的成功经验。

为此，本文以贵州省汇川区为例，介绍汇川区返乡创业就业模式的特色、成效和经验，重点阐释了政府在汇川区返乡创业就业过程中的作用，使学生更加深入了解汇川区返乡创业就业模式成功的关键，引导学生从多种角度思考社会主义新农村建设、解决"三农"问题的方向和目标。

二、案例内容

汇川区位于遵义市北部，汇川区农业人口占全区总人口的 50% 左右，与多数贵州山村类似，在田少土薄的广大汇川农村。从 20 世纪 80 年代开始，数万名农民背着行囊到沿海及周边城市务工，过着候鸟式的生活，带来农村人才流失、劳动力老龄化、农村发展内生动力不足、"空心化"、"三留守"、农业副业化等问题，影响农村经济可持续发展与社会和谐稳定。

贵州省汇川区依托贵州省"雁归兴贵"行动计划，积极转变思路，从过去的"劳务输出"转向"返乡创业引回"，通过"输出变引回、创业带就业、创新促发展"的"五个一"工作举措，坚持打好"乡情牌"，念好"招才经"，吸引 4 万多名外出农民工回归"绿水青山"，依托当地资源，发展特色优势产业。充分发挥能人的市场眼光、现代理念、创意能力，带动更多人员返乡入乡创业就业，共铸"金山银山"，形成了能人带动创业就业的模式。

（一）政策取向：实施"五个一"举措

1. 出台一套好政策，以政策推进返乡创业就业。

针对农民工返乡创业势单力薄、信心不足等情况，汇川区制定并发布《汇川区关于做好农民工工作的实施意见》《汇川区返乡农民工就业创业优惠政策》《汇川区小额担保贷款实施细则》《关于进一步做好汇川区返乡农民工小额担保贷款工作有关事宜的通知》等相关优惠政策，从培训、教育、资金、维权等方面为返乡入乡创业就业提供全方位的政策支持，引导和鼓励返乡农民工通过租赁、承包等方式，利用闲置土地、厂房等进行创业。此外，汇川区还做了以下工作以促进返乡创业就业：设立返乡农民工创业专项基金，支持返乡创业园建设，提供创业奖励及经营场所租金等资金补贴。制定《汇川区关于做好农民工工作的实施意见》，让农民工通过租赁、承包等合法方式利用闲置土地、厂房、废弃学校校舍、荒山、荒地等资源开展创业。出台《汇川区返乡农民工就业创业优惠政策》，让符合要求的返乡农民工免费参加就业技能培训、SYB创业培训和网络创业培训，并为初次通过职业技能鉴定且取得职业资格证书的返乡农民工，提供职业技能鉴定补贴；对就业困难的返乡农民工灵活就业并缴纳社会保险费的，给予社会保险补贴；对返乡创业农民工按照规定给予自主创业补贴、创业场所租赁补贴、创业担保贷款。印发《汇川区自主创业经营场所租金补贴暂行申领办法》和《汇川区创业奖励补贴申领暂行办法》，为包括就业困难人员、农民工等人群提供相应的创业补贴，发挥及时雨作用。例如，2024年，第一批自主创业补贴和创业场所租赁补贴共计389700元。其中，自主创业补贴245000元；创业场所租赁补贴144700元。

2. 搭建一组好平台，以平台助力返乡创业就业。

本着"政府搭建平台、平台集聚资源、资源服务创业"的思路，依托公共服务平台、集聚各方资源，为促进创业就业提供服务。

打造就业服务平台，做好返乡群体动态信息跟踪，开展现场就业活动，送岗位、送培训、送技能下乡。遵义市就业帮人力资源服务有限公司为汇川区创新打造智慧就业云平台，该平台基于"互联网＋智慧人社"系统开发设计，通过求职者劳动力数据库和就业岗位数据库的创建，管理全区劳务、培训机构、用工机构、用人企业。求职者只需在平台上投递简历，系统会根据简历自动匹配岗位，平台运营团队会主动跟踪衔接企业，及时进行面试预约、视频直招、线上签约，并同步开展线下面对面和线上一对一直招，从而多渠道、全流程帮助求职者找到工作。

构建教育培训平台，提升农民工创业就业技能。依托农民工培训学校、遵义航天职业技术学院、贵州科技学校、遵义职业技术学校等培训机构，发挥工会、劳动就业、妇联、团委等部门的引导作用，鼓励和支持返乡者参加职业教育培训，让他们尽快学到技能，实现创业就业。

搭建创业指导平台，成立"创业指导专家志愿服务团"，开展"一对一"上门指导、专家门诊指导等活动，解决返乡创业问题。汇川区已建立 48 个充分就业社区，并搭建全程服务的创业指导平台，提供全方位服务。汇川区先后组建高坪、团泽两个返乡农民工创业园。汇川区政府成立农民工创业指导服务中心，各镇（街道）建立创业服务示范窗口，建立了农民工创业扶持档案，成立了由劳动保障、市场监管、税务、财政、银行等部门专家组成的创业指导专家志愿团，免费为返乡农民工创业提供帮助和咨询。

建立综合服务平台，重点完善镇（街道）人力资源和社会保障服务平台，建立农民工综合服务中心，实现人社、财政、市场监管、税务、银行等相关部门和单位现场办公，为返乡农民工提供"一站式"综合服务；打造社区（村）创业示范窗口，让返乡农民工享受到便捷、高效、优质的创业服务，形成完善的"区、镇（街道）、村（社区）"三级返乡农民工创业服务体系。

3. 实施一批好项目，以项目促进返乡创业就业。

汇川区实施一批返乡创业就业好项目，累计投入资金约 3.63 亿元，以项目掀起返乡创业就业热潮，引导和支持返乡创业就业群体开发乡村、乡土、乡韵的潜在价值。近年来，汇川区返乡农民工创办的大坡葡萄、梦润鹌鹑、杨老大米粉等特色种植、养殖基地和农产品加工企业迅猛发展。农民工返乡创业创新一条街、现代农业体验馆等 30 多个农民工返乡创业创新项目得以开展，促进了特色种植、养殖、农产品精深加工、餐饮服务、乡村旅游等产业蓬勃发展。山地高效特色农业、农旅融合、农产品精深加工等为主导的现代农业产业集群逐渐形成。此外，汇川区优化返乡农民工创业园项目，吸引约 3811 人在园区内创业和就业，形成抱团创业和创业带就业的倍增效应。

4. 打造一方好环境，以环境吸引返乡创业就业。

推进农村基础设施建设，提高科技创新能力，完善农民工"工资、住房、医疗、教育"等公共服务，努力营造良好的创业环境。

完善农村基础设施建设。完善"水、电、路、讯"等基础配套设施，30户以上自然村寨通硬化路、安全饮水、移动 4G 实现全覆盖；普惠推进"三改三化"、整治老旧房屋、改善人居环境，使更多农民工"愿意回、落得下、发展好"。农村环境整治、住房改善后，汇川区组织有条件的村成立协会，到重庆招揽游客前来汇川区农家乘凉度夏，有10张床位的家庭一个夏季收入可达3万元以上，实现"空气变人气""叶子变票子"，让"凉资源"火起来。

推进科研创新能力建设。争取到中国科学院、中国工程院院士遵义工作中心落地汇川区；建设国家级重点实验室1个、省级众创空间7家、省级大学科技园1家；吸引7家国家高新技术企业、6家创新型企业落户，为农民工返乡创业就业提供科技支撑。

建立完善保障体系。建立农民工工资支付保障首问责任制和联动机制，强化农民工维权服务。将进城务工人员纳入廉租房和经济适用房保障对象，帮助解决住房难题。大力完善进城务工人员就医就学等公共服务设施建设，新（改、扩）建学校13所，城区新增学位2万余个，帮助他们解决医疗和子女教育的后顾之忧。

5. 宣传一批好典型，以典型激发返乡创业就业。

收集、整理返乡农民工创业经验，开设"创业之星""优秀农民工"等评选活动，树立良好的创业就业典型，表彰、宣传创业就业行为和精神，营造创业就业的愿望、创业精神和勇气，增加返乡创业群体的荣誉感、责任感和自信心，吸引更多人回乡创业就业。营造创业氛围。广泛宣传返乡能人的创业事迹、创业精神，营造乐于创业、甘于奉献的环境氛围，吸引更多愿意下乡、回乡的人在农村广阔天地大施所能、大展才华、大显身手，推动形成"创业带就业，就业促增收"的格局。全区涌现出了张明富、马毅、程发强、李龙基、施洪元、向魁凤、罗聘、陈睿、王婷婷、李念群等一批返乡创业精英，通过典型示范的作用，激发更多农民的创业热情，让周边农民共同致富，在当地营造了积极向上的创业环境。

（二）产业选择：发展特色优势产业

汇川区农村地区是典型的山区，毗邻城市，生物种类较多，自然物产丰富。较好的资源禀赋为返乡农民工创业提供有利条件。返乡农民工合理利用当地的自然资源，从最具有地方传统、最容易规模开发和自己最拿手的行业入手开展创业，其中，生态养殖、果蔬种植、农产品加工、手工艺制作、休闲农业与乡村旅游等都是汇川区返乡创业就业特色优势产业。

泗渡镇位于遵义市汇川区，地理位置优越，交通便捷。川黔铁路、210 国道、渝黔快铁等交通干线穿境而过，使得游客能够轻松到达该镇。此外，风景秀丽的仁江河畔和十里樱花长廊也为该镇增添了独特的自然景观。泗渡镇依托其丰富的农业资源，通过整合农业、林业、渔业等资源，发展特色种植养殖业，如葡萄、西瓜、辣椒等经济作物的种植以及畜禽养殖等，为乡村旅游提供了丰富的农产品资源，推动农旅一体化发展。泗渡镇大力发展乡村旅游产业，包括乡村旅馆、采摘园、农家乐等多种形式，为游客提供了住宿、餐饮、娱乐等全方位服务，带动了当地农民增收致富。例如，松杉村就依托其优美的自然环境和丰富的旅游资源，大力发展乡村旅游产业，成功打造了多个省级"四在农家·美丽乡村"示范点，吸引了大量游客前来观光旅游。此外，该镇还积极植入红色文化、苗族文化等地方特色文化元素，丰富乡村旅游文化内涵，提升游客的文化体验。泗渡镇的葡萄基地、西瓜大棚、农家乐均是其乡村旅游与休闲农业的重要组成部分。游客可以在葡萄基地采摘葡萄，品尝新鲜的水果，感受田园生活的乐趣；也可以在炎炎夏日里体验西瓜大棚中的采摘乐趣，品尝清甜可口的西瓜；还可以在农家乐和民宿中体验吃、住、行、娱等全方位服务。

（三）发展方式：能人带动创业就业

2003 年，团泽镇成立鹌鹑养殖协会，但是由于经营不善，养殖户亏损严重。汇川区委、区政府对此高度重视，镇领导找到张明富，希望他创办一个鹌鹑公司，走"公司＋农户"的路子，带领乡亲们闯出一条致富的路子。经过张明富的考察和学习，2005 年他在团泽镇大坎村创办贵州梦润鹌鹑有限公司，采用"以市场带加工，加工带养殖，养殖带种植"的循环经济模式。在张明富的带领下，梦润建成全国第一个全自动标准化鹌鹑养殖示范基地，并成为首个国家级鹌鹑标准化养殖示范区。

遵义市汇川区沙湾镇的张晓飞，利用其学习的专业优势和特长，在当地党委、政府支持下，成立集食用菌种植、果蔬种植与农业旅游于一体的综合性基地。经过七年的发展，张晓飞的菌菇果蔬一体化基地已经初具规模，涵盖了食用菌、瓜果蔬菜、玉米粮食等多种作物为当地带来良好的经济效益。

提供大量就业机会的同时，也带动其他居民参与食用菌种植等产业。

汇川区板桥镇的马毅在区、镇党委和政府的大力支持下，根据多年在外学习的经验，跳出传统藤编的老路，从事藤编工艺品的开发，创办了"遵义毅丰藤艺制品有限公司"，带领员工扩大藤编生产。以"公司＋农户"的产业模式，实现传统工艺向精品工艺的转变，产品种类繁多，样式精美，形成约1公里的藤编产业带，共计120余户的240余人从事藤编加工，43户从事藤编销售。

黄中敏博士曾在厦门一家公司从事种子培育技术管理工作，2009年在遵义市领导的多次邀请下辞职回乡，创办了"全国巾帼现代农业科技示范基地"，即遵义劳仑丰农业科技有限公司。经过多次努力，黄中敏融资创办集蔬菜标准化生产、工厂化蔬菜嫁接育苗为一体的现代高效龙头企业，于2015年10月建成并投产，当年实现产值1500万元。目前，该公司每年吸纳贫困农户劳动力500余人，人均增收14400元，带动3000余人脱贫致富。

（四）目标定位：生态保护与持续发展

注重生态环境保护。1985年，高坪镇的卢光勋带领10户农民利用当地石灰石矿产资源的丰富优势，创办了第一家农民股份制水泥厂。2001年，在政府引导下，他主动关掉了破坏生态、污染环境的水泥厂，成立了集农业综合开发、优质水果种植、加工、种苗繁育及休闲农业于一体的遵义光勋绿色产业有限公司。目前，遵义光勋绿色产业有限公司已建成5个水果种植基地，种植面积达10800亩，被评为国家3A级旅游景区和贵州省休闲农业与乡村旅游示范点。

发展绿色产业，注重持续发展。黄文强夫妇在汇川区团泽镇三联村创办了琴梨鸡公山绿色生态家庭农场，面积达到240亩。他们采用"种植＋养殖"的模式，种植了梨树并放养了山羊，形成了富有特色的家庭农场经营方式。农场内的梨子品质优良，吸引了不少游客前来采摘；同时，他们还利用林下空间发展循环经济，养殖的山羊肉质鲜美，市场供不应求。黄文强夫妇的家庭农场不仅取得了显著的经济效益，还带动了周边种植户的发展，帮助周边农户提高了收入水平。2013年，芝麻镇的舒万忠在政府产业政策支持下，开始产业转型，依托当地自然资源，大力发展绿色生态农业，并以此为基础，兴建"盐运水榭观光度假中心"，发展休闲农业，旺季时每天能接待800～1000人次，带动30多名农民就业，成为带动当地生态农业和乡村旅游发展的领头羊。在政府的大力支持下，在新发展理念的引领下，初步实现了农民工返乡创业与美丽乡村建设、休闲旅游和现代农业发展相融合，推动了区域生态环境改善、产业结构升级和可持续发展。

三、案例简评

（一）"汇川实践"的成效

返乡创业就业的"汇川实践"，蓄积了区域经济发展的新动能，尝试了农民就地城镇化的新模式，探索了工业和城市要素资源向农业农村聚集的新路径，开创了城乡统筹发展的新格局，促进乡村振兴、区域经济社会协调发展。

1. 激发返乡创业就业热情。

汇川区结合当地资源禀赋、区位条件等实际条件，积极探索、努力创新，掀起返乡创业就业热潮，激发返乡创业就业的热情。一方面，发扬创业精神，提升自身素质。敢为人先的开拓精神、不尚空谈的务实精神、百折不挠的进取精神、重诺守信的诚信精神、回报社会的奉献精神，正在汇川区返乡创业群体中逐渐形成和延续，成为当地经济社会发展的新动能、农村和谐稳定的新支撑。另一方面，涌现出一批创业典型。以张明富为代表的众多返乡农民工结合自身经历及家乡实际情况，直面市场、勇于竞争，创办各类企业，不仅实现了自我人生价值，带动了当地村民就业增收，也推动了区域经济发展，成为新时期、新农民的典范。在典型榜样的带动与引领下，汇川区返乡创业如雨后春笋，正呈现出快速发展的态势，在创业规模与质量不断提升的同时，发展新业态、新经济的创业者也在不断增加。截至2016年9月，汇川区有创业农民工5261户，占返乡农民工的58%，累计返乡创业就业21570人。

2. 促进农村生产要素集聚。

汇川区返乡创业不仅盘活了农村闲置资源，也促使资源由城市向农村流动。第一，提升农村既有土地资源价值。汇川区充分利用废弃军工厂厂房、农村四荒土地等闲置土地资源，积极开展土地整理，鼓励农民开展土地流转，建成现代农业园区，逐步形成"一区五园"的创业格局；推动农村土地资源的合理利用和流转，促进了农业规模化经营和集约化生产。通过发展现代农业和特色产业，提高了土地资源的产出效益。第二，加快资本下乡进程。返乡创业者在充分利用自有资金的基础上，在政府的引导下，不仅可以申请各类政策扶持资金，还可以利用信用担保、抵押等方式获取贷款支持，良好的创业环境也吸引了社会资本的投入，有效缓解了创业融资难的问题。第三，释放农村劳动力红利。大量农村青壮年劳动力回流，缓解了农村人才流失和老龄化问题。同时，通过培训和引导，提高了农村劳动力的技能水平和创业能力，为农村经济发展提供了有力的人才支撑。此外，汇川返乡创业的实践，成功激发农村居民的创业热情，培养了一大批农村创业者，释放了农村人力资本的巨大能量，成为农村经济发展的人才红利。第四，调动科技工作者的参与积极性。科研工作者是农民创业的辅导师、智囊团和助力者，选派科技人员赴基层一线开展技术指导服务，引导科技工作者能够深入田间地头，直接参与生产实践，从而激发他们的积极性和创造力；通过完善科技成果转化激励机制，鼓励科技人员将科研成果转化为实际应用，激发科技工作者的创新热情和服务意识。此外，与学校建立联系，广泛开展合作，遵义师范学院成立了现代农业孵化园，成为返乡农民工创业创新的基地；遵义职业技术学院为农民创业提供创业指导、产业发展、经营管理、市场营销、品牌建设等多方面的指导和服务，降低了农民创业成本，提升了创业效率。

3. 提升现代农业发展水平。

返乡创业与现代农业的深度结合，为汇川区农业现代化进程注入了强劲动力。第一，返乡创业者充分利用山地资源优势，精准对接市场需求，勇于探索创新，成功打造了特色种养、食品加工、工艺品制造、休闲农业与乡村旅游等多元化农业企业。他们深谙"靠山吃山"的道理，积极推广山地特色农业，通过差异化竞争策略，推动了农业产业结构的优化升级。第二，在农业技术装备方面，返乡创业者紧跟现代农业发展潮流，积极引进和应用先进技术，显著提升了农业生产效率和质量。以黄中敏为代表的返乡创业者，通过创办设施农业园区，引入物联网管控、水肥一体化等先进技术，实现了农业生产过程的精准控制和产品质量的全程可追溯，为遵义农业的产业化、科技化、信息化发展树立了典范。第三，返乡创业还促进了农业与其他产业的深度融合。创业者们依托当地农业特色，积极发展现代种苗、绿色果蔬、智慧农业、畜禽养殖与精深加工、农村电商等新兴产业，形成了农业龙头企业与农民专业合作社竞相发展的良好局面。同时，他们还充分利用乡村庭院、旅游景区等资源，发展农家乐、观光采摘园和休闲农业园区，有效延长了农业产业链，拓展了农业的多功能性，为农村经济发展注入了新的活力。根据《2022 年遵义市汇川区人民政府国民经济和社会发展统计公报》，全年农林牧渔业总产值 45.11 亿元，比上年增长 4.2%；蔬菜及食用菌种植面积 21.9 万亩，蔬菜产量 33.92 万吨；园林水果种植面积 3.6 万亩，园林水果产量 1.62 万吨。此外，全年接待游客 839.59 万人次，实现旅游总收入 102.51 亿元。

4. 推动新型城镇化建设。

汇川区巧妙地将促进农民工返乡创业融入新型城镇化战略中，以此作为激活区域经济、促进均衡发展的关键引擎，加速了农村人口与外来务工者向城市（镇）的流动与融合。具体成效体现在两大方面：第一，汇川区积极培育特色创业小镇，通过引导返乡农民工集聚创业、形成产业集群。在板桥镇陈家坝村，藤编产业便是一个生动的例子，它不仅直接解决了 58 人的就业问题，累计惠及超 300 名农民，还成功塑造了藤编特色小镇的品牌形象。此外，汇川区还精心打造了一条返乡农民工创业街区，总长 2 公里，汇聚了众多创业农民与商户，此举不仅促进了创业活动的繁荣，还带动了周边社区公共服务设施的完善，进一步丰富了创业小镇的内涵与特色。第二，汇川区加速推进新型城镇化进程，将重心放在强化中心城区孵化基地与乡镇创业中心的建设上。团泽、板桥、泗渡、高坪、董公寺等地的农民工创业园，通过持续优化基础设施与公共服务体系，有效吸引了创业人才、资源及资本的汇聚，为小城镇注入了新的发展活力。这种生产要素的集聚效应，不仅提升了小城镇的经济实力与竞争力，也显著推动了全区新型城镇化水平的整体提升，为实现城乡一体化发展奠定了坚实基础。根据《2022 年遵义市汇川区人民政府国民经济和社会发展统计公报》的数据，汇川区 2022 年的常住人口总数为 62.69 万人，其中城镇人口总数为 49.27 万人；乡村人口总数为 13.42 万人，人口城镇化率为 79.25%。

5. 加快精准扶贫步伐。

汇川区将返乡创业农民视为精准扶贫的生力军，将农民工创业与精准扶贫紧密结合，按照六个精准要求，推动脱贫攻坚实现新发展。一方面，发展生态产业、富裕农民。返乡农民黄芝平领办的遵义市大桥农民种养专业合作社，以辣椒种植、辣椒深加工、西门达尔肉牛养殖为主，通过订单种植、合同收购的方式，实施绿色种养，加强生态保护，带领当地农户实现增收。合作社首先在高坪镇发展辣椒生产，与115户农户签订辣椒种植合同，当年44户贫困户仅辣椒一项户均增收6000元。合作社受团泽镇政府邀请，在木杨、蒲台、四合3个贫困村继续推广辣椒产业扶贫，订单种植辣椒710亩，与247户贫困户签订合同，当年247户贫困户户均增收8000多元。合作社还在团泽镇大坎、蒲台和沙湾镇底水等贫困村流转土地930亩作为种植基地，600余户通过土地流转年获租金50余万元；吸纳120个农村劳动力在基地上打季节工，年获工资收入120万元。此外，返乡农民工通过创建美丽乡村、发展生态产业，带动1800余户农民自觉进行产业结构调整，提高了经营收益，1130户农民实现小康，2000余人实现了脱贫。另一方面，利用电子商务扶贫。依托"遵品直供""云上贵州"等电子商务云平台，汇川区打造一个区级电商运营服务中心、建立多个地方特色电商平台，如"遵品直供""村里好货""遵集品"等，推广"娄山关"公共品牌，促进"汇川产""汇川造"农特产品网上销售。此外，汇川区定期直播推介优质产品，提高产品知名度和销售量；整合销售全市优质农特产品600余款，通过电商平台推广销售，形成了农产品"从田间到餐桌"的全链条联动。

6. 推动和谐社会建设。

汇川区以激励农民工返乡创业为核心策略，多维度推动农村经济的繁荣与社会的全面发展。此举不仅显著拓宽了农村就业渠道，还促进了产业结构的深度优化与人居环境的持续改善，为实现农业现代化、农民增收及全面建成小康社会奠定了坚实基础。第一，汇川区通过激发返乡农民工的创业活力，有效促进了农民收入的稳步增长。政府积极引导并培育创业主体，如团泽镇的程发强，其鹌鹑养殖、有机肥加工、蔬菜种植及茶叶加工等多元化经营模式，不仅延伸了产业链，还显著提升经营效益，直接带动了周边60名农民的就业。数据显示，2022年农林牧渔业总产值实现了4.2%的增长，农民人均可支配收入更是以7.5%的增速达到了20523元，彰显了创业带动就业的强大动力。第二，农民工返乡创业有效缓解了农村留守问题，促进了家庭和谐与社会稳定。这一转变让农民工能够兼顾家庭与事业，减少了长期外出务工带来的家庭分离，从而减轻了农村空心化、老龄化及"三留守"现象。这不仅提升了农民的生活质量，也增强了农村社会的凝聚力和幸福感。第三，返乡创业的成功人士如张明富、卢光勋等，积极履行社会责任，通过捐资助学、支持乡村基础设施建设等方式，为农村社会事业的发展注入了新的活力。他们的善举不仅改善了乡村教育、卫生、文化等公共服务条件，也激发了更多农民参与家乡建设的热情，形成了良好的社会风尚。第四，汇川区在推进农民工返乡创业过程中，展现了高效的政府治理能力和服务水平。通过跨部门协作、搭建服务平台、完善政策机制以及强化责任考核等措施，确保了各项支持政策的落地见效，为创业者提供了良好的营商环境和全方位的服务保障，进一步提升了公共服务的整体效能和人民群众的满意度。

（二）"汇川实践"与乡村振兴

1. 带动经济发展，促进乡村产业振兴。

返乡创业就业为乡村经济注入了新的活力。通过创办企业、发展特色产业等方式，返乡创业者不仅实现了自身就业，还带动了周边群众的就业和增收。同时，这些产业的发展也促进了乡村经济的多元化和规模化。此外，返乡创业者往往具有市场眼光和现代理念，他们能够将先进的经营理念和管理模式引入乡村，推动传统农业向现代农业转型升级。例如，发展高效特色农业、乡村旅游等新兴产业，提高农产品的附加值和市场竞争力。

2. 强化人才激励，促进乡村人才振兴。

汇川区创建了 3 个省级农业科技创新平台和 2 个市级农业科技创新平台，建立"省级首席专家＋市级科技特派员＋区级科技特派员＋乡镇级技术实用人才"多级技术传递与保障机制，统筹整合全区各类农业专家资源，分门别类建立农业专家库，组建区、镇、村三级产业扶贫技术专家组，确保哪里有需要，农业专家服务到哪里。

健全完善村（社区）常驻干部培养选拔、教育培训、监督管理、激励保障等制度，着力打造一支守信念、讲奉献、有本领、重品行的村（社区）常驻干部队伍，全区 135 个村（社区）的常驻干部职业化建设的强势推进，吸引众多有为青年到村（社区）工作，给基层组织注入了活力。

3. 推动移风易俗，促进乡村文化振兴。

通过健全《村规民约》、建立红白理事会等方式，以推动文化大发展大繁荣为目标，开展群众喜闻乐见的活动，引导全村文化建设健康发展，丰富群众精神文化生活。推动移风易俗，持续开展宣传"扫黄打非"集中行动、校园周边整治行动和暑期专项治理行动，为全村创造安全文明的和谐环境。弘扬传统美德、宣传移风易俗、丰富志愿服务、树立先进典型，在道路沿线设置公益广告宣传栏、宣传喷绘，引领良好的社会风尚。弘扬社会公德，促进家庭美德建设，弘扬文明和谐新风，尊老爱幼、邻里和谐，社会文明程度不断提高，村民良好的卫生习惯逐步养成。

4. 优化人居环境，促进乡村生态振兴。

积极推动乡土企业开发自然风光、民风民俗、历史遗迹、"四在农家·美丽乡村"等乡村、乡土、乡韵潜在价值。创建中国农民工文化陈列馆、返乡农民工创业创新培训基地、贵州梦润化妆品厂、全国首家国家级标准化鹌鹑养殖示范园区、生态猪养殖示范基地、贵州张明富旅游服务公司和贵州梦润云大数据有限公司、莱福山庄等，全村的人居环境得到改善，村容村貌美观大方。

5. 提升乡村治理水平，促进乡村组织振兴。

返乡创业者在创业过程中积极参与乡村治理和社会建设，为乡村治理注入了新的力量。他们通过参与村务管理、志愿服务等方式，提高了乡村治理的民主化、科学化水平，促进了乡村社会的和谐稳定。

四、问题探索与理论链接

（一）问题探索

遵义市汇川区作为遵义市的主城区之一，同时又是经济技术开发区，GDP 增长连续多年位居贵州省前列。值得注意的是，2022 年，汇川区全区实现地区生产总值473.99 亿元，其中第一产业增加值34.07 亿元，占 GDP 的比重为7.2%。第一产业在汇川区 GDP 中的比重相对较低，但其增长速度却高于第二产业和第三产业的增长速度。可见，第一产业在汇川区仍具有一定的活力和发展潜力。近年来，汇川区委、区政府把大力支持农民工返乡创业作为打造"生态、绿色、和谐"汇川，促进汇川现代农业发展、乡村振兴和实现精准扶贫的重要抓手，在推动返乡农民工创业就业的进程，开辟出了一条"三农"发展的新路。

1. 政府积极作为，创新政策措施，助力返乡创业发展。

汇川实践表明返乡农民工创业需要政府积极推动、科学引导、政策支持和持续关注。推进返乡农民工创业发展：第一，强化政策引导，形成返乡创业的拉力。完善政策设计、搭建服务平台，健全以政府职能部门为引导、社会各界广泛参与的管理服务和组织领导体系，建立政策扶持、技能培训、创业服务"三位一体"的创业新机制；探索将返乡群体创业就业纳入区域发展规划，加快农民创业园等集聚区建设，培育创业产业板块，释放创业带动就业的集聚效应，形成全社会崇尚创业、支持创业、竞相创业的良好局面。第二，汇聚配套政策，形成返乡创业的推力。紧密结合实际，分步有序实施，坚持从创业主体自身实际出发，主动了解创业主体自身优势，对接创业主体的创业需求，提供针对性的创业计划与指导，循序渐进地提供全方位、各环节的创业支持，将创业就业政策精准落地，为创业持续发展奠定基础。第三，强化支持保障，形成返乡创业发展的托力。通过政策扶持、金融服务、技能培训、创业平台、市场开拓和典型示范等多方面的努力，形成对创业农民的全方位支持，持续解除农民创业的后顾之忧。

2. 充分发挥返乡创业群体的主体作用。

汇川区在工作中充分尊重返乡农民工的创业主体地位和创业意愿，开展全方位的引导和扶持。第一，努力营造氛围，激发创业群体的创业活力。充分发挥各种媒体优势，大力宣讲创业政策、宣传成功典型的创业历程，提高创业政策的知晓度，为返乡群体提供经济效益高、发展前景好的创业项目，掀起返乡创业的浪潮，有效地激发创业活力。第二，加强培训辅导，提高创业群体的创业能力。紧密围绕创业需求，重点在项目选择、管理、资金使用、政策对接等方面，提供全方位创业培训和创业辅导，更新观念，提升职业技能，提高创业成功率。第三，注重管理和服务，增强创业企业实力。紧密围绕企业需求，在融资服务、市场运作、经营管理、品牌建设等方面提供有效的指导和服务，以不断提高其科技水平、内部管理、产品质量和营销能力，使企业不断做大做强。

3. 立足资源优势、发展特色产业，培育山水间的创业沃土。

汇川区返乡创业坚持以自然资源为切入点，以现代农业为立足点，以产业融合为着力点，以就业增收为落脚点，走出了一条切合实际、行之有效的发展路子。第一，积极开发农村特色产业资源。依托农村特色资源禀赋参与创业，具备适应能力强、劳动力充足、市场对接顺畅等优势，创业项目起步难度低，便于提供特色产品和服务，打造特色产业品牌，形成独特的竞争力，从而实现高附加值，促进区域经济发展。第二，深入挖掘农村存量资源。以农民返乡创业为抓手，统筹利用农村现有荒山荒坡、废弃厂房、闲置劳力、自有房屋等存量资源，将废物变宝物、资源变资产、民俗变文化、闲人变工人，提升农村资源资产的价值，为农村资源开发、环境保护、农民增收开辟新的路子。第三，促进一二三产业融合。鼓励创业项目开发农村自然景观、人文风情和农业生产过程的潜在价值，延长产业链，延伸价值链，推动农村地区一二三产业融合发展，大力发展休闲农业、农产品精深加工、农村服务业等农村新业态，为返乡创业提供更多机会和选择。第四，抓住农村电商发展机遇。借力互联网＋创业、电子商务等现代商业模式，鼓励社会资本、供销社等各类主体建设涉农电商平台，引导返乡人员围绕农村电商开展创业，促进工业品下乡的同时为农产品进城拓展更大空间。

4. 强化创新驱动，为返乡创业插上腾飞的翅膀。

汇川区在推进返乡创业进程中，将创业与创新紧密结合，创新政策设计，创新体制机制，创新产业引领，为返乡创业提供了持久动力。创新是创业成功的核心要素，创业为持续创新提供必要资源。推动创业创新发展：一是要推进组织创新。要重点加强以政府职能部门为引导、社会各界广泛参与的管理服务和组织领导体系，发挥政府与群团组织、行业协会、创业联盟等社会组织对农民工创业的帮扶作用，鼓励创客空间、创业互助组织等创业服务组织的培育与发展，形成协同保障农民工返乡创业的有效机制。二是要推动政策创新。要完善农民工创业政策体系，在市场准入、税费优惠、财政支持、金融服务、场所支持、技术服务等方面创新推出一揽子发展政策，满足农民创业需求，提高农民创业成功率。三是要鼓励产业创新。要以一二三产融合发展为重点，以"互联网＋农业"为手段，吸引返乡农民工投资高效农业、休闲农业、农产品精深加工、农村文化产业等新型产业形态。四是要加强科技创新，积极引导农民工创业企业与各类科技服务机构和人员对接，加快科技成果转化，满足返乡创业农民工的科技需求。要鼓励和引导农民工创业企业开展科技创新，不断提高科技水平，为创业成功提供持久动力。

5. 优化创业环境，打通服务农民工返乡创业"最后一公里"。

汇川区将加强服务作为优化创业环境、推动创业的基础工程来抓，积极转变政府职能，不断改进服务水平，努力为创业者提供优质、高效的服务。要加快建设服务型政府，完善农民工创业服务体系，为农民创业保驾护航：一是要加大资金扶持力度。重点对农民工创业设立专门贷款，并进行贴息、对农民工创业场地租赁进行补贴，落实返乡农民工创业税收减免政策，不断消除创业工作推进中的各种障碍。二是要降低准入门槛。在经营管理方面，要坚持"三放开、三不限"原则，降低市场准入门槛，让农民工创业者在充分参与市场竞争中不断做大做强。三是要持续优化创业环境。加大对典型示范的宣传力度，为农民工创业营造良好的媒体舆论氛围，整合政府与社会力量，充分发挥创业服务平台的桥梁作用，对接金融、劳务、培训、科技、人才、管理等需求，建立创业者联系制度，切实解决发展中遇到的各种问题，支持创业企业发展，推动"创业经济"走上快车道。

6. 集聚创业优势，发挥引领带动作用，成就农村精彩大产业。

农民工返乡创业，对培育新型农业经营主体，带动农民就业增收，推动农村地区产业发展都具有积极作用。一是发挥创业领头雁作用，农民工在外出务工的过程中，经过市场经济的洗礼，具备了一定的经营经验和管理能力，能够适应新时代经济发展的要求，对培育壮大新型农业经营主体发挥积极作用。二是发挥增收带动作用，返乡农民工是建设家乡、发展家乡的宝贵财富，他们从"输出时的剩余劳动力"转变成了"返乡后的先进生产力"，越来越多的农民工返乡参与创业使得农民增收从"输出一人，致富一家"的加法模式，向"一人创业，致富一方"的乘数效应的转变。三是发挥产业升级推动作用，返乡农民工创业是劳动密集型产业区域转移的载体，可以有效承接并延伸发达地区的产业链，强化就近城镇化建设的产业支撑能力，发挥"鲶鱼效应"，优化当地产业结构，推动产业融合发展、提档升级。

（二）理论链接

1. 创业理论。

创业通常被定义为在资源有限或不确定的环境下，通过识别并把握机会，整合各种资源，以创造价值和财富的过程（蔡莉等，2019）。创业者是这一过程中的核心，他们通过捕捉商业机会，投入已有的技能知识，配置相关资源，为消费者提供产品和服务，从而实现个人和社会的价值创造。汇川实践中的返乡创业动力机制与创业理论中的创业动机、创业机会识别等概念紧密相关。

汇川区返乡创业的动机是多方面的，既有个人情感层面的需求，也有政策、经济、市场等方面的吸引（李伟铭等，2013）。这些动机相互交织、共同作用，推动了汇川区返乡创业事业的蓬勃发展。第一，亲情与归属感。许多在外务工或求学的人员，随着年龄的增长和家庭责任的增加，对家乡的亲情和归属感日益增强。他们希望回到家乡，与家人团聚，为家乡的发展贡献自己的力量。第二，政策吸引与扶持。汇川区为了吸引和扶持返乡创业，出台了一系列优惠政策，如税收优惠、资金补贴、创业指导等。这些政策降低了创业门槛，提高了创业成功率，吸引了大量有创业意愿的返乡人员。第三，经济发展与机遇。随着乡村振兴战略的深入实施，汇川区农村经济不断发展，新兴产业不断涌现，为返乡创业者提供了丰富的创业机遇。例如，现代农业、乡村旅游、电子商务等领域的发展，为返乡创业者提供了广阔的市场空间。第四，资源与市场优势。汇川区拥有丰富的自然资源和人力资源，这为返乡创业者提供了独特的竞争优势。同时，随着农村消费市场的不断扩大和消费升级，返乡创业者可以更加贴近市场需求，开发出符合消费者偏好的产品和服务。第五，个人职业规划与实现。一些在外务工或求学的人员，通过多年的打拼积累了一定的资金、经验和技能，他们希望回到家乡实现自己的职业规划。返乡创业成为他们实现自我价值、展现个人才华的重要途径。第六，社会责任与贡献。部分返乡创业者具有强烈的社会责任感和使命感，他们希望通过创业带动家乡经济发展，改善村民生活条件，为家乡的社会进步做出贡献。

创业机会识别是指创业者在市场环境中，通过敏锐的观察力和深厚的行业知识，发现具有商业价值的时空缺口或未被满足的市场需求的过程，其既支撑创业这一独特领域的概念，也成为创业领域研究的核心问题（曹之然，2008）。创业机会识别既受创业警觉性、先验知识、创造力等个体因素的影响，也受市场环境、行业趋势、资源条件等外部因素的影响。在汇川区能人带动创业就业模式的实践中，涌现出了一批成功的创业案例，这些案例中的能人在市场环境分析、资源条件评估、商业思维和商业模式、风险评估和应对等创业机会识别方面具有优势。第一，市场环境分析。能人通常具备敏锐的市场洞察力，能够准确把握行业发展趋势和市场需求变化。他们通过深入研究市场，发现潜在的商业机会，并据此制订创业计划。汇川区政府出台了一系列支持返乡创业的政策，包括创业补贴、经营场所租金补贴、创业担保贷款等。能人能够敏锐地捕捉到这些政策带来的机遇，充分利用政策红利，降低创业成本和风险。第二，资源条件评估。能人通常能够充分利用汇川区丰富的自然资源和人力资源。他们通过挖掘本地资源的潜在价值，开发出具有市场竞争力的产品和服务。除了本地资源外，能人还具备整合外部资源的能力。他们通过社会网络获取资金、技术、人才等外部资源，为创业项目提供有力支持。第三，创新思维与商业模式。能人在创业过程中展现出强大的创新思维，他们敢于突破传统思维束缚，提出新颖的商业理念和经营模式。这种创新思维使得他们能够在激烈的市场竞争中脱颖而出。能人能够设计出符合市场需求的商业模式，他们通过优化产品组合、改进服务流程、降低运营成本等方式，提高商业模式的可行性和盈利能力。第四，风险评估与应对。能人在创业前会进行充分的风险评估。他们会对市场环境、资源条件、政策环境等因素进行全面分析，评估创业项目的风险程度和可控性。针对潜在的风险因素，能人能够制定出有效的风险应对策略。他们通过多元化投资、建立风险预警机制、加强内部管理等方式降低风险对创业项目的影响。

2. 产业经济理论。

汇川实践中的产业发展与转型升级过程体现了产业经济理论中的产业结构优化升级。第一，通过发展特色优势产业和引进高科技企业推动产业结构优化。汇川区大力发展生态特色食品产业，依托当地丰富的农业资源，生产出具有地方特色的食品产品。这些产品不仅满足了市场需求，还提升了当地农产品的附加值和竞争力。汇川区还通过政策扶持和市场引导，鼓励企业加大创新研发投入，提升产品的科技含量和品质水平。同时，加强品牌建设和市场推广，提高产品的知名度和美誉度。第二，通过技术创新和模式创新实现产业结构升级。汇川区积极引入物联网、人工智能和大数据等先进技术，推动传统农业向智能农业转变。例如，贵州有数农业发展有限公司利用这些技术打造草莓植物工厂，实现了草莓生长环境的精准控制和高效管理，显著提高了草莓的产量和品质。类似的技术应用还体现在其他农业领域，如生猪养殖、中药材种植等，通过智能化管理提升了农业生产效率和产品质量。团泽镇三联村实现小麦全程机械化收割，降低了生产成本，提高了农业生产效率。汇川区与遵义市农科院及遵义师范学院等科研院校合作，开展农业技术研发和人才培养。这种产学研合作模式为农业产业升级提供了强大的科技支撑，通过科技研发，汇川区在农业新品种、新技术、新装备等方面取得了多项成果，推动了农业产业的创新发展。此外，汇川区注重农产品加工产业链的延伸和拓展。通过引进和培育农产品加工企业，实现了农产品从种植到加工、销售的全产业链发展。这不仅提高了农产品的附加值和市场竞争力，还促进了农业产业结构的优化升级。

3. 可持续发展理论。

汇川实践中的生态环境保护与可持续发展理论中的生态平衡、资源节约和环境保护等原则高度一致。通过发展绿色产业和循环经济模式实现经济发展与生态保护的和谐统一，通过加强生态环境保护和治理推动区域可持续发展。汇川区返乡创业人员充分利用当地自然资源，发展生态种植和养殖。例如，返乡农民工合理利用团泽镇、板桥镇等地的自然资源，开展鹌鹑、家畜等生态养殖，以及果蔬种植，形成了特色优势产业。通过引进现代化、高科技农业公司，如遵义劳仑丰农业科技有限公司，汇川区进一步提升了农业的科技含量和生产效率，推动了绿色农业的发展。汇川区依托丰富的林业资源，发展林下经济，如林下种植天麻等中药材。通过"党支部＋合作社＋基地＋农户"的组织方式，实现了林地资源的统一流转、统一种植和统一销售，带动了村民增收。汇川区返乡创业人员还结合当地旅游资源，发展生态农业旅游。例如，娄山关村的返乡农民依托娄山关旅游景区资源，大力发展农家乐旅游，形成了依托绿水青山的返乡创业一条街和乡村旅游产业集聚带。此外，汇川区在农业废弃物资源化利用方面进行了积极探索。通过推广先进的农业技术和设备，实现了农业废弃物的有效收集、处理和再利用。例如，将农作物秸秆等废弃物用于生物质能源生产或有机肥制造，提高了资源利用效率。汇川区还积极建设循环农业示范园区，通过集成应用先进的农业技术和管理模式，实现农业资源的高效利用和循环利用。示范园区的建设不仅为返乡创业人员提供了良好的创业平台和发展环境，还起到了示范带动作用，推动了整个区域的循环农业发展。

五、问题讨论

1. 汇川区返乡创业就业模式具有哪些特色？
2. 汇川区返乡创业就业实践采取了哪些工作举措？又取得了哪些成效？
3. 汇川区的农村创业实践带给我们哪些启示？
4. 汇川实践对于当下返乡创业就业有何借鉴意义？

参考文献

［1］杜妍. 乡村振兴为农民工返乡创业提供的机遇——以贵州省为例［J］. 中国市场, 2023（18）.

［2］蔡莉, 于海晶, 杨亚倩, 卢珊. 创业理论回顾与展望［J］. 外国经济与管理, 2019（12）.

［3］李伟铭, 杨丹, 陈杰. 创业理论的多层面研究与展望: 从个体到环境的演进［J］. 华东经济管理, 2013（01）.

［4］曹之然. 创业理论研究: 共识、冲突、重构与观察［J］. 现代经济探讨, 2008（09）.

案例三

人口红利释放与国企改革

——以广西柳工集团有限公司为例

教学目的： 使学生了解当前经济背景下国企改革与人口红利释放的必要性。

教学内容： 介绍广西柳工集团有限公司的改革措施和人口红利释放策略，分析国企改革与人口红利释放的关系。

重点、难点： 本讲的重点是介绍国企改革的意义和未来方向；难点是解读国企改革与人口红利释放的关系。

案前思考题： 国有企业改革的成功因素有哪些？

一、案例背景与教学目的

随着经济的快速发展，我国已建立科学的产权制度和现代企业制度，完善了国有资产监督管理体系，重视人才与科技成为广大国有企业的共识。但在全球经济一体化背景下，国有企业作为经济核心支柱，面临国际竞争加剧、市场环境变化和人口红利消失等挑战。深化国企改革成为推动经济转型升级的战略选择，人口红利的释放程度也直接影响到企业的竞争力和可持续发展能力。

广西柳工集团有限公司（下文简称柳工），始建于 1958 年，作为一家历史悠久、实力雄厚的国有企业，积极响应国家改革号召，深化改革、创新机制，从传统制造向智能制造转型。国家层面，随着我国人口红利的逐渐消失，国企改革成为推动经济高质量发展的关键一环。柳工作为国有企业改革的先锋，通过深入推进三项制度改革和混合所有制改革，有效激发了企业内生动力，提升了市场竞争力，为国家层面国企改革提供了宝贵的经验和启示、地区层面，柳工作为广西"十一五"期间重点培育和发展的工程机械集群产业中的龙头企业，其改革成果不仅促进了自身的发展，还带动了当地相关产业链条的升级和区域经济的繁荣。柳工的成功实践，为地区层面如何利用人口红利推动国企改革、促进区域经济发展提供了有益的借鉴。企业层面，柳工通过整合主业资产、推进员工持股、引入战略投资者等一系列举措，实现了企业治理结构的优化和资源配置的合理化。同时，公司还注重培养管理队伍的全球领导力，构建与市场经济相适应、与价值创造紧密联系的分配激励机制，从而有效激发了员工的积极性和创造力。在人口红利逐渐消失的背景下，柳工通过创新人力资源配置方式、提高劳动力素质等措施，成功实现了从数量型人口红利向质量型人才红利的转变，为企业的高质量发展奠定了坚实基础。柳工在人口红利释放与国企改革方面的成功实践，具有广泛的代表性和深远的影响力。

　　本案例从国有大型机械制造企业——广西柳工集团有限公司出发，通过介绍国有企业改革背景和理论依据，分析柳工的改革措施和人口红利释放策略，解读国企改革与人口红利释放的关系，剖析国企改革的重要意义和未来方向，引导学生认识到国有企业改革的重要性和紧迫性，增强对国有企业改革的认同感和责任感，鼓励学生积极关注国际经济动态和市场需求变化，在未来的职业生涯中探索和实践新的管理理念和方法，为企业发展贡献自己的力量。

二、案 例 内 容

（一）国有企业改革背景

1. 历史沿革。

（1）改革启航阶段（1978～1991年）：国有企业自主经营权的初步释放。改革开放初期，国有企业作为计划经济体制下的核心单元，其运营严格遵循国家指令，自主决策空间有限，资源配置与产品购销均由国家统一调控，导致效率低下。1978年，党的十一届三中全会标志着中国进入改革开放新纪元，会议强调将工作重心转移至社会主义现代化建设上来，并倡导赋予企业更多经营自主权，以精简行政机构、遵循经济规律，解决政企不分的痼疾。至1984年，党的十二届三中全会进一步深化了这一理念，明确提出增强企业，特别是全民所有制大中型企业的活力，推动其成为相对独立的经济实体，实现所有权与经营权的适度分离，为国有企业改革奠定了理论基础。

（2）深化探索阶段（1992～2002年）：产权改革与政企分离的实践。1992年，党的十四大确立了建立社会主义市场经济体制的改革目标，旨在通过市场化手段激发生产力潜能，促进市场健康发展。1993年的《宪法修正案》将"国营企业"更名为"国有企业"，标志着产权改革的正式启动。随后，党的十四届三中全会明确了市场在国家宏观调控下对资源配置的基础性作用，并强调政企分离、明晰产权的重要性。此阶段，国有企业改革聚焦于构建现代企业制度，通过公司化改造，实现所有权与经营权的彻底分离。1997年，党的十五大进一步提出国有企业战略性改组的概念，鼓励通过改组、联合、兼并、出售等方式激活国有小型企业，同时推动大中型企业集团化、股份制改造，促进混合所有制经济的发展。

（3）全面深化阶段（2003年至今）：国有企业改革的纵深推进。进入21世纪，党的十六届三中全会通过了《中共中央关于完善社会主义市场经济体制若干问题的决定》，明确了深化国有企业改革的方向，即增强公有制经济活力，大力发展混合所有制经济，推动投资多元化，确立股份制为公有制的主要实现形式。2003年，国务院国有资产监督管理委员会（国务院国资委）的成立，标志着国有资产管理体制进入新阶段，国资委作为出资人代表，以"管人、管事、管资产"为核心，强化了对国有企业的监管与指导。此阶段，国有企业改革聚焦于股份制改革，通过完善国资管理体系、加强市场监督，显著提升了国有企业的市场竞争力与资产运营效率。面对外界对国有企业效率的质疑及"国进民退"等争议，习近平总书记多次强调国有企业的重要性，并出台一系列政策文件，明确混合所有制改革为国有企业改革的基本方向，旨在实现国有企业做强做优做大的战略目标。党的二十大报告更是将深化国资国企改革置于重要位置，强调优化国有经济布局与结构调整，提升国有企业核心竞争力。

2. 现状概述。

然而，国有企业在其发展历程中仍遭遇诸多严峻挑战，尤为关键的问题根植于企业内部结构的深层次矛盾之中。具体而言，部分国企在迈向现代化企业制度的转型征途中步伐略显迟缓，其证券化与股份化进程尚未达到理想高度，公司治理架构尚待健全，现行的经营管理体系与日新月异的市场需求之间尚存差距，真正的市场机制导向的人才选拔与激励约束机制尚未全面确立（李帮喜，2021）。此外，国有企业改革的步伐亦显露出不平衡性，体制机制框架尚不健全，且相关配套政策的系统性规划、整体性布局及协同性执行力度有待加强（李帮喜，2021）。与此同时，国有企业作为国民经济的关键支柱，承载着促进就业、供给公共服务等社会重任，这些使命无疑在无形中加重了企业的运营负担与成本压力，尤其是在经济增速放缓的逆境中，其影响更为凸显。再者，国有企业扩张的浪潮中亦伴随着效率提升的议题。国企混合所有制改革旨在通过引入多元资本，构建多元化治理结构以提升经济效能。然而，实践中不乏国企大规模并购民企的案例，导致民营资本被整合，国企市场份额急剧扩张，而民营企业和私人资本相对受到挤压，呈现出一种扩张与效率提升并行不悖却又复杂交织的局面（王宏森，2022）。

（二）人口红利释放策略

1. 人口红利概念与现状分析。

（1）人口红利定义。人口红利这一概念，源自经济学领域，它指的是因劳动年龄人口数量或占比的增长而触发的生产能力的提升（黄晋生，2024）。具体而言，人口红利描绘了一个国家或地区在特定经济社会发展阶段，凭借独特的人口结构特征所享有的经济增长优势。这一优势的核心在于，劳动年龄人口（普遍界定于 15～64 岁）构成了总人口的主体，此群体不仅规模庞大，且正值职业生涯的黄金时期，劳动效率卓越。同时，社会整体的抚养比（即非劳动年龄人口，包括老年群体与未成年人，相较于劳动年龄人口的比例）维持在一个较低水平。

此种人口结构配置为经济增长注入了"红利效应"，即一种额外的增长动能与潜力，它促使国家能够在较长时间跨度内仍维持高速的经济增长态势，并有效推动国民收入水平的持续提升。这一过程不仅彰显了人口结构优化的经济贡献，也为国家的长期繁荣奠定了坚实基础。

（2）作用机制。人口红利对经济增长的推动作用，主要经由两大核心路径显现：首要路径聚焦于成本削减与国际竞争力的增强：充裕的劳动力资源使企业能够以更为经济的成本吸纳充足劳动力，进而有效降低生产成本，显著提升了产品在国际市场中的价格优势。此外，这一劳动力富余态势还激发了技术创新与产业升级的活力，促使企业加大对研发与创新活动的投资力度，为经济增长注入持久动力。

另一关键路径则在于内需的拓展与产业结构的优化升级：庞大的劳动力群体不仅作为生产主力军，更是消费市场的中坚力量。随着其收入水平的稳步提升，消费潜力得以充分释放，为经济发展开辟了广阔的内需空间。内需的强劲增长不仅加速了服务业等第三产业的蓬勃发展，还驱动了产品结构的迭代升级与产业链条的深化拓展，构建了一个消费与生产相互促进、循环往复的良性经济生态。

（3）现状分析。

当前，中国的人口结构依然彰显着一定的人口红利迹象，这些迹象具体体现在以下几个显著方面：首先，劳动力供给依旧保持相对充裕，即便面临着增长速率减缓的趋势，中国仍保有全球规模最大的劳动力群体，这一庞大的资源为经济发展构筑了坚实的人力资源基石；其次，消费市场潜力巨大，随着民众收入水平的提升及消费观念的现代化转型，中国消费市场持续扩张，为经济增长注入了强劲的内生动力；最后，年龄结构相对年轻化，相较于众多发达国家，中国的人口平均年龄较低，预示着未来一段时间内劳动力供应将维持相对稳定态势。

然而，不容忽视的是，中国的人口红利正逐步步入衰减阶段。一方面，生育率下滑成为显著挑战，在经济社会进步、生育观念变迁及生活成本攀升等多重因素共同作用下，中国生育率持续走低，预示着未来劳动力供应潜力将有所减弱；另一方面，人口老龄化进程加速，伴随着医疗技术进步与生活品质提升，老年人口比例持续攀升，这不仅推高了劳动力成本，还加剧了社会保障体系的承压，对经济增长构成了长远的挑战；此外，劳动力成本上升问题凸显，供需失衡导致劳动力成本持续攀升，可能影响企业的国际竞争力；同时，劳动力供给的结构性失衡亦不容忽视，高技能人才短缺与低技能劳动力过剩并存，制约了产业升级与经济结构的优化进程。

鉴于此，中国需在充分发掘并利用当前人口红利的基础上，积极应对未来人口结构变化的挑战。通过实施政策调整、深化制度创新、加速技术进步等多维度策略，促进经济实现持续、健康的发展。

2. 释放策略。

（1）教育与技能培训策略。首先，在于构建覆盖全生命周期的职业教育与培训体系，以强化劳动参与率，确保劳动力市场的持续活力与就业人口的稳步增长（米靖，2023）。此体系需秉持终身学习的原则，兼顾劳动者职业生涯的初始阶段与后续发展，不断促进技能的形成与更新，从而有效提升劳动参与率。因此，策略应聚焦于全劳动生命周期的个体，依据其年龄阶段特性，实施差异化的技能培育与积累措施。对于 16～24 岁的青年劳动力群体，正处于技能培育的关键期，职业教育应紧密对接劳动力市场的实际需求，确保青年劳动者获得市场广泛认可的资质认证。特别需关注那些既未就业又未接受正规教育的青年群体，利用现代信息技术进行精准追踪，整合优质职业教育与培训资源，构建高效的就业技能培训平台，提供定制化技能培训与就业援助服务。对于 25～59 岁的中年劳动力群体，处于技能提升与优化的重要阶段，职业教育应不断创新服务模式，常态化地提供高质量的线上线下教育资源，构建智能化、虚拟化的工作模拟环境，全方位助力其技能水平的精进与拓展。此外，针对 60～70 岁的老年劳动力群体，尤其是那些有意向再就业的低龄老年人，应根据实际岗位需求，灵活开设老年职业培训课程，旨在挖掘老年人力资源潜力，有效增加老龄化社会中的劳动力供给，促进劳动力市场的多元化与包容性发展。

其次，应加速构建现代、全面的职业教育类型体系，旨在提升劳动力群体的平均受教育年限，这是增强劳动年龄人口教育水平的关键所在（米靖，2023）。具体而言，该体系的建设路径涵盖三大方面：一是纵向贯通"中高本硕"教育路径，现代职业教育体系为学习者铺设了无缝衔接的升学桥梁，打破了传统升学壁垒。随着"职教高考"制度的日益成熟与实施，基于"文化素养＋职业技能"的综合评价体系，将吸引更多因偏科或兴趣明确而可能放弃传统学业的潜在学生群体，在职业教育领域内持续成长，从而有效扩大接受正规学历教育的人口基数。二是促进职业教育与普通教育之间的横向融合，赋予学习者更加灵活多样的选择权与转换机制。这种融合不仅保障了选择的自由与平等，还允许个体在职业路径与学术路径间自由切换，并持续深造，从而在拓宽个人发展空间的同时，也延长了整体的受教育年限。职业教育在强调就业导向的同时，亦兼顾了升学需求的满足。三是通过非学历职业培训弥补教育资源地域分配的不均衡问题。此类培训作为现代职业教育体系的重要组成部分，利用学分银行等机制实现学分的累积与转换，进而为参与者提供学历认证的可能，不仅增加了学历教育人口的总数，也为低学历群体提供了延长受教育年限的有效途径，促进了教育资源的公平分配与高效利用。

最后，聚焦于技能培训政策的全面支撑体系构建，需政府层面的精心规划与执行：首先在于政策的精准制定与高效实施，政府应推出一揽子激励性政策措施，涵盖财政资金的专项投入、税收减免的优惠政策以及战略性的政策导向等，确保这些政策能够切实落地生效，为教育与技能培训领域注入强劲动力。其次，强化监管与绩效评估机制，政府应加大对教育与技能培训机构的监管强度，确保其教学质量的卓越与运营行为的合法合规。通过实施定期的教育培训效果评估与反馈机制，及时洞察并纠正存在的问题，促进整体培训质量的持续提升。最后，深化宣传引导与社会动员，充分利用媒体、互联网等多元化传播渠道，广泛传播教育与技能培训对于个人成长及社会进步的重要意义。同时，树立并推广一批在教育与技能培训领域取得卓越成就的典型企业与个人案例，发挥他们的榜样力量，激发全社会对教育培训的积极参与和高度认可，共同营造重视技能、崇尚学习的良好社会氛围。

通过上述策略的实施，可以全面提升劳动力的教育水平和职业技能，进而充分挖掘和利用人口红利，为经济社会的持续发展提供有力的人才支撑。

（2）劳动力市场改革与就业促进。

①完善就业服务体系。首要任务是构建一个全国一体化的就业信息交互平台，该平台需深度整合跨地域、跨部门的就业信息资源，实现全国范围内的无缝对接与实时数据更新。此平台将集成职位检索、简历一键投递、远程面试等多元化功能，旨在显著降低求职个体与企业间的信息搜寻成本，促进就业市场的高效匹配。其次，深化职业指导与咨询服务。为进一步提升就业服务质量，各级公共就业服务机构应增设专业化的职业指导服务窗口，致力于为求职者提供定制化的职业路径规划、精准的职业能力评估以及实用的求职策略指导。通过这些个性化服务，帮助求职者明确职业方向，增强求职过程中的竞争力与适应性。最后，强化职业技能培训与实操演练。紧跟市场需求的动态变化与产业发展的前沿趋势，设计并实施一系列多元化、高质量的职业技能培训项目与实战演练活动。这些培训项目应聚焦于提升求职者的专

业技能、实践操作能力及行业适应性，从而全方位增强其在职场中的竞争力，为顺利就业奠定坚实和可靠基础。

②优化劳动力流动环境。深化户籍制度革新，逐步放宽并简化户籍迁徙的约束条件，降低落户标准，旨在实现劳动力资源在全国范围内的自由、高效配置。构建跨区域就业协同体系，强化区域间就业服务的联动机制，实现就业信息的广泛共享，协同策划与实施跨区域招聘活动，促进劳动力在地域间的无障碍流动。激发行业间人才流动活力，倡导企业跨越行业界限，积极推进跨行业的人才互动与合作项目，以此提升劳动力市场的灵活性与适应性，促进人才资源的优化配置与高效利用。

（3）社会保障体系完善。

①养老保险制度优化策略。首先，普及个人养老储蓄账户制度，积极倡导民众开设个人养老金账户，并实施税收减免等优惠政策，以此激发个人对于养老储备的积极性与参与度。其次，动态调整基础养老金水平，紧密结合国家经济发展水平与物价变动趋势，适时上调基础养老金的发放标准，确保每位退休人员的基本生活得以稳固保障。最后，构建多元化、多层次的养老保险框架，大力发展企业年金与职业年金制度，激励企业为员工增设额外的养老福利，从而构建一个由政府主导、企业参与、个人负责的全方位、立体化的养老保险体系。

②完善并强化高质量医疗卫生体系的建设。以持续提升全民健康素养为核心目标。我们需坚定不移地将人民健康置于首位，秉持预防为先的原则，坚守医疗卫生事业的公益性质。在此基础上，进一步优化医疗资源的地域布局，均衡大城市、中小城市以及城乡之间的医疗资源配置，确保医疗服务的可及性与均衡性。同时，加大力度培育医疗卫生专业人才队伍，促进人才结构优化与能力提升。此外，应积极倡导并推动多元化医疗服务模式的创新与发展，如社区医院、家庭医生服务及专科医疗等，以全面提升医疗卫生服务的质量与效率（王晓峰，刘华伟，2023）。进一步而言，我们还应展现出更高的前瞻性与主动性，致力于构建全面而高质量的心理健康服务体系。这包括建立心理咨询与治疗的专业机构，为公众提供科学、专业的心理支持。同时，要特别重视社区层面的心理健康服务体系建设，通过发展社区心理健康服务网络，将心理健康服务的触角延伸至基层，确保每一位需要心理关怀的个体都能获得及时、有效的帮助。

（三）柳工公司的发展历程

1958 年 11 月 26 日，由当时 500 多名创业者从上海和其他地区搬迁到柳州，在城市西郊的荒野之地创建了"柳州工程机械厂"，其为广西柳工机械股份有限公司的前身。广西柳工机械股份有限公司成立于 1993 年 11 月 8 日，是中国工程机械行业和广西第一家上市公司，并在深交所上市。

1966 年，在计划经济盛行的年代，时任厂长李郁带领柳工的创业者开始了装载机研发和制造的漫漫征程。柳工人从来没有停止装载机的技术创新和品质提升的步履，并一直引领着这个产业的技术变革和市场创新，推出了中国第一台现代化轮式装载机 Z435。20 世纪 80～90 年代末，市场经济的步伐从蹒跚到矫健。在中国改革开放的大潮中，原董事长张沛先生领导柳工人开创了工程机械行业的先河：成功消化吸收了从卡特彼勒引进的装载机技术，自主开发了全球装载机行业的永久经典产品 ZL50C，创造了单一型号装载机全球销售超过 15 万台以上的奇迹。改革开放初期，中国开始了对国有企业的改革尝试，旨在提高效率和竞争力。1984 年，柳工被列为国家第一批国有企业改革试点单位之一，实施了一系列改革措施，包括扩大企业自主权、推行承包责任制等，有效激发了企业活力。1993 年，柳工进行了股份制改革，成为股份有限公司，并于 1994 年在深圳证券交易所上市，成为工程机械行业和广西的第一家上市公司，标志着柳工从传统的国有企业向现代企业制度转变，二十多年来成为资本市场受人尊重的企业；1995 年，柳工与德国 ZF 集团合资成立了传动部件公司。与此同时，柳工在行业率先建设了覆盖全国的经销商体系，成为同行效仿的榜样。这些行业开创性的工作，为柳工 21 世纪的发展奠定了坚实的基础。

进入 21 世纪，柳工进一步加大了科技创新力度，建立了国家级企业技术中心，不断推出具有自主知识权的新产品。2000 年以后，柳工不再局限于单一的装载机产品，实现跨区经营，产品线扩宽，2000 年柳工收购江阴交通工程机械厂，开始生产压路机。从 2002 年开始，在共建"一带一路"倡议下，柳工原董事长王晓华前瞻地提出了"建设开放的国际化柳工"的愿景，加快国际化的步伐，开始出口贸易，通过海外设厂、并购等方式，在全球范围内建立了完善的销售和服务网络。2004～2010 年是柳工全球业务的快速扩张期，先后在北美、亚太、欧洲等地建立了子公司。在全球市场，柳工拥有超过 300 家经销商覆盖超过 100 个国家，其中 63 个为共建"一带一路"国家，设有 10 个海外区域配件中心，12 家海外营销子公司，5 个全球研发中心。

经过 20 年的漫长布局，柳工相继完成了国际营销、国际制造和国际并购三级跳，走出了一条从海外贸易、海外营销到海外制造、海外并购的国际化路径。如今，柳工已在全球拥有 300 多家经销商、32 条整机产品线、30 家海外子公司与机构、5 大全球研发基地；为 170 多个国家和地区提供产品和服务，海外市场连续 6 年保持 40% 增长，海外收入占比最高时达到 30%。其中，在"一带一路"共建国家，柳工拥有 130 多家经销商、320 个网点，在新加坡、印度、阿联酋、印尼、俄罗斯等国家设立了海外子公司。

近年来，柳工通过混合所有制改革和股权激励等措施，进一步提升了企业的竞争力和市场影响力。习近平总书记强调，制造业高质量发展是我国经济高质量发展的重中之重，要在推动产业优化升级上继续下功夫。2021 年末，柳工收获了新年钟声敲响之前的一份大礼——其整体上市获得中国证监会并购重组委审核"无条件通过"，这标志着柳工整体上市取得阶段性成果，柳工整体上市之后将会有效地提升公司的资产收入和利润水平，对于公司未来的发展，会形成更强有力的规模经济效应。在国有控股的情况下能够实现股权多元化，使得治理体系更加现代化，透明度更高，激励机制也会更加完善，因此未来发展内生的制度动力也会更加完善。截至 2022 年，柳工集团已经完成混合所有制改革，并实现整体上市，拥有一级子公司 6 家，总资产 441.05 亿元，员工 16000 余人，净资产 179.73 亿元，年营业额达到了 264.20 亿元。

三、案例简评

（一）国企改革与人口红利释放的关系

1. 国企改革"五位一体"，推动中国式现代化产业建设。

中国国企改革历经四十余年，从"让权放利"的试发展时期（1978 ~ 1992 年），到后来转换企业经营机制和建立现代化企业制度新阶段的制度创新时期（1993~2011年）（曲朝，2024），国有企业逐渐成为市场竞争的主体，在生产发展、创新激励、治理结构等方面都卓有成效。国有企业作为中国特色社会主义生产方式的具体体现，其在生产资料和劳动之间的平衡配置与社会经济发展紧密相连，在中国式现代化进程中扮演重要角色。李娟伟等（2022）基于马克思主义经济学视角，建设以动力机制、平衡机制、开放机制、调控机制及评价机制为五个角度的国企"五位一体"研究体系，从宏观整体与微观要素方面研究国企改革与生产建设的关系。

（1）国企改革动力机制促进要素培育，为人口红利奠定基础。新要素的培育及其在生产过程中的应用是国有企业改革的主要动力，科学技术作为第一生产力，是国企改革的新要素，是其重要发展对象。马克思指出，生产资料的数量，必须足以吸引劳动量，足以通过这个劳动量转化为产品。在新要素培育发展的同时，也要兼备生产要素的优化与配置，使国有企业向资本密集型、能源密集型的企业转换，促进企业的产业结构化升级，提高企业的市场竞争力与股权控制力，为人口红利释放提供合理平台与坚实基础。

柳工集团进行混合所有制改革，增加资本投入与治理多元化，进行产业技术创新，从单一生产链转向多面多段的生产集合，在探索新领域、推动新创新的方面充分发挥企业优势，为劳动力收集与管理提供了基础。

（2）国企改革平衡机制优化地区异质，促进人口数量红利释放。国有企业作为我国社会主义市场经济发展的代表，其总体发展程度与社会经济总体水平密切相关，为此，国家积极推进国有企业地区异质的协同发展与产业结构的联合升级。国企改革将国有资本在工业、农业、服务业上的结构投入指标进行优化升级，伴随轻重工业之间的结构布局调整（李娟伟等，2022），通过分类指导、整体优化，帮助企业资本在各方面合理分配，实现高质量发展效力最大化，提升国有企业自身劳动力吸引力，促进劳动力向国有企业流动。国有企业结构升级打破原有"继承制""大锅饭"格局，促进企业内部流动，提升企业创新生产活力。

同时，国企改革在空间上帮助平衡各地区间的协调发展，激励国企发展积极性，为经济发展提供坚实财税基础，这使得空间差异地区经济发展水平逐渐趋同，人口总体就业与劳动力流动问题得到良好改善，各地区劳动力与生产要素需求增加，促进人口数量红利释放。

（3）国企改革调控机制宏微观融合，促进人口质量红利释放。国有企业改革具有系统性，从微观企业个体到宏观国有经济总体，国有企业结构改革助力建设社会主义现代化经济体系。

国有企业宏观经济层面，表现出量到质、低到高的实质性转变（李娟伟，2022）。国有企业作为社会主义公有制的具体实现形式，直接决定我国社会主义发展的物质基础，国有企业改革过程受到中央集中调控，实现产业总体产业链上中下游环环相扣，在国际总体竞争上实现国有企业与民营企业协同共进，提升国际竞争力。国有企业微观层面改革，结合供给侧结构性改革，多方面多角度进行改革优化。在企业内部，国企改革主要进行内部管理层"压减"与企业间重组构建，进行横向战略性重组和纵向产业链整合（何瑛等，2024），助力改善国有企业"僵尸化"现象，帮助提升国有企业劳动力吸引力与劳动力质量培养能力。

（4）国企改革提升对青年职工吸引力，青年职工为国企改革注入活力。国有企业改革助力国有企业释放最大效力，使国有企业产业链上中下游全面优化，生产方式与福利对策的改变使国有企业对青年职工的吸引力增加。调查显示，当国有企业薪资水平低于其他企业时，仍有24%的参与调查青年选择国有企业；当国有企业薪资高于其他企业平均水平时，有超过83%的青年职工选择国有企业。可见，在国企改革过程中，其对于青年职工的吸引力随着改革程度加深逐渐加强。同时青年职工对于企业改革取得成效表示认同，充分肯定国企改革大方向，对改革前景持乐观态度。

柳工企业改革同样增加了其在青年职员中的选择面，青年职工的加入，为柳工企业注入新鲜活力与全新动力，同时职工诉求进一步催使企业发生改革，二者相互叠加效应使柳工企业劳动力与创新改革需求增加，加速了人口红利的释放，促使公司产业创新升级发展。

2. 人口红利提升城市经济韧性，制度红利叠加效应。

人口作为社会经济活动的主体，是社会再生产活动的主要参与者，人口发展是"国之大者"。人口问题是我国面临的长期性、战略性问题，为促进经济社会高质量发展，必须着力提高人口素质，促进人口高质量发展，为现代化社会建设形成支撑。因此，人口红利释放不仅要关注数量方面的增加，更要关注质量方面的提升。

（1）人口红利提升城市经济韧性，助力国有企业改革环境发展。合理的人口分布、高素质人口资本和充分的劳动人口数量对城市的技术创新有积极影响，研究表明，人口质量红利能够明显增强城市经济韧性，同时人口数量红利释放的影响不存在城市异质性（何雄浪等，2024）。

人口数量红利的变化影响着国民收入中的储蓄与消费，人口红利表示着劳动力人口占总人口的比重，人口红利释放使劳动力由农村转向城市，为国有企业提供劳动力补充，增加竞争力。人口数量红利释放使社会与家庭的抚养性活动更多转向生产性活动，刺激投资，形成经济的扩大生产，劳动生产率提高。人口质量红利释放使科学技术水平提升，柳工企业由劳动密集型转向资本技术密集型，劳动生产效率提高，使企业经营利润扩大，实现要素的合理利用和优化配置。人口数量与质量变化通过提高生产力和生产效率进而提高城市经济韧性，为企业改革提供良好环境基础，助力改革发展。

（2）人口红利改善产业结构，做国企改革催化剂。劳动力人口供给从供给侧与需求侧提升了产业增加值比重，进而改善产业结构，催使产业进行结构化升级（颜色等，2022）。根据刘易斯二元经济理论，传统部门的劳动与其他要素完全互补时，劳动力供给过高会导致劳动力过剩，因此随着农业生产要素的提高，相对价格下降，劳动力由农业传统部门转向现代部门，产生利润进行经济再生产，在这个过程中，人口数量红利的释放通过对传统部门的劳动力供给产生的过剩劳动力转向现代部门，进而增加现代部门劳动力数量，使企业进行产业化结构改革，提升人口质量红利，加快企业转型升级步伐，成为国有企业改革催化剂，促进劳动力释放与产业结构升级转型。

（3）人口红利与制度红利双重叠加，推动国企改革进程。长时段数据表明，市场经济的"制度红利"能够有效促进劳动力供给的"人口红利"的充分释放（陈虹等，2019）。制度红利的缺乏会对人口红利释放产生阻碍效应，不恰当的制度红利或无效的制度会对人口GDP增长产生负向影响，使人口红利对经济发展的质量提升拉动作用有限；制度红利的形成能有效促进人口红利的释放，通过正向的制度推进，能够使劳动力作为市场主体的积极性充分发挥，使人口GDP增速提升，社会人口总抚养比下降，人口红利效果显著。

制度红利与人口红利同时存在叠加效应，二者相辅相成有助于延长中国经济的比较优势。改革开放以来，我国陆续进行家庭联产承包责任制改革、城市经济体制改革、市场经济体制确立与国企改革，将制度红利充分释放，使人口红利潜能得到充分激发，进一步突出人口红利的比较优势，实现国家经济资源配置优化与经济结构改善，帮助实现经济社会高质量发展。我国实行国企改革，作为制度红利正向表现，同人口红利释放叠加，相互影响，共同为社会经济发展添加动力。

柳工企业发展股权激励机制，对员工持股、参与公司经营作出鼓励，当员工与公司的命运相连接时，员工的积极性与创新性才能更大地调动起来。柳工企业混合所有制改革与股权机制并行，从制度红利上双面推动企业向前发展，由管理层到普通员工，多层次多方面的政策使企业在改革初期能够破除障碍，加之人口红利释放的外部催化，使得柳工企业近年来营业额与收益率显著增加，改革与人口红利双向作用明显。

（二）柳工公司的改革成效与意义

1. 混合所有制改革。

柳工公司通过混合所有制改革显著提升了其竞争力和市场影响力。柳工集团在 2022 年完成了混合所有制改革，并实现了整体上市，引入了多元投资主体，包括国内和国际资本，增加了资本实力和治理结构的多元化。这一改革引入了 7 家战略投资者，同时 1274 名骨干员工以 2.23 亿元参与跟投，不仅增强了企业的资本实力，还通过引入外部投资者和员工的共同投资，激发了企业内生动力和活力。混改后，柳工集团与新股东携手打造更具竞争力的产业和资本联盟，深度变革体制和机制，充分发挥全体股东合力。同时整合子公司，将柳工股份、欧维姆等 6 家子公司整合进入混改主体，优化资源配置，提高整体运营效率，并且广西国资委无偿划转其持有的柳工有限股权给柳工集团，优化了股权结构，提升了企业决策的灵活性和效率。

2. 市场化经营体制改革。

在国家对国有企业实行市场化经营机制改革的政策下，柳工集团跟随国家的脚步实行三项制度改革，深化劳动、人事、分配三项制度改革，提高了员工的工作积极性和企业运营效率。在劳动制度上改革，优化人力资源管理，提高员工绩效考核的透明度和公平性，实现刚性考核和刚性兑现；在人事制度上改革，建立更加市场化的用人机制，打破"铁饭碗"，实行竞争上岗；在分配制度上改革，构建合理的薪酬体系，确保员工薪酬与企业效益和个人贡献相匹配。

3. 员工股权激励体制。

柳工集团在多个子公司成功实施了员工股权激励机制，将核心团队的利益与企业业绩挂钩，增强了团队凝聚力和长期发展动力，充分激发了企业活力，提升了企业核心竞争力。从2020年开始，一场源自企业内部的改革便在有条不紊地推进中。作为国务院国企改革"双百行动"首批试点企业，柳工坚持党的建设和混合所有制改革同步谋划，成功实施混合所有制改革，完成了柳工股份、欧维姆等6家子公司整合进入混改主体，同步开展员工持股，1274名骨干员工参与持股，形成了"中央和地方国企优势＋市场化机制＋战略伙伴协同"的广西国企改革发展新模式。这一成功经验也被国务院国资委网站作为典型，列入其编发的"国企改革样本"系列报道中。柳工农机公司坚持以激励促发展的原则，合理确定股权奖励总额和个人额度，严格按分红激励暂行办法执行。这种多层次的员工长效激励机制不仅提高了员工的积极性和忠诚度，还促进了企业的高质量发展。混改后的柳工集团在经营效率和盈利能力方面取得了显著提升。2023年，公司业绩同比大增45%，盈利能力显著增强。此外，公司在挖掘机领域的市场占有率也有所提升，渠道优势基本稳固，并提前布局国四产品具备成本优势。

4. 国际化改革。

柳工集团通过国际化和电动化战略进一步提升了其市场影响力。在"十三五"期间制定了深度国际化的战略，充分利用共建"一带一路"倡议、中国制造2025等国家战略机遇，强化了工程机械和建筑机械两大核心产业板块，利用改革带来的资源和活力，拓展了产品线，与美国康明斯成立合资公司，生产更多类型的工程机械设备，甚至进入农机领域。柳工公司的国际化战略设计得十分系统和全面，特别是在澳大利亚、北美、拉美和印度等地的布局策略上有着明确的目标和详细的规划。在印度市场，柳工将印度列为最高优先级的海外目标市场。尽管印度市场需求的增长速度低于预期，但庞大的人口数量和经济发展的雄心使得柳工对印度市场的长期战略价值坚定不移。柳工在印度采取了本土化策略，经过15年的深耕，逐步建立了强大的市场基础；在北美市场，柳工通过建立北美公司作为原点，逐步扩展了当地的渠道、服务和配件等实体业务，使自身业务线条逐渐融入当地市场。为了响应客户不断增长的需求，柳工还扩展了北美的产品线，并在2020年美国工程机械展览会上推出了全新一代F系列挖掘机、五阶段轮式装载机和全新的锐斯塔推土机；在拉美市场，柳工早在 2015 年就计划加大对拉美市场的投资，并在巴西圣保罗州投资建设制造基地。拉美已成为柳工的主要海外市场之一，柳工在拉美的战略目标是扩大其产品在该地区的市场份额。柳工的国际化战略强调本地融合和市场深耕，通过在关键市场建立子公司、扩展产品线和提升本地服务能力来实现其全球布局的目标公司积极拓展国际市场，推动产品国际化，同时加大电动化产品的研发和推广力度，以应对未来市场的变化和需求。

5. 产业技术创新改革。

在国家大力推行技术改革创新的背景下，柳工集团加大改革创新的力度，加大了在新能源、智能装备等前沿技术领域的投入，推动了产品的高端化、智能化和绿色化，得益于改革措施，明星农机产品的推陈出新仅为管中窥豹。如今的柳工业务已经从单一的产品线，发展到覆盖铲运机械、挖掘机械、路面机械、起重机械等 13 大品类，32 条整机产品线，能为全球客户提供成套设备全面解决方案。在"全面国际化、全面智能化、全面解决方案"这一战略思想的指导下，柳工大力发展工程机械、预应力两大核心产业，积极拓展农业机械、矿山机械、智能机器人等战略性新兴产业，加速打造行业领先的工程机械智能制造基地，同时，不断拓宽服务领域，丰富产品种类，持续推动产业转型升级。2024 年的预测数据显示，公司收入和净利润均有显著提升，显示出了强劲的增长势头，在工程机械行业的市场份额大幅度提升，尤其是在挖掘机领域，显示出国企改革后的强大市场竞争力。

6. 人口红利释放。

人口红利通常指的是一个国家或地区劳动力丰富且成本相对较低时，可以促进经济增长的现象。对于像柳工这样的制造型企业而言，有效利用人口红利，可以通过优化人力资源配置，提高劳动生产率，同时通过培训和教育提升员工技能，从而更好地利用人口红利。

借助大量劳动力的优势，推动技术创新和新技术的应用，比如自动化和智能化技术，以提高生产效率和产品质量。利用庞大的劳动力资源开发新产品和服务，开拓国内外市场，特别是随着共建"一带一路"倡议的推进，海外市场成为重要增长点。

综上所述，国有企业改革为柳工带来了体制和机制上的革新，使得企业能够更好地适应市场变化，提升了内部管理和外部竞争能力，最终体现在企业规模、市场地位和盈利能力的显著增强上。柳工的案例是国有企业通过改革实现转型升级和高质量发展的典范。

四、问题探索与理论链接

国有企业是党执政兴国的支柱力量，是宏观国有经济发展的微观载体，是中国市场经济的重要组成部分（何瑛等，2024）。国有企业改革是中国经济体制改革的核心内容之一，自改革开放以来，国企改革经历了从放权让利、承包经营责任制、股份制改革到现代企业制度建立等多个阶段。这一系列的改革措施增强了国有企业的市场竞争力，推动国有经济稳步前进，为我国的经济腾飞作出了重要贡献。20世纪八九十年代以来，随着中国城乡二元结构的转变和劳动力市场的不断完善，农村剩余劳动力向城市转移。我国的劳动年龄人口占总人口比重较大，而老年和少儿抚养负担相对较轻，形成了有利于经济发展的劳动力资源优势，即人口红利。在这段时期，国有企业充分利用了人口红利带来的低廉的劳动力成本优势，进行大规模的工业化和城镇化建设，创造了巨大的经济增量，实现了企业和市场经济的蓬勃发展。

通过对国有企业广西柳工集团有限公司的改革与人口红利释放案例的回顾，我们可以发现，国有企业改革能够激发企业活力，提高企业的经营效率，并在此过程中有效释放人口红利，实现企业与员工的双赢发展。广西柳工集团改革的成功案例表明，国有企业改革与人口红利释放之间存在着密切的内在联系。一方面，国有企业改革能够更好地利用劳动力资源，提高劳动生产率，从而进一步释放人口红利。另一方面，人口红利的持续释放也为国企改革提供了良好的外部环境。二者相互关联、相互促进，共同推动着国民经济的持续健康发展。在中国特色社会主义新时代，国有企业改革仍在不断地探索和深化，推进着中国式现代化建设。然而，近年来，随着人口老龄化现象的加剧，人口红利不再，市场经济的发展是否会受到挑战呢？由此，我们学习这个案例时，有必要去了解国有企业改革和人口红利背后的理论依据，以及二者之间的促进关系，并探索它们与经济发展之间的联系。具体如下所述。

（一）国企改革的理论依据

党的十八大以来，习近平总书记就国企改革发展作出了一系列重要论述，把发展国有企业的规律性认识提升到了新高度，是科学运用马克思主义基本原理指导中国国有企业改革发展实践的重要理论成果，为新时代国企改革提供了根本遵循。曲朝等（2024）研究指出，习近平总书记关于国企改革发展重要论述的理论基础，始终坚持正确处理经济基础与上层建筑的辩证关系、坚持以人民为中心的价值取向、坚持正确处理生产力和生产关系的辩证关系，继承和发展马克思主义基本原理，推动国有企业高质量发展。国家政策引领着国有企业的改革方向，近年来，中国政府发布了一系列关于国有企业改革的政策和文件，为国企改革提供了明确的指导。如 2015 年 8 月《中共中央　国务院关于深化国有企业改革的指导意见》，以及 2015 年 12 月国资委、财政部和国家发展改革委《关于国有企业功能界定与分类的指导意见》等文件，都为国企改革的具体实施提供了政策依据。同时，国企改革的基本路径和策略也遵循着市场经济体制的基本原理，这确保了改革的方向与市场经济的发展要求相一致。国企改革强调国有企业的独立性和自主性，赋予其更大的经营决策权和市场应变能力。这意味着国有企业不再单纯依赖于政府的行政指令，而是更加注重市场需求和竞争态势，根据自身的资源禀赋和竞争优势来制定发展战略和经营计划；国企改革还注重公平竞争和优胜劣汰的市场机制建设。在市场经济体制下，竞争是推动企业创新和提高效率的重要动力。国企改革通过打破行业垄断和地区封锁，推动国有企业与其他所有制企业之间的公平竞争，让市场在资源配置中发挥决定性作用。通过完善企业破产退出机制，实现优胜劣汰，促进产业结构的优化升级；此外，国企改革也强调经济效益和社会效益的有机统一。国有企业作为国民经济的支柱和重要组成部分，不仅要追求经济效益的最大化，还要积极履行社会责任，关注环境保护、社会公益等方面的问题。在改革过程中，国有企业需要更加注重可持续发展和绿色发展，推动经济、社会、环境的协调发展。

理论依据是国企改革背后的底层逻辑，国企改革的理论依据主要来源于马克思主义所有制理论和产权理论。国有企业改革通过明确企业法人财产权，实现出资者所有权与法人财产权的分离，使得企业成为享有民事权利、承担民事责任的法人实体，进而增强了企业的活力。马克思的产权理论主要强调产权的分离，即所有权分离为"法律上的所有权"和"经济上的所有权"。这一理论为国企产权改革提供了重要依据。产权的分离是所有制分离的重要表现，这种分离有助于明确产权关系，促进经济主体的独立性和自主性。这一理论明确了国企产权改革的方向，即在不改变公有制性质的前提下，通过产权改革提高国有企业的运营效率。在 21 世纪的现代企业制度下，企业的一个重要特点就是所有权与经营权相分离。二者相分离的直接结果就是导致了信息不对称，从而引发了委托代理问题所带来的代理成本的增加。在国有企业改革进程中，如何降低委托代理问题带来的代理成本是未来国企改革的一个基本方向。产权理论在国有企业改革过程中的应用场景主要有如下几个方面：

1. 产权明晰化。

在传统的计划经济体制下，国有企业的所有权和经营权高度集中，从而导致产权不明晰。产权理论的应用通过明确国有企业的所有权、经营权和收益权等权能，建立清晰的产权关系，减少模糊地带，为国企改革提供清晰的产权框架，有助于降低企业经营中的道德风险和代理成本，提高企业的运营效率。

2. 推动产权流转。

哈特产权理论指出，谁拥有产权，谁就拥有它的最终控制权。在国企改革中，通过产权流转将控制权从政府手中转移到更高效的管理者手中，可以提高企业的运营效率。国企改革在保持国家控制力的前提下，加强产权流转的市场机制建设，建立规范的产权交易市场并加强监管，以推动国有企业的产权流动、实现资源的优化配置。通过兼并、重组、股份制改造等方式，提高国有企业的竞争力和市场适应性。

3. 实行混合所有制改革，对国有企业进行产权多元化改革。

将国有资本与其他所有制形式的资本结合成一个整体，形成混合所有制企业。在混合所有制企业中，需要进一步完善治理结构，建立科学合理的决策机制和利益分配机制，以避免不同所有制形式之间的矛盾和冲突。其中的非国有资本会对国有资本进行监督，加强对国有企业管理者的约束力，这也有助于引入多元投资主体，优化国有企业股权结构，提高国有企业的竞争力。

（二）人口红利理论与经济发展

人口规模庞大是中国的基本国情，"人口"与"发展"之间存在着动态互构的关系。人口发展态势体现了社会经济发展的后果，并影响着社会经济发展的过程。人口与经济增长关系的各种理论对我国政策的制定具有重要的借鉴意义，人口未来的发展趋势成为各项社会经济发展规划和战略的首要治理考量因素（彭希哲等，2024）。20 世纪 90 年代出现并在人口—经济关系研究领域逐渐引人注目的人口红利理论，很好地解释了改革开放时期中国经济的高速增长（蔡昉，2022）。自改革开放以来，中国作为世界人口第一大国，其经济社会发展策略与因年龄结构转变而开启的"人口机会窗口"实现了高度的战略契合，适时将人口优势转化为经济优势，实现了经济增长奇迹。经国内外研究者的经验估算，在 1982～2000 年，人口红利对中国经济增长的贡献为 15%。人口红利理论是人口经济学的一个重要组成部分，它揭示了人口结构变化与经济发展之间的密切关系。人口红利是指一个国家或地区在人口结构转变过程中，由于生育率下降导致少儿抚养比迅速下降，同时老年人口比例还未达到较高水平，从而形成一个劳动力资源相对丰富、抚养负担较轻的时期。这种人口结构变化为经济增长提供了额外的推动力，即所谓的"人口红利"。原新等（2021）的研究初步建构了具有中国特色的人口红利理论，并将人口红利划分为三种类型，分别是：由劳动力的经济增长效应主导的数量型；由人力资本的经济增长效应主导的质量型；以及由全要素生产率的经济增长效应体现的配置型。自改革开放至党的十八大，中国正值劳动年龄人口迅猛增长、总抚养负担持续减轻的黄金发展阶段。这一时期，国内深化改革与扩大开放的双重政策环境极大激发了劳动力市场的供需潜力，促进了以劳动力数量优势为核心的数量型人口红利的显著发挥，并伴随劳动力从农业部门向非农业部门的转移，有效激活了资源配置效率提升所带来的基础性配置型人口红利，共同推动了经济的高速增长。然而，随着劳动年龄人口规模与占比达到峰值后步入下行轨道，特别是在"十四五"规划期间，面对深度老龄化社会的加速到来，以及预计在 2026～2027 年人口负增长趋近的情境，人口在数量与年龄结构层面所蕴含的机会显著缩减，数量型人口红利的主导作用渐趋减弱。尽管如此，中国庞大的人口基数及显著的区域发展差异仍为经济调整与转型提供了宝贵的缓冲空间与战略机遇。进入新时代，中国经济由高速增长阶段向高质量发展阶段迈进，人口红利的核心驱动力正逐步从数量型向质量型转变。未来，人口红利的结构将更侧重于质量型，尽管数量型红利仍在一定程度上存在，但其获取难度将显著增加。同时，配置型人口红利亦处于转型升级的关键阶段，通过优化资源配置、提升劳动力素质与创新能力，可以进一步挖掘人口潜力的新增长点。

人口红利理论与经济发展之间存在着千丝万缕的联系，人口结构的变化对经济增长模式、动力机制及长期潜力有着重要影响。在人口红利期，劳动年龄人口（普遍界定于 15 ~ 64 岁）占比较大，为经济发展提供了充足的劳动力资源。这种丰富的劳动力资源有助于企业扩大生产规模，提高生产效率，从而促进经济增长。随着全球及各国人口结构的动态演变，人口红利不再局限于传统意义上的劳动力数量优势，而是逐步拓展至劳动力质量、创新能力、教育水平及人口结构多样性等多个维度。由数量型向质量型人口红利的转变，是当前及未来经济发展的必然趋势。随着劳动年龄人口占比的下降和老龄化社会的到来，单纯依靠劳动力数量增长推动经济增长的模式已难以为继。因此，提升劳动力素质、加强人力资本投资、促进科技创新，成为挖掘新的人口红利、维持经济持续增长的关键。这不仅要求政府加大对教育、培训、科研等领域的投入，还需要企业积极参与，通过技术创新和管理优化提升生产效率，实现高质量发展。人口结构的多样性也能为经济发展带来新的机遇。不同年龄段、性别、教育背景及技能水平的人口群体具有各自的优势和潜力，通过合理配置和优化组合，可以形成多元化、互补性强的劳动力队伍，为经济发展提供源源不断的动力。例如，老年人口虽然退出了一线劳动市场，但其丰富的经验、知识和社会资本仍可作为宝贵资源加以利用，通过发展银发经济、终身教育等方式促进经济社会的全面发展。随着城乡差距的缩小和区域发展不平衡的逐步改善，人口迁移成为优化资源配置、促进经济发展的重要途径。一方面，农村剩余劳动力向城市和非农产业的转移，为城市发展提供了丰富的劳动力资源，促进了工业化、城镇化的快速发展；另一方面，城市间及区域间的人口流动也促进了技术、资本、信息等生产要素的交流和扩散，增强了经济的整体活力和竞争力。在新时代背景下，我们应全面把握人口结构变化的趋势和特点，积极应对人口老龄化、劳动力素质提升等挑战，加强政策研究和制度创新，为人口红利的持续释放和经济充分高质量发展提供有力保障。

（三）以国企改革促进人口红利释放

在探讨如何有效释放人口红利以推动经济发展的过程中，国企改革作为经济体制改革的重要组成部分，在其中扮演着至关重要的角色。通过深化国企改革，不仅能够激发企业内生动力，提升经营效率，还能为人口红利的全面释放创造有利条件，促进经济社会的持续健康发展。传统国有企业往往存在人员冗余、效率低下等问题，严重制约了人力资源的有效利用。通过实施混合所有制改革、完善市场化选聘机制、加强绩效考核与激励机制等措施，国企能够吸引并留住更多高素质、高技能人才，同时淘汰低效、不适应市场需求的员工，实现人力资源的优化配置。这种变革不仅提升了企业的竞争力，也为社会提供了更多的就业机会和职业发展空间，促进了劳动力的有效流动和人口红利的释放。随着经济的发展，传统产业逐渐失去竞争优势，新兴产业则成为经济增长的新动力。国企改革应紧密结合国家发展战略和市场需求，通过加大技术创新投入、发展高端制造业、现代服务业等新兴产业，推动产业结构向高端化、智能化、绿色化方向发展。这一过程中，不仅需要大量的高素质劳动力作为支撑，也为劳动力提供了更多元化的职业选择和更高的薪酬待遇，进一步激发了人口红利的潜力。

我国地域辽阔，区域间经济发展不平衡问题较为突出。通过深化国企改革，可以打破地域限制，促进资本、技术、人才等生产要素的自由流动和优化配置。一方面，可以引导国有企业向中西部等欠发达地区投资兴业，带动当地经济发展；另一方面，也可以通过跨区域合作、共建产业园区等方式，促进区域间的优势互补和协同发展。这种区域协调发展的模式有助于缩小地区间差距，实现人口红利的均衡释放。国有企业作为中国特色社会主义的重要物质基础和政治基础，在多重功能定位中肩负着全面建设社会主义现代化国家的使命任务，在追求经济效益的同时，应积极履行社会责任，通过建立健全的社会保障体系、提供优质的员工福利、积极参与社会公益事业等措施，赢得员工的忠诚和社会的认可，提升劳动力的幸福感和获得感，进一步激发他们的工作积极性和创造力，为人口红利的可持续释放提供有力保障。以国企改革促进人口红利释放，需要政府、企业、社会等各方共同努力。在未来的发展中，我们需要继续深化国企改革，优化劳动力资源配置，为人口红利的全面释放创造有利条件，为经济的持续健康发展注入新的动力。

五、问 题 讨 论

1. 国有企业改革如何更好地利用人口红利，提高劳动生产率？

2. 柳工公司的改革为什么能成功？

3. 国企改革过程中应如何平衡各方利益，使得改革效益最大化？

参考文献

[1] 黄晋生. 中国经济增长的动力溯源：人口红利还是教育红利 [J]. 当代经济管理, 2024, 46 (06): 42 - 52.

[2] 米靖, 薛利晨. 论人口红利转变期的职业教育高质量发展 [J]. 中国高等教育, 2023 (22): 58 - 61.

[3] 王晓峰, 刘华伟. 理解人口高质量发展：理论意蕴、支撑要素与实践路径 [J]. 人口研究, 2023, 47 (05): 46 - 58.

[4] 王宏淼. 中国国企改革过程中公司治理特征、挑战与对策 [J]. 经济纵横, 2022 (06): 52 - 60.

[5] 李帮喜, 邓永波. 新时代加快完善社会主义市场经济体制与国企改革：开启提速增效与重点突破新征程 [J]. 福建师范大学学报（哲学社会科学版）, 2021 (07): 69 - 81, 168 - 169.

[6] 何瑛, 梁湘钏. 国有企业改革推进中国式现代化建设：理论逻辑、经验范式与实践路径 [J]. 经济管理, 2024, 46 (04): 5 - 28.

[7] 曲朝. 习近平关于国企改革发展重要论述的理论基础、演进逻辑与实践指向 [J]. 学术研究, 2024 (04): 8 - 15.

[8] 何雄浪, 王诗语. 人口高质量发展影响城市经济韧性的效应研究——基于新型人口红利视角 [J]. 西南民族大学学报（人文社会科学版）, 2024, 45 (04): 95 - 105.

[9] 李娟伟, 任保平. 新中国成立以来国有企业改革的历史阶段、理论逻辑及政策启示——基于马克思主义政治经济学视角 [J]. 当代经济研究, 2022 (04): 98 - 112.

[10] 颜色, 郭凯明, 杭静. 中国人口红利与产业结构转型 [J]. 管理世界, 2022, 38 (04): 15 - 33.

[11] 程虹, 高诗雅. 新中国 70 年经济发展质量：制度红利与人口红利的叠加效应 [J]. 宏观质量研究, 2019, 7 (02): 1 - 29.

[12] 1999 年我国青年职工状况与国有企业改革调查报告 [J]. 中国青年研究, 1999 (06): 4 - 11.

[13] 彭希哲, 周祥. 中国式第二次人口红利：理论探究与治理选择 [J]. 治理研究, 2024, 40 (02): 2, 4 - 16, 156.

[14] 蔡昉. 人口红利：认识中国经济增长的有益框架 [J]. 经济研究, 2022, 57 (10): 4 - 9.

[15] 原新, 金牛, 刘旭阳. 中国人口红利的理论建构、机制重构与未来结构 [J]. 中国人口科学, 2021 (03): 17 - 27, 126.

案例四

人口老龄化与社区嵌入式养老

——以成都社区为例

教学目的：使学生了解我国养老模式的演变过程，从而理解社区嵌入式养老模式的形成原因，以及相较于传统养老模式的优势所在。

教学内容：介绍成都社区嵌入式养老模式的探索过程、运转方式以及实践效果。

重点、难点：本讲的重点也是难点，即社区嵌入式养老模式的运行逻辑。

案前思考题：目前我国存在哪些常见的养老模式？有何不足之处？

一、案例背景与教学目的

中国从1999年进入"老龄化社会"，2021年开始进入深度老龄化。国家统计局数据显示，2023年65岁及以上老年人口占比升至15.4%，预计在2030年左右进入占比超20%的超级老龄化社会；2084年之后中国老年人口约占总人口的一半。中国的老龄化速度和规模前所未有，标志着社会老龄化趋势日益显著，养老挑战愈发严峻。

面对传统居家养老与机构养老模式的局限性，两者均难以全面应对当前复杂多变的养老需求。尤为值得注意的是，深受传统文化影响，超过90%的老年人倾向于在熟悉的环境中安享晚年，这一偏好促使社区嵌入式养老模式应运而生，并逐渐成为各地养老发展规划中的新宠。其中，成都市作为西部地区先行者，其探索与实践尤为引人注目。

　　成都市在多年的社区养老探索中，不仅深耕本土，还积极借鉴国内外先进经验，创新性地将机构养老的专业性与居家养老的温情相融合，构建了社区嵌入式养老模式。这一模式通过精准对接老年人及其家庭的需求，整合社会各界专业资源，既保留了老年人熟悉的社区环境，又提供了高质量的养老服务，完美契合了中国传统文化下的养老情怀与现实需求。据统计，成都市社区嵌入式养老服务的推行，已使超过95%的受益老年人及家庭表达了高度满意。成都市的这一成功案例，不仅在国内树立了典范，其经验对于探索适合不同时代养老需求的多元化养老模式具有深远意义。通过分析中国养老模式的历史演变及成都市社区嵌入式养老模式的实践，鼓励学生跳出固有思维框架，从多维度审视养老问题，思考如何在新时代背景下，设计更加人性化、高效率的养老服务体系，以应对日益加剧的老龄化挑战。

二、案例内容

（一）新中国成立以来养老模式演变过程

1. 新中国成立初期到改革开放的养老模式和养老制度。

　　在新中国成立初期，我国的生产力水平较低，这导致人民的基本生活需求难以得到充分保障。当时，养老问题尚未成为一个被政府广泛关注的社会议题，也没有作为独立的概念纳入社会福利体系之中，且大多数地区的养老方式依然受到传统的孝道文化约束。同时，由于当时国家正处于计划经济时期，以家庭养老为主的养老模式逐渐转变成为集体养老为主的养老模式，并且在这种养老模式的转变过程中，诞生了一种崭新的养老模式——五保供养制度，即在农村中，农村在吃、穿、住、医、葬方面给予村民生活照顾和物质帮助。

　　新中国成立初期到改革开放期间，集体化成为社会经济的显著特征。集体化时期，原本属于家庭的生产资料、生活资料被收为集体所有，并且以每个家庭的人口与劳动为依据统一分配，这种分配模式，使得以往老年人以对家庭财产的掌控和对土地生产的经验在家庭中树立起的威严，也因为集体对家庭功能的吸收而大大减弱。也正因如此，子女对于家庭老一辈们的敬畏之心也有所减弱，独立意识增强。在这种情况下，政府为了使家庭依旧扮演子女养老的主要场所以保障家庭供养，计划经济时期，国家采取"准行政性"监督的方式，监督子女对老年人的赡养情况。同时，当时有着严格的乡规民约和人民监督，这些都促使子女或主动或被动地赡养父母，保障了老年人的生活。

在合作化期间，养老责任由家庭和集体同时承担，并且集体承担了大部分的养老责任。集体化生产方式中的口粮分配，保证了老年人的最低生活水平，而通过年轻人挣取工分的形式，老年人的生活水平可以得到进一步的提高。与此同时，一些仍然具有劳动能力的老年人，能够通过娴熟的劳动经验，赚取工分，自给自足来保障晚年生活。此外，政府还设立了生产教养院，旨在为灾民、难民、贫民、老弱病残、社会闲散人员及失业人口提供救助、教育及劳动改造的机会，帮助他们改善生活状况，重新融入社会。随着社会主义改造的深入，养老院的功能逐渐聚焦于救济与教育，去除了劳动改造的内容。合作化时期还实施了针对无依无靠老人的五保供养制度，确保了这些老年人在晚年能够得到全面的照顾与保障，使他们的生活有了坚实的依靠。

2. 改革开放到20世纪末期的养老模式和养老制度。

改革开放的浪潮促使人们的思想发生转变，在福利制度方面，我国在当时出台了一系列政策，促使福利制度开始由政府包办转向"社会福利社会化"，即提倡社会福利事业由国家包办向国家、集体、个人一起办转变。在养老领域，这种思想的转变体现在：1993年8月，民政部、国家计委等部门出台了《关于加快发展社区服务业的意见》，其中，"养老服务"的概念被首次提出，这说明"养老"区别于"福利服务"独立出来，政府开始更加重视养老问题。

党的十一届三中全会以来，我国提出了以经济建设为中心的发展理念，农村开始实施家庭联产承包责任制，其中两个重要的特点就是包产到户、统销包销。有关市场经济的大范围讨论也在全国开展开来，在邓小平同志提出社会主义也可以搞市场经济之后，市场经济在我国社会主义大环境下开始得以发展。然而在这种情况下，以往的养老模式便没有了计划经济时期的基础保障，无法按照原本的模式实施下去，养老的责任又完全回归到家庭。与此同时，当时家庭规模开始缩小，家庭结构呈现出"四二二""四二一"的模式，养老任务加重，进城务工的青年农民被城市的文化所熏陶，主动承担赡养老人的积极性有所下降。农村养老逐渐演化为一项国家不得不面对的问题，亟须加以解决。在这种情况下，社区养老和机构养老应运而生。

在改革开放到 20 世纪末期这段时间，计划经济逐渐转向社会主义市场经济，经济结构发生巨大转变。与此同时，人口老龄化问题加剧，家庭养老负担加重，政府在养老政策方面及时做出调整，将养老福利独立出来，老年人福利服务开始了新发展。这一时期的养老模式仍是家庭养老模式为主，但由于机构养老的出现，且养老机构以公益为目的的居多，以营利为目的的机构少之又少，还有社区养老的补充作用，家庭养老的负担有所缓解。

3. 21 世纪以来的养老模式和养老制度。

从 1999 年开始，我国 60 岁及以上老年人口占总人口比例达到 10%，正式进入人口老龄化社会，养老问题进一步加重，引起政府和社会的双重关注。与此同时，进入 21 世纪后，互联网的普及打开了人们和世界交流的通道。人们接收的信息变得前所未有的丰富和多样，这一变化深刻影响了人们的价值观念与生活方式，激发了个人对美好生活的深切向往与追求，从而促使自我意识的显著增强，老年人的家庭权威越来越低，家庭在养老中的基础性地位受到前所未有的挑战。

2008 年全国民政工作会议首次提出，要建立"以居家为基础、社区为依托、机构为补充"的社会养老服务体系。2009 年开始，国家发展改革委和民政部开始设立养老服务体系专项投资，政府加大了对各类公共养老服务设施的支持力度，包括公立养老院、乡镇敬老院和社区的日间照料中心等。随着养老服务体系的不断完善和发展，"居家养老"与"家庭养老"开始出现并逐渐被公众所理解和接受。与此同时，机构养老作为一种重要的养老模式也得到了显著的发展。起初，这类服务主要由福利机构、乡镇敬老院和公立养老机构提供。在政策的引导和支持下，出现了多种形式的机构养老模式，如公建民营和民办公助等形式，这些模式鼓励了更多社会力量参与到养老服务中来，为老年人提供了更多样化的选择和服务。总而言之，政府正通过加大对公立养老服务设施的投资和支持，以及引入多元化运营模式的方式，来促进养老服务体系建设，满足不同老年人群体的需求。

2012 年末，《老年人权益保障法》的修订版本正式颁布，标志着社会养老服务体系的核心内容在法律层面得以确立，为养老服务的发展奠定了坚实的法律基石。随着中国社会老龄化进程的不断加速，社会资本敏锐捕捉到了这一领域的巨大潜力，纷纷加大投资力度。至 2017 年底，社会力量参与兴办的养老机构已占据全国养老机构总数的半壁江山，比例高达 45.7%，有效满足了老年人群体多元化、个性化的养老服务需求。这一趋势不仅激发了健康养老、老年地产、养老养生、养老旅游等跨界产业的蓬勃发展，还促进了相关产业的深度融合与创新。在政策红利与市场需求的双重催化下，老年人的养老选择日益丰富多样。健康活跃的老年人可以依据个人偏好，灵活选择居家社区养老的温馨、机构养老的专业、融合"互联网＋"技术的智慧养老便捷，或是体验候鸟式旅居养老的惬意。而对于高龄、失能或存在认知障碍的老年人，社会则提供了更为专业与细致的关怀。他们可以选择入住专业的护理机构，享受全天候、全方位的照护服务；或是选择能够提供定制化护理服务的社区居家养老模式，确保在熟悉的环境中也能得到妥善照料。面对超过 1.1 亿人的慢性病患者及 4000 多万失能、半失能的老年人群体，构建一个全面覆盖、高效协同的长期照护体系已成为当务之急。此外，针对生命末期的老年人，提供安宁疗护等人性化服务，帮助他们有尊严、有质量地度过人生最后阶段，也是未来养老服务领域的重要发展方向。这一系列举措的推进，不仅体现了社会对老年人群体的深切关怀，也为构建更加和谐、包容的老龄化社会奠定了坚实基础。

（二）社区嵌入式养老

1. 社区嵌入式养老。

传统养老模式主要以家庭为中心，依赖家庭成员共同参与照顾老人，但这种模式在中国现代社会面临诸多挑战。一方面，随着家庭规模的缩减和家庭结构的变化，中国的平均家庭户规模从 2000 年的 3.44 人下降到了 2020 年的 2.62 人，导致老年家庭出现了空巢现象，家庭照顾能力也受到了严重影响。另一方面，随着中国经济和社会的发展，老年人对养老服务的需求变得多样化，家庭养老已难以完全满足这些需求。传统机构养老模式将老年人安置在专业的养老机构中，由专业人员提供全面的照护服务。这种模式的优点在于其提供的服务标准化且专业化，特别适合失能或失智等需要高度护理的老年人。然而，机构养老也存在着成本较高的问题，并可能导致老年人与家庭和社会的脱节。传统社区养老模式则是将社会服务机构引入社区，侧重于在社区内部提供综合性的养老服务，包括日间照料、康复护理等服务，为老年人提供更多样化的服务选择。尽管如此，传统社区养老在覆盖面和深度上仍有一定的局限性。

鉴于上述情况，新兴的社区嵌入式养老服务模式因其综合性和可持续性等特点，能够更好地适应中国积极应对老龄化的需要，有望成为未来中国养老服务发展的主流模式。这种模式通过在社区内部嵌入小型化的养老服务设施，利用市场化机制运营，整合周边养老服务资源，为老年人提供就近的专业化、个性化和便利化的养老服务。这种模式不仅能提高养老服务的质量和效率，还能更好地适应老年人的生活习惯和文化偏好。

（1）社区嵌入式养老模式的内涵。"嵌入"这个概念最初由经济学家卡尔·波兰尼（Karl Polanyi，1886）提出，他用这个词来描述社会行为个体如何嵌入于更广泛的社会网络之中。这一概念后来被广泛应用于社会科学的各个领域。在养老服务领域，"嵌入"特指一种集资源、功能、主体多元化以及运作模式多元化的养老服务模式。社区嵌入式养老服务模式是对传统的机构养老和社区居家养老模式的一种补充和整合。这种模式以社区为载体，通过引入市场化的竞争机制，在社区内部嵌入专业化的养老服务设施。这些设施可以提供各种服务，包括但不限于生活照料、健康管理、文化娱乐等，旨在满足老年人就近养老的需求，同时提供更加个性化和便利的服务。

（2）社区嵌入式养老模式的发展历程。随着中国进入人口老龄化社会，老年人口数量持续增长，特别是失能、半失能和空巢老人的数量也在增加。传统的居家养老和机构养老模式已经难以满足老年人日益多样化的养老服务需求。为此，国家高度重视、积极应对人口老龄化的问题，并致力于加快养老服务业的发展。

2013年9月，国务院办公厅发布了《关于加快发展养老服务业的若干意见》，明确提出鼓励和支持发展社区嵌入式养老服务模式。上海市是国内较早开始探索社区嵌入式养老服务模式的城市之一。早在2005年，上海就提出"9073"养老模式，即90%的老人居家养老；7%的老人社区养老；3%的老人选择机构养老。尽管该模式受到了广泛关注，但也暴露出居家养老与社区养老之间的功能界定不清晰和服务供给不足等问题。因此，上海进一步探索构建了居家、社区、机构三种养老服务模式融合发展的新型模式，并尝试建立有机协调机制，以提高养老服务的整体质量。

2014年4月，上海出台了《关于加快发展养老服务业推进社会养老服务体系建设的实施意见》，提出要因地制宜地创办家庭化、小型化的养老机构，以构建多层次的社会养老体系。上海还启动了社区嵌入式养老服务模式的试点项目，通过"长者照顾之家"和"社区综合为老服务中心"等机构探索社区养老与机构养老的融合。从2016年开始，社区嵌入式养老服务模式在全国范围内得到了推广，并在各地根据当地实际情况形成了多种模式。例如，北京市参照上海的"9073"模式，提出了"9064"的养老格局，并颁布了相关政策文件，如《关于开展社区养老服务驿站建设的意见》和《北京市社区养老服务驿站建设规划（2016 – 2020年）》，旨在通过"养老服务驿站"推进连锁化、品牌化和规范化服务，将机构养老与社区养老及居家养老相结合。此外，石家庄市采取了社会资本参与政府投资民营社区照护中心的运营，构建起社区嵌入式养老服务的多元化服务模式。重庆市则以政府为主导，利用社区中的空置房屋进行适老化改造，探索社区嵌入式养老服务模式。这些举措共同推动了中国社区嵌入式养老服务模式的发展和完善，为老年人提供了更多样化、更便捷的养老服务选择。

（3）社区嵌入式养老模式的运行框架。社区嵌入式养老模式的正常运转需要各方主体的参与和合作，具体实现途径如图1所示：

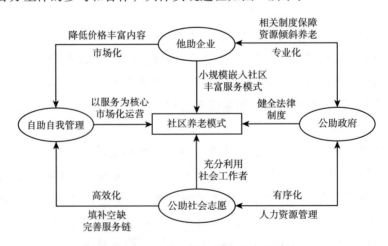

图1　社区嵌入式养老模式的运行框架

①自助创造市场价值。自助即通过自我管理和市场化服务为老年人提供多样化的居家养老服务。社区嵌入式养老模式作为一种创新模式，将养老服务的市场主体无缝融入社区架构之中，由专业的养老服务企业直接管理运营。采用企业化运作方式，有效利用社区内的闲置设施、廉租房等资源，设立小型养老服务机构，为社区老年人提供定制化托管、上门服务，并依据法定标准合理收费。居家社区养老服务模式的转型升级势在必行，其核心在于服务主体的多元化与社区运营的深度嵌入。社区应成为连接企业与老年人群体的桥梁，吸引更多企业、社会组织入驻，通过构建良性竞争环境，激发服务创新，提升养老服务质量，同时创造更为经济高效的市场价值。除了依托有偿服务激发内在动力外，居家社区养老模式还应积极整合并盘活社区及周边分散的各类资源。这包括但不限于对废弃或低效利用的老旧设施进行改造升级，利用碎片化的空闲场地打造多功能服务空间，以及构建以自主运营为特色的综合服务平台。该平台将集养老产品销售、老年教育、候鸟式旅居养老等多种服务于一体，并依托互联网技术，搭建社区O2O服务平台及电商平台，实现线上线下资源的深度融合。通过这些平台的运作，不仅能够实现养老服务的精准推送与个性化定制，还能深入挖掘并运用大数据资源，挖掘其潜在的商业价值，为居家社区养老模式的可持续发展注入新的活力与动力。

②他助引入专业力量。他助模式即养老企业及其他外部专业力量积极介入，主动肩负起社会责任，致力于为老年人提供性价比优越、高度个性化的专业服务。社区嵌入式养老模式将养老机构的专业服务无缝嵌入社区之中，有效弥补了居家养老服务在专业性上的不足。然而，居家社区养老服务业作为一个典型的投资周期长、资本密集型行业，加之老年消费群体购买力相对较弱，导致众多中小型企业与民间组织在发展过程中面临融资难、资金链紧张等挑战。企业可以从降低运行生产成本、增强品牌影响力、提高自主开发能力三个方面提高自身核心竞争力，为模式专业化注入实业力量。

企业在推动居家社区养老服务专业化的过程中，采取了双管齐下的策略。一方面，企业采取小规模、精准化的社区嵌入模式，旨在构建强有力的养老品牌效应。通过精简组织架构，巧妙利用社区内的闲置空间作为服务据点，企业能够灵活辐射至周边有需求的老年群体，构建起连锁式的纵向服务网络。这种策略不仅简化了管理与运营流程，降低了资金风险，还增强了模式的可复制性与灵活性，使得服务设施的配置能够根据实际需求灵活调整，确保高质量养老服务的精准送达。同时，企业在嵌入社区的过程中，积极挖掘并整合社区、社会及政府的各类碎片化资源，包括物力与财力支持，以吸引更多社会资金的注入。此外，企业高度重视品牌形象的塑造与传播，通过社区内的产品展示、服务体验活动以及赞助老年人文化活动等方式，有效提升品牌知名度与美誉度。这些举措不仅降低了营销与人员招募的成本，还促进了整个养老服务产业的优化升级。另一方面，企业坚持以老年人多样化、个性化的需求为核心导向，不断完善与丰富服务模式。通过借鉴国内外先进的养老服务经验，企业在深入调研市场与客户需求的基础上，持续探索服务内容的创新。这包括强化现有社区功能的不足、构建医养结合的一体化服务体系，以及在社区内拓展单项养老服务功能等。通过这些努力，企业推动居家养老服务产品向独特化、多样化方向发展，旨在全方位、多层次地满足老年人在不同年龄阶段、不同健康状况下的多样化需求，为他们提供更加贴心、全面的养老服务体验。

③公助营造外部环境。公助模式作为居家养老发展的重要驱动力，其核心在于政府通过资金注入与政策扶持，为这一领域营造出一个宽松且有利的发展环境。在社区嵌入式养老模式的推进中，完善其组织架构以实现层级覆盖尤为关键。为此，政府需在法律、资金与人才三大方面加强制度建设，以全面改善养老行业的整体发展环境。

首先，政府应致力于健全并落实相关法律制度，确保政策的有效落地。面对居家社区养老这一新兴市场的快速发展，当前监管机制的不足亟待解决。政府需扮演好"守门人"的角色，制定统一且全面的评估标准，涵盖行业标准、职业规范等多个维度，为行业健康发展提供坚实保障。同时，深化"放管服"改革，优化服务购买流程，丰富竞标、资质认证及政策性补贴的内容和形式，进一步加大对养老行业的扶持力度，确保政府资源能够精准、高效地支持该领域的发展。其次，针对社区嵌入式养老模式中养老设施建设滞后的问题，政府需采取更为具体和有力的措施。由于缺乏明确的指标体系和层级监督机制，中央的养老政策往往难以有效传导至基层，导致资金沉淀和土地闲置现象频发。为破解这一难题，政府应制定量化的指标体系，并配套相应的实施与监督措施。通过在不同省市区逐级设立专门的办事机构，加强政策执行的力度和效率，加快养老服务设施的建设步伐，推动更多专业机构顺利入驻社区，为老年人提供更加便捷、专业的养老服务。此外，政府应强化整体规划与科学调控的角色，积极引入专业化的利益团体参与服务模式的设计与实施，从供给优化、流程精简、反馈机制完善三个维度出发，深度整合各类资源，以全面提升服务质量与效率。这不仅能促进养老服务的专业化、精细化发展，还能确保服务更加贴近老年人的实际需求。

针对服务付费机制与人才保障体系的问题，政府需采取切实措施加以改进。首先，应建立健全服务付费机制，确保服务提供者获得合理的经济回报，从而激发其提供高质量服务的积极性。同时，针对当前社区基层人员面临的权益保障不足、社会认可度低等问题，政府应出台相关政策法规，明确保障社工的基本权益，包括薪酬、福利、职业发展等方面，以增强岗位的吸引力，吸引更多高素质人才加入养老服务行业。在人才培养与提升方面，政府应加大对社区工作者的培训力度，通过系统化的专业培训、定期的继续教育以及实践经验的分享，提升其专业素养和服务技能。同时，建立科学的管理机制，激发社工的工作热情与创造力，推动其持续成长与进步。此外，政府还应推动社会工作介入居家养老服务的法定化进程，制定服务对象分层分类标准，根据老年人的不同照护需求提供差异化、个性化的服务，确保服务的精准性和有效性。

综上所述，政府通过加强整体规划、完善服务付费机制、构建人才保障体系等一系列措施，可以为居家社区养老服务的发展提供强有力的支持与保障，推动其向更加专业化、规范化、人性化的方向迈进。

④共助高度整合资源。共助模式强调社区内外资源的广泛动员与高效整合，通过邻居、社工、志愿者等多方力量的共同参与，为居家养老的可持续发展注入强大动力。在这一模式下，社区工作者作为桥梁与纽带，扮演着至关重要的角色，他们不仅促进了社会资源的科学配置，还确保了居家社区养老服务的贴心与高效。

一方面，为了激发社区内部的互助精神与活力，鼓励实施"小老"助"大老"的志愿服务模式。这一模式由社区居委会主导，组织社区内相对空闲、身体健康的老年人（即"小老"）成立志愿服务团队，为高龄、失能等有特殊需求的老年人（即"大老"）提供多样化的服务。服务内容既涵盖基础的生活照料与护理，也包括丰富的精神慰藉活动，如讲述党史、国际时事、书法交流等，以丰富老年人的精神文化生活。在管理上，社区中心负责审核服务资质，通过培训提升志愿者的服务技能与专业性；在激励方面，社区可争取政府支持，设立积分兑换制度，让参与服务的老年志愿者能够通过累积的积分换取各类优惠与福利。此外，政府还可定期举办评选活动，表彰优秀社区团队与个人，授予荣誉称号及奖金，同时赋予历任荣誉志愿者在未来享受优先照护服务与补贴的权益。

另一方面，为了提升居家社区养老服务的专业性与可持续性，必须注重社会专业研究力量的引入与专业人才的培养。高校作为知识与创新的摇篮，应成为重点合作的对象。鼓励高校相关专业的学生参与志愿服务活动，将所学知识应用于实践之中，同时制定相关政策，为表现优异的学生提供实习与就业机会，形成从学校到职场的无缝对接。此外，高校还应根据市场需求与行业发展趋势，调整与优化专业设置及课程体系，培养具备多层次、复合型能力的居家社区养老服务专业人才，为行业的长远发展奠定坚实的人才基础。

（4）社区嵌入式养老模式的特点。社区嵌入式养老服务模式与传统的居家养老、社区养老和机构养老单一模式不同，它通过社区作为平台，整合政府、社会组织和家庭等多方资源，构建了一个专业化、多元化和规范化的养老服务体系。以下是这种模式的三个关键特点：

高接受度：社区嵌入式养老服务模式以其轻巧灵活的形式，结合了家庭养老、社区养老和机构养老的优势，有效地解决了传统养老机构面临的用地难题。由于这些服务设施位于社区内部，距离老年人的居住地很近，因此更容易被老年人所接受。这种模式为居家养老提供了强有力的社区支持，也为应对中国社会老龄化加剧提供了新的思路。

多元化的参与主体：社区嵌入式养老服务模式通过调动多元化的社会力量，实现了资源共享和联动协调，超越了传统养老服务模式中家庭成员与老年人之间的单一关系。通过政府政策支持、社会组织的合作以及社区资源的整合，在政府主导下促成了多元主体间的协作，构建了全面的养老服务网络。这种模式有利于满足老龄化社会中老年人日益增长的多样化养老需求。

多样化的养老服务：社区嵌入式养老模式专注于满足老年人多样化、多层次、全方位的养老服务需求。在社区内部设立的服务中心或机构能够为老年人提供专业化、个性化和人性化的养老服务，这种模式实现了机构养老与家庭养老功能的互补，为老年人提供了更多的选择。嵌入式社区居家养老服务模式是对现有养老服务体系的有益补充，有助于缓解养老服务供需不平衡的问题，已成为各地探索实践养老服务供给时的一个重要选项。

2. 成都市社区嵌入式养老服务发展的案例描述。

（1）成都市社区嵌入式养老服务的发展背景。

老龄化程度高：《成都市 2019 年老年人口信息和老龄健康事业发展状况报告》显示，截至 2019 年底，成都市的户籍人口总数达到了 1500.07 万人，其中，60 岁及以上的老年人口数量为 316.04 万人，占户籍人口总数的 21.07%，老龄化程度显著高于同年全国平均水平（18.1%），且成都市的老龄化程度已连续五年维持在 21% 以上的高位。

用地难题：成都与其他大城市相似，遭遇了养老设施用地难和用地贵的问题。这直接导致了核心城区的养老设施难以顺利建设和配位，限制了养老服务的扩展和升级。

成本与价格矛盾：机构养老的高昂成本与老年人的有限收入之间形成了鲜明对比。不仅床位数量有限，而且价格适中的、老年人能够负担得起的床位更是稀缺。这种供需不平衡使得符合消费需求的护理型床位"一床难求"，加剧了老年人的养老困境。

养老服务职业队伍短缺：养老服务人员数量严重不足，全市养老护理人员仅 4000 多人，而实际缺口高达 26000 多人。特别是失能和半失能老人的专业照护人员更为紧缺。此外，现有服务人员年龄偏大，难以适应快速变化的服务需求；服务技能水平参差不齐，难以满足多样化的养老需求；同时，由于工作强度大、风险高、收入低等因素，导致人员流失率高，进一步加剧了服务队伍的不稳定。

融资困难：养老机构的融资难题也不容忽视。由于金融机构在贷款时通常要求提供有效的抵押物或证明盈利能力，而无论是营利性还是非营利性养老机构，往往难以满足这些条件。因此，运营成本高昂的养老机构难以获得有力的融资支持，对日常运营产生了不良影响。这归根结底是由于传统养老服务产业的初始投资大、回报周期长，且收益相对较低所致。

（2）成都市社区嵌入式养老服务的发展过程。

①社区嵌入式养老初期——养老院进入社区。自 2011 年起，成都市勇于先行，率先踏上了社区养老模式的实践征途，旨在通过降低养老机构的设立门槛，从原有的至少 30 张床位降至仅需 10 张，促使更多养老服务资源贴近社区，为老年人提供便捷、专业的照护服务。这一创新举措迅速在成都市生根发芽，其中，位于青羊区贝森路 313 号的双新社区朗力养老院，作为先驱

者，见证了成都市社区养老服务的萌芽与成长。次年，朗力养老院进一步扩大服务范围，于武侯区玉林北路设立了社区居家养老服务中心，该中心初期配备有 5 名核心团队成员，包括护士、厨师和护工，同时辅以每周上门的 2 名社工和 1 名康复医生，共同构建起一个温馨、全面的养老支持体系。凭借卓越的服务品质与社区融入的理念，朗力养老迅速崛起，如今已在成都成功开设了超过 30 家连锁店，成为社区养老服务的佼佼者。

社区养老模式的蓬勃发展，深受老年群体的欢迎。它不仅让老年人能够继续生活在熟悉的环境中，保持与邻里朋友的日常互动，满足了他们对家庭与社区归属感的深切需求，也符合了中国传统的养老文化。此外，由于养老院就建在社区内部，极大地方便了子女及亲友的探访，增强了家庭与社会的联系。然而，作为新兴的养老服务模式，社区养老院在快速发展的同时也面临着诸多挑战，如场地获取困难、社区资源协调复杂以及可能遭遇的误解与排挤等。这些问题要求政策制定者、社区管理者及养老服务提供者共同努力，不断优化资源配置，加强政策引导与支持，推动社区养老服务向着更加成熟、可持续的方向发展。

②社区嵌入式养老升级——各区县积极探索。

一是郫都区：自 2013 年起，郫都区积极响应老龄化社会需求，全面加速了在社区层面日间照料中心的建设步伐。迄今为止，该区已成功构建了超过 100 个日间照料中心，如奎星楼社区、星火社区等日间照料中心，以及郫都区养老运营指导中心和社会关爱援助中心，这些设施共同构成了郫都区社区居家养老服务试点改革的亮丽风景线。郫都区致力于提升养老服务品质与拓展服务内容，通过积极开放养老服务市场，吸引并鼓励社会多元主体的广泛参与，有效打破了以往政府单一供给的传统模式。这一创新举措不仅激发了市场活力，还极大地丰富了养老服务供给的多样性和灵活性，从而高效地满足了老年群体日益增长的多元化、个性化养老服务需求。

二是成华区：面对大城市普遍存在的养老服务用地紧张与成本高昂问题，成华区独辟蹊径，从盘活国有企业闲置资产的角度出发，创新性地解决了社区养老的场地瓶颈，开创了"成华模式"，成功构建了一系列和谐宜居的养老社区典范。该模式通过精准对接各类专业服务和机构，为社区嵌入式养老奠定了坚实基础。成华区细致梳理了国有企业闲置资产，慧眼识珠地锁定了宏明电子公司一处占地 4700 多平方米、长期处于空置状态的老旧宿舍楼。这一发现，恰如其分地满足了周边三万余名 60 岁以上老年人的养老服务需求，实现了资源的优化配嵌入式养老置。随后，成华区积极引入社会资本，筹集了超过 600 万元的投资，并配套提供了 200 多万元的建设补贴。在宏明电子公司的大力支持下，这一老旧宿舍楼被赋予了新生，转型为成华区的标志性示范基地。最终，这座嵌入式养老示范基地拥有 150 张床位，能够灵活提供日托、助餐、全托等多种基本养老服务项目，特别是针对失能老人提供了精准化的照护服务。其卓越的设备和服务赢得了入住老人及其家属的高度认可，满意度超过 95%，成为社区养老服务的典范之作。

三是高新区：2019 年，高新区创新性地推出了"窝窝计划"，这一独具特色的互助养老模式，不仅深化了社区嵌入式养老的探索，还为社区居家养老实践增添了新的活力与内涵。"窝窝计划"紧密围绕社区居家养老的核心理念，巧妙地将居家生活的温馨与社区养老的便捷融为一体，为老年人打造了一个既熟悉又便利的养老环境。该计划首先在芳草街街道拉开序幕，通过租赁小区内物业空间的方式，灵活解决了场地问题，使养老服务设施更加贴近居民生活圈。在资金筹措上，"窝窝计划"展现了多元共担的智慧，倡导老年人、政府与企业三方携手，共同分担养老成本，同时鼓励有养老需求的家庭之间建立互助关系，增强社区凝聚力。为了确保服务质量，"窝窝计划"充分利用第三方养老机构的专业优势，结合社区资源及互助计划，为老年人提供全方位、一站式的社区居家养老服务，实现了养老服务的专业化、个性化与便捷化。在人员配置方面，计划不仅配备了经过严格培训的专业保姆，还积极动员身体健康、充满活力的低龄老年人作为志愿者参与进来，他们用自己的热情与爱心为特殊老年群体提供基础生活服务，形成了温馨和谐的互助氛围。最终，"窝窝计划"以其独特的互助模式，成功实现了老年人日常生活的全方位照料，从三餐饮食到情感关怀，从健康管理到安全保障，再到生活照料，每一个细节都充满了关怀与温暖，让老年人在社区中享受到了幸福安康的晚年生活。

③社区嵌入式养老深化——织密社区服务网络。2020 年 3 月 4 日，成都市民政局正式发布了《2020 年成都市民政工作要点》，文件核心聚焦于深化社区嵌入式养老服务的战略部署，明确提出要对 2019 年社区嵌入式养老示范项目的实施效果进行全面回顾与科学评估，同时加速推进新一轮示范项目的规划与创建。此次工作要点创新性地构想了一个覆盖市、街道、社区三级的

全方位、立体化的养老服务网络体系。在这一框架下，每个街道都将承担起建设养老服务综合体的重任，旨在成为区域养老服务的核心枢纽；同时，社区层面将密布养老服务站点，形成密集的服务网络，确保服务的可及性与便利性。更为重要的是，服务种类将不断丰富，从基础照护到特色项目，力求满足老年人多元化、个性化的养老需求。为进一步推动养老服务的高质量发展，成都市民政局于 2020 年 5 月 28 日面向全社会广泛征集意见与建议，旨在通过集思广益，不断完善和优化养老服务发展的政策措施。得益于近年来在社区嵌入式养老领域的持续投入与积极探索，成都市已初步构建起从单点突破到线面拓展，再到立体网络覆盖的坚实基础。这张日益完善的社区嵌入式养老蓝图，正逐步在成都市超过 300 万名老年人的心中铺展开来，预示着他们未来的养老生活将变得更加丰富多彩、温馨舒适，充满无限希望与可能。

三、案例简评

（一）成都市社区嵌入式养老模式的实践与成效

1. 成都市社区嵌入式养老模式的实践特征。

（1）多主体参与，社会化特征突出。成都市各区的社区嵌入式养老创新实践中，政府发挥了核心引领与协调作用，成功汇聚了社区、专业养老服务机构、志愿者团队、家庭等多维度力量，共同投身于提升老年人生活质量这一社会福祉事业中。通过精心设计的制度框架，明确了各参与主体的职责边界与协作机制，确保了养老服务工作的有序高效运行。政府在启动此项目前，深入实施了区域养老服务现状的专项调研，旨在精准对接老年人多元化、个性化的服务需求，推动养老服务资源向居民小区及院落深处渗透，实现服务的"最后一公里"覆盖。为激发市场活力，政府积极引入社会资本与民间力量，通过优化准入门槛、简化审批流程、保障用地供给、提供税费优惠、健全投融资政策与价格调节机制，以及强化诚信体系构建等措施，营造了良好的政策生态与发展环境。专业养老机构的服务团队，涵盖理疗康复、营养膳食、社会工作、心理健康等多个领域，为老年群体提供全方位、个性化、科学化的服务方案。机构不仅重视日常照护与健康管理，还通过日托、全托及短期托养等多种服务模式，努力营造家庭般的温馨氛围，满足老年人在饮食起居、生活照料、健康管理以及精神文化等多方面的需求。这一模式的成功实践，不仅提升了老年人的幸福感和获得感，也为其他地区探索高效、可持续的养老服务模式提供了宝贵经验。

（2）全方位"嵌入"，提升服务质量。在政府的精心策划与大力支持下，成都市成功开创了社区嵌入式养老服务新模式。该模式首先在空间布局上深度融入社区，通过建立健全的工作机制、高效整合社区内外资源，并实施环境社区化改造，实现了养老服务在社区层面的全面覆盖与无缝对接。在服务功能层面，成都市养老机构巧妙地将养老服务嵌入家庭之中，不仅提供温馨的入住养老服务，还灵活开展入户服务，利用管家式全天候服务模式，确保了养老服务能够随时响应、贴近老年人的实际需求，实现了养老服务与家庭生活的深度融合与无缝衔接。在服务方式上，成都市养老机构更是勇于创新，致力于将养老服务深度嵌入老年人的日常生活之中。通过培育家庭康养文化、营造积极向上的养老氛围，并推行标准化的服务流程，实现了养老服务从被动接受到主动选择的转变，为老年人提供了丰富多样的服务菜单，让养老生活更加多彩多姿。值得一提的是，成都市社区嵌入式养老模式紧跟时代步伐，积极探索"医养结合"及"互联网＋养老服务"的新路径。各社区与周边医院的紧密合作，不仅为老年人提供了便捷的就医通道和双向转诊服务，还确保了老年人能够及时获得专业的医疗救护。而互联网技术的深度应用，则通过"颐居通"居家养老服务信息平台，实现了服务需求的快速传递与响应，极大地提高了养老服务的供给效率与满意度。

2. 成都市社区嵌入式养老模式的实践成果。

（1）养老服务机构不断增加。截至2019年，成都市的养老服务体系展现出强劲的发展动力，养老机构总数已达到546家，这一数字连续十年稳步攀升，显示出持续的增长趋势。与2018年相比，2019年新增了26家养老机构，增长率高达5%，进一步巩固了成都市在养老服务领域的领先地位。

在床位供给方面，全市养老床位总数已突破12万张大关，相比前一年增加了0.20万张，增长率为1.60%，保持了连年增长的良好态势。这一增长不仅体现了成都市对老年人福祉的高度重视，也彰显了养老服务设施建设的显著成效。

尤为值得关注的是，公建民营和民建民营养老机构的数量及床位数增长尤为迅速。这一变化不仅标志着成都市社区嵌入式养老模式的成功落地与实施，也反映出养老服务供给模式的积极转变——从传统的政府主导逐渐向市场多元化参与过渡。这种转变不仅丰富了养老服务的供给层次，也提升了养老服务的专业性和灵活性，更好地满足了老年人多样化的养老需求。

（2）医养合作关系广泛建立。截至2019年底，成都市在推进医养结合方面取得了显著成效，全市范围内已有380家养老机构与医疗卫生机构携手建立了紧密的合作关系。同时，这一合作模式还扩展至1244个日间照料中心，实现了医养合作网络的广泛覆盖。这一系列合作举措，通过嵌入式服务的创新模式，有效解决了老年人看病就医难、体检保健不便等实际问题，极大地提升了老年人群体的健康保障水平和生活质量。

（3）老年人满意度显著提升。社区嵌入式养老模式以其灵活多变的特点，成功推动了养老服务向多元化、全方位覆盖发展，精准对接了老年人多样化的个性需求，尤其是对于高龄、空巢、失能、失独等特殊老年群体，该模式通过社区内的即时嵌入，高效调配各类专业资源与服务，实现了服务到家，让老年人在熟悉的环境中即可享受到无微不至的关怀，显著提升了他们的幸福指数。

在推广与实施过程中，社区嵌入式养老充分利用了媒体的力量，结合社区养老活动中心丰富多彩的文体活动，有效提升了这一新型养老方式的公众认知度。这些活动不仅丰富了老年人的精神文化生活，拓宽了他们的养老视野，还通过亲身体验激发了老年群体对社区嵌入式养老模式的高度认可与满意。据统计，全市范围内，受益于社区嵌入式养老的老年人及其家庭对养老服务的满意度已攀升至95%以上，充分证明了这一模式在满足老年人深层次需求、促进养老服务质量提升方面的显著成效。

（二）社区嵌入式养老模式的契合性分析

1. 理念的契合性分析。

2019年4月，《国务院办公厅关于推进养老服务发展的意见》明确指出，要加速推进社区内养老互助院等关键民生服务设施的整合与建设步伐，确保每位老年人均能便捷获取基础民生服务设施的支持。该意见倡导构建一个由政府引领、多部门协同、社会各界广泛参与的多元化养老服务体系，旨在深度回应人民群众对高品质生活日益增长的需求。社区嵌入式养老模型的提出，正是这一多元化体系中的重要一环，它旨在为具有特殊社会需求的老年人打造全新的社交平台与参与机会，助力老年人实现自我价值与社会贡献的双重目标。这一模式不仅促进了老年人精神世界的丰富与健康，还为他们"老有所为"的新时代社会角色提供了坚实的物质基础，进一步推动了养老服务事业的蓬勃发展与可持续进步。因此，社区养老与嵌入式养老服务工作的核心理念不谋而合，均聚焦于提升老年人的社会融入感与价值认同，共同致力于构建一个更加包容、和谐且充满活力的老年生活环境。

2. 位置的契合性分析。

鉴于社区嵌入式养老机构的定位聚焦于社区居家养老服务，它们往往选址于城市人口密集区域，这一位置优势虽便于服务提供，但也伴随着高昂的租金成本。为克服这一经济挑战，社区嵌入式养老机构巧妙地利用社区内闲置的建筑物及公共资源，不仅有效控制了运营成本，还确保了服务价格亲民，精准对接了社区老年人群体的实际需求。在提升老年人养老方式多样性、改善居家老年人生活品质及强化社区居家养老功能方面，社区嵌入式养老机构发挥着不可或缺的作用。为了实现机构的长期可持续发展并进一步优化成本结构，规模化运营成为关键路径。这就要求在推进养老服务企业化经营的过程中，必须深化与社区的联动合作，形成互利共赢的发展格局。为实现这一目标，构建一套高效、明晰的分工合作机制至关重要。该机制应明确界定养老服务企业与社区各自的责任边界、服务内容细化及目标受众定位，确保双方能够基于共同目标，高效协同工作。通过强化信息共享、资源互补及流程对接，不仅能提升服务效率与质量，还能增强老年人群体的获得感与满意度，共同推动社区嵌入式养老模式的健康、持续发展。

3. 资源的契合性分析。

在医护资源配置方面，当前社区养老模式以居家养老为主导，辅以机构养老，导致医护资源呈现分散状态。然而，社区嵌入式养老机构凭借其独特优势，紧密依托社区卫生服务中心，实现了医护资源的有效整合与养老服务的深度融合。这一模式专为社区内失智、失能老年人量身打造，能够提供更加专业、贴心的医护服务，精准满足他们的特殊需求。在养护服务方面，社区嵌入式养老机构配备了完善的养护团队，坚持"就近养老"的核心理念。在老年人熟悉且安心的社区环境中，机构通过提供全天候照护、日间托管、助餐服务等多种灵活形式，为轻度"失能、失智"及有其他需求的老年人构筑了全面而细致的照护网络，确保他们在家门口就能享受到高质量的养护服务。在文娱资源方面，社区嵌入式养老机构充分利用周边社区丰富的资源环境，积极整合社区活动中心的文化娱乐功能，为老年人打造了一个集休闲、娱乐、交流于一体的精神家园。这里不仅是老年人享受文化生活的场所，更是他们情感交流、心灵慰藉的温馨港湾，有效满足了老年人在精神层面的多元化需求。

4. 目标的契合性分析。

社区嵌入式养老模式与解决社区养老问题的共同愿景，在于高效整合社区资源，有效缓解日益增长的社会养老压力。两者深度融合，不仅强化了以社区养老服务为核心的"以人为本，助人自助"原则，还极大地促进了社区的和谐与可持续发展。这一结合，正是对社会主义和谐社会构建理念的积极响应与实践，它深刻体现了以人为中心的发展观，与和谐社会所倡导的"公正公平"价值理念高度契合。

"嵌入式"养老模式，其本质是将专业的养老服务无缝嵌入到家庭与社区之中，实现了家庭、社区与养老服务的紧密联结与相互促进。这一创新模式不仅丰富了养老服务的形式与内容，更在细微之处彰显了人文关怀，让老年人在熟悉的社区环境中享受到便捷、贴心的服务，从而提升了他们的生活质量与幸福感。

随着"嵌入式"养老模式在社区中的深入实践与发展，它正逐步成为推动社会主义和谐社会建设不可或缺的重要力量。通过促进社区资源的优化配置，增强社区凝聚力与自治能力，该模式为构建更加和谐、包容、可持续的社区环境提供了有力支撑，也为实现老有所养、老有所乐、老有所为的社会愿景贡献了积极力量。

（三）成都市社区嵌入式养老模式的案例启示

1. 提升老年人满意度是根本要求。

老年群体作为社区嵌入式养老服务的核心受益者，其满意度是衡量该服务质量优劣的金标准。因此，持续追踪并分析老年人的满意度反馈，是优化社区嵌入式养老服务建设与运营策略的关键路径。唯有从老年人这一服务消费者的角度出发进行深入研究，才能确保老年人的权益得到充分尊重与保障。

面对养老供给的多元化趋势，提升老年人对养老服务的满意度成为社会各界共同努力的方向。这要求不断优化服务质量，丰富服务项目内容，以满足老年人日益增长的多元化需求，进而推动社会养老保障体系的不断完善。实现这一目标，需社会各界的紧密协作与共同努力：

一是政府应持续制定和完善养老服务相关的法律法规与政策框架，为养老服务提供坚实的制度保障。同时，加大财政投入，支持养老服务设施的建设与运营，确保资源的有效配置。二是社会上的养老机构作为服务供给的主力军，应不断强化养老从业人员的专业培训，提升服务团队的专业化水平。同时，积极听取老年人及其家属的意见与建议，灵活调整服务项目，增加差异化服务的供给，提升服务质量与效率。三是社区居委会应充分发挥其在社区治理中的桥梁纽带作用，组织丰富多彩的文化娱乐活动，丰富老年人的精神生活，促进身心健康。同时，加强社区内部的人际互动，营造温馨和谐的养老氛围。四是家庭层面：家庭成员应给予老年人更多的关爱与陪伴，同时积极参与社区养老小组等活动，与邻居共同构建互助支持的网络，形成家庭、社区与社会的良性互动，共同为老年人营造幸福的晚年生活。

2. 扩大社会多元供给是可靠补充。

福利多元主义理论强调，社会福利的源泉应多元化，既非市场独揽，亦非国家包办，而是社会各界共同努力的结晶。在养老服务领域，这一理念尤为关键。政府角色需从单一供给者转变为多元主体的协调者与资源整合者，通过制定规范、实施监管及部分直接供给外，更重要的是激发社会组织、企业、社区及家庭等多元力量的活力，以实现养老服务的高效、多样供给。

社区嵌入式养老服务的蓬勃发展，正是这一理论在实践中的生动体现。社会企业与社会组织正逐步成为养老服务供给的主力军，而政府的福利性供给则作为重要支撑，两者相辅相成。市场化竞争机制不仅驱动养老服务质量的持续提升，也为老年人带来更多实惠与选择，是应对老龄化社会挑战的有效策略之一。

社会多元供给模式有效弥补了政府供给和家庭照护在数量及专业性上的不足，通过精准对接老年人群体的多样化需求，提供个性化服务。同时，社区嵌入式养老服务模式也为传统养老机构开辟了新的发展空间，促进了养老服务产业的转型升级与健康发展。

综上所述，社会多元供给不仅是政府福利性养老服务的坚实后盾，更是养老服务体系创新与完善的重要驱动力。其灵活性与包容性，使得养老服务能够更加全面、深入地贴近老年人的实际需求，为实现老有所养、老有所乐、老有所为的和谐社会愿景奠定了坚实基础。

3. 提高社区治理水平是有效支撑。

习近平总书记在党的十九大报告中明确指出，要加快建设社区治理体系，发挥社会组织的专业作用，在社区范围内实现居民与社会的良好互动。在成都市的积极探索中，社区及其居委会被赋予了新的使命，成为政府、养老机构与老年人之间不可或缺的沟通桥梁，有效连接了养老服务供给与需求的两端。

成都市通过强化社区居委会的核心支撑功能，实施权力下放与赋能，不仅提升了居委会在社区治理中的主体地位，还开创了依托居委会推进社区嵌入式养老服务的新模式。这一模式不仅增强了社区对老年人多样化需求的响应能力，还促进了政府政策与养老服务项目在社区层面的精准对接与高效实施。

为了持续推动社区嵌入式养老服务的健康、有序发展，关键在于进一步提升社区治理水平，特别是要加强社区在管理与服务方面的自主治理能力。这要求社区能够主动收集并及时向政府和社会反馈老年人的真实需求，形成上下联动的有效机制，确保政府政策与养老服务项目能够精准匹配、高效落地，真正惠及每一位有需要的老年人。通过这样的努力，社区嵌入式养老服务将更加贴近民心、满足民需，成为推动社会和谐、增进人民福祉的重要力量。

四、问题探索与理论链接

（一）我国目前社区嵌入式养老模式的运行困境

社区嵌入式养老模式的兴起，作为养老服务体系的一项创新举措，巧妙融合了居家养老的温馨与社区照料的便捷，为社区内的老年人量身定制了更加贴心、高效的养老服务方案，有效缓解了传统居家养老与机构养老各自的局限性。当前，一系列有利的制度环境与政策导向为这一模式的蓬勃发展铺设了坚实的基石。然而，机遇与挑战并存，社区嵌入式养老机构在快速发展的道路上也遭遇了诸多难题与挑战。在实际运营过程中，一系列问题和困难逐渐显现，成为制约其持续健康发展的关键因素。

1. 从机构类型的维度审视，社区嵌入型养老机构的运作困境与问题因经营主体的不同而各异。对于社区自营类机构，如居家养老服务中心和日间照料中心，其面临的挑战主要包括：

（1）由于居委会作为直接经营主体，往往依赖其内部工作人员兼任养老服务人员，这导致了专业、全职的养老服务人才匮乏，难以充分满足老年人群体的多样化需求，服务供给显得力不从心。

（2）养老服务工作仅是居委会众多社区职责中的一项，因此在资源配置上，包括时间、精力及资金等方面，都难以得到充分的保障。这直接限制了服务内容的丰富性，使得多数服务集中在文化娱乐活动层面，如棋牌游戏、广场舞及节日庆典等，而诸如康复理疗、个性化生活照料及专业医疗护理等深层次、高需求的服务项目则难以得到有效供给。

（3）近62%的社区自营类养老机构尚未完成正式注册，这在一定程度上反映了管理层对养老服务工作的重视程度不足。这种情况进一步影响了机构在服务人员配置、服务内容创新及拓展方面的积极性，导致服务提供过程中存在专业性不强、规范化缺失的问题。具体表现为服务流程不够专业、服务记录与管理不够系统完善，影响了服务质量和老年人的满意度。

2. 从全局视角审视，社区嵌入型养老机构在运营与发展过程中，仍面临人员整体素质不高及志愿服务匮乏等关键性挑战。首要问题在于管理人员普遍受教育程度较低，这一长期存在的现象严重制约了我国民办养老机构的有序发展。医护人员的专业素养与数量更是直接关系到机构服务效能的核心要素，经过专业职业能力培训的护理人员对于提升养老机构的整体效能至关重要。然而，当前评估结果显示，社区嵌入型养老机构中服务人员无证上岗的现象较为普遍，尤其是在社区自营的居家养老服务中心，这一问题尤为突出。相比之下，日间照料中心的服务人员资质状况虽相对较好，但志愿服务资源的匮乏却成为另一大短板。

志愿服务不足的背后，是慈善资源的不充分与不稳定。志愿制度面临的核心挑战之一便是资源的匮乏，这使得志愿部门在开展活动时常常面临资源供需的巨大缺口。志愿者队伍的建设更是遭遇重重困难，包括动员难度大、人员流动性强以及难以实施常态化的专业培训等，这些因素共同制约了养老机构在提供服务时的及时性、有效性和可靠性。因此，加强管理人员与医护人员的专业培训，同时拓宽志愿服务渠道、提升志愿者队伍的稳定性和专业能力，成为推动社区嵌入型养老机构持续健康发展的关键所在。

3. 老年人享受养老服务的权利与履行相关义务之间存在失衡。老年人在享受养老服务的过程中，其权利与义务的平衡问题日益凸显。社区嵌入型养老机构的健康运营与持续发展，不仅依赖于机构内部的高效管理和优质服务，还与老年人的权利意识与义务感紧密相连。政府通过购买服务的方式，确保了老年人能够免费享受机构提供的标准化养老服务，同时对于特定个性化服务则实行合理收费，这一举措有效提升了老年人对养老服务设施、设备及内容的利用率，并激励了养老机构在服务创新与拓展上的不断进步。

当前，老年人主动利用养老服务和寻求帮助的积极性显著提高，这一点从年均服务人次达 5000 次的社区嵌入型养老机构的高达 75.8% 以上得以验证。然而，尽管老年人的权利意识有所增强，其对应的义务感却相对薄弱。具体表现为，多数老年人在享受服务时倾向于以会员制形式参与，而不愿签订正式的服务协议，这主要是出于对可能产生的个人保险责任的规避心理，无形中增加了养老机构的运营风险与负担。

为破解这一难题，激发民办养老机构嵌入社区并持续发展的动力，长沙市民政局采取了积极措施。具体而言，通过增加财政投入，为嵌入社区的民办养老机构统一购买了机构责任险，标准为每床每年 125 元。这一举措旨在减轻养老机构因老年人意外风险而承担的经济压力，同时也增强了老年人及其家庭对养老服务的信任感，促进了权利与义务之间的进一步平衡与和谐，为社区嵌入型养老机构的可持续发展奠定了坚实基础。

（二）社区嵌入式养老相关理论链接

1. 新公共服务理论。

20 世纪 70 年代末至 80 年代初，西方发达国家掀起了一场旨在提升政府公共管理效率的"重塑政府运动"，其核心思想在于构建企业型政府，即新公共管理运动。这一理论潮流不仅推动了公共行政领域的发展，还为解决社会问题提供了新思路，有效促进了社会的可持续发展。然而，随着实践的深入，新公共管理理论，尤其是企业家政府理论，其局限性逐渐显现，引发了学术界的广泛质疑与反思。

部分学者指出，直接将私营部门的管理模式套用于公共部门存在不妥，认为政府不应简单地被视为企业，公民也不应仅仅被视作"顾客"。这种视角忽略了政府与私营部门、公民与顾客之间的本质差异，可能导致社会公平性的削弱和政府公信力的下降，进而阻碍公众参与，同时也引发了关于民主、公平与效率之间优先次序的深刻讨论。

为了回应这些挑战，20 世纪 90 年代，美国行政学界的登哈特夫妇（Robert B. Denhardt，1942；Janet V. Denhardt，未知）提出了新公共服务理论，作为对新公共管理理论的批判性反思与超越。该理论聚焦于公共服务的本质和公共行政中的民主价值，强调政府角色的转变，即从传统的控制者角色向服务者角色过渡，要求行政官员树立强烈的公民服务意识，重视公民价值，并积极培育公民的参与精神。

在公共服务供给方面，新公共服务理论主张引入包括私营部门在内的多元主体，共同保障政策项目的有效实施。同时，政府应发挥关键的协调作用，促进不同主体之间的合作与交流，以形成合力，提升服务质量。

针对当前我国人口老龄化趋势加剧的现状，新公共服务理论为社区嵌入式养老服务供给提供了有益的启示。政府应主动调整角色定位，从"掌舵者"转变为"划桨者"，积极引入企业、非营利组织等多方力量，通过协调各主体间的合作，共同为老年人提供更加个性化、高质量的养老服务。这不仅是解决当前养老难题的关键举措，也是推动我国民生事业持续发展的重要途径。

2. 多元治理理论。

福利多元主义的概念最初根植于英国 1978 年发布的《沃尔芬德的志愿组织的未来报告》，该报告为福利制度的多元化视角奠定了基础。随后，罗斯在《相同的目标、不同的角色——国家对福利多元组合的贡献》一文中，深入剖析并发展了福利多元主义理论，主张社会福利的供给不应仅依赖于国家，而应是一个由国家、市场、家庭及非营利组织等多方力量共同参与和分担的体系。

福利多元主义理论的核心在于强调多元化与协同合作，认为通过增强市场机制的灵活性、家庭的支持作用以及非营利组织的创新性，能够显著提升社会福利的整体效能和服务质量。这一理论框架为现代社会福利制度的改革与发展提供了重要的理论支撑。

随着社区嵌入式养老模式的兴起，养老服务领域正经历着深刻的变革。在这一背景下，政府、社区、家庭及企业等各方力量在养老服务体系中扮演着愈发重要的角色，且各自拥有独特的定位与贡献。尽管它们的出发点各异，但共同之处在于均认识到社会福利的提供已不再是政府的独角戏，而是需要多方共同参与、分担与协作的复杂过程。

这种从政府单一承担到多元分担的转变，不仅符合福利多元主义的理论精髓，也是应对人口老龄化挑战、提升养老服务水平的必然要求。未来，随着社区嵌入式养老模式的不断深化与完善，福利多元主义将成为推动养老服务创新发展的核心动力之一，引领养老服务体系向更加高效、公平、可持续的方向迈进。

五、问题讨论

1. 根据我国养老模式的演变过程，思考养老模式演变的原因有何共同之处？

2. 社区嵌入式养老模式相对于传统养老模式的优势有哪些？

参考文献

［1］汪建华，刘文斌. 深圳流动人口治理的历史演变与经验［J］. 文化纵横，2018（02）.

［2］杜鹏，马琦峰. 中国社区嵌入式养老：现状与问题浅析［J］. 人口与发展，2024（03）.

［3］刘金华，方雨桐. 成都社区嵌入式养老服务模式初探［J］. 新西部，2024（04）.

［4］马金华. 嵌入性城市社区医养结合养老服务构建模式［J］. 四川劳动保障，2024（03）.

［5］白凯，黄卫东，王鼎凯等. 优势视角下社区嵌入式养老服务研究进展［D］. 中国老年学和老年医学学会 2023 年学术大会论文集.

［6］曹菁．社区嵌入式养老服务供给问题研究［D］．上海：华东师范大学，2023．

［7］金珈卉，陈春，郑怡．"嵌入式"视角下居家社区养老多方协作模式研究［J］．时代经贸，2022（12）．

［8］沈美玲．社区居家养老服务政策的变迁与优化研究［D］．大连：辽宁师范大学，2022．

［9］王婉月．养老模式变迁：从"软约束"到"硬安排"［D］．济南：山东大学，2021．

［10］冯洪碧．社区嵌入式养老服务多元主体协同供给研究［D］．成都：西南财经大学，2020．

［11］颜玮．中国家庭的功能演变与养老模式的适应性变迁［J］．广西社会科学，2018（05）．

［12］李璐．我国70年养老模式的变迁［J］．中国经贸导刊，2019（18）．

［13］秦轲．社会嵌入视角下中国养老模式变迁研究［J］．财经问题研究，2017（11）．

案例五

百年煤城煤炭资源保护与利用

——贾汪经验

教学目的： 了解自然资源中重要的资源——煤炭资源，了解贾汪如何从"百年煤城"蜕变成了中华大地上一颗璀璨的"绿色明珠"。

教学内容： 百年煤城变迁："因煤而成，因煤而兴，因煤而困"。

重点、难点： 讲清楚什么是绿色转型发展？

课前思考题： 贾汪区有哪些矿产资源？

一、案例背景与教学目的

（一）案例背景

徐州贾汪是中国资源枯竭型城市绿色转型的成功案例，掌握贾汪区的基本情况、历史背景和时代背景是后续了解贾汪区绿色转型过程的基础。

1. 贾汪区的基本情况。

贾汪区，隶属于江苏省徐州市，位于徐州东北部，东与邳州市接壤，南部、西北部与铜山区毗连，北与山东省枣庄市相邻。现今，贾汪区下辖大泉、老矿、大吴、潘安湖、金龙湖、大庙、大黄山、茱萸山 8 个街道，以及青山泉、汴塘、江庄、塔山、紫庄 5 个镇，总面积 612.13 平方公里。

贾汪区历史悠久，远在商周之前就有人类定居，北魏时期即成为县城。贾汪区的名称起源于明万历年间，该地区水系众多，草木茂盛，东北有泉水汇成的水汪，并且贾姓人口较多，故称为"贾家汪"，后简称为"贾汪"。贾汪也因水系众多，别称为"泉城"。

　　贾汪区的矿产资源非常丰富，尤其是煤炭资源。境内的贾汪煤田面积达202平方公里，占贾汪行政区域面积的29.3%。贾汪煤田最初的煤炭资源存储量非常丰富，1998年勘探的原煤总储量为4.68亿吨，但是经过多年的开采，仅剩约1亿吨，其中80%以上属于"三下"压煤，即建筑物、水体、铁路之下的煤炭资源，这些煤炭的开采难度大、成本高。除了煤炭资源，贾汪区还拥有其他矿产资源，根据《徐州市贾汪区矿产资源总体规划基础研究（2016－2020）年》，钛铁矿查明资源储量达1132686吨；制碱用灰岩查明资源储量为220701千吨；水泥用石灰岩查明资源储量为455754千吨；冶金用白云岩查明资源储量为104742.70千吨。同时，该文件指出贾汪区的贾汪煤盆边部具有一定的地热资源潜力，预测区面积达40.18平方千米。

　　贾汪区具有良好的自然禀赋条件。贾汪区位于北纬34°17′~34°32′，东经117°17′~117°42′，属于北亚热带与暖温带过渡带，为湿润至半湿润季风气候区，四季分明，日照充足，冬季季节较长，春秋季节较短。贾汪区位于华北平原鲁南南缘，呈现低山丘陵与黄淮冲积平原的过渡地貌带特征，地势总体上呈现西高东低、北高南低；区内有300余座大小山头，主要山峰包括鸡毛山、鸡鸣山、青龙山等，其中大洞山海拔361米，是徐州最高峰。贾汪区水系发达，有京杭大运河、不老河等多条河流，以及潘安湖、督公湖等众多湖泊，京杭大运河在贾汪区常年通航；贾汪区地下水资源丰富，主要包括松散岩类孔隙水、岩溶水和裂隙水，是城镇集中供水的重要水源。自然条件下，贾汪区山丘主要生长侧柏、刺槐林，还有黄檀、山槐、棠梨等次生林，以及牡荆、酸枣等灌木种类。伴随着丰富的植物资源，贾汪区境内有刺猬、野兔、鼹鼠等哺乳类动物；池鹭、豆雁等鸟类动物；乌龟、中华鳖等爬行动物；中华蟾蜍等两栖动物；以及银鱼、青鱼等鱼类。

　　分析贾汪区的基本情况，可以发现贾汪区具有显著的煤炭资源优势，事实上，贾汪区在经济发展初期也确实依靠生产和输送煤炭得到经济腾飞。煤炭作为典型的不可再生资源，其维持的经济发展却具有不可持续性。煤炭资源枯竭后，贾汪区一度失去经济支柱。为破解困境，贾汪区通过遵循生态规律，重视境内丰富的自然环境要素，持续推进生态优先、绿色低碳发展，最终实现绿色转型。

2. 贾汪区绿色转型的历史背景。

贾汪区绿色转型的历史背景与中国经济转型过程紧密相连。改革开放后，为尽快实现经济腾飞，中国大力发展工业体系，急需煤炭这一重要的工业原料和能源。贾汪区依靠禀赋优势，开始大力开采煤矿，通过向全国输送煤炭资源快速实现经济增长，形成以煤炭为主的单一产业结构。随后，转型的历史动机有两方面：一是国家层面在实现一定的经济积累后，开始重视经济效率，调整产业结构，向产业高级化和合理化迈进，此时迫切需要贾汪区等资源型城市同步转型；二是煤炭是不可再生资源，贾汪区面临资源枯竭问题，生态问题的负面影响越来越严重，贾汪自身的转型需求迫切。

3. 贾汪区绿色转型的时代背景。

贾汪区绿色转型的时代背景是中国进入新发展阶段，社会主要矛盾改变，需要推进生态文明建设。党的十九大报告指出，"经过长期努力，中国特色社会主义进入了新时代，这是我国发展新的历史方位。"新发展阶段的特征是中国经济已由高速增长阶段转向高质量发展阶段。中国的社会主要矛盾变为人民日益增长的美好生活需要和不平衡不充分的发展之间的矛盾，而高质量发展就是能够很好满足人民日益增长的美好生活需要的发展，是体现"创新、协调、绿色、开放、共享"新发展理念的发展。其中，创新是第一动力、协调是内生特点、开放是必由之路、共享是根本目的，而绿色是普遍形态（洪银兴等，2018）。这说明中国的经济转型是绿色转型，贾汪区的同步转型也应是绿色转型。为了实现绿色转型，中国持续推进生态文明建设，颁布了《生态文明建设的总体要求》《加快经济社会发展全面绿色转型》《全面推进美丽中国建设》等大政方针，总体明确了全国绿色发展方向。对于贾汪区等资源型城市绿色转型问题，国务院出台《全国资源型城市可持续发展规划（2013－2020年）》《推进资源型地区高质量发展"十四五"实施方案》等政策，并且将其落实于省、市政府，给予相关地区财政和人才等方面支持。正是在这些时代背景下，贾汪区获得了资金、人才支持，得以打破资源依赖路径，走向绿色转型道路。

（二）案例概要

贾汪区的煤炭开采具有130多年的历史，是一座"百年煤城"。改革开放初期，贾汪区通过向全国输送煤炭资源获得经济腾飞，形成了以煤炭产业为主的单一经济结构。中国经济减速放缓后，贾汪区的重工业体系弊端逐渐显现，同时面临资源枯竭、土地塌陷、生态环境恶化等严重问题。在困境下，贾汪区政府总结经验教训，放弃依赖资源开采的经济模式，坚持生态优先、绿色低碳发展，探索生态经济新道路，最终实现绿色转型。新发展阶段，贾汪区又一次立于时代潮头，发挥示范作用，从"百年煤城"蜕变成了中华大地上一颗璀璨的"绿色明珠"，谱写出"贾汪真旺"传奇。

　　为此，本文以江苏省徐州市贾汪区为例，介绍这一"百年煤城"的绿色转型过程，重点阐释贾汪区如何解决资源枯竭问题、走出生态富民之路，使学生更加深入了解贾汪区绿色转型成功的关键，引导学生从"生态－经济－社会"系统关系角度思考资源型城市经济发展问题的产生原因和解决办法。

二、案例内容

（一）百年煤城变迁："因煤而成，因煤而兴，因煤而困"

　　徐州的贾汪区拥有130多年的煤矿开采历史。1880年，贾汪一带因雨水冲刷暴露出煤线。1882年，清政府筹集商股，成立"徐州利国矿务总局"，并且于1883年在贾汪区的韩桥煤矿开采出第一车煤。1898年，"徐州利国矿务总局"迁至贾汪，更名为"贾汪煤矿公司"。1938年被日军占领，更名为"柳泉炭矿"；1945年，日本宣布无条件投降后，收归国民政府。1948年，淮海战役胜利后，因江苏省尚未完全解放，贾汪境内相关煤矿由山东省代管。直至1953年，徐州市划归江苏省直辖，山东省向江苏省正式移交贾汪煤矿，成立贾汪矿务局，自此贾汪区成为江苏乃至全国的煤炭供应基地。1958年7月，为提高煤炭产量以支持国家经济建设，江苏省委在徐州召开煤炭工业会议，并掀起煤炭工业的"淮海战役"高产活动，江苏省各地派出"煤炭志愿军"开发贾汪煤田。这一举措使得贾汪矿务局的职工从1.12万人猛增到3.95万人，煤炭产量猛增到348.48万吨[①]。同年，为进一步推动贾汪的煤炭产业发展，实现规模化采集，

_____

　　① 摘自徐州史志网，http：//www. xuzhoushizhi. com/home/news_detail？newsid＝266.

经江苏省委和徐州地委批准，成立徐州煤炭矿务局管理贾汪区等相关片区的煤炭采集事务。随后，贾汪煤矿蓬勃发展，鼎盛时期大小煤矿超过250座，年产煤约1400万吨①。直至20世纪末期，煤炭资源日趋枯竭，贾汪煤矿由盛转衰，为提高营运效率，徐州矿务局于1998年改制为徐州矿务集团有限公司。2001年7月22日，贾汪区贾汪镇岗子村5号矿井发生特大煤矿爆炸事故，这促使当地政府反思经济发展模式。自此，"百年煤城"走向改革之路。

图1　光绪年间的徐州国利矿务
　　　总局股分票存根

图2　贾汪韩桥煤矿旧址纪念石

　　贾汪依托丰富的煤炭资源和煤矿开采产业建立起一套重工业体系，奠定了"百年煤城"的经济地位，但是这也成为贾汪区实现可持续发展的障碍。早期，依靠煤矿开采和输送，贾汪的经济得到快速发展，煤炭产业成为贾汪区的经济支柱，贡献了超过80%的财政收入②。但是，长期开采造成了生态、经济、社会等方面问题，阻碍贾汪经济进一步发展。

　　1. 生态环境问题严重，对生产、生活造成恶劣影响。

　　长期开采后，贾汪区的土地塌陷问题严重。煤炭资源的开发和利用会严

---

① https://www.sohu.com/a/76262005_123877.

② http://env.people.com.cn/n1/2019/0322/c1010-30990906.html.

重破坏地表结构。首先，开凿矿山会搬离山体原本的地表土，破坏甚至摧毁原生物种群。其次，挖掘煤矿产生的废矿、废渣、煤矸石等会占据大量土地，但是这些废渣的经济价值较低、不具有观赏性，导致原土地景观效应逐年减少。最后，井工开采导致地表下沉，形成采煤塌陷区，而贾汪区属于东部平原高潜水位矿区，地下水露出，采煤塌陷区又进一步成为塌陷积水区。塌陷积水区不仅使地下水污染的风险增大，而且严重影响农业生产和城市建设。在进行生态修复前，贾汪区的采煤塌地面积达到了 13.23 万亩，占全区耕地面积的 28%，据不完全统计，塌陷地区的人均耕地面积由 1951 年的 2.98 亩降到 2009 年的 0.46 亩①。土地塌陷问题破坏了贾汪居民的生活环境，还对农业生产和经济发展造成负面影响。

除了最为严重的土地塌陷、积水问题，贾汪区也具有其他大气、水等方面环境问题。在大气方面，贾汪城区的煤尘污染严重，造成"天灰、地陷、墙裂、水黑"。结合土地破坏问题，百姓戏称贾汪是"一城煤灰半城土"。在水方面，长期的煤炭开采导致水位下降、水质恶化，影响了贾汪区的水生态环境。在植被方面，受煤炭开采过程的影响，动植物的生长家园遭受严重破坏，荒山秃岭随处可见。

2. 煤炭资源趋于枯竭，产业可持续性降低。

贾汪区早期以煤炭产业为主，煤炭产业对煤炭的依赖性极强，而煤炭是典型的不可再生资源。通过上文分析，贾汪区的煤炭开采历史悠久，但是随着时间的推移，煤炭资源逐渐枯竭，至 2007 年，贾汪矿区的煤炭产出量累计达 3.6 亿吨，可开采煤炭资源仅为 2000 多万吨，根本无法维持煤炭产业发展。

经过长期开采后，煤矿具有严重的安全问题，危及人民生命安全。上文指出煤矿开采会造成地质结构变化，贾汪区经过一百多年的煤矿开采，地表和地质层早已变得松散。经过生产震荡后，极易发生塌方问题，这也是 2001 年贾汪煤矿爆炸死伤无数的深层次原因。贾汪区塌陷面积广，土地破坏程度深，煤矿的安全问题具有普遍性。实际上，2001 年的煤矿爆炸事故后，经排查，250 多座煤井存在安全问题，陆续被迫关停。

综合以上两方面因素，贾汪的可开发煤炭资源逐渐减少，煤炭产业的发展动能不足，行业趋于萎缩。也正因为如此，在 2011 年，贾汪区被列入了资

---

① http://env.people.com.cn/n1/2019/0322/c1010-30990906.html.

源枯竭型城市名单。

3. 经济结构单一，经济转型升级困难。

贾汪区过于依赖煤炭资源，形成单一的经济结构。煤炭是工业化初期经济发展的重要原材料，尤其在中国依赖要素投入以实现经济快速增长的改革开放初期，煤炭的需求极大。在这种情况下，贾汪区在煤炭开采方面投入大量人力、物力以供应全国的煤炭需求，其他行业、产业可获得的劳动力、资本要素较少，逐渐形成了以煤炭开采为主的单一经济结构。

贾汪区的单一经济结构阻碍要素优化配置，进一步加深经济困境。单一的经济结构一旦形成，如不借助制度等外在力量，贾汪区借助经济体自发转型的可能性较小，微观、宏观层面的阻力均较大。在微观层面，一是由于煤炭开采行业属于劳动密集型行业，贾汪区集聚的主要是低技能劳动力，提升该类劳动力技能的成本较高，短期内难以实现。二是煤炭开采需要大机器、大设备，这使得贾汪区煤炭企业的前期投入较高，转型的机会成本较大，阻碍转型进程。三是通过上文分析，煤炭产业的财税贡献超过80%，即政府收入对煤炭产业的依赖性较强，不利于经济转型。在宏观层面，需求和供给共同构成市场，形成推动经济发展的动力，但是贾汪区百年来一直从事煤矿开采，在供给侧方面，煤炭行业的产能过剩，没有其他行业产能的有力支撑；在需求侧方面，地区内部的服务业不发达，也尚未有效开拓除煤炭外其他产品的市场，转型举步维艰。

4. 煤炭行业萎缩引发社会问题。

煤炭行业萎缩带给贾汪区的社会问题主要是失业和工矿棚户区。随着煤矿关停，贾汪累计5.4万人下岗[1]，失去工作机会。失业降低了居民生活水平，相对剩余的劳动力增加了社会不稳定因素。贾汪区在煤炭行业发展的鼎盛时期是全民采煤，为了采煤便利简易搭建起无数大小棚户区，煤尽城衰后，总共留下600万平方米工矿棚户区[2]。工矿棚户区的卫生条件差，户籍管理难，结合失业问题，棚户区居住着大量失业人员及其家人，这使得疏解棚户区更加困难。

5. 城市功能欠缺，制约区域整体发展。

通过上文分析，可以从侧面看出贾汪区城市功能存在缺失，下文进行深入分析。第一，城市的基本生态功能缺失。良好的生态环境是居民生存、生

①② https://www.thepaper.cn/newsDetail_forward_2288609.

产、生活的基础，但是贾汪区受煤矿开采的影响，其生态系统失衡。贾汪区既存在煤渣、煤尘等问题影响居民生活质量，也存在土地塌陷、积水等问题威胁生命财产安全。第二，城市的经济功能缺失。良好的城市经济发展要求要素之间协调配合、高效运行。但是，贾汪区以重工业为主，资本、高技术等劳动力要素缺失，缺乏配套的服务业，经济结构单一，阻碍进一步发展与转型。第三，城市的基础设施功能缺失。早期，贾汪区以煤炭产业为主，交通、供水等系统设施主要为煤炭生产而设计和建造，在居民生活方面较为薄弱，棚户区即为佐证。除此之外，贾汪区的第三产业发展薄弱，商业、教育等方面设施较为薄弱。第四，城市的公共服务功能缺失。城市的公共服务是指为了满足居民的基本需求，政府或公共机构提供的各种服务。但是，贾汪区政府财政对煤炭产业依赖性强，对于煤炭产业的服务力度较大，在居民生活方面的服务较为薄弱。

通过分析贾汪这一"百年煤城"的发展历史和困境，可以发现，贾汪走入困境的根本原因是在发展过程中忽略生态学规律，致使生态环境恶化，引致对经济、社会产生负面影响。贾汪区在进行城市建设时发现了煤炭这一重要资源的经济价值，但是忽略了其生态价值，没有看到其对地质地貌的支撑作用，使得贾汪区的土地破坏问题严重。生态系统是有机整体，并且人类乃至其所属的经济社会系统均为生态系统的重要组成部分，当土地这一要素失衡，贾汪区的环境质量、居民生活、经济发展均逐渐陷入困境。

（二）从依赖资源投入转向发展生态经济

贾汪区陷入发展困境后，政府意识到资源经济的弊端，然而新经济道路的探索是曲折的。贾汪区发生"7·22"煤矿爆炸惨剧后，政府紧急关闭了贾汪区所有存在安全隐患的煤矿，最终只保留三个符合生产条件的国有煤矿。同时，很多耕地因煤矿开采出现大面积坍塌和积水，煤矿的关闭让当地农民陷入既无地可种也无煤可挖的困境。贾汪区各种经济指标断崖式下降，财政状况捉襟见肘，贾汪的综合经济实力也排在徐州各区县的末尾①。为了解决危机，贾汪区开始大力招商引资，建设工业园区，期望将产业由地下转为地

---

① https://www.thepaper.cn/newsDetail_forward_2288609.

上。2008 年，贾汪区收到江苏省委、省政府下发《关于加快振兴徐州老工业基地的意见》。该政策确定徐州要大力发展装备制造业、食品及农副产品加工业、能源产业、商贸物流旅游业四大主导产业，计划将其余产业适当迁出徐州市区。贾汪区抓住这次机会，大力引进外迁企业入驻工业园区，引进企业中除了少量如"金彭新能源科技有限公司"一样的绿色企业，大部分属于高污染、高耗能的钢铁、化工、焦化企业。

本次贾汪区的经济转型成果既存在积极方面，也存在消极方面。积极方面，本次招商引资有效缓解了贾汪煤矿关停带来的经济压力，提供了就业岗位，保障了居民生产生活。这些高污染、高耗能企业在一定程度上弥补了煤矿关停带来的工业空缺，促进了当地经济的发展，2009 年，贾汪的地区生产总值达到 108.6 亿元，同比增长 14.5%，是 2001 年的近两倍①。消极方面，这次转型是被动的、不彻底的，产业发展也是无序的、无选择的，上了一批污染型重工业，留下了发展隐患。贾汪区这次经济转型虽然从地下转移至地上，在一定程度上避免了土地塌陷等问题，但是仍为依赖资源要素的黑色经济模式，没有解决发展苦难的根本性问题。本阶段的经济转型基本仍局限在重工业这一产业领域，而且转型的主要驱动力来自产业发展遇到的问题和外部产业政策的引导，没有充分调动起民众力量，被称为"被动中的转型"。

新的转型契机在于 2010 年启动的采煤塌陷区整治和 2011 年贾汪区被国家列入资源枯竭型城市（楚德江，2022）。在国家政策和上级财政的支持下，贾汪区具有了实施生态修复、产业结构绿色升级等工程的政治和经济条件，贾汪区政府开始根据贾汪的自然地理特征，遵循生态规律开发新的经济优势。贾汪区内自然禀赋良好，具有发展生态经济的优势。在水资源方面，贾汪区内既有京杭大运河、不老河、屯头河等诸多水系，也有督公湖、南湖、商湖等众多湖泊。煤炭产业发展时期，贾汪区没有留意到这些重要的水资源禀赋，陷入土地塌陷积水的困境，在生态经济时期，贾汪区利用水资源优势发展特色产业，并且将土地塌陷积水的地区转变为国家公园、生态园，变废为宝，走出新发展道路。同时贾汪区具有丰富的动植物和矿藏资源，这些丰富的生态资源为贾汪区全面实行绿色转型打下良好的基础。

---

① 徐州市统计局，https: //tj. xz. gov. cn/.

（三）　环境资源的再利用

在政策引导和自身探索的双重作用下，贾汪区依据境内自然环境特征，主动走上生态经济道路。为了实现生产发展、生活富裕、生态良好的文明发展目标，贾汪从以下三方面进行全面绿色转型。

1. 积极推进生态修复，将采煤塌陷地变为生态宜居乐园。

依据上文分析，贾汪区最严重的环境问题就是长期煤矿开采导致的土地塌陷问题，并且由于境内水系丰富，导致地下水渗出，形成积水潭。从传统经济角度来看，土地塌陷形成的积水潭没有经济价值，没有好处，但是从生态经济角度来看，积水潭具有价值，正是利于植被生长、赏心悦目的好"湖泊"。遵循该思路，2010 年 3 月起，贾汪区先后启动了潘安湖、小南湖、月亮湖、太阳湖、清泉湖、商湖等采煤塌陷区改造项目，秉承"因地制宜，综合利用"的原则，以"宜农则农、宜居则居、宜水则水、宜游则游、宜生态则生态"的整治理念，创造了"基本农田整理、采煤塌陷地复垦、生态环境修复、湿地景观开发"四位一体新模式，实现了居民安置、耕地复垦、景观再造的综合效益（楚德江，2022）。

以潘安湖改造工程为例，潘安湖所在的潘安采煤塌陷区，是全市最大、塌陷最严重、面积最集中的采煤塌陷区，总面积 1.74 万亩，区内积水面积 3600 亩，平均深度达 4 米以上，恶劣环境让人无法居住，形成深重的生活负担。2009 年 12 月，经专家论证后，"徐州市贾汪区采煤塌陷区综合治理项目"获江苏省国土厅、财政厅批复，并正式命名为"潘安湖"。潘安湖改造工程项目总共整治塌陷土地 1160.87 公顷，复垦耕地 600 公顷，修复湖面 266.67 公顷，实现湿地景观再造 133.33 公顷①，这使得潘安湖改造前后发生翻天覆地的变化。改造前，潘安湖一片荒凉；改造后，贾汪区通过土壤重构技术恢复了土地的生态调节功能，将潘安湖打造成为集游览观光、生态宜居、旅游度假、乡村民俗体验等多种功能于一体的国家 4A 级湿地公园。

2017 年 12 月，习近平总书记在考察徐州时，对潘安湖的治理成果给予了高度评价。截至 2019 年 3 月，贾汪区实施了 82 个塌陷地治理工程，治理

---

① https：//www.thepaper.cn/newsDetail_forward_9066474.

面积达 6.92 万亩，境内的重要生态资源库徐州第一高峰——大洞山周边的 30 多个采煤宕口复绿，全区森林覆盖率达 32.3%，比 2011 年提高近 20 个百分点①。

贾汪的塌陷地治理工程不仅改善了当地居民的生活环境，还带动了贾汪的旅游业发展，吸引了大量游客，提高了当地居民的收入和生活水平。通过这些改造项目，贾汪区实现了从"一城煤灰半城土"到"一城青山半城湖"的转变，探索出资源枯竭地区经济转型发展的新道路。

2. 大力推动产业绿色升级，将单一煤炭行业变为绿色多元产业体系。

由于对煤炭资源的过度依赖，贾汪区形成以煤炭产业为主的单一经济结构，阻碍贾汪区经济转型升级，因此贾汪区政府大力推动产业绿色升级。在升级过程，贾汪区总结经验教训，牢牢遵循生态规律，因地制宜均衡发展一二三产业。

在工业方面，贾汪区依托原有的重工业基础加速转型升级。单一的重工业体系是贾汪区经济转型困难的原因，但是不能因此忽视工业在现代经济体系中的基础性、支撑性作用，先进的工业是农业、服务业进一步发展的基础。贾汪区工业的根本问题不在于存在单一工业结构，而是在于其创新能力弱、技术落后。对此，贾汪区致力于发展先进制造业，聚焦高新技术和战略性新兴产业，规划"徐贾新型工业化走廊"，提升徐州工业园区，发展高端装备、新能源车、新材料、集成电路等产业。同时，推动产业融合，打造现代产业体系，并融入淮海经济区产业链，实现协同发展效应。除此之外，贾汪区利用水系优势"通江达海"，开通从境内双楼保税物流园区到上海洋山港的航线，年运输量达 14000 标箱，在淮海经济区大宗物资集散中转和徐州仓储物流方面承担重要作用。

在农业方面，煤矿下岗工人大多属于低技能劳动者，转型为农民较为容易，但是由于土地塌陷问题，贾汪区的人均耕地较少，因此有必要发展特色农业，并且将农业与工业、服务业联动以提高农业运营效率，拓宽收入来源。贾汪区依托京杭大运河沿线规划建设"农谷大道"现代农业产业园区，全面发展都市农业和休闲观光农业，合理布局农家乐和精品民宿，拓宽农民增收渠道，让农业成为有奔头的产业。在贾汪区政府和民众的不懈努力下，全区

---

① http：//env. people. com. cn/n1/2019/0322/c1010 - 30990906. html.

设施农业面积 12.5 万亩，拥有休闲观光农业园区、农家乐 115 个，获评国家全域旅游示范区首批创建单位①。

在服务业方面，贾汪区依托丰富的自然资源禀赋以及生态修复成果，大力促进旅游开发。贾汪区推动旅游产业从无到有、由弱到强，成功创建潘安湖、大洞山、督公湖、凤鸣海 4 个 4A 级景区和卧龙泉 1 个 3A 级景区，以及83 个乡村旅游示范点和农家乐②。贾汪区依托其丰富的自然资源和文化遗产，发展了全域旅游，获得首批国家全域旅游示范区创建单位，成为徐州市民的后花园以及周边 150 公里范围内周末休闲微度假的旅游目的地。贾汪区旅游业的发展不仅仅局限于传统的观光旅游，还涵盖农旅融合、文旅融合等多种形式，比如集养殖、观赏、科普、研学、休闲等为一体的中华锦鲤旅游区、农文体旅融合的杏花村、御品葡萄采摘园等，真正实现了农业和旅游业的互惠共赢。2018 年，来贾外地游客达 600 万人次，实现综合收入近 20 亿元，获得了"挖煤贾汪，旅游真旺"的美誉③。即使受到新冠疫情冲击，贾汪的旅游业也实现了平稳增收。2021 年，贾汪区接待游客 696.8 万人次，旅游综合收入达到 18.75 亿元④；2022 年，贾汪区接待游客 602.6 万人次，旅游综合收入达到 16.03 亿元⑤。

经过十几年的努力，贾汪区已经实现从单一的煤炭产业向绿色、多元化产业的转变。贾汪区在 2018 年就已实现三次产业均衡发展，三次产业比达到7.6：44.4：45.2，摆脱煤炭资源的单一产业结构，获得国务院表彰，成为资源枯竭城市可持续发展的样板区⑥。

3. 着力改善社会民生，将"矿竭人去"变为"贾汪真旺"。贾汪区先前的民生之患、民生之痛来源于生态环境破坏，因此贾汪区着力推进社会生态化、生态社会化，构建生态型社会发展新格局，以求能够突出改善人民生活质量和生活水平。

第一，贾汪区扎实推进城乡一体化发展。生态环境不存在城乡边界，贾汪区只有推进城乡一体化，让两类空间经济体互相扶持，才能真正实现"生

---

① http://xuzhou.people.com.cn/n2/2020/0407/c359584-33931931.html.
② 江苏省人民政府官网，https://www.jiangsu.gov.cn/art/2021/1/7/art_64750_9626839.html.
③ https://www.163.com/dy/article/EJO2E1BS05148IM8.html.
④ https://m.thepaper.cn/baijiahao_20334236.
⑤ https://www.thepaper.cn/newsDetail_forward_23277629.
⑥ https://www.thepaper.cn/newsDetail_forward_4189131.

态立区、产业强区、旅游旺区、文明兴区"的发展战略。贾汪区在对老城区和乡村进行改造后，积极推进城乡交通、基础设施一体化建设。首先，贾汪区大力整治棚户区问题，累计改造棚户区380平方米，这使得主城区面积由2008年的18平方公里扩大到30平方公里。同时，改造人民公园、整治凤凰泉湿地公园、修复五号井矿工广场生态，让百年矿区旧貌换新颜的同时增加了就业岗位。其次，大力开展百村整治、十村示范活动，乡村环境发生根本性改观，涌现出马庄村、磨石塘等一批特色田园美丽乡村。最后，贾汪区以"全区30分钟融入徐州主城、贾汪城区20分钟通达所有乡镇、全区10分钟上高速"为目标，实施了"321"工程，完成"一轨二航三高七横七纵"的骨干布局①。贾汪区还配套优化了高快路网布局，畅通了区域快速互联，提升了综合交通品质，加速了与徐州主城区的"一小时生活圈"形成。在公共交通服务方面，贾汪区积极构建可持续发展的城乡一体化公共交通体系，开通了旅游直通车，新投资购置新能源公交车，并计划开通新的城乡公交线路，更新改造公交站点、乡镇客运站等相关设施。同时，贾汪区推行了智慧交通以提升服务水平、强化运输监管、保障乘客安全。贾汪区一系列交通改革、升级措施，有效加快了贾汪区城乡要素流动，促进城乡一体化。

　　第二，贾汪区持续推进基本公共服务均等化。贾汪区政府过去过分依赖煤炭开采，忽略公共服务方面的工作，因此，坚持以人为本，保障公共服务并实现城乡之间、区域之间、不同群体之间基本公共服务的均衡发展，是实现可持续发展的保障。在教育方面，贾汪区通过实施学前教育五年行动计划，提高幼儿教育的普及率和质量，确保幼儿教师资格证持有率以及就近入学的比例。这一举措促进了儿童教育尤其是乡村儿童教育的发展，推进了城乡基本公共教育的均衡发展。在社会保险方面，贾汪区建立统一的城乡居民基本养老和医疗保险制度，完善大病保险制度，在推进各类社会保险关系顺畅转续的同时建立公平且可持续的社会保险制度，实现城乡基本社会保险的均等化。在残障人士服务方面，贾汪区建设"残疾人之家"，发展辅助性就业机构，满足残障人士在教育、康复、托养、文化体育等方面的需求。在文化体育与生活方面，贾汪区每周均充分、免费开放图书馆和文化馆等公共文化设施，时刻关注城乡居民饮用水安全、污水处理和垃圾无害化处理等生活环保

---

①　源自《贾汪区国民经济和社会发展第十四个五年规划和二〇三五年远景目标纲要》。

服务。在城乡生活质量均衡发展方面，贾汪区实施农村文化大礼堂、农村污水处理、垃圾分类收集处理、公共厕所建设等十大工程，让老百姓充分享受基本公共服务均等化成果。

第三，贾汪区全面推进社会治理精细化。为了巩固发展成果，贾汪区全面推进社会治理精细化。一是建设非诉讼服务中心。贾汪区在"五号"井社区等地设立了非诉讼服务中心，通过整合基层各方力量，构建了人民调解、四方调解联动的多元调解模式，有效化解矛盾纠纷。二是推行网格化服务管理。贾汪区利用大数据技术，将全区划分为711个网格，配备专兼职网格员，通过手持终端采集基础数据，实现信息的快速响应和处理。三是开展"大排查、大整治、大提升"专项行动。贾汪区通过排查特殊困难群体、严重精神障碍患者等服务对象，引入社会评价等新方法，提升群众的获得感和幸福感。四是探索"援法议事"新模式。贾汪区成立矛盾纠纷化解工作站，在行政村普遍建立乡贤组织，综合运用法律、人情、乡俗、村规等手段，用老百姓的法儿平老百姓的事，有效化解村内矛盾纠纷（《中国发展观察》杂志社等，2019）。五是"五位一体"提升社区治理。贾汪区通过整合资源，打造集专业研判、高效协同、综合决策于一体的区域治理现代化指挥中心，实现社会治理的全方位、项目化、实战化、立体化和多元化。除此之外，还开展了新时代文明实践中心全国试点、自治法治德治"三治融合"等工作。

三、案例简评

（一）合理利用实现了生态-经济-社会三种效益有机统一

有关生态系统与经济社会系统的关系存在两种观点：从物质角度，经济社会中的万事万物脱离不了物质性，物质归属于自然界，即经济社会系统本质上就是生态系统的一部分（戴利，1993；张帅和诸大建，2023）；从功能角度，自然界为经济社会发展提供物质基础，生态、经济、社会系统存在共生性和交互机制（胡鞍钢和周绍杰，2014）。总结两种观点共识：一是生态系统是"生态-经济-社会"系统的前提和基础；二是"生态-经济-社会"系统的良好运行应遵循物质运行规律，尤其是生态学规律。贾汪区在绿色转型前,无节制地开采煤矿,破坏土地的生态平衡,致使生态系统无法支撑经济社会系统(付光辉等,2007)。随后,贾汪区遵循生态学原理科学规划,不从经济效益入手,而是从生态效益入手带动"生态–经济–社会"系统良好运行,成功实现转型(朱琳等,2013)。

以贾汪的马庄村为例。马庄村隶属于贾汪区潘安湖街道,就在贾汪区最严重的土地塌陷区潘安湖附近,早年烟灰弥漫,资源枯竭后,村民一度失去经济来源。潘安湖改造工程实施后,村民的生活环境改善,首先收获了生态效益。尝到甜头后,村民决定发展本地特色文化农民乐团和香包工艺,这两类产业对生态环境影响小,植被恢复后,香包也有了取之不尽的原材料。马庄村以乐队为依托,在二十四节气、传统节日等节点带动村民表演锣鼓、舞龙、舞狮等综艺节目和民俗表演。这些活动不仅为村民带来快乐,也渐渐变成旅游特色节目,每年吸引游客 60 余万次,实现了物质文明和精神文明同步发展。马庄的另一"宝贝"香包,原本就是国家级非物质文化遗产,村民们将其产业化,带来了不少经济效益。在村民的努力下,农民乐团和香包文化与潘安湖国家湿地公园相得益彰,带来"生态–经济–社会"综合效益。

(二)"生态优先,绿色低碳发展"的有效实践探索

习近平总书记在 2015 年党的十八届五中全会上提出绿色发展;在 2016 年的长江经济带发展座谈会上提出生态优先、绿色发展;在 2022 年党的二十大上提出生态优先、绿色低碳发展。生态优先是中国绿色发展理念的突破式创新,而贾汪的绿色转型处处体现生态优先。正是秉承生态优先,贾汪区将生态修复放在首要位置,为后续绿色转型打下坚实基础;正是秉承生态优先,贾汪区探索出文化产业新道路,发现经济转型的绿色动力。现实表明,贾汪区的绿色转型实践是"生态优先,绿色低碳发展"的有益探索。

(三)贾汪挖掘自然资源优势的经验探讨

1. 贾汪绿色转型的示范性作用。

贾汪区的绿色转型成果有目共睹,获得了一系列荣誉及国家表彰,发挥了示范性作用。2017 年,贾汪区入选全国休闲农业和乡村旅游示范县。2017

年 12 月 12 日，习近平总书记来到贾汪区参观后，对贾汪区绿色转型成果给予充分肯定，指出"资源枯竭地区经济转型发展是一篇大文章，实践证明这篇文章完全可以做好。"2019 年 9 月，贾汪区入选首批国家全域旅游示范区。2019 年 11 月，贾汪区入选第三批"绿水青山就是金山银山"实践创新基地。2020 年，贾汪区获评 2019 年度江苏省国土资源节约集约利用模范县。2021 年，贾汪区入选 2021 年全国休闲农业重点县。

2. 贾汪绿色转型的经验探讨。

贾汪绿色转型经验的普遍性。贾汪区是典型的资源型枯竭型地区，以生态优先为原则进行绿色转型是其普遍性经验。生态优先是基于"生态 – 经济 – 社会"系统关系提出的重要观点，有着深厚的生态学基础和经济学基础，是中国实现绿色发展的重要行动指南。

贾汪区绿色转型经验的特殊性。贾汪区的自然禀赋、文化习俗具有特殊性，其农民乐团和香包产业具有不可复制性。其他地区应挖掘自身优势，走出特色产业之路。

中国其他资源枯竭型地区在参考贾汪区的绿色转型经验时，需将普遍性和特殊性有机结合，应在坚持生态优先的原则下，因地制宜，个性化探索绿色低碳发展道路。

四、问题探索和理论链接

贾汪区是资源枯竭型城市的典型代表，其绿色转型过程以及其中涉及的理论知识对类似的资源型城市具有很强的启发性。

（一）资源枯竭型城市转型的问题分析

1. 城市产业结构单一。

与贾汪区类似，中国大多数资源型城市还是依靠当地的优势资源发展出主导产业，在资源市场供给短缺的改革开放初期，这种模式对经济发展具有促进作用（王文棋等，2024）。但是，随着中国整体经济结构升级以及资源市场的供需平衡，单一的产业结构对资源型城市产生极大的负面影响。资源型产业大量占有了劳动力等资源要素，其他产业难以发展，形成"锁定效应"（李萌等，2023）。而中国的资源产业通常是围绕一个或者几个大型资源型企业运行的，难以形成抵抗外部风险的产业链体系，一旦发生冲击，会毁灭性破坏城市经济体系，比如贾汪就曾在特大矿井爆炸事件后，出现严重的经济衰退。

2. 就业和社会保障压力大。

资源型城市的就业和社会保障压力来自两方面。一方面，资源型产业属于劳动密集型产业，需要的劳动力数量相对多并且大多数属于低技能劳动者，其在城市内部劳动力的流动性强，如煤炭工人可能会在不同煤矿流动工作，这使得劳动保障的难度大。另一方面，资源型城市普遍面临资源枯竭带来的产业衰退问题，此时失业、下岗的职工增多，但是政府财政也由于产业衰退而变得拮据。两难之下，社会保险难以正常运行，就业和社会保障问题增多。

3. 体制机制问题突出。

中国是社会主义制度国家，资源归国家集体所有，中央对资源型城市经济的干预力度较强，这使得资源型城市的中央计划经济色彩较为浓厚，政府对企业的干预性较强（任胜钢等，2024）。在中国市场经济条件越来越好的情况下，资源型城市表现出的体制机制问题也逐渐凸显。问题的核心表现为政企职责不分，难以激发市场对资源的配置作用，致使效率低下，难以吸引创新要素，建立现代企业制度（孙淼和丁四保，2005）。

（二）资源枯竭型城市转型的战略探索

根据贾汪经验，资源枯竭型城市想要实现绿色转型，首先要确立发展方向，坚持绿色发展；其次，要发展绿色、多元化产业支撑绿色发展；最后，要进行体制机制革新，保障企业、社会绿色行为的畅通持续。

1. 绿色发展目标战略。

贾汪在陷入发展困境后，曾选择将产业从地下转移至地上，招商引资的仍是高污染、高排放企业，这本质上仍没有遵循生态优先原则，事实证明这是老路、弯路。因此，资源枯竭型城市想要绿色转型，发展方向首要是绿色的，思路要遵循生态优先原则，才有可能实现突破。资源型城市应从整体上出台绿色发展规划。

2. 绿色多元化产业战略。

绿色是经济发展的形态，经济能够发展起来仍需遵循经济规律。企业、人口、资本等要素集聚形成产业是城市经济发展的最有力支撑，资源型城市应依据绿色发展目标发展高技术、先进制造业等产业，或者依据自身区域禀赋情况发展文化、农业等特色产业，这些产业均具有投入少、污染小的绿色性质。同时，产业多元化可以减少风险带来的负面影响，促进经济体恢复，提高城市经济韧性（冯东梅和高婷，2023）。

3. 体制机制革新战略。

资源枯竭型城市的体制机制革新涉及两方面。一是解决资源型城市原有的体制机制弊端。通过上文的问题分析，资源型城市的政府干预力度过强，这使得政企职能不分。对此，资源型城市政府应增加服务意识，营造良好市场环境，吸引企业入驻，激发企业创新潜力。二是资源型城市通常陷入政企两难的恶性循环。因为企业发展困难致使政府财政拮据，政府财政不足又难以实施生态修复等改造工程，绿色转型更加艰难。因此，中央或省级政府应在绿色改造工程方面给予财政或者人才支持，推进体制机制革新（王树义和郭少青，2012）。

（三）资源枯竭型城市转型的路径分析

1. 科技创新路径。

技术创新是指通过新知识或者新技术创造新的产品、服务或者改进现有的产业、服务的过程。对于工业企业来讲，资源投入是成本的主要来源，通过技术创新减少资源使用是获得价格优势的重要途径，即工业企业天然具有进行节能技术创新的激励。但是工业企业仍有其他的创新方向，此时政府需要做的是引导企业进行节能、绿色技术创新。针对资源型城市工业产业较为落后的情况，较好的办法是从外部引进与本土企业相关，但对资源依赖性较弱的先进制造业。这样做有三点好处：一是形成市场竞争，促进本土企业有样学样，进行技术创新减少资源依赖；二是有可能与本土企业形成产业链关系，发挥互补互助的作用，便于技术创新扩散；三是有助于提高产业多样性，提高城市竞争力。

2. 产业生态化和生态产业化路径。

产业生态化是指在生态系统的可承载范围内，对生态、产业、社会系统进行统筹优化。这需要资源型城市摒弃传统发展模式，在产业发展过程中考虑生态环境约束，建立资源节约型的产业结构体系。生态产业化是指将生态资源转变为市场中的生态产品和生态服务，进而将生态优势转变为经济优势。资源型城市的资源类型以矿藏为主，同时也具有丰富的自然景观资源；其次资源型城市应学习贾汪经验变废为宝，挖掘出新的生态产品价值。对于资源型城市来讲，产业生态化和生态产业化缺一不可，相辅相成。虽然资源型城市原有的重工业体系带来诸多弊端，但是在经济角度，其具有基础的支撑性作用，从社会稳定角度，也不应过于激进，应利用产业生态化进行改造。同时，资源型城市需要通过生态产业化发展新路径、新动能，实现可持续发展。

3. 循环经济路径。

循环经济的基础原理是构建一个闭关系统，在这个系统中，资源的输入、使用和回收利用被优化，以减少浪费、提高资源利用效率，进而最大限度减少经济活动对生态环境的负面影响。循环经济对于资源型城市的意义在于：一方面可以提高资源的利用效率，延长资源型城市的生命周期，缓解经济衰退速度；另一方面，资源型城市早期的经济建设过程中产生了大量废物，通过物质循环规律会有助于变废为宝，比如废水中的钾元素可以转变为农作物生长的肥料，废弃的煤渣可以变成新的建筑材料。通过循环经济，资源型城市可以一举两得，在治理污染的同时促进经济发展。但是，循环经济的技术性要求较高，而资源型城市普遍较为落后，需要中央或省政府的财政扶持和人才支持。

五、问 题 讨 论

1. 贾汪如何将采煤塌陷地变为生态宜居乐园？
2. 如何解决煤炭资源地区产业结构单一问题？

参考文献

[1] 楚德江. 资源型城市绿色治理转型的内生动力与实践逻辑——以江苏省徐州市贾汪区转型发展为例 [J]. 北京行政学院学报. 2022 (05)：21-29.

［2］《中国发展观察》杂志社、江苏省政府研究室联合调研组，沈和．徐州贾汪区：采煤塌陷地绿色转型的创新实践［J］．中国发展观察．2019（01）：11－16.

［3］洪银兴，刘伟，高培勇等．"习近平新时代中国特色社会主义经济思想"笔谈［J］．中国社会科学，2018（09）：4－73，204－205.

［4］王文棋，刘兆德，赵虎．中国资源型城市转型发展全景知识图谱——演进脉络、热点追踪及未来展望［J］．地理科学，2024，44（05）：785－795.

［5］任胜钢，周罗琼，汪阳洁．绿色考核能破解"资源诅咒"吗？——来自资源型城市的证据［J］．中国人口·资源与环境，2024，34（02）：142－154.

［6］李萌，张联君，潘家华．资源枯竭型城市低碳转型发展水平测度及障碍因子分析［J］．青海社会科学，2023（05）：24－36.

［7］冯东梅，高婷．碳排放约束下资源枯竭型城市韧性效率评估——基于 MinDS 超效率模型和 GML 指数［J］．环境保护，2023，51（13）：35－41.

［8］戴利．超越增长：可持续发展的经济学［M］．上海：上海译文出版社，1996.

［9］胡鞍钢，周绍杰．绿色发展：功能界定、机制分析与发展战略［J］．中国人口·资源与环境，2014，24（01）：14－20.

［10］张帅，诸大建．从增长到稳态：赫尔曼·戴利的可持续发展思想评述［J］．中国人口·资源与环境，2023，33（12）：42－50.

［11］孙淼，丁四保．我国资源型城市衰退的体制原因分析［J］．经济地理，2005（02）：273－276.

［12］王树义，郭少青．资源枯竭型城市可持续发展对策研究［J］．中国软科学，2012（01）：1－13.

［13］张艳，郑贺允，葛力铭．资源型城市可持续发展政策对碳排放的影响［J］．财经研究，2022，48（01）：49－63.

［14］朱琳，卞正富，赵华等．资源枯竭城市转型生态足迹分析——以徐州市贾汪区为例［J］．中国土地科学，2013，27（05）：78－84.

［15］付光辉，刘友兆，祖跃升等．区域土地整理综合效益测算——以徐州市贾汪区为例［J］．资源科学，2007（03）：25－30.

案例六

矿山土地资源再利用

——汤山经验

教学目的：通过南京汤山矿坑公园案例，大致介绍废弃矿坑地的修复改造流程，引导学生探讨环境效益与经济效益的有机统一问题，提高学生对践行习近平生态文明思想、"城市双修"理念重要性与必要性的认识。

教学内容：（1）讲解汤山以往开山采石活动对生态系统的破坏；（2）从治理主体、指导思想、技术手段、运营模式等视角阐明汤山矿坑公园的生态修复过程；（3）整理并归纳出生态修复工程的"南京汤山经验"。

重点难点：引导学生了解"城市双修"理念和PPP模式对打造南京汤山矿坑公园及其商业运营方案的经验。

课前思考题：

（1）请尝试思考矿产开采活动可能会产生的环境问题。

（2）请谈一谈你对废弃矿坑地改造的认识。

一、案例背景与教学目的

土地是经济社会可持续发展的物质基础，土壤质量关系百姓的米袋子、菜篮子，加强土壤污染防治是重大的民生工程。自党的十八大以来，以习近平同志为核心的党中央高度重视环境保护力度，以前所未有的力度推进生态文明建设，坚决向污染宣战。2016年5月，国务院出台《土壤污染防治行动计划》，专门指导土壤污染的重点治理，净土保卫战也成为生态环境保护的三大保卫战之一。2022 年 12 月，中央经济工作会议指出，要推动经济社会发展绿色转型，协同推进降碳、减污、扩绿、增长，建设美丽中国。党的二十大报告强调，中国式现代化是人与自然和谐共生的现代化。2024 年 1 月，《中共中央　国务院关于全面推进美丽中国建设的意见》明确"持续深入推进污染防治攻坚"等目标，其中，"持续深入打好净土保卫战"等具体任务尤其受到关注。

　　土壤修复是我国土壤污染防治的重要内容，当前主要可分为农用地修复、工业场地修复和矿山修复三大类。南京汤山矿坑公园正是在习近平生态文明思想指引下实施的一个针对矿山的国土空间生态修复项目，该项目在对废弃矿坑进行科学治理改造的基础上，采用合理的运营模式创造性地"变废为宝"，让昔日的城市"伤疤"蝶变如今的城市"名片"。自 1972 年起，长达三十年的开山采石与石料加工让这里满目疮痍，植被、水体尤其是土壤受到了巨大破坏和污染。近年来，南京市启动了南京汤山矿坑公园的规划设计和生态修复工作，该项目总投资约 49000 万元，总修复面积达 600 亩。修复项目按照先消险后治理的顺序，整合规划、建筑、景观、亮化等设计方案，依照原始场地基础、减少人工干预、恢复自然生态、体现区域文化内涵等原则，对矿坑进行了生态修复和城市功能拓展。整个修复工程通过机械削坡、人工清坡、坡顶平台砼浇筑、加装防护栏杆、坡底乔灌木种植等措施，不但出色地完成了该区域的土地修复工作，还彻底消除了地质灾害隐患，打造起一个具有科普教育、休闲旅游、温泉康养、餐饮住宿等多元化功能，"以山为幕，生态休闲"的特色矿坑体验公园。南京汤山矿坑公园由此摇身一变，成为远近闻名的旅游打卡地。据统计，自 2018 年底开园至 2022 年底，汤山矿坑公园作为一个免门票的开放式公园，已累计接待游客近 350 万人次，仅仅凭借园内各色商业项目年均旅游收入就达到了约 1500 万元[①]。

　　如今的南京汤山矿坑公园坐落于汤山街道境内。汤山街道，原为汤山镇，2005 年 12 月，汤山镇改制为街道。汤山街道位于南京市江宁区东北部，地处南京东大门，东接句容市华阳街道和下蜀镇，南与淳化街道毗邻，西与东山街道、麒麟街道接壤，北与栖霞区西岗街道、句容市宝华镇相接。该街道辖区面积 170 平方公里，距离南京市江宁区约 24 公里，下辖 16 个村（社

---

① 《汤山矿坑公园 废弃矿坑蝶变"生态富矿"》，https：//baijiahao. baidu. com/s？ id = 17523237 47302633938&wfr = spider&for = pc.

区），常住人口 7.5 万人，先后获得"历史文化名镇""全国卫生街道""全国卫生街道""国家体育旅游示范基地""国家体育旅游示范基地"等荣誉称号。2020 年，全街道生产总值达 44.6 亿元，全社会固定资产投资 41.5 亿元，一般公共预算收入 4.23 亿元，年接待游客数超 500 万人次。

所谓汤山，即以其优质的"汤"（温泉）和"山"（青山）而闻名。一方面，早在南北朝时期，汤山温泉就被萧梁皇室封为御用温泉，迄今已有超过 1500 年的历史。自南朝开始，历代官员、文人等社会名流纷纷慕名而来，沐浴游览，留下众多故事和诗文。清代文学家、江宁县令袁枚曾造访汤山，对温泉赞不绝口，写出了"方池有水是谁烧？暖气腾腾类涌潮"的诗句；民国时期，蒋介石和宋美龄还在此设置了温泉行宫。如今，汤山温泉拥有一系列重量级名头，其中以"千年圣汤，养生天堂"知名度最高；汤山温泉不仅是世界著名温泉疗养区，位居中国四大温泉疗养区之首，还是中国唯一获得欧洲、日本温泉水质国际双认证的温泉。另一方面，汤山拥有丰富的山水资源，安基湖、汤泉湖等大小湖泊点缀在山林之间，分布山林 15 万亩、水库库容 2000 万方，森林覆盖率达 80%，群峰环绕、景色宜人。此外，汤山街道境内矿藏资源有铁、钒、铜、硫铁、石灰石、砂石、塑性黏土等矿产资源，远古、六朝、明朝及民国文化传承有序，古猿人洞景区、阳山碑材等著名景点不胜枚举。

然而，汤山的产业发展一直缺乏重心。一方面，虽然汤山以温泉而闻名于世，但汤山温泉直到改革开放以后才向公众开放，且由于温泉旅游的时令性强、季节性消费特征明显，天气一热，温泉经济就遭遇淡季，这导致长期以来温泉旅游没有发展成为汤山的支柱性产业。另一方面，由于蕴含丰富的矿产资源，汤山自古以来就是采石重地。汤山采石业从 20 世纪 90 年代初随着乡镇经济的发展开始崛起，在 21 世纪初达到高峰。持续性的矿石开采在带来经济价值的同时，也导致汤山的生态环境持续恶化，严重威胁人民群众的生命财产安全，制约汤山当地以旅游业为代表的其他产业发展。2004 年，南京市政府呼应民意，南京境内采石场被全部关闭，但留下来的以汤山为代表的众多荒山裸石、受污染工矿用地土壤该如何处置呢？伤痕累累的城市面貌能否焕然一新？本案例汤山矿坑公园就是建在昔日汤山最大规模、污染最为严重的龙泉、建军、建设等采石场原址上。

为此，本案例聚焦于讲好昔日废弃矿坑地蝶变为今日旅游胜地的故事，结合"城市双修"理念介绍汤山矿坑公园项目的筹建、面世与走红全过程，重点阐述其对自然资源的生态修复工作和后期运营模式，启发学生了解矿山土地资源再利用之于筑牢美丽中国生态根基的重要意义，引导学生探寻打赢净土保卫战、促进国土资源生态建设的新思路、新要求和新举措。

二、案例内容

2017 年，南京市成为江苏省唯一的一个城市双修（生态修复、城市修补）试点城市，而汤山矿坑公园成为首个启动项目；2018 年，《人民日报》《新华日报》和《南京日报》等官方媒体头版报道汤山矿坑公园"矿坑"变"公园"的事迹；2023 年，张唐景观主持设计的南京汤山矿坑公园项目荣获第十二届罗莎芭芭拉国际景观最高奖；同年，汤山矿坑公园生态修复工作入选自然资源部发布的《国土空间生态修复典型案例集》。然而，很多人不会想到，如今获得如此关注和殊荣的南京汤山矿坑公园，曾经是汤山境内最大的废弃矿坑。经过二十年的开采，矿坑周边山体、土壤均遭到严重破坏，老百姓谈之色变，无论远观近看皆可谓"惨不忍睹"。

图1　曾经的汤山团子尖山采石厂旧址

图2　修复后的南京汤山矿坑公园

（一）汤山采石场的历史与教训

南京汤山矿坑公园的前身为龙泉、建军、建设等采石场，这些采石场总占地面积约600亩，主要从事石灰石露天煤矿开采，2004年停采，2005年正式停工，矿坑是汤山过去"吃资源饭"的直接见证。20世纪60年代以来，当地的开山采石活动越发频繁。自1972年起，先后有六家村镇企业在此露天开采石灰石，经年累月的开山采石与石料加工活动严重破坏了地表形态，导致周边植被十不存一，裸崖峭壁，采石坑数不胜数。当时，采石场在此处用炸药进行爆破作业，引得烟尘蔽日、碎石满地，"但凡走一趟，白衬衫变灰衬衫"。运输石料的大型车辆频繁出入，造成附近道路破碎不堪，也给居民出行带来极大安全隐患。2005年采石场关闭时，留下的是坑坑洼洼的山体、巨量的大小碎石和黑臭的土壤。其中，遗留的采石废弃宕口多达5个，高度从30～180米不等，宕口裸露的灰白色岩石，十几公里外都能一览无余，触目惊心。同时，废弃矿区中遗留的不稳定边坡达16处，如果遇上暴雨天气，极有可能引发泥石流、崩塌、滑坡等地质灾害，严重威胁生态环境安全和周边群众的生命财产安全。此外，矿区内还堆积有碎石废渣大约480亩，既占用土地资源又毁坏其生态能力。

简言之，当时的采石活动导致如下问题：一是引发大气污染。连续不断地采石剥离了区域植被，导致岩石外露，漫天扬尘，对空气造成污染。二是破坏地质环境。采石活动不仅破坏了原有的地质地貌，可能引发崩塌、滑坡、泥石流等灾害，还导致矿区土壤板结，出现重金属超标问题。三是摧残自然景观。由于山体地形变化严重，导致周边自然景观结构和功能退化，威胁生态系统的稳定性，出现水土流失、土地退化和地下水污染等问题。

（二）汤山采石场资源再利用

2017年，南京汤山矿坑公园项目正式启动，由于此前的采石场业已关闭，该项目的生态治理主体缺失。对此，南京市及江宁区政府给予充分的指导和支持，指定南京汤山温泉旅游度假区管理委员会（以下简称管委会）承担起生态治理主体责任。其矿山修复的具体举措可分为如下几个方面：

1. 完善规章制度，明确治理主体责任。

要解决环境问题，必须要完善环境治理的相关规章制度，并落实好环境管理的主体责任，而南京汤山矿坑公园项目的成功就源于此。为有效保护生态环境，转变经济发展方式，江苏省于 2001 年出台了《关于限制开山采石的决定》，文件强调要"在全省范围内严格限制开山采石"；南京、徐州、无锡和镇江等地的市政府专门发布相关公告，划定全市开山采石禁采区，并鼓励加强社会监督。各地以壮士断腕的决心，通过加强组织领导、设置保障措施和落实妥善安置等手段，陆续关闭了禁采区内的开山采石企业。经过为期 3 年的努力，截至 2004 年，江苏省在禁采区内累计关停了 898 家采石企业，占当初采石企业总数的 50.6%①，汤山的龙泉、建军、建设等采石场就包含在其中。江苏在全省范围内限制开山采石，不仅有效遏制了矿山生态环境的持续恶化，还为后续推进更大难度项目积累了探索经验。

2006 年 3 月，江苏省政府发布《关于进一步加强限制开山采石工作的意见》；在此基础上，2013 年南京市出台了在全省乃至全国都有首创意义的《南京市废弃露采矿山治理修复规划引导》，提出了将矿山治理修复与土地开发相结合的修复原则，统筹矿山土地综合利用，实现经济效益与生态效益的有机统一。该项文件不仅明确了全市整治重点任务和具体举措，还为后来《南京市矿山地质环境恢复和综合治理规划（2017 – 2025 年）》的出台打下了坚实基础。

汤山矿坑公园所在的江宁区也先后出台了相关政策文件。2005 年，江宁区制定《矿产资源总体规划》《加强废弃露采矿山环境整治工作意见》和《南京市江宁区沪宁高速公路两侧可视范围内露采矿山环境治理规划》等文件，从政策法规角度指导废弃露采矿山的生态修复工作（张孝科，康政虹，2008）。同时，江宁区成立废弃露采矿山环境治理领导小组，主要负责制定治理计划、开展审查和监管等工作。该领导小组组长由区长担任，办公室设在区国土局，区市发展改革委、农委、财政局、规划局、环保局（现生态环境局）、水利局、旅游园林局、化建集团等单位配合。此外，江宁区将废弃矿山修复工作纳入国民经济社会发展规划和官员考核体系，严格落实环保目

① 《限制开山采石 保护资源环境 促进和谐发展》，http：//zrzy.jiangsu.gov.cn/xwzx/ztjc/d39 gsjdqr/20110930/1606045662342.html.

标责任制，构建起职责清晰、分工明确、奖惩分明、衔接有效的环保治理体系。如，江宁区 2017 年《政府工作报告》显示，当前全区生态指标考核权重提高到 20%，成功完成京沪高铁等重要交通干线沿线废弃露采矿山生态修复及治理工作，治理面积超过 100 万平方米。

2. 围绕"城市双修"试点，创新国土空间修复思路。

虽然汤山境内的采石场早在 2004 年就已停止开采，但直到汤山矿坑公园项目开始启动，时间已过去了 13 年，其中缘由虽然有财政紧张、人才短缺等因素，但最主要还是没有形成系统性、科学性的矿山转型改造模式。受"城市双修"理论与实践启发，汤山废弃采石场改造思路发生了巨大变化，开始在提升城市功能、保证生态优先、保护历史文化特色等方面形成矿坑转型模式。具体而言，管委会认识到，废弃矿坑未必是城市的负担，绝非只能回填了之。只要采用科学合理的开发利用手段，废弃矿坑也能具有无限潜力，展现出城市特质，激扬时代风采，实现经济、社会和生态效益的有机统一。此外，以往汤山温泉作为室内娱乐场所虽然名气较大，但该地其余户外的配套旅游资源供给明显不足，"除了泡温泉没什么玩的"，而毗邻温泉的汤山各废弃矿坑正好可以改造成与之互补的户外旅游资源。因此，汤山废弃矿坑修复不是简单的回填复绿，而是从如下三个方面确定转型模式：

首先，要坚持生态优先、因地制宜，重点恢复生态系统功能，重塑昔日的植被、山岩等地貌形态。其次，充分挖掘矿坑废弃地的工业历史价值，深耕汤山历史人文与工业文化遗产，结合自然景观与人文景观设计，重塑汤山矿坑公园的文化内核。此外，为实现经济、社会和生态效益的"三赢"，要适度开发一些旅游项目，打造一系列优质文旅产品，彰显出矿坑废弃地改造后的商业价值。确定废弃矿坑的转型模式后，矿坑工作的设计规划与生态修复工作有序进行。

3. 坚持生态保护优先，落实生态系统修复工程。

生态修复是矿坑改造的基石，而土地整治涉及面广、综合性强，是生态修复工作的重心。2017 年，汤山矿坑公园项目坚持生态保护优先的原则，按照废弃矿坑现场生态条件和地貌植被，围绕废弃宕口、水环境、土壤质量和生物链四个方面，出色地完成了原废弃矿坑生态系统的自然修复工作。

第一，废弃采石宕口修复。设计人员精巧构思山体原有 5 个采石宕口的改造工作，依次将其打造为石趣谷、"攒子瀑"景区、温泉酒店、伴山营地和大凹剧场。对于矿坑内部分受损破坏严重的土地或积水沟，设计人员将其改造为三叠湖，定位成生态湿地功能；在三叠湖的游览道路区设置生态堤岸，把以往流行的人工混凝土式河堤改造为水体、土壤和生物相互涵养的河堤（于春延等，2008）。尤其值得一提的是，针对二号宕口所采用的假山塑石修复技术。该宕口山体极为陡峭，高差超过 120 米，施工难度极大。首先，设计单位依照 TCP 仿真岩工艺，在做好地质勘探和可行性论证后，派技术人员完成锚点定位，对山体岩石进行全面清理和挂网加固，有效防止了山体落石；然后，精确计算矿坑边坡的承重力和锚杆扭力，搭建安全性高的施工用脚手架；最后，通过主结构焊接、石料雕刻、岩体上色和树木移植等手段，以保证仿真岩同自然石壁的高适配度，出色地完成了"攒子瀑"景区改造工作。由此，曾经裸露的二号采石宕"蜕变"为落差高达 88 米的人工瀑布。此外，针对其他宕口地质疏松、稳定性差的特点，设计人员结合施工难度、防水性、技术成本等因素，综合采用了砌石挡墙、打抗滑桩、安装石笼和落石防护网等防护手段，显著提高了矿坑边坡岩土的结构强度和抗变形韧性（何辉等，2015）。

　　第二，土壤资源修复。土壤修复质量是决定整个矿坑公园生态项目成败的关键性因素。改造前，原废弃矿坑及其周边区域不仅散布着大量渣土、岩石碎块和固体废弃物，还存在严重的土壤污染问题，土壤内的有机质、氮、磷及微生物含量极低，这导致植物难以在此扎根生长。为此，技术人员对土壤质量进行了较为全面的科学评估与规划，并依据国际可持续景观场地评估体系（SITES）展开土壤修复工作。首先是宕口地质恢复。鉴于原有矿坑废弃地的土壤板结严重，技术人员综合利用了物理、化学和生物手段，以转移、降解、吸收土壤中的有毒物质，并完成烦琐的清理危岩、渐进复绿和土壤清运工作。据统计，整个项目累计清运渣土 15 万立方米，土石方挖填 12 万立方米，有效改善了废弃矿坑的地表情况。其次是恢复生态系统。在实际施工中，技术人员尽可能不影响现场原有植被，保护花海西侧的原有次生林，消灭"小飞蓬"等外来入侵物种，引入本土适宜物种，基于三叠湖构建了一个水生动植物共生的完整生态系统。再次是提高土壤肥力。依据现状，鉴于废弃矿坑的土壤层较薄但废水池塘里充斥着淤泥，技术人员采用了一种"异地熟土覆盖"的土壤改良策略（刘宇，李佩乔，2021），也就是将矿坑内积水或池塘内的淤泥直接搬运覆盖到矿坑表面，以此大幅改善土壤肥力。为进一步改善土壤质量，优化土壤结构，技术人员根据不同植物对土壤酸碱度的适应程度来调整土壤养分，利用碳酸钙、熟石灰、腐殖酸钠等成熟的有机肥料来实现土壤酸碱改良，最终也提高了植被根系的地抓能力，加强了土壤的粘黏性、保水性，从根源上缓解了山体滑坡、泥石流等灾害。植物根系的蓬勃生长又转而为相关微生物提供栖息所，改良后的土壤和植被之间形成了良性共存关系，有利于促进生态系统的可持续发展。

第三，水循环系统修复。长期的采石活动，导致原废弃矿坑地周边水体质量很差，地表径流重金属含量严重超标。为了对地表径流进行有效的源头管理，汤山矿坑公园构建起完善的水资源综合管控机制，设置雨水花园对水体进行分层净化，不仅巩固了区域内水体循环系统，减少土壤养分流失，还使得改良后的水质达到三类标准，有助于构建动植物的长效生长机制。具体而言，公园北部山体是集雨区，雨水可沿斜坡汇入宕口底部的湖泊；技术人员还利用控制水源、设置生态滞留池等方法引流降雨径流，通过下凹式绿地、生态植草沟等技术手段合理收集雨水，由此减小了排水坡度与水体冲击强度，有效降低了内涝风险（李亦虎，2020）；雨水花园和人工湿地还能对降雨径流进行节点管理，有效沉积各类固体悬浮物；设计人员在水系末端建设起一个大型生态蓄水池，从总体上统筹整个系统的水体治理。此外，鉴于部分深坑和水体由于位置等原因无法与其他水体相连，设计人员通过周密的景观设计，在原址采用添加微生物菌剂、建设生态沟渠等手段完善了水体的自净系统。

第四，植被修复。治理原来如此贫瘠的矿坑地貌，还不得不考虑多样性物种群落的生存问题。一般来说，土壤的恢复效果受区域自然地理条件、修复措施及人工管护等因素的影响，由于各植物种群之间存在共生关系，如何在完成土壤修复后培育并维持好该区域的生物多样性，是一个绕不开的话题。万幸的是，以前的汤山各采石场虽然严重威胁了矿区的生物多样性，却基本没有破坏原始植被种类，这使得技术人员能够尽量选择适应当地水热条件、土壤质量的植被资源，如白茅、香樟和水杉等本土植被，因而进一步提高了矿区的土壤质量和生态系统稳定性，并不断繁衍出新的生物群落（徐炜等，2016）。通过生态修复培育生物多样性的做法，结合强化本土物种、物种保育和物种管控等手段，汤山矿坑公园项目成功构建起可持续的生态循环系统，平衡了人与自然的和谐共生关系。此外，可圈可点的是，技术人员根据宕口的地质条件、石壁坡度和表面粗糙程度，采取了不同的修复方案（陈从建，钱声源，2021）。比如，针对坡度不高于45度的石壁，采用挂网喷播植生技术，即在石壁上打锚钉或混凝土固定土工网，并向网内喷洒适宜剂量的植物生长基，再将草籽和黏土剂喷射至生长基上；针对坡度介于45～70度的石壁，采用液压喷混植生技术，即在钢丝网固定至石壁后，将含有水泥、草籽、土壤、肥料和保水物质的混合料喷洒至石壁上，利用水泥的黏结功能使植被在石壁生长；针对坡度大于70度的石壁，采用筑巢法植生技术，即在石壁内凿出种植槽，放置保水物质，种植出攀附性强的藤本植物。

第五，修复工作中的废料利用。原废弃矿坑的修复工作还重视环保材料和旧有材料的应用。如场地内道路多采用环保材料，主路使用透水混凝土，游览路径用场地回收材料等。同时，技术人员将废弃的大块石料作为石笼挡墙或石笼座椅，将石渣作为碎石或水洗石铺装等，将废弃的砖窑厂设计成工业风书店；树木掉落的树皮被重新铺设在无动力乐园秋千的地面作为天然地板。矿坑的修复所用材料均为矿坑内废弃石材，既能够充分突出环保的理念，又可以彰显矿坑的特色与味道。

4. 统筹地矿治理，优化国土空间布局。

自项目开展以来，汤山矿坑环境治理成为汤山街道绿色发展的重要内容，并被其纳入生态建设整体战略，汤山矿坑公园项目逐渐与城市发展融为一体。在"城市双修"理念的指引下，南京汤山矿坑公园项目同时承担废弃矿区生态修复工作和区域城市功能修补工作的重任，产业类型由以往的采石业转变为休闲旅游业。一方面，汤山街道近年来持续发力打造集温泉康养、人文历史、休闲观光功能的旅游综合体，而汤山矿坑公园项目作为户外旅游类型，正好与其产业发展规划不谋而合；另一方面，从地理位置来看，汤山矿坑公园本身就坐落于南京市区和汤山街道之间，能够承担吸纳游客、连接旅游线路的任务。

为优化汤山矿坑公园项目的国土空间布局，管委会高度重视智囊团的作用，聘请中国工程院王建国院士、孟建民院士、上海张唐景观设计事务所等专家学者、设计单位参与项目设计，项目从规划到建成的两年间，先后参与的设计单位就超过了30家[①]。经过细致的现场勘查与会议研讨，管委会最终

①《汤山矿坑公园 废弃矿坑蝶变"生态富矿"》，https：//baijiahao.baidu.com/s？id=1752323747302633938&wfr=spider&for=pc。

选定了以"自然的新生"为主题的设计方案，即充分利用区域内现有植被、水体和废弃矿坑，围绕湿地、草甸、湖区等景观建设，推动生态系统恢复并重塑景观风貌，有效实现土地污染整治；同时，基于采石宕口，建设起诸如温泉酒店、天空走廊、伴山营地、阡陌花海等体验场所，为游客提供科教娱乐、亲子活动、休闲旅游等多元化功能，建成一个"以山为幕"的特色矿坑体验公园。

5. 政府社会联手，公益效益双赢。

政府与社会资本联手模式（也即 PPP 模式），有助于实现项目的质量变革、效率变革、动力变革。汤山矿坑公园作为免费的开放式公园，管理责任单位为汤山温泉旅游度假区管委会（南京市江宁区人民政府下属园区），具体修复、建设、运营等工作由其下属全资子公司——南京汤山建设投资发展有限公司承担，以社会效益为出发点，实施全区域生态环境治理修复。同时，为实现社会效益、经济效益双赢，南京汤山建设投资发展有限公司积极引进社会资本参与矿坑公园建设和发展，前瞻性地对矿坑公园项目进行品牌建设，开发了"小 TANG 圆"亲子品牌、"小 TANG 圆"文创品牌、"小 TANG 圆"休闲空间，还引入更多具有休闲旅游要素的项目进入矿坑，如热气球、卡丁车、滑翔伞等。在追求社会效益的同时，也实现了经济效益，确保了矿坑公园项目的可持续发展。

此外，管委会在充分讨论公园地质环境特征、市场潜力和管理实力等方面因素后，坚持实现生态效益、经济效益、社会效益的统一，慎重地引进了一系列优质的商业项目，以此丰富公园内的户外文旅项目，提升游客的游玩体验。目前，公园内已有矿野拾趣乐园、矿山乐野·格调露营地、先锋书店等休闲娱乐配套；圆形剧场、大凹剧场等演艺互动区，星空餐厅、云几·江南茶宴等餐饮配套；甚至还有皮划艇、射箭等体育运动项目。同时，汤山矿坑公园还会定期举办各色会展和活动来打响知名度，吸引流量并提升效益。据统计，自开园以来，公园先后举办过第十五届汤山国际温泉文化旅游节、野生音乐会、"花花万物草坪艺术节"、江苏省中小学"生态文明第一课"活动、"山野为伴，向光而行"研究生心理健康主题活动等共计 40 多场活动。仅 2022 年，汤山矿坑公园的入园客流总量就达到了 100 万人次。

公园项目不仅极大地改善了周边区域的生态环境质量，优化了水土条件，还培育了当地新的消费热点，持续带动经济增长，堪称国土空间规划的一次经典案例。自开园以来，无动力乐园、卡丁车、半山营地及餐饮等项目，年均总营收达到约 2000 万元，提供就业岗位超过 300 个，扣除日常的运营、维护成本，矿坑公园目前已实现经营性盈利，同时显著拉动了周边地区的购物、餐饮、酒店及其他景点门票等各方面消费。公园各类商业项目的稳定运行有助于带动区域整体经济发展，真正体现出多方共赢的原则。

6. 围绕风貌特色，挖掘文化内涵。

作为一个在废弃矿坑基础上改造而来的主题公园，其基于原有的裸露宕口，将矿坑作为风貌特色保留下来，以此作为往日开山挖矿、破坏环境的历史见证，让人们铭记城市工业化建设所带来的阵痛，敬畏自然，尊重自然，保护自然，反思推进生态文明建设的重要性。此外，结合矿坑本来的废弃物和独特风格，设计人员将旧砖窑厂改造为书店、用锈钢板搭建天空廊道、装饰弯曲锈钢管形状的路灯、标刻汤山历史特殊年份的时光隧道，公园开放《大地》题材的山幕电影、石笼博物馆、地质文化交流中心（星空餐厅）等，无一不体现了矿坑特有的文化魅力。与矿坑公园的工业风相对应，管委会也在不断塑造公园的文化内涵，无论是自然景观还是亲子研学等人文活动，都彰显着汤山矿坑公园所走过的"生态环保、绿色修复"之路。

三、案例简评

汤山矿坑公园项目始于土壤修复工程，但却并不止步于此，它根据当地的地域特色和自然资源，将矿山治理修复与土地开发相结合，通过覆土平整、栽种绿化、修筑截排水沟等手段，不仅消除了地质灾害并防治水土流失，还有序恢复了矿山宕口等区域的生态原貌，提升林地、水源、湿地等自然生态系统服务功能，实现了废弃矿山环境治理的经济和社会效益双丰收，这是深入落实"两山理论"，践行绿色发展理念，处理好生态环境保护和经济社会协同发展的生动实践。从汤山国家矿坑公园的矿山修复中，不难看出我国坚决贯彻习近平生态文明思想，持续深入打好蓝天、碧水、净土三大保卫战的决心。从汤山矿坑公园的蜕变过程中，我们可以整理和归纳出如下启示与经验：

（一）科学制定发展规划，设计资源合理利用方案

美丽中国，规划先行。科学的国土空间规划，需要综合考量资源环境承载力、发展潜力和现有开发密度等因素，减少未来项目实践的风险和关键瓶颈，是提升国土空间治理能力的行动指南。汤山矿坑公园项目的废弃矿坑改造工作高度重视制定规划方案，一方面，通过实地调研摸清矿山地质情况，充分理清矿坑土壤修复和整体治理思路，因矿施策，指导后续矿坑的绿色发展模式，做到"宜农则农、宜林则林、宜渔则渔、宜草则草、宜建则建"；另一方面，结合《矿山生态修复工程实施方案编制导则》整理规划思路，并出台相应的规划文件，对项目的目标任务、主要技术、保障措施与效益分析进行清晰的指导；另外，根据规划文件的指引，进一步为矿坑公园的开发编制详细的修复设计方案，继而对原废旧矿坑进行改造。

（二）因地制宜强化技术支撑，提高国土空间治理能力

矿山修复工作并非仅仅依靠单一技术就能完成，而是要根据采石宕口修复、土壤改良、水环境修复和植被重生等具体情况选择适宜的技术模式。汤山矿坑公园跳出了传统的技术视角，按照原有矿坑废弃地的地理位置、地形地貌空间规模和破坏程度，从尊重人与自然和谐共生的视角对山、水、土、林、生物链进行技术改造，维持了整个生态系统的有机平衡。如假山塑石修复技术、"异地熟土覆盖"的土壤改良策略、环保材料和旧有材料的应用、水资源综合管控机制等技术模式，都是在充分考量废弃矿坑的地质地貌条件，结合综合安全、造价、体验、生态等多个因素做出的选择。汤山矿坑公园项目启示我们，推动以矿坑废弃地修复为代表的国土空间治理，应该要"对症下药"，针对山体内涝、土壤板结和生物链脆弱等具体问题灵活运用不同的生态修复技术，以此巩固自然环境、人文体验和人工生态的良性共生关系。

（三）有效市场与有为政府相结合，实现治理与开发最优解

完成以矿山修复为代表的土壤修复工程乃至国土空间综合整治项目，关

系到生产生活的方方面面，需要有为政府与有效市场的结合。南京市政府成立专责领导小组，并明确南京汤山温泉旅游度假区管理委员会作为治理责任主体，不仅有利于协调各方矛盾点，解决历史遗留问题，还能统筹矿山治理修复与土地开发相结合的具体任务。同时，遵循市场机制，引入优质的社会资本参与生态环境治理及公园商业运营，也使得汤山矿坑公园的成功不仅仅局限于土壤修复、生态保护，还真正带动了多元利益主体的互利共赢，做到了生态效益、社会效益和经济效益的有机统一。

（四）重视人文价值，推动文旅深入融合

虽然土壤修复、生态治理是国土空间整治的重要一环，但完成整治后的可持续发展能力同样重要。汤山矿坑公园找到了维持其可持续发展之魂—挖掘人文内涵。一方面，汤山矿坑公园凭借科学的生态修复工程和景观设计，逐渐恢复了往日开采活动前的生态环境；另一方面，公园还深入挖掘矿山工业文化的内涵，全力保护和充分利用区域内的历史文化遗迹，建设起多个多维角度观景点，从景点命名、建筑形式、雕塑小品等方面都彰显出矿山的生态恢复主题，形成了一种具有"汤山特色"的矿业文化风貌。而各类户外游玩项目、特色文化活动都赋予了景区独具特色的人文情怀，这使得汤山矿坑公园不仅仅是一个成功的生态修复地，更成为人民群众心向往之的网红打卡地。

四、问题链接与理论探索

（一）矿山资源再利用理念与原则

矿山修复，又称为矿山生态修复，即对受污染的废弃矿坑地进行修复。随着生态文明建设的纵深推进，作为土壤修复类型之一的矿山修复工作呈现出难度大、细节多的特征，同样极具紧迫性和重要性。相比国外，我国的矿山废弃地生态修复工作起步较晚，体系机制尚不健全。近年来，由于缺乏科学性和系统性理论指导，许多地方的矿山修复工作不尽如人意，"仅为修复

而修复"的思想，也导致许多矿山生态修复整体效果不佳，成为国土空间综合整治的一大难点。以南京汤山矿坑公园为代表的生态修复项目为我国开展矿山废弃地生态修复积累了宝贵的经验。整体来看，矿山生态修复应遵循如下三点理念与原则：

1. 因地制宜修复理念。

目前，我国不同地区的矿山废弃地情况各异。其中，浙江、江苏等地属于高潜水位区，矿山废弃地主要会产生沉陷，导致耕地被破坏，威胁粮食安全；内蒙古东部草原区长期以来的露天采矿活动，导致草地面积锐减和植被矮化、退化现象（阎仲康等，2023）；而陕西、陕西等传统开采业大省由于大量破坏了植被，容易产生滑坡、崩塌和水土流失等次生灾害；四川、云南等西南山地的矿石开采活动，也可能导致水田退化以及滑坡、崩塌和泥石流等问题。

矿山废弃地的修复工作首先要坚持"宜农则农、宜林则林、宜渔则渔、宜草则草、宜建则建"，保证生态修复治理优先（刘德成，2023）。结合矿区土地用途、交通区位、地理状况、水土条件和地质环境风险等因素，科学合理采取工程措施、转型利用和自然恢复的差异化生态修复方式，因地制宜实施治理。在完成修复的基础上，还要结合当地情况积极发展适宜产业，统筹协调景观建造、生态环保和自然资源的可持续利用，引导矿山废弃地从传统农业向多元化产业发展，着力提高矿山修复治理能力。

2. 仿自然地貌理念。

常年的矿山开采工作会严重破坏矿区及周边地形地貌，产生诸多与周边自然原有景观极不协调的景观，不利于生态系统的平衡，仿自然地貌理论因而应运而生（张莉等，2016）。仿自然地貌理念就是要按照原有生态系统的规律，发挥自身的核心修复技术，尽量减少人工痕迹，能有效提高重建和再造后土地景观的协调性和稳定性，优化生态结构，提升整体的经济价值和视觉效果。仿自然修复的涉及面很广，涉及生态重建、地貌重塑、土壤重构和植被重建等诸多内容。基于该理念，矿山废弃地改造后将拥有与周围环境适配性高的仿自然式地貌，由此提高生态环境的异质性和稳定性，为周边动植物恢复提供良好的生存条件，也有利于保持并提高土壤系统的自我调节和维护功能。例如，山西省平朔露天煤矿的排土场地貌就遵循了仿自然地貌修复理念，仿照黄土高原丘陵山地的梯田景观，建设成了人造景观与自然景观相

协调的新景观格局。

3. 边采边复理念。

矿山地质环境生态修复是采矿的一部分，而边开采边修复的原则就是开采工艺与修复工艺的有效结合，具有修复成本低、土地修复率高和修复后综合效益最大化等突出优势。以前，很多地方遵循"先开采，后治理"的原则，一般等矿坑废弃地沉陷稳定后再进行系统性治理，这不仅无法及时修复遭受破坏的土壤资源，还增大了后期复垦难度，甚至便利了矿山企业逃避治理主体责任，最终严重恶化生态环境。边开采边修复的基本内涵主要是推动地下采矿与地面修复的统一，在地表沉陷之前或尚未完全沉陷之前就采取科学的修复工程技术，果断开展修复工作，有效避免新账不断成为旧账。近年来，自然资源部制定的《土地复垦条例实施办法》《矿山地质环境保护规定》，提出建立源头防控、全程监管的约束机制，也体现出边采边复理念。

目前，这三项理念已在全国许多地区成功践行，其中，因地制宜是推进生态文明建设的必然要求；仿自然地貌是核心理念，需要加大实践；边采边复是源头和过程控制的智慧修复理念，在未来必定有更大的用武之地。

（二）土地资源被污染的特点、类型与成因

土壤污染是由于自然或人类活动产生的有害物质排入土体，导致某些有害物质的含量明显超过非人为干扰状况下该成分的含量，且土壤自净能力也无能为力，从而引起土壤环境质量恶化的现象。随着工农业生产规模的扩大，大量工业生产废水和城市生活污水不断渗入土壤，各地大幅度的开山采矿活动也在严重威胁土壤质量。简而言之，当各种污染物的数量和速度超过了土壤的承受容量和净化速度，土壤污染问题就会恶化，土壤的自然动态平衡难以为继。相较于大气污染、水体污染，土壤污染的危害性更大、影响更为持久。

1. 土壤污染的特点。

（1）隐蔽性和滞后性。一般而言，要确定一地是否存在土壤污染比较复杂，往往要首先采集土壤样品，监测地表生长的农作物，甚至要观察在周边生活的人畜健康状况才能确定。而且，由于土地资源广大，土壤污染从产生

到发现再到治理，通常会经历漫长的过程。

（2）非均匀性。由于土壤结构、类型等因素的差异，污染物质在土壤中的迁移速度也不相同，这导致污染物质在土壤中的分布情况并不均匀，呈现出空间异质性。

（3）累积性。污染物质若渗入土体，非常不容易扩散、消解和稀释，经年累月的积累可能会不断恶化土壤生态环境。

（4）难治理性。总的来说，若发生土壤污染，单通过切断土壤污染源的方法可能收效甚微，污染土壤中的大量难降解污染物无法得到充分的稀释，其他单一的治理技术也可能效果不好。这导致了各类土壤污染项目的治理成本高、治理周期长、治理难度大。

2. 土壤污染的类型。

根据污染物的性质不同，土壤污染可以分为以下四类：

（1）化学污染，主要是由无机污染物和有机污染物导致。其中，无机污染物主要包含汞、铬、铅、铜等重金属和砷、硒等非金属，超量的氮、磷植物营养元素以及氧化物和硫化物等；而有机污染物则包括酚、各种化学农药和洗涤剂类等，石油及其产物，以及其他各类有机合成产物等。

（2）物理污染，主要来自工厂、矿山的固体废弃物，比如尾矿、废石、粉煤灰和工业垃圾等。

（3）生物污染，主要是由人类生活产生的污染物引发，比如城市垃圾、医院、饮食场所等排出的废水、废物等。

（4）放射性污染，主要是由于核原料开采和大气层核爆炸导致，引发锶和铯等放射性元素进入土壤，导致土壤质量下降。

3. 土壤污染的成因。

土壤环境由其内部环境、外部环境及界面环境构成，是一个有机整体（骆永明，2009）。由于中国幅员辽阔，各地区土壤污染的成因较为复杂，存在来源广、途径多、因素互相交织等特点，因此，土壤污染问题是一系列自然、人为和管理因素相互作用的结果（骆永明，滕应，2018）。

（1）自然因素。土壤污染的自然成因较多，包括森林火灾、外营力作用（水文、风力等的迁移）、污染物的高背景值以及土壤中的次生污染物质等。

（2）人为因素。一是粗放型的经济发展方式可能导致大量能源消耗排放物和废弃物进入土壤；在三次产业中，第二产业具有资源消耗高、污染排放量大的特点，再加之不合理的产业模式，导致第二产业成为造成土壤污染问题的主要"元凶"。二是工业"三废"和交通废物也可能严重污染周围的土壤环境。目前据应急管理部数据统计，我国仅尾矿库就有近14217座，总量居世界第一位，废石堆存量巨大；而随着我国汽车保有量的增长，机动车辆排放的污染物可能沉降到公路两侧的土壤内。此外，农业化学品投入是造成耕地大面积污染的重要原因。2022年，中国化肥施用量达到13011吨，其中大量地区都在施用含有重金属的磷肥和有机肥，无疑会导致土壤重金属超标风险迅速上升。

（3）管理因素。一是现行土壤环境质量标准体系不健全。目前，我国于1995年制定的《土壤环境质量标准》已无法适应一些复杂的土壤环境治理情况（李干杰，2015）。该项标准主要适用于农用地的土地质量评估，较少涉及重金属污染物评价，如未包括铊、钒等新型污染物。同时，单一地规定了全国的统一标准，忽略了各地的土地类型及其背景值的区域差异，以及土地用途差异。如今，我国适用于工业用地、居住用地的土壤质量标准仍然较为薄弱，由此在一定程度上阻碍了土壤污染的监管与治理工作。二是土壤质量监管执法力度不够。土壤污染源头防控是一项艰巨而复杂的系统工程，单就是生态系统内就需要大气、水、固体废物、土壤等多个要素的协调治理。具体到地方土壤污染源头防控工作，各级政府及其相关职能部门也要加强业务配合，协调治理难题。然而，目前有关部门的监管力度不够，主体责任落实不到位（洪亚雄，2023）。同时，受污染的隐蔽性等各种现实因素制约，环境执法机制尚不完善，执法力度相对薄弱，"实际监管难"问题在全国仍然普遍存在。

（三）土地资源保护探索

1. 中国土壤污染防治的阶段。

相对于大气、水污染防治和西方国家的土壤污染治理实践，中国的土壤污染防治工作起步较晚、基础较弱，尚未形成健全的土壤污染防治体系。然而，值得肯定的是，自改革开放以来，我国的土壤污染防治也取得了阶段性成效，主要可以分为四个阶段：

第一阶段是"六五"至"八五"时期（1980～1995年）。1979年9月，我国颁布了《环境保护法（试行）》，第一次从法律层面要求保护土壤资源、防治土壤污染。20 世纪 80 年代开始，中国科学院、中国农业科学院等国家科研机构先后主持了土壤环境容量、土壤环境背景值等内容的全国性调查研究，为推进土壤污染防治与修复积累了可靠的数据与经验。当时，世界土壤环保运动正如火如荼地进行，我国也开始调动各方力量着手整治矿区土壤污染和污灌区土壤污染，并讨论六六六、滴滴涕农药使用污染耕地的解决之法。在此基础上，我国集合有关专家学者充分研讨，总结经验教训，于 1995 年 5 月发布了新中国成立以来第一个《土壤环境质量标准》文件。

第二阶段是"九五"至"十五"时期（1995~2005 年），主要聚焦于农用地土壤污染治理。由于我国人多地少，且仅 1989 年全国受污染农田就高达 600 万公顷，该阶段重点关注农用地的土壤污染防治工作，致力于提高土壤肥力、增加粮食产量。2002 年 3 月，《国家环境保护"十五"计划》提出了"开展全国土壤污染调查和污染防治示范"，"建立农产品安全检测和监管体系"等一系列土壤污染防治的具体措施。同时，《基本农田保护条例》《固体废物污染环境防治法》《农药管理条例》等法规也明确了加强土壤污染防治的要求。此外，中国大力推动土壤污染防治与修复相关技术标准的研究与推广，研发并推广了一系列土壤环境监测分析手段，促进了中国土壤环境管理水平迈入新台阶。

第三阶段是"十一五"至"十二五"时期（2005~2015 年）。在这一阶段，土壤污染防治的重要性得到进一步肯定，我国政府继续完善土壤污染治理相关政策，开展土壤污染治理试点示范工作。2008 年 6 月，原环境保护部印发《关于加强土壤污染防治工作的意见》，提出开展农用土壤环境保护监督管理、建立土壤污染防治投入机制等具体任务。此后，《重金属污染综合防治"十二五"规划》《国家环境保护"十二五"规划》等文件均对土壤污染防治提出了明确的目标要求。同时，中国开展了第一次全国土壤污染状况调查（2005~2013 年），大致了解了全国及各地区的土壤污染现状。在"十二五"期间，中国还大力推进土壤环境质量例行监测试点项目，主要涉及污染企业、农用地、饮用水源地和畜禽养殖场周边环境的监测。此外，相关科研攻关也在稳步进行，国家支持了一大批以"土壤污染防治与技术示范"为主题的科研项目，如 863 计划支持了"污染土壤修复技术及示范"等资源环境技术领域重大项目研究。

第四阶段是"十三五"至"十四五"时期（2015年至今）。近年来，党和国家高度重视土壤污染防治工作，先后出台相关政策文件与具体举措。2016年5月，国务院印发的《土壤污染防治行动计划》成为中国土壤污染防治工作的首个纲领性文件。2018年8月《土壤污染防治法》的颁布，为土壤污染防治工作提供了法治保障。2020年2月，国家发展改革委将土壤安全纳入美丽中国建设评估指标。此外，多地的土壤污染防治实践也进一步完善了涉及污染地块、农用地、工矿用地和建设用地土壤环境管理的部门规章、风险管控标准以及技术导则。自"十三五"时期起，中国开始建设土壤环境监测网络，截至2022年，中国已建成涵盖8万个点位的国家土壤环境监测网络，实现了土壤环境质量监测点位所有县（市、区）全覆盖[①]。

2. 中国及其地方土壤污染防治举措探索。

近年来，我国的土壤污染治理与修复工作取得了显著成效。尤其值得关注的是，我国开始探索以市场机制解决土壤污染生态环境问题。许多省市区都在尝试吸引社会资本参与土壤污染治理，通过绿色金融、第三方治理等方式积累了宝贵的经验。

一是设立土壤污染防治基金，强化资金保障。中国开始探索从国家层面建立土壤污染防治基金制度，部分土壤污染防治任务重且具备条件的省份也开始设立基金，并结合实际情况明确资金运营模式、规模和适用范围。目前，中央生态环境资金项目每年都会安排土壤污染防治专项资金，仅2024年就达44亿元。同时，根据中央文件精神，山东、黑龙江、江苏、河南等10余个省份先后设立了省级土壤污染防治基金，并按照市场化原则运行。其中，截至2022年底，山东省的土壤污染防治基金总规模约10亿元；湖北省的土壤污染防治基金总规模为10亿元，江西省设立首支土壤污染防治基金，规模同样是10亿元。

二是完善补贴与税费优惠政策，调动治理主体积极性。近年来，全国各地开始出台针对土壤污染防治与修复的优惠政策。例如，为解决农药包装废弃物污染土地问题，四川、内蒙古、上海和河南等省份陆续开展农药包装废弃物回收试点，有序推进农药包装废弃物回收、运输、贮存、资源化利用或

---

① 《生态环境部部长：我国已实现土壤环境监测点位县级行政区全覆盖》，https：//baijiahao. baidu. com/s？id＝1744022864841324561&wfr＝spider&for＝pc。

无害化处理工作。为减少农用化肥对土壤资源的破坏，北京、江苏、辽宁等地区开始对商品有机肥进行补贴，仅北京市一地 2024 年就将推广补贴 20 万亩商品有机肥，每吨补贴 480 元。此外，为鼓励企业参与污染治理工作，自 2019 年起，国家对符合条件的从事土壤污染防治的企业减按 15% 的税率征收企业所得税。这一政策的实施，激励了更多的企业参与污染防治工作，不仅通过专业的运营和管护服务，提高土壤污染治理效果，还有效降低了企业的税收负担，有益于企业的长远发展。

三是探索绿色金融体系，扩宽资金来源渠道。近年来，随着绿色金融政策体系的不断健全，各地先后开始推行绿色贷款、绿色债券、绿色保险、绿色基金、绿色信托、碳金融等一系列绿色金融产品。绿色保险方面，目前，中国除港澳台地区以外的其余 31 个省份都开始试行环境污染强制责任保险，主要面向重金属、危废物处置等高污染风险行业，由此大幅提高了相关企业的土壤环境风险防范能力。截至 2024 年上半年，仅中国人寿集团的绿色保险就为相关企业提供了风险保障近 7 万亿元。同时，围绕缺人才、缺技术、缺认知、诊断难、治理难、价格高等土壤污染治理问题，浙江多地还积极探索"土壤银行""土壤医院"等项目，不仅充分挖掘了土壤的利用价值，提升废弃土地的附加值，还促进土壤污染治理与修复产业链的逐步形成 。绿色债券方面，为解决重金属污染治理资金投入不足问题，湖南开始探索在全国发行重金属污染治理专项债券。自 2013 年 6 月以来，湖南全省累计发放湘江流域重金属污染治理专项债券共 67 亿元，债券项目共 43 个，其中区域污染综合整治项目 37 个；污染源综合治理项目 1 个；城市环保基础设施建设项目 5 个。

四是加强政府企业合作，完善环境污染市场治理模式。目前，我国的土壤污染治理还主要依赖财政投入，土壤污染治理的资金缺口依然巨大，亟须完善"政府 + 企业 + 社会"共治的环境治理体系。目前，全国已有 18 个省份出台了地方性土壤污染防治文件，其中大多数省份都强调要引导民间资本和社会资金参与土壤污染防治和修复，大力构建多元化、可持续的资金保障机制。2020 年，我国开展了生态环境导向的开发模式（EOD 模式）试点工作，该模式遵循市场机制来运作，推动公益性较强、收益性差的生态环境治理项目与收益较好的关联产业有效融合，实现生态环境治理也能带来经济价值，有效解决了资金来源渠道短缺、资金投入规模不高等瓶颈问题。截至

2023 年 5 月，全国已有 58 个项目获得了金融支持，授信金额达 1545.5 亿元，发放贷款 487.2 亿元。

总体上看，目前，中央和地方在土壤污染源头管控方面开展了大量工作，基本遏制了土壤污染加重趋势，稳定了土壤环境质量，但距离建设美丽中国的目标还有不小差距。今后，我国的土壤污染防治工作必须在习近平生态文明思想的正确指引下，坚持"预防为主、保护优先、风险管控"的总体思路，高度重视土壤污染源头管控，进一步取得土壤污染防治的阶段性成果。

五、问题讨论

1. 为完成生态修复，汤山矿坑公园项目采取了哪些策略与措施？

2. 结合相关理论和所学知识，分析如何做到废弃矿坑的生态修复与城市规划相结合？

参考文献

[1] 张孝科，康政虹. 江苏南京市废弃露采矿山环境整治实践与对策研究 [J]. 江苏地质，2007（03）：293 – 297.

[2] 于春延，宋剑，张新红等. 生态河堤的研究及其在河道治理工程中的应用 [J]. 河南水利与南水北调，2008（06）：23 – 25.

[3] 何辉，薛月园，张传玺. 矿山露天采场治理恢复的方法及重点 [J]. 中国水土保持，2015（02）：17 – 19.

[3] 李亦虎. 基于生态修复的矿坑公园景观设计探究——以南京汤山矿坑公园为例 [J]. 现代园艺，2020，43（16）：96 – 97.

[4] 刘宇，李佩乔."破旧立新"城市双修理论影响下的南京汤山矿坑公园设计解析 [J]. 设计，2021，34（19）：135 – 137.

[5] 徐炜，马志远，井新等. 生物多样性与生态系统多功能性：进展与展望 [J]. 生物多样性，2016，24（01）：55 – 71.

[6] 陈从建，钱声源. 南京汤山康养特色小镇矿业遗迹生态修复研究 [J]. 工业建筑，2021，51（04）：87 – 92，153.

[7] 阎仲康，曹银贵，李志涛等. 内蒙古东部草原区矿山生态修复研究：关键技术

与减碳路径 [J].农业资源与环境学报，2023，40（03）：570-582.

[8] 刘德成."废弃矿山生态修复治理+"研究 [J].环境生态学，2023，5（08）：126-130.

[9] 张莉，王金满，刘涛.露天煤矿区受损土地景观重塑与再造的研究进展 [J].地球科学进展，2016，31（12）：1235-1246.

[10] 任岳，龚巍峥.关于我国土壤污染成因及防治策略的研究 [J].清洗世界，2021，37（02）：55-56.

[11] 骆永明.土壤环境与生态安全 [M].北京：科学出版社，2009.

[12] 骆永明，滕应.我国土壤污染的区域差异与分区治理修复策略 [J].中国科学院院刊，2018，33（02）：145-152.

[13] 李干杰.推进土壤污染防治立法奠定生态环境安全基石 [J].中国科学院院刊，2015，30（04）：445-451.

[14] 洪亚雄.加强土壤污染源头防控深入打好净土保卫战 [J].世界环境，2023（05）：25-27.

[15] 薛英岚，张鸿宇，郝春旭等.污染场地风险管控环境经济政策体系：国外经验与本土实践 [J].中国环境管理，2021，13（05）：135-142.

案例七

物质与能量的高效循环利用

——桑基鱼塘模式

教学目的：使学生了解桑基鱼塘的原理、历史背景和现代发展，理解桑基鱼塘对现代农耕文化的意义。

教学内容：介绍桑基鱼塘的生态原理、历史背景、挑战与转型和现代化应用，以及桑基鱼塘在农耕文化复兴之路和农村水乡地区绿色转型与发展路径中的启示。

重点、难点：本讲的重点也是难点，即桑基鱼塘的历史发展，以及桑基鱼塘对农耕文化和农村绿色转型的意义。

案前思考题：简单概述桑基鱼塘的历史发展。如何看待将桑基鱼塘模式与其他农业模式结合的可能性？

一、案例背景与教学目的

桑基鱼塘是珠江三角洲地区一种独特的农业生产形式，它充分利用了当地的气候条件和自然环境，形成了"塘中养鱼、塘基种桑、桑叶喂蚕、蚕沙养鱼、鱼粪肥塘、塘泥壅桑"的生态循环模式。这种生产模式不仅提高了资源利用效率，还减少了环境污染，是生态农业的典范。桑基鱼塘系统，这一古老而智慧的农业实践，以一种独特的生态循环模式运作，不仅实现了生态环境零污染，而且促进了农业生物的多样性。2017年，桑基鱼塘系统因其在生态农业方面的显著成就，被认定为"全球重要农业文化遗产"。2022年，桑基鱼塘被选为《生物多样性公约》第十五次缔约方大会的主要展示内容。这不仅是对珠江三角洲地区传统智慧的认可，也是对中国乃至全球生态农业和生物多样性保护工作的贡献。桑基鱼塘系统展现了人与自然和谐共生的理念，为现代农业发展提供了宝贵的经验和启示。

桑基鱼塘系统是一种精妙的生态农业模式，它将水网洼地巧妙地改造成深塘，并在塘的四周堆起高高的塘基。这些塘基上种植着桑树，而塘中则养殖着鱼类。桑叶不仅用于养蚕，而且蚕的排泄物也成为鱼类的天然饲料。鱼塘中的塘泥，经过一段时间的积累作为桑树的有机肥料，实现了养分的循环利用。通过这种循环往复的过程，桑基鱼塘不仅实现了资源的高效利用，还带来了双重的经济效益，其收益远远超过了传统农作物。在桑基鱼塘这一精巧的生态系统中，丝绸虽然作为中间产品不再直接参与物质循环，但鲜鱼作为最终产品，直接服务于人类消费市场。系统内部的生产环节紧密相连，每个环节的表现都对整个系统的运行产生重要影响。这一系统不仅利于桑、蚕、鱼的养殖，还催生了相关加工业的兴起，构建了一个综合、可持续的人工生态系统。从科学视角来看，桑基鱼塘有效地发挥了生态系统在物质循环、能量流动和转换方面的作用，遵循生物间的共生、互助规律，体现了集约化经营的智慧。在桑基鱼塘内部的食物链中，物质和能量的输入输出达到平衡，形成了一种低耗高效的协同发展模式，不仅维护了生态环境的治理，也确保了经济效益的最大化，实现了生态环境与经济效益的共赢。

桑基鱼塘的主要特点可以概括为以下四点。一是生态循环：桑基鱼塘通过构建一个相对闭合的食物链，实现了物质和能量的高效循环利用。这种循环模式减少了化肥和农药的使用，降低了农业面源污染的风险。二是土地利用：该模式充分利用了低洼土地和河网密布的自然条件，通过挖塘筑基的方式，既解决了洪涝灾害的问题，又增加了土地的有效利用面积。三是经济效益：桑基鱼塘不仅提高了农产品的产量和质量，还带动了相关产业的发展，如蚕茧加工、缫丝纺织等，为当地农民带来了可观的经济收入。四是文化传承：桑基鱼塘作为中国传统农业文化遗产的重要组成部分，承载了丰富的历史文化内涵。其独特的生产方式和生态理念，对于传承和弘扬中华农耕文明具有重要意义。

桑基鱼塘是先辈们顺应自然规律、用智慧改造自然的产物。它不仅创造了一方水土的繁荣，成就了丝绸世家的辉煌，还铸就了鱼米之乡的优秀历史。

以湖州市南浔区为例，该地区的桑基鱼塘系统得到了有效的保护和发展。通过创新打造多样化生态循环体系、推广生态循环养殖面积、培育新型农业经营主体等措施，南浔区不仅实现了桑基鱼塘的生态循环发展，还带动了当地经济的快速增长和农民的增收致富。同时，该地区的桑基鱼塘还成为省级生物多样性体验地，吸引了大量游客前来参观体验，进一步提升了当地的知名度和美誉度。"两利俱全，十倍禾稼"，桑基鱼塘的实践赢得了"苏湖熟，天下足"的美誉，成为农业可持续发展的典范。这一系统的发展，证明了在尊重自然规律的基础上，通过科学管理和技术创新，可以实现农业生产与生态环境保护的双赢。桑基鱼塘的智慧，不仅为当代提供了宝贵的经验和启示，也为未来农业的可持续发展指明了方向。

本案例旨在深化学生对桑基鱼塘这一传统农业模式的认识，揭示其生态智慧及其在可持续性发展中的价值。案例内容围绕桑基鱼塘的生态原理、历史脉络、现代挑战及其在农耕文化与乡村绿色转型中的作用展开。重点分析其在珠江三角洲与杭嘉湖平原的发展，探讨其生态循环机制及与现代农业技术的融合。教学难点在于理解桑基鱼塘生态系统的复杂性，要求学生综合生物学、生态学、社会学、经济学及文化学视角，探讨其生态链的相互依存关系及生态平衡的维持。同时，本案例将引导学生思考桑基鱼塘面临的现代化挑战，如城市化影响、劳动力流失等，并探讨政策、技术创新、文化教育和社区参与在其中的支撑作用。通过此案例，学生将获得对农业与环境、经济与文化关系的全面理解，并激励其将知识应用于推动农业可持续发展和乡村振兴的实践中。

二、案例内容

（一）桑基鱼塘的历史发展

1. 桑基鱼塘的缘起。

"沟塍堕微溜，桑柘含疏烟。处处倚蚕箔，家家下鱼筌"生动描绘了江南水乡的宁静与繁荣，这不仅展现了一幅美丽的田园风光，也隐含了桑基鱼塘系统的早期形态。桑基鱼塘的起源可以追溯至春秋战国时期，在那个时代，太湖地区的洪水频发，给当地居民的生活带来了极大的困扰。面对这一自然挑战，古人们发挥了无穷的智慧，利用当地的低洼地形，深挖形成了鱼塘，同时将挖出的泥土堆积在周围，创造出既能抵御洪水又能用于耕种的土地。到了五代时期，当地政府鼓励农桑，这一政策极大地推动了蚕桑业的兴盛。人们观察到，鱼塘周围的淤泥富含养分，十分适宜桑树生长。桑树在这种环境下枝繁叶茂、叶片肥厚，为养蚕提供了充足的饲料。由此，人们开始尝试一种塘底栽桑、桑叶喂蚕、蚕沙养鱼、鱼粪肥塘、水壅养鱼的独特农业模式。这种模式不仅提高了土地的利用率，还实现了农业生产的多样化和可持续性，充分体现了古人对自然资源的深刻理解和巧妙利用，展现了一种生态平衡和经济高效的农业智慧。

2. 桑基鱼塘的发展。

明清时期，鱼塘种桑的实践迅速扩展到了湖州地区。正如诗句"处处倚蚕箔，家家下鱼筌"所描绘的那样，明代归安县的《沈氏农书》中也详细记载了这一时期的农业实践："池畜鱼，其肥土，可上竹地，余可壅桑"。桑基鱼塘精妙的生产体系，不仅提高了农业资源的利用效率，也促进了生物多样性的保护，对渔业产生了深远的影响，联合国粮农组织和国际地球物理基金会称其为唯一完整保存的生态复合农业模式。意大利学者卡斯特拉尼在其著作《中国蚕法：湖州的实践与观察》中，对桑基水产养殖池塘进行了生动的描述：水稻是平原地区最重要的农作物，水田需要一定的深度来保护水稻免受洪水侵袭。因此，农民通常会把水田里的土挖出来，越堆越高，堆到田边，形成可以种植桑树的高地。这些传统做法的土堆在平原上随处可见（陈彩霞等，2021）。

3. 桑基鱼塘的繁盛。

（1）杭嘉湖平原，在明清时期成为桑树种植的繁荣之地。康熙皇帝巡游至此赞叹："朕巡省浙西，桑林被野，天下丝缕之供，皆在东南，而蚕桑之盛，唯此一区。"太湖之滨的这片平原，因地势低洼、土壤黏重，并不适宜棉花生长，而桑蚕业的收益远超过水稻种植，成为当地农民的重要收入来源。自唐代起，江南地区赋税沉重，农民生活困苦，迫切需要新的生计方式。明代时，桑蚕业以其较高的经济效益，成为杭嘉湖平原农民的首选。湖州丝绸以其卓越的品质和巨大的产量，享誉世界。追溯历史，湖州的桑树种植始于春秋战国时期，约2500年前。当时中原战乱频发，北方人民纷纷南迁至太湖之滨，湖州人口激增，逐渐成为经济中心。为了适应劳动者的生活需求和推动经济发展，国家开始在太湖沿岸大规模开垦土地。湖州地势低洼，每逢雨季，天目山的大量水流经东苕溪、西苕溪涌入这片低洼地，导致洪涝灾害频发。为了解决这一问题，当地人在低洼地深挖鱼塘，将挖出的泥土堆放在鱼塘周围，逐渐形成了桑园与鱼塘互补、桑田与鱼塘相连的循环农业模式。桑园与池塘相连相依，形成了独特的生态农业景观，孕育了丰富多彩的蚕桑文化和养鱼文化，成为江南水乡的典型代表。明史记载湖州等地"尺寸之堤，必树之桑""傍水之地，无一旷土"，规模之大，可至"田连巧陌，桑麻万顷"。明清时期，湖州经济最发达的两个县——归安与乌程，也是湖州植桑最为密集的地区。明人宋雷对归安的丝绸文化和丝绸纺织业评价颇高，认为归安的丝绸在湖州无出其右者，他写道："合郡俱有，而独盛于归安。"归安县管辖着菱湖和双林两个镇，这两个镇以桑树的茂密种植而闻名。菱湖镇，古时又称"秀溪"，该地区水质清澈，使用这里的水缫丝，所制出的丝线细腻且具有光泽，《湖州府志》记载："丝，菱湖第一。"以杭嘉湖平原为中心的太湖流域，桑树的种植尤为兴盛，《清嘉录》中描述"环太湖诸山，乡人比户蚕桑为务"。此外，蚕桑业在农业中占据了极其重要的地位，据崇祯年间的《吴县志》描述，此地广植桑树，几乎所有的女孩在未成年之前就开始学习养蚕。并且随着丝绵价格的日益上涨，养蚕的利益也日益丰厚，种植桑树的人越来越多。乡村之间几乎没有闲置的土地，春夏之交，放眼望去尽是绿色的桑荫。整个县城总计，桑树的数量可能多达数十万株。这段历史描述不仅展示了清代桑基鱼塘系统在农业中的重要地位，还反映了当时社会对蚕桑业的高度重视和普遍参与（朱冠楠、李群，2014）。桑树的广泛种植和蚕桑业的繁荣，不仅促进了当地经济的发展，也丰富了乡村文化，成为当时社会经济活动的重要组成部分。

（2）珠三角地区，作为植桑历史悠久的土地，在汉代便有"高则桑土，下则沃衍"的记载。明清时代，珠三角地区继杭嘉湖平原之后，成为植桑业快速发展的另一区域。珠三角是由珠江东、西、北三江冲积形成的平原，其低洼的地形容易受到洪水和潮汐的影响，不适合种植棉花。当地居民根据地形挖掘鱼塘，并将挖出的土壤堆积在塘边种植果树和桑树，形成了桑基鱼塘。珠三角地区的南海、顺德、番禺等区域，植桑业尤为突出，《广东通志》记载顺德、南海、三水、高明四县的鱼塘总面积可达 106 亩。明朝末年到清朝初期，桑基鱼塘的繁荣发展。据《九江乡志》中中描述，包括龙江堡、白藤堡在内的顺德基塘区域与南海的九江地区相接，均以养鱼和植桑为主要产业。与水争地，围垦造田，桑园围成了广州一侧最大的基围。它保障了南海、顺德共计 14 堡的土地，令其从 113.2 平方公里发展成为 227 平方公里的税田，支撑着广府的财政。康熙年间，桑基鱼塘的兴起，推动了当地养蚕业的发展，从唐宋时期的每年五收发展到七收、八收。屈大均在《广东新语》中提到"吾广第八蚕皆可为丝，所谓珍蚕也"，显示了当地丝织技术的进步。同时，江浙丝织技术的引入，进一步提升了丝质，使得"广之线纱"在国内外市场上享有盛誉。鸦片战争后，国际市场上生丝需求变化，加上太平天国战争对杭嘉湖地区蚕桑业的破坏，为珠三角地区的植桑业带来了新的发展机遇。在顺德、南海等传统植桑区域，桑树几乎覆盖了所有可耕种的土地，养蚕和植桑成为当地居民的主要生计。特别是在番禺县，北至新造，南到香山黄阁，种桑、养蚕、养育并举，一派繁荣。随着国外缫丝新技术的引进，顺德在大良北关建立了怡和昌机器缫丝厂，标志着顺德县缫丝业的大发展，逐渐取代了南海县在三角洲的首位。新式缫丝工业的迅速发展，进一步推动了蚕桑业的繁荣，桑基鱼塘面积再次扩大，形成了三角洲桑基鱼塘发展的第二次高潮。当时，蚕桑的价格极为昂贵，每担桑的价值可以与一担米相媲美。每亩桑田的年收成可以换二十担米，足够维持一个三至四口之家的生计。鼎盛时期，顺德的容旗镇每天都有满载生丝的船只驶出，返程运回白银，形成"一船蚕丝去，一船白银回"的壮观场面，创造了裕国通商、帆济五洋的辉煌。

（3）其他地区。在明代初期，政府推广桑蚕业的政策影响了多个地区，促使蚕桑业在这些地方得到了不同程度的发展。在湖南与湖北，除了大巴山区之外，鄂州、顺阳、衡阳、道州等地区普遍种植桑树并从事养蚕活动，形成了广泛的桑蚕产业带（胡兴明等，2011）。这些地区的民间普遍掌握了桑蚕技艺，桑树与农田交错，呈现出一派繁荣景象。河南省的桑树种植同样经历了显著的增长，特别是在陵县、豫西的汝州等地区，桑麻种植遍布乡野，形成了壮观的田园风光。山西地区也见证了蚕桑业的逐步扩展，从完县、元氏、邢台以及深州、易州开始，蚕桑业逐渐扩散至青苑、满城、安肃、安州、定兴、望都、安平、广昌等多个州县。到了清代前期，陕西地区的蚕桑业得到了政府的特别关注。不仅政府设立了专门的蚕局来传授蚕桑技术，地方官员也积极鼓励民众种植桑树。在这样的环境下，当地居民开始积极学习并掌握蚕桑技术，蚕桑业逐渐在当地兴起，居民们开始逐渐知晓种植桑树的益处，投身于蚕桑事业中去。然而，陕西地区的蚕桑业繁荣并未持续太久。到了清代中叶，棉花种植的经济效益逐渐超过了桑树，导致桑树种植面积开始缩减。随着棉花种植的兴起，陕西地区的桑蚕业再次呈现出衰败的状态。这一时期的蚕桑业发展状况，不仅反映了政府政策对农业发展的推动作用，也展现了不同地区对农业产业结构调整的适应性和灵活性。尽管面临挑战和变化，蚕桑业在一些地区依然保持了其传统和重要性，成为当地文化和经济的重要组成部分（赵卓煜，2013）。

（二）桑基鱼塘的技术更替

1. 初步形成期。

宋元明代。桑基鱼塘系统的初步形成期是一个渐进的创新过程，这一时期的农业实践为后来的技术成熟和系统完善奠定了基础。在宋代至明清这一时期，中国社会经济的发展为桑基鱼塘系统的发展提供了良好的外部条件。随着手工业和商业的繁荣，丝绸和鱼类产品市场需求的增加，促进了桑基鱼塘系统的扩展和完善。此外，政府对农业的重视和支持，也为桑基鱼塘的发展提供了政策上的动力（陈阿江，2019）。

（1）宋代：创新的萌芽。宋代是中国历史上科技发展较为迅速的时期，农业技术的进步为桑基鱼塘的初步形成提供了条件。珠江三角洲地区地势低洼、水系发达，传统的农作物种植难以实现，当地农民开始探索新的农业生产模式，利用丰富的水资源，在水塘周围种植桑树，用以养蚕，这是桑基鱼塘系统最早的雏形（周晴，2013）。

（2）元代：实践的拓展。元代时期，桑基鱼塘的实践开始在更广泛的区域内得到拓展。随着对外贸易的发展，丝绸需求的增加，养蚕业逐渐成为当地重要的经济来源。农民们开始更加注重桑树的种植和管理，同时，鱼塘的规模和数量也有所增加，形成了较为稳定的农业生产模式。

（3）明代：技术的完善。到了明代，桑基鱼塘系统开始显现出较为成熟的技术特征。农民们在长期的生产实践中积累了丰富的经验，对桑树的种植、蚕的养殖以及鱼塘的管理都有了更为科学的方法。例如，对桑树品种的选择、蚕种的改良、鱼塘水质的调控等，都体现了明代农民在桑基鱼塘系统中的技术进步。

2. 技术成熟期。

清代与民国。清代至民国时期标志着桑基鱼塘系统技术发展的成熟阶段，这一时期的桑基鱼塘在多个方面取得了显著的进步和完善。在这一时期，桑基鱼塘系统的发展状况不仅体现在技术层面的成熟和完善，还体现在其对社会经济的促进作用和对文化价值的传承。尽管面临诸多挑战，但桑基鱼塘系统在清代至民国时期依然展现出了强大的生命力和适应能力。

（1）清代：技术的普及与社会经济的发展。清代桑基鱼塘系统得到了更广泛的推广，在技术层面上，清代的农民在长期的生产实践中积累了丰富的经验，对桑基鱼塘的各个环节进行了深入的探索和优化。一是桑树种植的优化：清代农民对桑树的种植技术进行了改良，选育出更多适应当地环境的桑树品种，提高了桑叶的产量和质量。二是养蚕技术的精细化：养蚕技术在清代达到了精细化管理的阶段，蚕农对蚕的生长发育规律有了更深入的了解，能够更精确地控制蚕室的温度和湿度，有效提高了蚕丝的产量和品质（王玉德、乐锐锋，2015）。三是鱼塘养殖的多样化：鱼塘养殖方面，清代农民不仅增加了鱼类的种类，还对养殖技术进行了创新，如改进饲料配方、优化水质管理等，提升了鱼塘的产量和收益。同时，当时的桑基鱼塘系统与社会经济紧密相连，桑蚕丝织业的繁荣带动了对桑叶和蚕丝的需求，进而促进了桑基鱼塘的扩展。一是丝绸贸易的推动：随着国内外市场对丝绸需求的增加，桑基鱼塘系统成为丝绸贸易的重要生产基地，推动了地方经济的发展。二是农业与手工业的结合：清代的桑基鱼塘系统体现了农业与手工业的紧密结合，养蚕和缫丝成为农民重要的副业，增加了农民的收入来源（王思远等，2019）。

（2）民国：技术的创新与生态智慧的碰撞。进入民国时期，尽管社会动荡不安，但桑基鱼塘系统在一些地区仍然得到了维持和发展。民国时期，人们在继承传统技术的基础上，尝试加入现代元素：一是农业技术的现代化尝试，民国时期的农业技术教育开始普及，一些农民开始接受现代农业技术培训，尝试使用农药、肥料等现代投入品来提高桑基鱼塘的生产效率。二是市场适应与结构调整，面对国内外市场的波动，农民通过调整桑基鱼塘的产品结构，如增加鱼类和蚕品种的多样性，来适应市场的变化（李丽娜，2013）。同时，民国时期的桑基鱼塘系统不仅是一种高效的农业生产模式，也是中华民族生态智慧和农业文化的体现：一是它的循环利用模式体现了清代至民国时期人们对生态平衡和资源可持续利用的深刻认识；二是作为传统农业文化的重要组成部分得到了进一步的传承，成为地方文化认同的重要标志（张健等，2010）。

（三）桑基鱼塘的困境

桑基鱼塘作为一种古老的生态农业模式，在中国江南地区有着悠久的历史。然而，在现代化进程中，桑基鱼塘面临着多方面的困境，以下是从六个方面对这些困境的具体介绍：

1. 市场需求变化。

全球化竞争：随着全球化的深入发展，桑基鱼塘产品面临着来自世界各地的竞争。国际市场上的丝绸和其他纺织品种类繁多，消费者有了更多的选择。这导致传统桑蚕丝产品在价格和多样性上面临挑战，桑基鱼塘的市场份额受到挤压。

消费者偏好转变：现代消费者对产品的需求越来越个性化和多样化。他们不仅关注产品的质量，还关注产品的设计、品牌和可持续性。桑基鱼塘的传统生产方式难以快速适应这种市场变化，导致产品吸引力下降（麻国庆，2019）。

科技材料的替代：科技进步带来了新型纺织材料的开发，如合成纤维、生物基纤维等，这些材料在某些性能上可能优于传统桑蚕丝，且成本更低，生产更快捷。这使得桑蚕丝在某些应用领域被替代，减少了对桑基鱼塘产品的需求。

环保和可持续性趋势：当代消费者对环保和可持续性越来越关注。他们倾向于选择那些对环境影响小、生产过程透明的产品。虽然桑基鱼塘本身是一种生态友好的生产方式，但缺乏有效的宣传和认证，难以在市场中凸显其绿色优势。

销售渠道的变革：随着电子商务的兴起，传统的销售渠道正在发生变革。消费者越来越习惯于在线购物，这对桑基鱼塘产品的营销策略提出了新的要求。桑基鱼塘需要适应数字化营销趋势（李丽娜，2013），利用网络平台拓展市场。

2. 经济转型压力。

产业结构调整： 随着经济的发展和产业升级，传统农业在国民经济中的比重逐渐下降。特别是在经济较为发达的地区，第二产业和第三产业成为经济增长的主要驱动力，导致农业土地被重新规划和利用，桑基鱼塘的生存空间受到挤压。

土地资源紧张： 城市化进程中，城市扩张对土地的需求不断增加，农田被转变为建设用地，耕地资源日益减少。桑基鱼塘作为依赖大面积土地的农业生产模式，其土地使用权受到威胁，土地成本上升，进一步加剧了经营的困难。

资本投入不足： 在经济转型的大背景下，资本更倾向于流向回报率高、周期短的行业，如房地产、金融和高新技术产业等。桑基鱼塘等传统农业模式难以吸引足够的资本投入，导致技术和设备的更新换代缓慢，生产效率难以提升。

政策倾向性： 在一些地区，地方政府为了追求 GDP 增长和财政收入，可能会在政策制定上偏向于支持工业和服务业的发展，而忽视了农业文化遗产的保护和传统农业的扶持，使得桑基鱼塘等传统农业模式缺乏必要的政策支持（王静禹等，2018）。

市场机制的冲击： 市场经济的发展带来了农产品价格波动和市场竞争的加剧。桑基鱼塘产品在面对市场机制的冲击时，由于缺乏有效的市场保护和风险应对机制，容易受到价格波动的影响，导致收益不稳定。

3. 文化价值认识不足。

传统知识边缘化： 在现代社会的快节奏和高效率追求中，传统知识往往被边缘化。桑基鱼塘作为一种传统农业模式，其深厚的文化价值和生态智慧没有得到足够的重视和传承。年轻一代对于桑基鱼塘的了解和认识有限，导致这一传统农业模式逐渐失去其文化根基。

文化教育缺失： 在学校教育和公共传播中，对于桑基鱼塘等农业文化遗产的介绍和教育相对不足。缺乏系统的文化教育使得公众对桑基鱼塘的历史意义、生态价值和文化特色认识不足，难以形成保护和传承的社会氛围。

商业化和娱乐化倾向： 在文化消费领域，传统文化往往被商业化和娱乐化，失去了其原有的内涵和深度。桑基鱼塘的文化元素可能被简化或曲解，用于迎合市场和消费者的需求，而不是作为文化传承和教育的载体。

全球化影响：全球化进程中，西方文化和价值观对本土文化产生了冲击。在这种背景下，桑基鱼塘等本土农业文化遗产可能会被视为落后或不符合现代审美，其文化价值和意义被忽视。

文化自信缺失：在一些地区，由于对本土文化的不自信，桑基鱼塘的传统知识和实践没有被视为宝贵的文化资源。这种不自信可能导致对桑基鱼塘的保护和发展缺乏积极性和主动性（王建革，2013）。

4. 农村劳动力外流。

城市化吸引：随着城市化进程的加速，城市地区提供了更多的就业机会和更高的收入水平，这成为吸引农村劳动力外流的主要动力。年轻一代更倾向于离开传统农业，进入城市寻求更广阔的职业发展空间。

农业劳动吸引力下降：与传统农业相比，桑基鱼塘等农业工作往往劳动强度大、收入相对较低，这使得农业对年轻劳动力的吸引力下降。加之农业劳动环境艰苦，使得年轻人更愿意选择其他行业就业。

技术传承断层：随着经验丰富的老年农民逐渐退出劳动力市场，年轻一代的外流导致农业技术传承面临断层。桑基鱼塘的维护和管理需要特定的技能和知识，缺乏传承使得这些传统技艺面临失传的风险（周新年等，2018）。

农业生产效率问题：劳动力的外流导致桑基鱼塘的劳动力短缺，影响了农业生产的效率和产出。缺乏足够的劳动力进行日常管理和维护，可能导致桑基鱼塘的产量下降，甚至出现荒废现象。

农村老龄化问题加剧：随着年轻劳动力的外流，农村地区人口结构日益老龄化。老年农民由于身体和能力的限制，难以承担桑基鱼塘繁重的农业劳动，影响了农业生产的持续性。

5. 政策和法规支持不足。

政策关注度不够：在快速的经济发展和城市化进程中，一些地方政府可能更关注工业、服务业等对 GDP 贡献较大的领域，而对农业文化遗产的保护和传统农业模式的支持相对不足，导致桑基鱼塘难以获得必要的政策关注和支持（林媚珍等，2014）。

法规体系不完善：尽管桑基鱼塘被列为全球重要农业文化遗产，但在具体法规的制定和执行上，仍存在不完善之处。缺乏针对性的法律法规来保护桑基鱼塘的原貌、生态环境和文化价值，使得保护工作缺乏法律依据和强制力。

资金投入有限：在财政预算分配中，桑基鱼塘保护和农业文化遗产的投入可能相对较少,导致相关保护项目和研究工作难以获得充足的资金支持,影响了保护工作的深入开展。

管理机制不健全:桑基鱼塘保护涉及多个部门和层面,需要有效的协调和管理机制。然而,由于管理机制不健全,各部门之间的协调不足,使得桑基鱼塘保护工作难以形成合力,效率不高。

政策执行力度不足:即使存在一些支持桑基鱼塘保护的政策和法规,但在实际执行过程中可能存在力度不足的问题。地方执行机构可能由于资源有限、监管不严等原因,导致政策和法规难以落到实处。

6. 技术和知识传承断层。

年轻一代的流失:随着城市化进程的加快,许多年轻人选择离开农村,去城市寻求更多的发展机会。这导致农村地区,特别是桑基鱼塘所在地的年轻人越来越少,对传统桑基鱼塘养殖技术的兴趣和传承意愿降低。

传统技术的忽视:在追求现代化和效率的过程中,一些传统养殖技术可能被视为落后或效率低下。这导致传统知识和技能,如桑树栽培、养蚕缫丝等,没有得到足够的重视和传承。

教育体系的脱节:现代教育体系可能没有充分涵盖桑基鱼塘相关的知识和技能,导致新一代人对这些传统技术的了解有限。教育主管部门虽然被鼓励将桑基鱼塘系统保护的内容纳入中小学地方教育读本,但实际执行和效果可能存在差异(季松等,2023)。

文化价值的淡化:随着全球化和文化多元化的影响,一些地方特有的文化价值和传统可能逐渐被边缘化。桑基鱼塘不仅是一种农业模式,也是承载地方文化和历史的重要载体。如果这些文化价值得不到传承和发展,桑基鱼塘的传统知识和技术也难以为继。

缺乏系统的传承机制:目前可能缺乏有效的机制来系统地记录、保存和传承桑基鱼塘的技术和知识。没有形成一套完整的传承体系,使得这些知识和技术难以得到有效的保存和传播。

(四) 应对桑基鱼塘困境的策略

1. 市场需求的变化。

首先,要加强产品创新,开发多样化的丝绸产品,满足不同消费者群体的需求。其次，要提升品牌意识，通过品牌建设提高产品的市场认知度。再次，要积极参与环保和可持续性认证，强调桑基鱼塘产品的生态优势。此外，要利用数字化工具，拓展线上销售渠道，提高市场竞争力。

2. 经济转型的压力。

一是加强与地方政府的沟通协调，争取政策支持和土地保护。二是探索与现代农业相结合的发展模式，如发展生态农业、休闲农业等，提高农业的综合效益。三是建立风险应对机制，通过农业保险、期货市场等手段，降低市场风险。四是引导资本投入，通过政府补贴、税收优惠等方式，吸引社会资本参与桑基鱼塘的保护和发展。五是加强品牌建设，提升桑基鱼塘产品的市场竞争力和消费者认可度（周晴，2013）。

3. 文化价值认识不足。

一是加强文化教育，将桑基鱼塘等农业文化遗产纳入学校教育和公共文化服务中，提高公众对其价值的认识。二是举办文化节庆、展览和体验活动，展示桑基鱼塘的文化特色和生态智慧，增强公众的文化体验。三是利用媒体和网络平台，宣传桑基鱼塘的文化价值和保护意义，提高其在社会上的知名度和影响力。四是鼓励和支持文化创新，将桑基鱼塘的传统文化元素融入现代设计、艺术和生活方式中，实现文化的现代传承。五是建立文化自信，倡导对本土文化的尊重和保护，形成全社会共同参与桑基鱼塘文化传承和保护的良好氛围。

4. 农村劳动力外流。

一是提高农业吸引力，通过政策扶持和技术创新，提高农业生产效率和经济效益，增加农业对年轻劳动力的吸引力。二是农业教育与培训，加强农业职业教育和技能培训，培养新一代农业人才，确保农业技术的传承和发展。三是鼓励青年返乡创业，通过创业支持和优惠政策，鼓励有志青年返乡从事农业创业，为桑基鱼塘注入新鲜血液。四是改善农村生活条件，提升农村基础设施和公共服务，改善农村居住环境，使农村地区成为更加宜居的地方。五是发展现代农业，推动桑基鱼塘向现代化、智能化转型，减少对人力的依赖，提高农业生产的科技含量。六是建立激励机制，为留在农村从事桑基鱼塘工作的劳动力提供激励，如提供补贴、保险和住房等福利（李岚等，2023）。

5. 政策和法规支持不足。

一是加强政策倡导，通过各种渠道加强政策倡导，提高政府和社会各界对桑基鱼塘保护的重视程度。二是完善法规体系，制定和完善针对桑基鱼塘保护的法律法规，为保护工作提供明确的法律依据和支持。三是增加财政投入，争取更多的财政资金支持，为桑基鱼塘的保护、研究和开发提供稳定的资金保障。四是建立协调机制，建立跨部门的协调机制，加强各相关部门之间的沟通与合作，形成保护工作的合力（龚建周等，2020）。五是强化政策执行，加强对政策执行的监督和评估，确保各项支持措施能够落到实处，发挥作用。六是推动地方立法，鼓励地方政府根据本地实际情况，制定地方性的法规和政策，为桑基鱼塘保护提供更加具体和针对性的支持。

6. 技术和知识传承断层。

一是加强教育和培训，通过教育体系和社会培训项目，增加年轻一代对桑基鱼塘技术和文化价值的了解和兴趣。二是建立传承机制，创建专门的机构或平台，系统地记录和保存桑基鱼塘的技术和知识，同时组织传承活动，鼓励老一辈向年轻一代传授经验。三是政策支持和激励，政府可以通过政策支持和激励措施，鼓励年轻人学习和传承桑基鱼塘的技术和知识，如提供财政补贴、税收优惠等（黎华寿等，2005）。四是文化复兴活动，通过组织文化节庆、展览、比赛等活动，提高社会对桑基鱼塘文化价值的认识，激发公众特别是年轻一代的参与热情。五是跨学科研究，鼓励跨学科的研究，将传统知识和现代科技结合起来，探索桑基鱼塘在现代社会中的新价值和应用方式。

（五）桑基鱼塘资源的现代应用

1. 绿色基塘农业。

广东省农业科学院利用科技手段改造传统基塘农业，经南海区政府申报为中国重要农业文化遗产。广东省农业科学院牵头成立珠三角基塘农业研究中心，致力于绿色基塘农业系统的创新研究，涉及蚕桑资源综合利用技术、桑葚和桑叶在食品和药品加工方面的应用、蚕桑生态饲料在水产养殖中的利用和蚕沙作为土壤改良剂的创新使用。基塘农业的绿色转型促进了农业系统的多元化发展，桑基、草基、花基、菜基、树基等多种形式融合开发（顾兴国等，2020），对生态环境保护和社会福利均产生了积极影响。绿色基塘农业不仅具有农业生产功能，还具有水利功能，如藏水的海绵城市系统和巨大的经济湿地，具有涵养功能和经济功能。广东省农业科学院提出了包括蚕粪和塘泥发酵变成肥料、塘基种植多种作物、用蚕桑提取物养鱼等八条措施，形成了现代桑基鱼塘技术体系，并已开始在珠三角应用。新型桑基鱼塘模式已在西樵渔耕粤韵文化旅游园、顺德太子休闲农庄等多个园区示范推广，产生了良好的经济、社会和生态效益。同时，绿色基塘农业也注重文化传承与旅游发展，如渔耕粤韵文化旅游园提供采桑、观鱼、养蚕等休闲观光体验，并加工制造桑葚酒等产品。

2. 荻港村的文化传承。

荻港村的桑基鱼塘作为湖州桑基鱼塘系统的核心区域，近年来得到了积极的保护和应用。第一，荻港村通过种桑、修复鱼塘、疏浚河道，对生态进行修复性保护和利用，使这一历史悠久的生态循环农业模式重新焕发生机。整个区域根据防洪要求对外围塘埂进行加高整修，埂面为道路，两边进行绿化，使原生态桑基鱼塘逐步完善。第二，荻港村在养殖上进行创新，打破传统养殖模式，开始农业项目生态养殖。例如，设立生态养殖试验区，探索纯粹喂食原生态饲料（桑叶）的传统四大家鱼养殖，并取得初步成效，计划推广并提高经济价值（顾兴国等，2018）。同时，荻港村的养殖户大胆尝试在水面上种植空心菜的生态套养模式，利用空心菜发达的根系来吸附营养化水质来改善水源。第三，荻港村注重一三产业融合，引进相关旅游主体，开发桑基鱼塘项目，大力开展例如荻港鱼文化节的遗产旅游。通过乡村文化体验和历史文化展示为重点，开发休闲观光农业，并安排各种农事体验活动，如养蚕体验、采菱采藕、捕鱼活动等，打造桑基鱼塘品牌。第四，荻港村通过举办鱼文化节等系列研学活动，传播鱼桑文化，提高村民对桑基鱼塘价值的认识，并促进文化传承。自2008年以来，荻港渔庄与周边学校共建鱼桑文化实践基地，举办了数十次不同规模的鱼桑文化展览和比赛。第五，荻港村在桑基鱼塘核心区进行基础设施建设，如客运码头和旅游磁悬浮列车，以吸引更多游客，提高旅游体验。通过这些措施，荻港村的桑基鱼塘不仅在生态保护方面取得了成效，还在产业发展、文化旅游、社区经济等多方面实现了积极的应用和发展。

（六）桑基鱼塘资源开发与利用的创新点

1. 生态循环模式的创新。

物质与能量的高效循环：桑基鱼塘通过"塘中养鱼、塘基种桑、桑叶喂蚕、蚕沙养鱼、鱼粪肥塘、塘泥壅桑"的循环模式，实现了物质和能量的高效循环利用。这种生态循环不仅提高了资源利用效率，还减少了化肥和农药的使用，降低了农业面源污染的风险。

生态养殖与种植的结合：将水产养殖与桑树种植紧密结合，形成了独特的生态共生系统。这种结合不仅提高了农产品的产量和质量，还促进了生态系统的稳定性和可持续性。

2. 农业经营模式的创新。

"公司＋农民合作社＋家庭农场＋农户"模式：这种创新模式通过联手农民合作社、家庭农场组建农业产业化联合体，实行"产＋销"一体化经营。这种模式不仅解决了农产品销售渠道难题，还辐射带动了当地农业发展和农民致富。

订单农业：通过订单形式为农户解决农产品销售问题，确保了农产品的稳定供应和销售渠道的畅通。这种模式降低了农户的市场风险，提高了他们的生产积极性。

3. 文化传承与创新的结合。

传统农业文化遗产的保护与传承：桑基鱼塘作为中国传统农业文化遗产的重要组成部分，得到了有效的保护和传承。通过挖掘和整理其历史文化内涵，提升了其文化价值和影响力。

文化与现代产业的融合：将桑基鱼塘的文化元素与现代产业相结合，如发展乡村旅游、文化体验等，不仅丰富了旅游产品的文化内涵，还带动了当地经济的发展。

4. 科技支撑与创新的结合。

科技在农业生产中的应用：引入现代农业科技手段，如智能化管理、精准施肥等，提高了桑基鱼塘的生产效率和产品质量。

生态监测与评估：建立生态监测和评估体系，对桑基鱼塘的生态环境进行实时监测和评估，确保其生态系统的稳定性和可持续性。

5. 社区参与与创新的结合。

社区共治：通过社区共治的方式，鼓励村民积极参与桑基鱼塘的保护和管理，形成了良好的社区参与氛围。

文化导赏与传承：培育文化导赏队伍，讲好乡村故事，将桑基鱼塘的文化内涵和生态价值传递给更多人。同时，通过组织青少年学习传统文化、妇女制作传统美食等方式，促进文化的传承和发展。

综上所述，桑基鱼塘案例中的创新点主要体现在生态循环模式的创新、农业经营模式的创新、文化传承与创新的结合、科技支撑与创新的结合以及社区参与与创新的结合等方面。这些创新点不仅为桑基鱼塘的可持续发展提供了有力支撑，也为其他地区的农业生产和生态治理提供了有益借鉴。

三、案例简评

（一）桑基鱼塘模式的显著优势

桑基鱼塘生态系统是一个精巧且成熟的循环农业模式，具有以下显著优势："桑茂、蚕壮、鱼肥大；塘肥、基好、蚕茧多"。在这个生态系统中，桑树通过光合作用将太阳能转化为生物能产出桑叶，桑叶被用于养蚕，将养分和能量通过食物链传递给蚕。蚕在食用桑叶后产生的蚕沙以及蛹，可以作为鱼的饵料投入鱼塘，在这里，鱼作为次级消费者，将蚕沙和蛹中的营养转化为生长的能量。鱼塘中的微生物扮演分解者的角色，它们分解鱼类排泄物、藻类和其他有机物质，将其转化为无机盐，这些无机盐重新回到桑基，为桑树提供养分（任光辉，廖雪林，2011）。在这个循环过程中，微生物不仅分解有机物质，还将其还原为可以被桑基再次利用的无机形式。此外，桑树生长过程的部分落叶和枯枝落入鱼塘，会转化为土壤中的无机盐，为其他作物提供养分，开启新一轮的物质循环。由此可见，桑基鱼塘模式整合了多种循环机制，构建了一个综合性的生态系统。这一模式通过精心设计的食物链和物质循环，实现了对环境的极低影响，接近于"零"污染，展现了生态农业的可持续性（麻国庆，2013）。

（二）桑基鱼塘资源利用的启示

桑基鱼塘的应用具有如下启示。

（1）注重生态保护：在农业生产过程中，应注重生态保护和环境治理，实现农业可持续发展。

（2）创新发展模式：应积极探索符合当地实际的发展模式，提高资源利用效率和经济效益。

（3）加强文化传承：应加强对传统农业文化遗产的保护和传承，弘扬中华农耕文明。

（4）推动产业融合：应推动农业与旅游、文化等产业的融合发展，拓展农业功能和产业链条。综上所述，桑基鱼塘案例充分展示了生态农业的魅力和潜力。通过科学规划和有效管理，我们可以将这种传统的生产模式发扬光大，为现代农业的发展注入新的活力。

四、问题探索与理论链接

（一）桑基鱼塘资源保护与传承

回望历史，不难发现，农耕文化不仅承载着人类文明的记忆，更是生态智慧与生活哲学的体现。桑基鱼塘，作为中国农耕文化中的一颗璀璨明珠，其复兴之路，不仅是对传统文化的传承，更是对现代生态文明建设的深刻思考（杨小柳，胡敏哲，2013）。

桑基鱼塘这一古老的农耕模式，起源于中国古代江南地区，是先民们在长期的生产实践中创造出来的。它将桑树种植与养鱼结合成一套生态循环系统，桑叶滋养了蚕，蚕沙成为鱼类的天然饲料，而鱼塘中的淤泥则是桑树的优质肥料，这种模式不仅提高了效率，更践行了绿色发展理念。在现代社会，农耕文化的价值远不止于生产层面。桑基鱼塘作为一种典型的农耕文化，其复兴不仅是对传统生产方式的保护，更是对生态、文化、教育等多方面价值的挖掘与弘扬。桑基鱼塘也面临诸多挑战：城市化进程的加快、农业现代化的推进以及年轻一代对农耕文化认知的缺失，都使得桑基鱼塘的生存空间日益缩小（王德建等，1997）。市场经济下，传统农耕模式的经济效益相对较低，也影响了其发展与传承。保护与传承桑基鱼塘尤为重要，政府需要加强法律法规建设，为桑基鱼塘的保护提供政策支持，通过教育普及增强年轻一代对农耕文化的兴趣。同时，政府还可以通过建立桑基鱼塘文化博物馆、开展研学旅行等方式，让更多人了解并体验这一独特的农耕文化。

保护与传承并不意味着停滞不前，桑基鱼塘的创新发展，是其适应现代社会的关键。通过引入现代科技，如生物技术、信息技术等，可以提高桑基鱼塘的生产效率和产品质量。同时，结合旅游业的发展，将桑基鱼塘打造成为生态旅游的目的地，不仅可以提升其经济效益，更可以让更多人亲身体验这一传统农耕文化的魅力。在生态文明建设的大背景下，桑基鱼塘的复兴与生态文明建设的理念不谋而合，桑基鱼塘的生态循环模式为现代生态农业提供了宝贵的借鉴，政府通过推广桑基鱼塘等传统农耕模式，可以促进农业的可持续发展，保护生态环境，实现人与自然的和谐共生（周然等，2024）。

（二）提高水乡地区土地利用效率

在中国的江南水乡，桑基鱼塘以其独特的生态循环系统，成为传统农业智慧的代表。随着绿色发展理念的深入人心，桑基鱼塘的保护与发展，不仅是对历史文化的传承，更是实现农村水乡地区绿色转型的重要途径。桑基鱼塘巧妙地将养蚕、种桑、养鱼结合起来，形成了一种生态平衡的农业模式，这种模式不仅提高了土地利用率，也体现了生态智慧（郭盛晖，司徒尚纪，2010）。然而，随着现代化的进程，传统的桑基鱼塘面临着诸多挑战，城市化的扩张、农业现代化的推进以及年轻一代对农耕文化认知的缺失，都使得桑基鱼塘的生存空间日益缩小。

如何促进桑基鱼塘的绿色转型？绿色转型的首要任务是科技创新，通过引入现代农业技术，如智能监控系统、生物技术等，可以提高桑基鱼塘的生产效率和产品质量。企业通过智能监控系统，可以实时监测鱼塘的水质和鱼类的生长情况，及时调整养殖策略，减少资源浪费。同时，利用生物技术改良桑树和鱼类品种，可以提高其抗病虫害能力和适应性，减少对化肥和农药的依赖。生态修复也是桑基鱼塘绿色转型的关键，对受损的桑基鱼塘进行生态修复，如清淤、护坡、补种桑苗等，可以恢复其生态功能（冷鹏，2020）。企业通过恢复和保护周边的湿地环境，可以为桑基鱼塘提供更加稳定的生态支持。产业融合也为桑基鱼塘的绿色转型提供了新的思路，通过发展休闲农业、乡村旅游等，将桑基鱼塘与服务业相结合，以提高其综合效益。例如，政府通过开展农事体验、生态旅游等活动，不仅可以增加农民的收入，还可以提高消费者对桑基鱼塘文化和生态价值的认识。最后，文化挖掘是桑基鱼塘绿色转型的灵魂，通过深入挖掘桑基鱼塘的文化内涵，举办文化节庆活动，可以增强其文化影响力，吸引更多人关注和参与桑基鱼塘的保护与发展（于立等，2021）。

与此同时，政府需要出台相关政策，提供资金和技术支持，为桑基鱼塘的保护与发展提供良好的外部环境。政府可以通过加强桑基鱼塘产品的市场推广，提高品牌知名度，让消费者认识到桑基鱼塘产品的独特价值（袁兰等，2014）。同时，培养一批懂技术、会管理的新型农民，作为支撑绿色转型的重要力量。桑基鱼塘的绿色转型，不仅是对传统农业的一次革新，更是对我国农村水乡地区可持续发展的一次有益探索。通过科技创新、生态修复、产业融合和文化挖掘，桑基鱼塘有望成为我国农村水乡地区绿色发展的典范（周晴等，2019），这一转型之路虽然充满挑战，但也孕育着无限的可能和希望。随着绿色发展理念的深入人心，桑基鱼塘的保护与发展已经成为社会各界的共识，在政府、企业和农民的共同努力下，桑基鱼塘必将焕发新的生机，成为农村水乡地区绿色转型的亮丽名片，为推动我国农业现代化和乡村振兴贡献独特的力量。

五、问题讨论

1. 认识桑基鱼塘发展过程中面临的困境。
2. 思考如何促进桑基鱼塘的绿色转型。

参考文献

[1] 陈彩霞，黄光庆，叶玉瑶. 珠江三角洲基塘系统演化及生态修复策略——以佛山4村为例 [J]. 资源科学，2021（02）.

[2] 陈阿江. 无治而治：复合共生农业的探索及其效果 [J]. 学海，2019（05）.

[3] 邓芬. 桑基鱼塘：珠江三角洲的主要农业特色 [J]. 农业考古，2003（03）.

[4] 顾兴国，吴怀民，沈晓龙. 太湖南岸桑基鱼塘投入产出效率的跨时期分析 [J]. 蚕业科学，2020（02）.

[5] 顾兴国，楼黎静，刘某承. 基塘系统：研究回顾与展望 [J]. 自然资源学报，

2018（04）．

[6] 郭盛晖，司徒尚纪．农业文化遗产视角下珠三角桑基鱼塘的价值及保护利用 [J]．热带地理，2010（04）．

[7] 龚建周，蒋超，胡月明．珠三角基塘系统研究回顾及展望 [J]．地理科学进展，2020（07）．

[8] 李岚，樊丽，徐振．桑基鱼塘农业文化遗产景观演变——以湖州市菱湖镇为例 [J]．南方建筑，2023（12）．

[9] 冷鹏．生存需求、政策引导、经济转型与技术革新：明清苏南生态农业的发展动因探析 [J]．南京农业大学学报（社会科学版），2020（06）．

[10] 林媚珍，冯荣光，纪少婷．中山市基塘农业模式演变及景观格局分析 [J]．广东农业科学，2014（24）．

[11] 李丽娜．我国生态农业对传统农业的继承及其新发展 [J]．农业考古，2013（06）．

[12] 黎华寿，骆世明，聂呈荣．广东顺德现代集约型基塘系统的构建与调控 [J]．生态学杂志，2005（01）．

[13] 胡兴明，熊超，于翠．低碳经济背景下我国蚕桑产业的发展研究 [J]．生态经济，2011（12）．

[14] 季松，段进，薛松等．基于空间基因传承的城市设计方法探索——以长三角一体化示范区水乡客厅为例 [J]．城市规划，2023（12）．

[15] 任光辉，廖雪林．"桑基鱼塘"中诞生的丝绸染色技艺——香云纱的文化遗产与保护 [J]．丝绸，2011（06）．

[16] 麻国庆．工业化进程中的生态文明——以广东农村为例 [J]．广东社会科学，2013（05）．

[17] 麻国庆．乡村振兴中文化主体性的多重面向 [J]．求索，2019（02）．

[18] 王思远，廖森泰，邹宇晓等．珠江三角洲地区桑基鱼塘的传承保护与创新发展 [J]．蚕业科学，2019（06）．

[19] 王静禹，周逸斌，孟留伟等．湖州桑基鱼塘生态系统的服务价值评估 [J]．蚕业科学，2018（04）．

[20] 王玉德，乐锐锋．近30年以来明清桑史研究述评 [J]．求索，2015（03）．

[21] 王建革．明代嘉湖地区的桑基农业生境 [J]．中国历史地理论丛，2013（03）．

[22] 王德建，徐琪，刘元昌．草基－鱼塘生态系统的能量转化与养分循环研究 [J]．应用生态学报，1997（04）．

[23] 杨小柳，胡敏哲．华南丝区的变迁——广东南海民乐地区的个案研究 [J]．广西民族大学学报（哲学社会科学版），2013（06）．

[24] 于立，李利强，丁进峰．我国农村水乡地区绿色转型与发展之路径思考［J］．城市发展研究，2021（07）．

[25] 袁兰，胡月明，程家昌．基塘农业研究概述［J］．广东农业科学，2014（05）．

[26] 周新年，杨锦坤，王世福等．从桑基鱼塘到工业园区的嬗变——广东顺德的案例分析［J］．城市规划，2018（12）．

[27] 周然，游诗雪，黄璐等．全球重要农业文化遗产桑基鱼塘时空格局演变和驱动因素［J］．浙江大学学报（农业与生命科学版），2024（02）．

[28] 周晴，赵玲玲，吴康敏等．粤港澳大湾区传统农业洪潮适应开发模式与生态文明经验［J］．热带地理，2019（05）．

[29] 周晴．清民国时期东苕溪下游的桑基鱼塘与水土环境［J］．中国农史，2013（04）．

[30] 周晴．清末民国时期珠江三角洲的桑基鱼塘与生态经济环境［J］．华南农业大学学报（社会科学版），2013（03）．

[31] 张健，窦永群，桂仲争等．南方蚕区蚕桑产业循环经济的典型模式——桑基鱼塘［J］．蚕业科学，2010（03）．

[32] 朱冠楠，李群．明清时期太湖地区的生态养殖系统及其价值研究［J］．中国农史，2014（02）．

[33] 赵卓煜．论中国传统生态观与西方生态中心主义的契合［J］．理论月刊，2013（02）．

案例八

农牧交错地带的资源保护与利用
——以内蒙古为例

教学目的： 使学生了解东部农耕区与西部草原牧区相连接的半干旱生态过渡带，是一条农业生产的边际地带，也是一条生态脆弱带，进而增强生态意识。

教学内容： 介绍农牧交错带的发展历程及其生态特征。

重点、难点： 本讲的重点也是难点，如何使农牧交错地带进行生态恢复和经济建设。

课前思考题： 什么是农牧交错带？包括哪些地域范围？

一、案例背景与教学目的

1. 案例背景。

农牧交错地带位于中国东北平原、华北平原和黄河流域农区向内蒙古高原及青藏高原牧区过渡的地带，是半干旱区向干旱区过渡的重要区域，面积约 44 万平方公里，占国土面积的 4.58%。这一区域既是草地农业和耕地农业的契合发展带，也是东部地区重要的生态安全屏障。然而，近年来由于经济快速发展、人口增加、生活方式改变以及水土资源需求激增，农牧交错地带的生态环境质量持续下降，草原退化、沙化现象严重，生态屏障功能面临严峻挑战。

农牧交错带的形成是一个渐进的过程，随着农业实践逐渐向传统游牧业区域扩展，在此过程中受到游牧区水热条件以及社会、经济、文化等多种因素的限制，经过长时间不断的相互作用和融合，最终形成了一个独特的土地利用模式，这种模式既包含了农业生产的元素，也融入了游牧放牧的特点。历史上，中国北方地区主要以蒙古族等游牧民族为主，以游牧生活为特点，依赖于草原上的水草资源进行畜牧业生产，这种游牧方式要求牧民随着季节和水草的变化而迁移，形成了一种人与自然和谐共生的生活方式。然而，随着中原地区农耕文化的发展，特别是明清以来，中原地区的农业技术、生产方式以及人口逐渐向北方游牧区扩散和渗透。到了清代，由于政府的移民政策和边疆开发，导致了中国北方游牧区的大规模土地被开垦。这些开垦活动不仅改变了当地的自然生态环境，也逐步影响了蒙古族人民的传统生活方式。原本广阔的草原被划分为农田，许多蒙古族人民开始从事农业生产，形成了半农半牧的生产模式。这种转变促进了蒙汉两族之间的交流与融合，蒙古族人民在保持自身传统文化的同时，也吸收了汉族的农业技术和生活方式。同时，汉族移民也带来了新的农作物种类、耕作技术和不同的生活习俗，这些新元素与蒙古族的传统文化相结合，形成了独特的蒙汉杂居、农牧交错的社会结构。北方农牧交错带的形成是北方游牧文化与中原农耕文化长期交流融合的结果，它不仅体现了一种适应环境变化的土地利用模式，也见证了蒙古族与汉族在经济活动、社会结构和文化传统上的互相影响和整合。

2. 案例概要。

内蒙古农牧交错带处于我国"三北"地区，是我国北方农牧交错带的重要组成部分，是北方地区重要的生态安全屏障，也是内蒙古自治区农牧业生产较为集中的地区。内蒙古作为生态功能大区，其生态状况的优劣直接关系到全区各族群众生存和发展，意味着它在中国乃至区域生态安全中扮演着关键角色，具有维护生物多样性、水源涵养、气候调节等重要生态服务功能，是保障国家生态平衡和可持续发展的重要屏障。同时，内蒙古半农半牧区作为农牧业生产集中的地区，是重要的农畜产品基地，为国家提供了丰富的粮食、肉类、奶类等农产品，同时在保障国家粮食安全和推动农业经济多样化发展方面发挥着重要作用。然而，该地区的生态脆弱性导致了资源和环境的巨大压力，不仅挑战了农业和畜牧业生产的可持续性，而且由于土地沙化和水资源短缺的加剧，耕地质量退化问题严重，威胁着该地区农牧业的长期发展，也对生态安全和区域粮食安全构成了严重威胁。面对这些挑战，转变农牧业发展方式，加强科技创新，改善土地质量，合理利用水资源，以及增强农牧业的抗风险能力，成为一项任务繁重而又紧迫的工作。随着生态优先和绿色发展理念的深入实施，内蒙古农牧交错带正经历着重要的转型，在推动农牧业高质量发展、促进乡村振兴方面展现出新活力。通过转变农牧业发展方式，将先进技术、现代装备和管理理念引入农牧业发展中，提高农牧业生产效率，坚持以水定产、量水而行，严守生态保护红线，优化农牧业布局和生产结构，推动农牧业绿色发展，改善农村牧区面貌，提升农牧民生活质量。

为此，本文以内蒙古为例，介绍农牧交错带的资源保护与利用情况，重点阐释了该地区面临的生态脆弱性和资源环境压力，使学生了解东部农耕区与西部草原牧区相连接的半干旱生态过渡带，是一条农业生产的边际地带，也是一条生态脆弱带，培养学生的生态意识和绿色发展理念，为推动乡村振兴和农牧业高质量发展提供理论支持和实践指导。

二、案例内容

（一）农牧交错带的界定及特征

1. 农牧交错带的提出。

农牧交错带（半农半牧区）的概念最早由地理学家赵松乔在1953年的经济地理调查中提出，他将农牧过渡地带定义为一个生态和生产活动交织的缓冲区域，这一概念随后得到了学术界的进一步发展和明确。《现代地理学词典》中，农牧交错带即半农半牧区，被描述为农业区与牧业区的交错或过渡地带，其中种植业和草地畜牧业在空间上交错分布，在时间上相互重叠，体现了一种生态经营方式逐步向另一种转变的过程。广义上，农牧交错带是一个自然群落与人工群落相互镶嵌的生态复合体，以草地和农田的大面积交错出现为特征，并存着农业、草业、林业和畜牧业等多种生产方式。它不仅是地理上的一个特殊区域，也是农耕经济与游牧经济交错共存的自然地理景观区域，体现了农作物种植业与畜牧业的相互渗透和相辅相成。随着时间的推移，农牧交错带的概念已经从单一的自然科学研究，扩展到结合经济、社会生产方式、气候与生态环境学、历史文化等多学科领域的综合研究。

2. 农牧交错带的特征及地域范围。

多数学者认同的农牧交错带的特征包括：作为农耕区与放牧区的交接地带，在生产方式上农牧结合，农业经营和畜牧经营在当地生产中的地位和比重大体相当。半农半牧区这一区域不仅是农业与牧业的生态过渡带，也是农耕与游牧生产方式的互补融合区，体现了一个由自然生态、社会经济和文化历史因素共同塑造的复杂人地关系系统。随着多学科研究的融入，对半农半牧区的认识更加全面，揭示了这一地带在生态保护、经济发展和社会文化中的重要作用和价值。

北方农牧交错带的界定受到了不同学者从气候、土地利用和人文等多重视角的深入研究；赵哈林提出的界定标准被广泛接受，该标准基于实地考察和科学研究，将北方农牧交错带的范围明确在年降水量 300 ~ 450mm、干燥度 1.0 ~ 2.0 的区域内。北方半农半牧区的分布范围广泛，北起大兴安岭西麓，向南经过内蒙古中南部、河北北部和山西北部，再向西南延伸至陕西北部、甘肃东北部和宁夏南部的交界地带，这一区域涵盖了河北省、山西省、内蒙古自治区、辽宁省、陕西省、甘肃省和宁夏回族自治区七个省份。内蒙古农牧交错带，作为中国北方农牧交错带的关键组成部分和重要的生态安全屏障，集中了内蒙古自治区的农牧业生产，地理上从呼伦贝尔市延伸至阿拉善盟，以丘陵为主，高原和平原交错分布，土地利用结构上耕地、草地和林地交错，历史长河中农区与牧区不断交替变换。内蒙古半农半牧区的界限范围覆盖了内蒙古 9 个盟市 49 个旗县（市），具体包括呼伦贝尔市的 5 个旗（市）、兴安盟的 4 个旗（县）、通辽市的 7 个旗（县）、赤峰市的 8 个旗（县）、锡林郭勒盟的 3 个旗（县）、乌兰察布市的 10 个旗县（市）、呼和浩特市的 3 个县、鄂尔多斯市的 7 个旗（市）以及包头市的 2 个旗县，总面积约为 42.1 万平方公里，具体所辖旗县如表 1 所示。

表1　　　　　　　内蒙古农牧交错带所辖地区及其土地面积

所属省区市	所含市、旗县	总面积（km²）
呼伦贝尔市	鄂温克旗、新巴尔虎左旗、陈巴尔虎旗、海拉尔区、扎兰屯市	77957
兴安盟	科尔沁右翼前旗、科尔沁右翼中旗、扎赉特旗、突泉县	49340
通辽	科尔沁区、奈曼旗、库仑旗、科左中旗、科左后旗、开鲁县、扎鲁特旗	58974

所属省区市	所含市、旗县	总面积（km²）
赤峰	翁牛特旗、巴林左旗、巴林右旗、林西县、敖汉旗、阿鲁科尔沁旗、喀喇沁旗、克什克腾旗	79022
锡林郭勒盟	多伦县、太仆寺旗、正蓝旗	17460
乌兰察布市	化德县、商都县、察哈尔右翼前旗、察哈尔右翼中旗、兴和县、丰镇市、凉城县、察哈尔右翼后旗、集宁区、四子王旗	53043
呼和浩特市	武川县、清水河县、和林格尔县	11180
鄂尔多斯市	达拉特旗、东胜区、准格尔旗、伊金霍洛旗、鄂托克前旗、杭锦旗、乌审旗	66365
包头市	固阳县、土默特右旗	7393

（二）农牧交错带的发展概况

1. 自然概况。

内蒙古农牧交错带位于北纬 39°35′ ~ 45°15′，东经 109°36′ ~ 120°52′之间，处于我国华北地区，大兴安岭 - 阴山山脉北麓及东南部地区，整体呈现为狭长带状。内蒙古农牧交错带地形地貌特征表现出显著的多样性和复杂性，山地、高原、丘陵、平原交错分布，地貌类型差异很大，主要以山地丘陵为主；海拔高度为 200 ~ 1800 米，海拔最低点位于赤峰东部西拉木伦河与老哈河汇流处大兴三角地区，海拔最高点位于乌兰察布市苏木山主峰；最北端为海拔 650 ~ 750 米的呼伦贝尔高原，向南延伸至海拔 200 ~ 700 米的科尔沁沙地，西部达到海拔 1300 ~ 1800 米的内蒙古高原南缘，以及海拔 1400 ~ 1500 米的鄂尔多斯高原上的毛乌素沙地。该地区气候属温带大陆性半干旱季风气候，气候特征由湿润向干旱、由暖温带向中温带过渡，年平均气温 1℃ ~ 7.5℃，最热 7 月，最冷 1 月，冬季寒冷，夏季炎热；年降水量 300 ~ 500mm，主要集中在 6 ~ 9 月，降水量由东向西递减，降雨量年际变率大、年内分配不均，而且每年大风天气较多。内蒙古农牧交错带的水系由黄河水系、内陆水系、永定河水系、滦河水系和西辽河水系组成，拥有大黑河、纳尔松河等多条河流和达里诺尔湖等内陆湖泊，河流和湖泊总面积超过 12 万公顷。内蒙古农牧交错带的土壤类型主要以草原土壤为主，涵盖了风沙土、沼泽土、草甸土、褐钙土、盐土等多种土壤类型；总体上分为两大类：一是风沙土覆盖区，这在呼伦贝尔、浑善达克、科尔沁、毛乌素等沙地尤为典型，土壤含沙量高且贫瘠；二是黄土覆盖区，其特点是土壤结构疏松、裂隙发育，沟壑明显，地形较为破碎。该地区植被类型多样，以干旱半干旱草原和荒漠草原为主，西部地区如呼和浩特和乌兰察布分布较多，而中部多伦县和东部赤峰市则以山地草甸草原和森林灌丛草原为主，天然植被主要由灌木和草木构成，包含多种药用植物，人工植被则以乔木如榆树、杨树为主，辅以灌木和草木植被。自然资源以矿产资源尤为丰富，其中包括了品质优良的准格尔煤田、东胜煤田等大型煤田，以及丰富的铁矿和稀土资源；这些资源不仅储量大，而且矿石品位高，具有极高的综合利用价值。此外，该区域还拥有铜、金、萤石等有色金属和非金属矿藏，进一步丰富了其矿产资源的种类；该地区的煤质上乘，铁矿和稀土资源在全国的探明储量中占有重要地位；已探明的矿产资源和已开采的大中型矿床普遍具有优良的开采条件和巨大的利用价值，矿点分布广泛且均匀，矿藏的蕴藏量既有集中分布，也有分散存在，适合在不同规模和层次上进行开采。综合来看，内蒙古农牧交错带在矿产资源开采方面具有非常广阔的前景，这些资源的开发利用对于区域经济发展具有重要的推动作用。

2. 社会经济发展概况。

内蒙古农牧交错带所包含的县域行政单元较多，根据第七次全国人口普查的数据，总人口从 2018 年的 846.53 万人增加到 2020 年的 1151.3 万人，占全区总人口的 47.97%，人口增长率约为 36.01%；从 2018~2020 年，该地区年均人口增长率约为 16.62%；2020 年该地区土地总面积为 42.1 万平方公里，占全区总面积的 35.59%，人口密度大约是 273.5 人/平方公里；各旗县之间人口分布呈现出显著的非均衡性，集宁区以人口密度超过 1040 人/平方公里，居于首位，远超过其他旗县；海拉尔和东胜区的人口密度也相对较高，而新巴尔虎左旗的人口密度仅为 1.87 人/平方公里，为最低，这反映出该区域内部人口聚集程度的极大差异。在地区生产总值方面，从 2018 年的 3385.57 亿元增加到 2020 年的 7334.94 亿元，增加了 3949.37 亿元，增长率大约是 16.65%，这意味着在这两年期间，地区生产总值翻了一倍多，但是人均地区生产总值却远低于全区水平，表明该地区经济发展相对落后，产业多样化和生产效率不如区域平均水平。从各旗县的数据来看，2020 年的生产总值在不同地区之间存在显著差异，其中准格尔旗最高，而扎鲁特旗最低，两者之间的差距达到了 721.46 亿元；普遍来说，经济活动较活跃的地区集中在鄂尔多斯市，主要是因为该地区拥有丰富的煤炭、天然气、稀土和铁矿等自然资源，依托这些资源优势实现了经济的快速发展，并成为内蒙古地区最具经济实力和活力的区域之一。2020 年内蒙古自治区的生产总值为 17359.8 亿元，而内蒙古农牧交错带为 334.94 亿元，农牧交错带的生产总值占内蒙古自治区生产总值的小部分份额，存在一定差距，表明该区域对全区经济的直接贡献相对较小。综上所述，内蒙古农牧交错带虽然在人口增长和社会经济发展方面取得了一定进步，但与全区平均水平相比，仍存在显著差异，特别是在人均地区生产总值和产业多样化方面，反映出该区域需进一步优化经济结构和提升产业竞争力，以实现更加均衡和可持续的发展。

3. 生态环境状况。

内蒙古农牧交错带作为农业、牧业结构交替并向外延伸的生态过渡带，由于其独特的地理位置和生态环境特性，使得这片区域在生态平衡上显得尤为脆弱，容易受到人类活动的影响，进而引发一系列生态环境问题，具有典型的生态系统脆弱性，面临可持续发展水平低下的挑战。该地区生态环境特性表现为山地、沙地、农田、草地、林地和湿地等景观的镶嵌分布，以及年降水量少、分布不均和强烈蒸发，导致土壤质地粗疏、有机质含量偏低，加之长期不合理的人类经济活动，造成农牧结构失衡和水资源制约性增大，土地荒漠化问题尤为突出。特别是不合理的土地利用方式，如过度放牧、滥伐森林和过度耕作，导致植被覆盖减少、土壤结构破坏，进而引发土地退化和荒漠化。自 20 世纪 50 年代起，农牧交错带的土地退化和荒漠化问题便开始显现，其主要原因是人口增长和牲畜数量的增加导致过度放牧与土地不合理开垦。特别是在内蒙古地区，20 世纪 90 年代的大规模垦荒活动使得 10 年内耕地面积激增 47%，牲畜头数成倍增加，超载放牧达到了 1 倍，这直接加剧了生态环境的恶化。

目前，北方农牧交错带的土地退化和荒漠化问题依然存在，但近年来通过持续的生态治理和保护措施，已经取得了一定的成效。通过诸如"三北"防护林体系工程等国家重大生态工程的实施，以及中国科学院西北生态环境资源研究院奈曼旗沙漠化研究站等机构的长期研究和治理，科尔沁沙地沙漠化治理取得了显著成效。通过研发沙丘移动和风沙危害防控生物技术，有效地控制了沙丘移动和风沙流危害，推动了植被恢复重建工程的实施。此外，中国科学院等单位在近5年的科技攻关和集成创新中，构建了适宜毛乌素沙地生态治理的绿色防沙治沙模式，实现了生态环境向"整体好转、局部良性循环"的历史性转变。不过，该区域依然面临着气候变化和土地利用变化的双重压力，导致水资源制约性逐渐凸显，干旱频发、地下水位下降以及河流（湖泊）断流干涸等问题，这对固沙植被稳定维持构成了新的威胁。综上所述，虽然内蒙古半农半牧区的土地退化和荒漠化问题已经得到了一定程度的控制和改善，但仍需持续关注和加强生态保护与修复工作，以应对气候变化和土地利用变化带来的新挑战。

同时，内蒙古农牧交错带的水资源短缺问题主要是由干旱半干旱气候导致的降水不足和人类活动如过度开垦与放牧共同作用的结果，这些活动不仅破坏了地表植被，还削弱了土壤的保水能力。不合理的土地利用和气候变化的影响，特别是降水量的减少和气温的升高，进一步加剧了干旱状况和水分蒸发，使得水资源短缺问题更加严重。目前，这一地区水资源短缺和非均衡性表现明显，河流水量减少、河湖萎缩、河道断流和地下水位下降等问题频发，严重影响了当地生活和经济发展。此外，农业灌溉用水量在不同旗县间差异显著，整体呈现东部较高、西部较低的趋势，灌溉水量和灌溉水利用效率亟须改进。内蒙古农牧交错带为了解决水资源短缺问题，已经开展了包括实施节水农业、推广节水灌溉技术、加强水资源管理和保护、进行生态修复工程以及优化土地利用结构等多方面的努力与探索，但尚未根本解决，仍需持续采取有效措施，以应对干旱气候和人类活动带来的持续挑战。

内蒙古农牧交错带，作为生态脆弱的过渡带，不仅承载着维护区域生态平衡和生物多样性的重要任务，而且是我国中东部地区重要的生态安全屏障，对于推进"美丽中国"建设具有核心的战略地位。面对土地退化、荒漠化以及水资源短缺的多重挑战，该地区正在实施一系列生态治理和保护措施，虽然已取得初步成效，但在气候变化和不合理土地利用的双重压力下，仍需进一步加强生态保护和水资源管理，以确保经济社会发展的可持续性。同时，如何在推动经济增长的同时保护和改善生态环境，实现绿色发展，是该地区发展中必须面对的关键问题，这对于保障国家生态安全和促进区域经济社会协调发展具有深远的意义。

（三）内蒙古农牧交错带资源保护与绿色生产

1. 农牧交错带典型案例区选取。

内蒙古 31 个国家级贫困旗县中 90% 以上分布在半农半牧区域，其中仅赤峰市、乌兰察布市、通辽市、兴安盟就有贫困人口 47.4 万人，占全区贫困人口的 85.3%。农牧民脱贫后仍然面临较大的返贫风险，尤其是农牧业抗风险能力较弱使生计受到挑战。通过农牧业绿色发展，农牧户可以在保护环境的同时提高生产效率和经济收益，实现生计的可持续性。本案例以内蒙古农牧交错带典型地区赤峰市巴林右旗和通辽市奈曼旗开展的实地调查为例，采用分层逐级和随机抽样相结合的方法，分析这一地区农牧户生计和绿色生产情况，进而探讨该地区如何推进农牧业绿色发展，实现农牧业农村牧区现代化发展。

巴林右旗地处西拉沐沦河北岸，大兴安岭南段山地，东西最大长度 154 公里，南北最大宽度 139 公里，版图形状成蝴蝶形；地势西北高、东南低，由西北海拔 1700 米向东南海拔 400 米逐渐倾斜，北部为山地，中部为丘陵，南部为平原区。北部山地主要包括查干沐沦苏木、幸福之路苏木、索博日嘎镇和巴彦琥硕镇；中部丘陵区主要包括巴彦塔拉苏木和大板镇；南部平原区主要包括西拉沐沦苏木、查干诺尔镇和宝日勿苏镇。

奈曼旗地处辽西山地北部和西辽河平原南端，通辽市科尔沁沙地腹地，全境南北长 140 公里，东西宽 68 公里；地势西南高、东北低，由西南向东北逐渐倾斜，一般海拔高度为 250～570 米；北部为冲积平原，中部为风蚀沙地，南部为浅山丘陵，表现为由南向北从构造山地—剥蚀风积倾斜平原—风积冲积波状平原与风积冲积河谷平原的变化规律，可形象地描述为"南山中沙北河川，两山六沙二平原"，展现了该地区复杂多样的自然地理特征；奈曼旗南部地区属于辽西山地北缘，主要是浅山丘陵地带，海拔大约在 400～600 米，地形以构造水蚀为主，连绵起伏，沟谷纵横；奈曼旗中部地区以风蚀堆积沙地为主，沙沼带呈东西走向，共有两条明显的沙带分布；奈曼旗北部地区主要是西辽河和教来河冲积平原，地势平坦开阔。北部平原地区主要包括明仁苏木、八仙筒镇、东明镇和治安镇；中部沙地主要包括大沁他拉镇、固日班花苏木、白音他拉苏木和苇莲苏乡；南部丘陵地区主要包括新镇、青龙山镇、沙日浩来镇、土城子乡、黄花塔拉苏木和义隆永镇。

2022年巴林右旗总人口17.83万人，其中蒙古族人口8.86万人，占人口总数的49.74%；该地区土地总面积1538.4万亩，其中耕地面积约占11.70%，草牧场占61.13%，林地占26.17%；在种植业方面主要以种植优质玉米为主，少量种植菜豆、甘蓝、甜瓜、番茄等作物；畜牧业方面，牲畜存栏数达到了296.8万头只，其中包括牛存栏20.08万头，能繁母牛11.6万头，全年预计出栏肉牛7万头；羊存栏270万只，能繁母羊134万只，全年预计出栏肉羊150万只；此外，完成了肉牛冷配7万头，肉羊同期发情常温人工授精3.5万只，肉羊经济杂交改良40万只，肉牛肉羊良种覆盖率达到了88%；全年地区生产总值实现了69.9亿元，农牧民人均可支配收入达到了15461元，增长了8.7%。

2022年奈曼旗总人口44.7万人，其中蒙古族人口14.07万人，占人口总数的31.47%；该地区土地总面积1153.49万亩，其中耕地面积约占39.45%，草地面积占11.43%，林地占44.78%；在种植业方面，主要以玉米、蒙中药材种植为主要特色和重点发展方向，辅以特色小米、蔬菜设施农业等种植；在畜牧业方面，全旗家畜年度存栏为193.46万头只，包括牛45.79万头、羊91.08万只，家畜共出栏169.8万头只；标准化生产牲畜饲养量达到了89万头只，其中肉牛13万头、肉羊40.6万只；全年地区生产总值实现了143.6亿元，农牧民人均可支配收入达到了18235元，同比增长9.5%。

综上所述，巴林右旗和奈曼旗呈现出以畜牧业为重要经济支柱的农牧结合型产业结构，实现了农牧民人均可支配收入的稳步增长。

2022年7~8月课题组在巴林右旗和奈曼旗进行了实地调研。根据巴林右旗和奈曼旗农牧兼顾的特征和地形地貌呈现山地、丘陵、平原的多样性地理环境特征，在北中南部地区各选取了1~2个苏木镇，在每个苏木镇随机选取2~3个嘎查村，最后在每个嘎查村选取10~15户农牧户进行入户调查。调查内容有农牧户家庭基本情况，如年龄、家庭总人口、受教育程度、劳动力等；家庭生计情况，主要从人力资本、自然资本、物质资本、金融资本和社会资本五个维度和农业生产方面；农业生产方面主要有化肥农药农膜使用、节水灌溉使用、秸秆、畜禽粪便利用等情况；生态宜居方面主要有所在地区基础设施情况如交通、通信、饮用水、公共厕所等以及开展的乡村振兴建设项目的了解程度等问题。此次在两个地方共走访了 500 户人家，得到了有效问卷 444 份；从受访者性别来看，主要以男性受访者居多，并且 40～60 岁的农牧户最多；受访中发现农牧户的受教育程度普遍不高，文化水平集中在小学初中阶段。通过在巴林右旗和奈曼旗的广泛实地调研，课题组深入了解了农牧户的家庭和生产情况，接下来具体分析农牧户绿色生产以及它的基础条件。

2. 农牧户绿色生产行为的基础条件。

生计资本是农牧户生计策略选择的重要基础，生计资本的结构与状况决定了农牧户的行为能力，从而构成了农牧户采纳绿色生产行为的关键前提，因此要了解该地区农牧户的生计资本情况至关重要。

（1）人力资本，指的是个人或群体通过教育、培训、健康和营养等方面的投资所积累的知识、技能、经验和其他个人特质的总和。这些因素能够提高个人的生产能力和创造经济价值的潜力。在农牧户的背景下，人力资本主要包括家庭成员的教育水平、专业技能、健康状况，以及对现代农业技术的了解和应用能力等。人力资本是影响农牧户生计策略和生产行为的重要因素之一。从受访数据中发现，样本农牧户受教育水平在小学和初中阶段的占总样本的 77.70%，并且接受过劳动技能培训的农牧户只占 30.63%，表明该地区农牧户的整体教育水平较低，专业技能培训机会有限，导致农牧户人力资本水平较低，可能影响其采用新技术和提高生产效率的能力，反映出农牧区人力资本开发和职业技能提升的潜力和需求。

（2）自然资本，是指农牧户拥有的自然资源禀赋，包括耕地、林地、水资源等，它们为农户提供生产资料和生活保障的基础。半农半牧区农牧户主要以种植业和畜牧业为生产方式，因此，对于他们来说自然资本尤为重要，它不仅包括用于种植作物的土地资源，还包括放牧所需的草地资源以及水资源，这些都是他们农业生产和畜牧业活动不可或缺的基础保障。从受访数据中发现，样本农牧户家庭耕地面积主要集中在 60 亩及以下，占总样本 69.12%，表明该地区农牧户普遍以小规模土地经营为主，可能面临土地资源有限和生产规模较小的生计挑战；样本农牧户家庭草场面积 100 亩及以下占比为 54.95%，而牲畜数量 60 头及以上占比为 43.69%，表明该地区农牧户的草场资源相对紧张，而牲畜规模较大，可能存在草畜不平衡和放牧压力较大的问题；同时调研中还发现 73.87% 样本农牧户反映该地区草场质量较差或差，面临着严重的草场退化问题。综上所述，该地区农牧户自然资本水平较低，并且高度依赖有限的自然资本进行生产，面临着土地和草场资源紧张、草畜不平衡以及草场退化等多重挑战，这些因素共同制约了农牧业的可持续发展和农牧户的经济福祉，亟须有效的政策支持和可持续管理措施来改善这一状况。

（3）物质资本，是指农牧户生计所依赖的实物资产和财产，包括用于生产和生活的基础设施、物资设备，主要包括农户居住的房屋及其价值、牲畜和家禽数量、农业机械和家用耐用品等。从受访数据中发现，样本农牧户中的90%以上都在饲养牲畜，畜牧业是该地区农牧户经济活动的重要组成部分；在拥有农业机械上，94.14%的样本农牧户都拥有1台及以上农业机械，但是大部分农牧户只拥有拖拉机、播种机等基础设备，缺乏旋耕机、脱粒机、收割机、施肥机等大型现代化机械，面临现代化农业设备不足的问题，这表明提升农牧户的生产效率需要加强农业机械化和技术创新的支持。

（4）金融资本，指的是个人或家庭控制的货币资源和金融资产，主要是农牧户在生活生产中所依赖的收入、存款、借贷等资金流动和储备情况，用农牧户家庭的总收入、农牧业收入、是否有信用贷款和借款来反映其经济实力、收入来源多样性及对外部资金的依赖程度。从受访数据中发现，该地区农牧户主要依赖农牧业，非农业收入较少，表明该地区的经济结构较为单一，农牧户的生计高度依赖于自然条件和农牧业市场，面临较大的市场和气候风险；并且样本农牧户的62.61%在使用信用贷款，一方面表明该地区农牧户在一定程度上依赖外部金融支持来进行生产投资或日常周转，反映出农牧户对金融服务的可及性和利用度相对较高；另一方面也说明了该地区农牧户面临资金积累的困难，缺乏足够的存款来覆盖其生产和生活需求。综上所述，该地区农牧户的金融资本状况揭示了他们对农牧业收入的高度依赖性、对外部金融资源的相对高依赖度以及资金积累能力有限，这凸显了提升农牧户经济多元化和增强金融稳定性的迫切需求。

（5）社会资本，指的是个人或群体通过社会网络、关系和组织获取资源和信息的能力，主要是农牧户通过其社会网络、社区参与和组织成员身份所积累的能够促进资源共享、信息交流和互助合作的社交资产。从受访数据中发现，党员农牧户在总样本中约占27.93%，该地区有一定比例的农牧户通过个人在政治组织中的隶属和影响力，带来更多的政策信息、社会资源和信任度；参加合作社的农牧户占比为 20.95%，表明该地区农牧户在一定程度上通过合作社形式实现了资源整合和风险共担，但同时也反映出合作社的普及率有待提高，以增强农牧户的市场竞争力和抵御风险的能力。综上所述，该地区农牧户的社会资本体现在党员身份的政策信息获取和社会资源利用以及合作社参与的资源整合上，但整体普及率和组织化程度尚需提升，以进一步增强农牧户的社会联系和经济发展潜力。

综合上述分析，该地区农牧户各维度生计资本水平整体上比较稀缺，生计资本状况揭示了他们在人力、自然、物质、金融和社会资本方面的潜力与挑战，凸显了提升农牧户综合生计能力的必要性，这迫切需要政策层面的支持和农牧民自身发展策略的优化，以实现可持续生计和增强抵御风险的能力。

3. 农牧户绿色生产行为的现状分析。

（1）绿色生产行为。绿色生产是缓解资源短缺和环境污染对农业发展的双重束缚，解决农村生态环境恶化的有效路径，同时也是推动农牧业农村牧区现代化、实施乡村振兴战略的重大举措。因此，在深入了解了该地区农牧户生计资本的多维度现状之后，接下来我们将聚焦于探讨他们绿色生产行为的实施情况。农牧户绿色生产行为是指农牧户在农业生产的产前、产中和产后各环节，采纳低污染、高资源利用率的绿色生产技术或生产方式，实现农业生产力提升的同时，减少农牧业污染、提升耕地质量、改善农村牧区生产环境的可持续性生产方式。

根据农业农村部"一控两减三基本"和内蒙古自治区农业生产"四控"行动和循环利用农牧业废弃物要求，选取化肥农药农膜减量、节水灌溉技术、资源化利用秸秆和畜禽粪便来分析农牧户的绿色生产行为。化肥和农药在现代农业生产中发挥着至关重要的作用，能够显著提升作物产量和有效防护作物免受病虫害侵害，但不合理或过量的使用却可能引发土壤结构破坏、土壤有机质含量降低、土壤板结与肥力下降，以及地下水和地表水的污染，进而破坏水生态系统，同时残留物还可能对人体健康构成威胁。农膜也称为农业用塑料薄膜，是在农业生产中广泛使用的一种材料，自 1978 年在中国推广以来，极大提升了作物产量和品质，尤其在西北地区使玉米、棉花等作物增产达 30%，但农膜的广泛使用也带来了残留污染问题，对土壤和环境造成影响，对中国农业的可持续发展构成了挑战。内蒙古地区积极响应化肥农药减量施用，实施地膜回收处理行动，皆在促进农业的绿色转型。节水灌溉技术是指在农业生产中采用的一系列减少水分浪费、提高水资源利用效率的灌溉方法和设备，这些技术能够确保作物获得适量水分，同时最大限度地减少水的蒸发和渗漏，尤其在内蒙古半农半牧区水资源短缺地区有效解决了旱作农田灌溉不及时和大水漫灌增加成本的问题。资源化利用秸秆，即将农作物收获后的剩余物转化为可用资源的科学技术和工程手段，对于内蒙古这一中国重要的农牧业基地而言至关重要，该地区不仅作为国家的"粮仓"和"肉库"发挥着关键作用，而且拥有丰富的秸秆资源，使得秸秆的资源化利用不仅必要而且迫切，有助于推动地区农业的绿色发展和循环经济。资源化利用畜禽粪便是指将畜禽养殖场产生的粪便，通过科学的处理和转化技术，将其转化为肥料、能源、饲料等有价值的资源的过程；内蒙古地区作为畜牧业大省，将畜禽粪便转化为肥料、能源和饲料，不仅增强了土壤肥力，有效解决了环境污染问题，同时也为实现碳减排目标做出了贡献，是该地区农业绿色发展的重要策略。

推动农业绿色发展是实现中国农业现代化和建设农业强国的重要方面，"绿水青山就是金山银山"的理念强调了生态环境保护与经济发展的协调统一，农业绿色发展正是这一理念的具体体现。通过实施化肥农药农膜减量增效、推广节水灌溉技术、资源化利用秸秆和畜禽粪便行动，内蒙古半农半牧区农牧民正积极采取绿色生产行为，推动农业向更加可持续和环保的方向发展，展现了内蒙古在农业绿色转型道路上的决心和行动，为构建生态友好、资源节约的现代农业体系奠定了坚实基础，为实现区域乃至全国的绿色发展和生态文明建设做出了积极贡献。

（2）样本农牧户绿色生产行为采纳情况。农牧户绿色生产行为包括"是否更少施用化肥""是否更少施用农药""是否更少使用农膜""是否使用滴灌（节水灌溉技术）""是否资源化利用秸秆"和"是否资源化利用畜禽粪污"。根据调研数据来看，对于是否更少施用化肥，总样本中，有197户选择了比以往更少施用化肥，占总样本的44.37%；没有减少化肥施用量甚至比以往增加施用量的有247户，占总样本的55.63%；这个数据表明，该地区样本农牧户仍有超过一半以上的家庭没有减少化肥的使用，甚至增加了施用量，这可能意味着他们面临着作物产量压力、缺乏减少化肥使用的知识和技术支持，或是认为当前的化肥使用水平对作物生长和产量是必要的；整体来看，这反映出在推广化肥减量使用方面还有提升空间，需要进一步的教育、政策引导和技术支持。对于是否更少施用农药，总样本中，有 179 户选择了比以往更少施用农药，占总样本的 40.32%；没有减少农药施用量，甚至增加施用农药的有 265 户，占总样本的 59.68%；这个数据表明，样本地区尽管有一定比例的农牧户已经开始采取措施减少农药使用，但大多数农牧户仍然维持或增加了农药使用量，这可能反映出大多数农牧户因缺乏对生物农药及其他环保替代品的认识或获取渠道，导致农药使用量未减反增。对于是否更少使用农膜，总样本中，有 314 户选择了减量使用农膜，占总样本的 70.72%；没有减少使用农膜的有 130 户，占总样本的 29.28%；这个数据表明，样本地区农牧户对于减少农膜使用的态度相对积极。对于是否使用滴灌（节水灌溉技术），总样本中，有 387 户选择了正在使用节水灌溉技术，占总样本的 87.16%；目前仍没有使用节水灌溉技术的有 57 户，占总样本的 12.84%；这个数据表明，样本地区的农牧户普遍接受并采用了节水灌溉技术，推广工作已见成效；然而，仍有少数农牧户因土地地形复杂和不平坦，导致采用滴灌等现代灌溉技术时遇到更多技术难题和成本增加，因此继续沿用传统的沟渠和漫灌方式。对于是否资源化利用秸秆，总样本中，有 389 户选择了已实现资源化利用秸秆，占总样本的 87.61%；目前仍未实现资源化利用秸秆的有 55 户，占总样本的 12.39%；这个数据表明，样本地区农牧户对资源化利用秸秆的程度较高，这主要是因为该地区以农牧兼营为生计，广泛将秸秆作为家禽饲料，提升了农业废弃物的利用效率。对于是否资源化利用畜禽粪便，总样本中，有 342 户选择了资源化利用畜禽粪便，占总样本的 77.03%；目前仍未资源化利用畜禽粪便的有 102 户，占总样本的 22.97%；这个数据表明，样本地区农牧户对资源化利用畜禽粪便的程度较高，通过调查了解到，大多数农牧户采用集中堆肥还田的方式利用畜禽粪便，但仍有少数农牧户存在不处理的现象。

综合调研数据，可以看出该地区农牧户在绿色生产行为方面取得了一定进展，尤其是在节水灌溉技术和秸秆、畜禽粪便的资源化利用上表现积极，但仍有改进空间，特别是在减少化肥和农药使用量方面需要进一步加强教育、技术支持和政策引导，以促进可持续农业发展和生态环境保护。

如表 2 所示，从样本农牧户实施不同程度绿色生产行为的情况来看，实施 1 项、2 项或 3 项的农牧户占比为 25%；实施 4 项绿色生产行为的农牧户占比为 41.89%；而实施 5 项或 6 项绿色生产行为的农牧户总占比却不到

34%。由此可见，样本农牧户绿色生产行为的实施程度未达到较高水平，促进农牧户实施绿色生产行为则尤为重要。

表2　　　　　　农牧户实施不同程度绿色生产行为的基本情况

实施程度	1 项	2 项	3 项	4 项	5 项	6 项
数量（户）	11	24	73	186	113	37
百分比（%）	2.48	5.41	16.44	41.89	25.45	8.33

农牧户实施绿色生产行为，对农牧交错带的生态恢复与建设有着非常重要的意义。农牧交错带通常位于干旱、半干旱地区，是生态脆弱区，容易受到气候变化和人类活动的影响，导致土地退化和生态服务功能下降。目前，土地荒漠化和水资源短缺仍是农牧交错带生态恢复与建设面临的两大主要挑战。绿色生产作为一种环境友好型的生产方式，是实现生态修复和可持续发展的关键策略，有助于减轻人类活动对自然环境的压力，从而恢复和保护生态系统的健康与完整性。通过减少化肥、农药和农膜的使用，有助于提高土壤质量，促进土壤微生物的多样性和活性，从而增强土壤保持水分的能力，有效对抗土地荒漠化；同时也可以降低土壤中营养物的负荷，避免土壤富营养化和土壤肥力减弱，这对于防治土地退化至关重要。应用节水灌溉技术和旱地农业模式，通过优化灌溉方式，提高灌溉效率，减少水分蒸发和渗漏，增加水分在作物根区的利用效率，改善土壤结构和增强作物抗旱能力，对缓解水资源短缺和促进农业可持续发展具有重要作用。此外，通过实施轮作、深松、免耕等行为，保持土壤结构，减少水土流失，提高土壤的保水和保肥能力，恢复和维护了农牧交错地带的生态平衡。综上，农牧户通过绿色生产行为，可以提高土地的生产力和水的利用效率，增强生态系统的韧性，促进生态保护与经济发展的协调统一。

三、案例简评

内蒙古这片广袤的土地，正站在新的历史起点上，面临着生态文明建设的重大机遇与挑战。作为我国北方重要的生态安全屏障，内蒙古担负着维护生态平衡、推动绿色发展的双重使命。在新时代的征程中，内蒙古迎来了前

所未有的发展机遇，同时也面临着生态治理、环境保护、产业转型等一系列挑战。

（一）内蒙古地区的发展机遇

内蒙古自觉扛起筑牢我国北方重要生态安全屏障的重大政治责任，坚持以生态优先、绿色发展为导向，在推进美丽中国建设的进程中，站在人与自然和谐共生的高度谋划发展，着力把祖国北疆这道万里绿色长城构筑得更加牢固，写下了浓墨重彩的篇章。习近平总书记在内蒙古考察时强调，要把握战略定位，坚持绿色发展，奋力谱写中国式现代化内蒙古新篇章，这为内蒙古的发展指明了方向。内蒙古被赋予了"两个屏障""两个基地""一个桥头堡"的战略定位，即建设我国北方重要生态安全屏障、祖国北疆安全稳定屏障，国家重要的能源和战略资源基地、农畜产品生产基地，以及我国向北开放的重要桥头堡。这些定位不仅为内蒙古的经济发展提供了新的动力，也为生态保护和绿色发展提供了新的思路。内蒙古在推动高质量发展的同时，也在加强生态保护和环境治理，如实施京津风沙源治理、"三北"防护林体系建设等重点工程，以及推动荒漠化治理和湿地保护。此外，内蒙古还在积极发展新能源新材料产业，推动产业结构优化调整，促进绿色低碳发展。习近平总书记的考察和讲话，为内蒙古的发展注入了强大动力，指明了前进方向，提供了根本遵循。内蒙古正按照习近平总书记的要求，加快构建现代化经济体系，推动经济社会发展全面绿色转型，奋力谱写中国式现代化内蒙古新篇章。这些机遇将助力内蒙古在新时代实现更高质量、更有效率、更加公平、更可持续、更为安全的发展。

（二）内蒙古地区面临的挑战

内蒙古作为中国北方重要的生态安全屏障，其生态文明建设对于保障区域乃至全国的生态安全具有重要意义。然而，在推进生态文明建设的过程中，内蒙古面临着多重挑战。首先，生态环境治理的历史欠账较多，长期以来的粗放型发展模式导致了一系列的生态问题，如草原退化、土地沙化、水资源短缺等。这些问题的解决需要巨大的资金投入和长期的努力，而目前治理投入不足、渠道单一，市场化投融资机制尚未完全建立，这限制了生态环境治理的效率和效果。其次，生态文明制度体系尚不完善。虽然顶层设计逐步明确，但在具体实施层面，统筹协调机制和联防联控机制的落实还有待加强。这包括跨区域的生态环境保护合作、生态补偿机制的建立和完善等。此外，相关配套政策也需要进一步补充和完善，以确保生态文明建设的各项措施能够得到有效执行。再次，草原碳汇的价值尚未得到充分认识和利用。与林业碳汇相比，草原碳汇在固碳速率、碳汇计量等方面存在不确定性，相关的制度技术条件较为复杂。内蒙古作为草原大省，需要在草原碳汇的标准化建设方面取得突破，以充分发挥其在应对气候变化中的作用。最后，内蒙古在推动绿色低碳发展的过程中，还需要加强科技创新和产业转型升级。这包括发展新能源、提高传统能源的清洁高效利用、推动绿色制造和循环经济等。同时，加强生态文化建设，提高公众的生态意识和参与度，也是推进生态文明建设的重要方面。综上所述，内蒙古在生态文明建设的道路上，需要克服资金投入不足、制度体系不完善、草原碳汇利用不足以及产业转型升级等挑战。通过加强顶层设计、完善政策措施、推动科技创新和产业转型，内蒙古有望实现生态保护与经济发展的双赢，为建设美丽中国贡献力量。

四、问题探索和理论链接

国土资源利用是生态文明建设的重要组成部分，是实现人与自然和谐共生的伟大创新。其生成的理论基础是习近平生态文明思想，锚定的目标旨在实现人与自然和谐共生，为子孙后代留下蓝天绿地、清水净土，构建人类命运共同体。

（一）确保国土资源合理利用

习近平生态文明思想是指导生态文明建设的总方针、总依据和总要求，对于深刻认识生态文明建设的重大意义、正确处理现代化过程中经济发展与生态环境保护的关系、坚定不移走绿色文明发展道路，加快建设资源节约型、环境友好型社会，实现中华民族永续发展和人类持续发展具有重大指导意义。

这一思想强调人与自然和谐共生，提出"绿水青山就是金山银山"的理念，倡导尊重自然、顺应自然、保护自然，并强调节约资源和生态环境保护是关系党的初心使命、民生福祉和中华民族永续发展的根本大计，推动形成绿色发展方式和生活方式。改革开放以来，面对资源环境承载力的压力，生态环境保护逐渐被提上日程。特别是进入 21 世纪，随着经济社会的快速发展，环境问题日益凸显，保护生态环境的意识不断增强。党的十八大以来，以习近平同志为核心的党中央将生态文明建设提升到了前所未有的高度，把生态文明建设作为关系中华民族永续发展的根本大计，全党全国推动绿色发展的自觉性和主动性显著增强。生态文明建设强调经济发展与生态环境保护的协调统一，经济增长不应以牺牲环境为代价，而应寻求一种可持续的发展模式，确保资源的合理利用和环境的长期健康。习近平生态文明思想深刻回答了为什么建设生态文明、建设什么样的生态文明、怎样建设生态文明等重大理论和实践问题，强调了人与自然和谐共生的重要性，为我们提供了科学指导和行动指南，推动我们在新时代建设美丽中国，为实现中华民族伟大复兴的中国梦贡献力量。

（二）推动形成人与自然和谐发展的现代化建设新格局

人与自然和谐共生的现代化是全面建设社会主义现代化国家的内在要求。生态文明建设的伟大实践，既为实现人与自然和谐共生的目标奠定了坚实基础，也为全球生态环境保护提供了宝贵经验。生态文明是实现人与自然和谐发展的必然要求，生态文明建设是关系中华民族永续发展的根本大计。习近平总书记在全国生态环境保护大会上的讲话深刻指出，生态文明建设不仅是对历史性成就的总结，更是对未来发展的全面部署。它体现了对人民生活质量的重视，对环境污染的坚决治理，以及对绿色发展的坚定推动。生态文明建设的意义在于，它推动了人与自然和谐共生的理念，促进了经济社会发展与生态环境保护的协调统一。通过顶层设计与制度创新，如大气、水、土壤污染防治行动计划的实施，我国生态环境质量得到显著改善，为人民提供了更优质的生态产品，满足了人民对美好生活环境的需求。当前，我国生态文明建设正处于关键期，需要全社会的共同努力，持续加大污染治理力度，解决突出环境问题。这不仅是对当前发展阶段的挑战，也是对未来可持续发展的投资。通过坚决打好污染防治攻坚战，我们可以确保全面建成小康社会的成果得到人民认可，为实现中华民族伟大复兴的中国梦奠定坚实的生态环境基础。生态文明建设的深远意义还在于，它将推动形成人与自然和谐发展的现代化建设新格局，让中华大地的天更蓝、山更绿、水更清，为子孙后代留下美丽宜居的家园。这是一项功在当代、利在千秋的伟大事业，需要我们以壮士断腕的决心和背水一战的勇气，共同推进生态文明建设，实现人与自然和谐共生。

五、问题讨论

1. 如何平衡农牧交错带的生态恢复与农业生产活动？
2. 如何加快推进生态文明建设，以促进人与自然和谐共生的现代化？

参考文献

[1] 阿如娜，高红贵，金良. 生计资本对农牧户绿色生产行为的影响研究——基于内蒙古半农半牧区农牧户调查数据 [J/OL]. 中国农业资源与区划，1 - 16 [2024 - 08 - 21].

[2] 刘那日苏，乌日嘎，金良. 北方半农半牧区农牧户可持续生计与生态宜居的耦合协调评价研究——以内蒙古自治区赤峰市巴林右旗为例 [J]. 干旱区资源与环境，2023，37 (11)：74 - 81.

[3] 伊如汗. 内蒙古半农半牧区农牧民可持续生计与生态宜居的耦合关系研究 [D]. 呼和浩特：内蒙古财经大学，2024.

[4] 提云哲. 内蒙古半农半牧区生态宜居水平评价及地区差异性分析 [D]. 呼和浩特：内蒙古财经大学，2023.

[5] 山琦. 半农半牧区农牧户生计可持续性评价研究 [D]. 呼和浩特：内蒙古财经大学，2022.

[6] 敖桂兰. 市场主导下的内蒙古半农半牧区生计模式变迁研究 [D]. 呼和浩特：内蒙古大学，2023.

[7] 巧巧. 乡村振兴视角下通辽市半农半牧区农牧产业兴旺研究 [D]. 通辽：内蒙古民族大学，2020.

[8] 马乐. 半农半牧区家庭牧场草畜配置研究 [D]. 呼和浩特：内蒙古农业大

学，2019.

[9] 赛音．内蒙古半农半牧区社会经济研究 [D]．西安：陕西师范大学，2018.

[10] 包泽明．现代化背景下半农半牧区蒙古族村落环境问题及其应对 [D]．呼和浩特：内蒙古大学，2016.

[11] 斯琴格日乐．内蒙古半农半牧区经济发展对策研究 [D]．呼和浩特：内蒙古师范大学，2012.

[12] 佟拉嘎．内蒙古半农半牧区畜牧业发展战略研究 [D]．呼和浩特：内蒙古大学，2009.

[13] 张曙光．内蒙古半农半牧区禁牧舍饲政策及其效应研究 [D]．呼和浩特：内蒙古大学，2009.

[14] 杨福霞，郑欣．价值感知视角下生态补偿方式对农户绿色生产行为的影响 [J]．中国人口·资源与环境，2021，31（04）：164－171.

[15] 刘乐，张娇，张崇尚等．经营规模的扩大有助于农户采取环境友好型生产行为吗——以秸秆还田为例 [J]．农业技术经济，2017（05）：1726.

[16] 畅倩，李晓平，谢先雄等．非农就业对农户生态生产行为的影响——基于农业生产经营特征的中介效应和家庭生命周期的调节效应 [J]．中国农村观察，2020（01）：76－93.

[17] 李芬妮，张俊飚，何可．非正式制度、环境规制对农户绿色生产行为的影响——基于湖北1105份农户调查数据 [J]．资源科学，2019，41（07）：1227－1239.

案例九

大气污染综合治理

——以京津冀地区为例

教学目的：使学生整体了解京津冀大气污染综合治理过程，基于此进一步对区域生态环境治理产生更深刻认识，同时提升学生发散与系统性思考能力。

教学内容：以出台时间和逻辑联系为主要线索，介绍京津冀大气污染综合治理系列政策文件主要内容，以及相关治理行动的主要成果。

重点、难点：本讲的重点也是难点，主要包括梳理相关系列政策文件的发展历程，并认识文件间的逻辑关系；结合马克思主义哲学基本原理、区域经济学及空间经济学理论等，分析总结京津冀大气污染综合治理有关经验；以案例为出发点，将经验、理论与现实结合以深化理解等。

案前思考题：谈谈你对京津冀大气污染综合治理的整体认识。

一、案例背景与教学目的

1. 京津冀地区的地理位置。

京津冀城市群位于我国华北平原北部，地处北纬36°05′～42°37′，东经113°27′～119°50′之间，地域面积约21.6万平方公里，由北京市、天津市以及河北省的石家庄市、唐山市、保定市、廊坊市、秦皇岛市、张家口市、承德市、沧州市、衡水市、邢台市、邯郸市11个地级市组成，是我国三大城市群之一。北京市作为我国首都，位于该区域的中心位置，是政治、文化、国际交往和科技创新中心。天津市紧邻北京市的东南部，是中国北方重要的港口城市，也是北方的经济中心之一，以先进制造业和现代服务业为主。河北省环绕北京和天津，省内地势多样，北部为燕山山脉，西部为太行山脉，中部和东南部为广阔的华北平原，拥有丰富的自然资源和悠久的历史文化。

2. 京津冀地区的战略意义。

京津冀地区紧依渤海之滨，倚太岳山脉，地理位置优越，辐射并联结着华北、东北与西北三大地区，具有重要的战略意义。北京市作为京津冀城市群的核心，位于该区域的中心位置，是我国首都，具有全国性的政治、经济、文化、科技和国际交往中心地位。天津市则位于渤海湾畔，是中国北方的重要港口城市，制造业基础雄厚，也是京津冀城市群的重要经济中心之一。河北省以其丰富的自然资源，充沛的劳动力和坚实的产业基础，勾勒出一幅广阔的发展蓝图。综合来看，京津冀地区地理位置紧密相连，人文交流频繁，地域上呈现出高度的融合性，文化同根同源，历史源远流长，为区域内各地实现资源互补、优势互补、协同发展提供了得天独厚的环境。政策的推动、人才的集中以及产业的集聚发展等推动了京津冀地区经济的快速发展，《京津冀协同发展报告（2024）》显示，2023 年京津冀三地经济总量达到 10.44万亿元，占全国 GDP 的比重达到 8.3%。这一数据与 2014 年的经济总量 5.87万亿元相比，九年间增加了 4.57 万亿元，增幅高达 77.8%，年均增长率领先全国平均水平，充分展现了京津冀地区经济的强劲增长势头和巨大发展潜力。

3. 京津冀地区大气污染情况。

而伴随经济的不断发展、工业化和城镇化的深入推进以及能源资源消耗的持续增加，京津冀地区一度遭受严重大气污染，至 2013 年前后，以 $PM_{2.5}$ 为代表的空气污染物浓度持续上升，损害人民群众身体健康，影响社会和谐稳定。$PM_{2.5}$ 代表空气动力学等效直径等于和小于 2.5 微米的大气颗粒物，这类与人类活动相关的气溶胶粒子参与霾和雾的形成，构成雾霾问题背后的主因，对于有关大气问题的研究和治理必须对气溶胶气候作用力的大小和地理分布以及控制的化学和物理过程进行综合研究。有研究指出温度、湿度和风等气象因素对 $PM_{2.5}$ 浓度的季节和空间变化具有重要影响，这为区域联防联控和秋冬季治理攻坚提供了理论基础。

2013 年，京津冀区域所有城市 $PM_{2.5}$ 和 PM_{10} 年平均浓度均超标，两者年平均浓度分别为 106 微克/立方米和 181 微克/立方米。根据 2013 年北京市及天津市环境公报，北京市 $PM_{2.5}$ 年均浓度每立方米 89.5 微克，超标 156%；二氧化氮（NO_2）年均浓度 56.0 微克/立方米，超标 40%；可吸入颗粒物（PM_{10}）年均浓度 108.1 微克/立方米，超标 54%；臭氧（O_3）指数 183.4 微克/立方米，超标 14.6%。天津市二氧化氮年平均浓度为 54 微克/立方米，超过年平均浓度标准 0.4 倍；可吸入颗粒物年平均浓度为 150 微克/立方米，超过年均浓度标准 1.1 倍；细颗粒物年平均浓度为 96 微克/立方米，超过年平均标准 1.7 倍。2013 年年均 $PM_{2.5}$ 浓度最高的 10 座城市中，有 7 座位于河北省，其中邢台市和石家庄市 $PM_{2.5}$ 年平均浓度高达 155.2 微克/立方米和 148.5 微克/立方米。

4. 京津冀地区大气污染综合治理有关政策。

为应对大气污染，切实改善空气质量，2013 年 9 月 10 日国务院印发《大气污染防治行动计划》（第一个"大气十条"），明确指出要加大对于大气污染的综合治理力度，加快调整能源结构，优化产业空间布局，同时涉及工业、建筑业、餐饮服务业和交通运输业等，并提出要建立京津冀区域大气污染防治协作机制。同年 9 月 17 日，环境保护部、发展改革委等六部门印发《京津冀及周边地区落实大气污染防治行动计划实施细则》。为进一步加大治理力度，破解北京及周边大气污染防治中热点难点问题，全面推进京津冀区域联防联控，2016 年 6 月 17 日，环境保护部联合北京市、天津市和河北省人民政府印发《京津冀大气污染防治强化措施（2016－2017 年）》。2017 年 3 月，环境保护部、发展改革委等和北京、天津、河北、河南、山东、山西 6 省份公布《京津冀及周边地区 2017 年大气污染防治工作方案》，首次提出"2＋26"京津冀大气污染传输通道城市。为加快改善环境空气质量，打赢蓝天保卫战，2018 年 6 月，国务院印发《打赢蓝天保卫战三年行动计划》（第二个"大气十条"），京津冀及周边地区也即"2＋26"城市为该《行动计划》的重点区域范围之一。为持续深入打好蓝天保卫战，切实保障人民群众身体健康，以空气质量持续改善推动经济高质量发展，2023 年 11 月国务院印发《空气质量改善行动计划》（第三个"大气十条"），将"2＋26"城市调整为"2＋36"城市。此外，针对重点区域秋冬季重污染天气多发、频发情况，我国于 2017～2023 年多次开展秋冬季大气污染综合治理攻坚行动，范围包括京津冀及周边地区和汾渭平原等。

5. 京津冀地区大气污染综合治理有关成果。

2017 年，作为第一个"大气十条"的收官时刻，全国地级及以上城市的空气质量得到了显著提升，PM_{10} 平均浓度相比 2013 年实现了 22.7% 的显著下降。京津冀地区作为重点治理区域，其 $PM_{2.5}$ 平均浓度也取得了令人瞩目的成绩，与 2013 年相比下降了 39.6%，显示出区域空气质量改善的显著成效。特别地，北京市的 $PM_{2.5}$ 年均浓度成功降低至 58 微克/立方米，标志着全面完成了"大气十条"所设定的环境空气质量改善目标。

2019 年 6 月，在 2019 世界环境日全球主场活动上，生态环境部正式发布了《中国空气质量改善报告（2013－2018 年）》。该报告深入剖析了我国近年来在空气质量改善方面的努力与成就，特别指出京津冀地区在 2013～2018 年，$PM_{2.5}$ 平均浓度实现了 48% 的显著下降，进一步巩固了区域空气质量改善的趋势。北京市作为京津冀地区的核心，其空气质量改善成果尤为突出，$PM_{2.5}$ 浓度从 2013 年的 89.5 微克/立方米大幅下降至 2018 年的 51 微克/立方米，降幅高达 43%，充分展现了我国在空气质量治理上的坚定决心与显著成效。

进入 2023 年，"2＋26"城市群的空气质量持续优化，平均优良天数占比达到了 63.1%，$PM_{2.5}$ 平均浓度降至 43 微克/立方米，同比下降 2.3%，而相较于疫情前的 2019 年同期，更是大幅下降了 24.6%。同时，O_3（臭氧）平均浓度也控制在 181 微克/立方米，与 2019 年同期相比下降了 7.7%，体现了全面改善空气质量的努力。具体京津冀三地，北京市、天津市及河北省的 $PM_{2.5}$ 年均浓度分别达到了 32 微克/立方米、41 微克/立方米和 38.6 微克/立方米，与 2013 年的水平相比，分别实现 64.2%、57.3% 和 64.3% 的降幅，这一系列数据直观地反映了多年来我国在空气污染治理方面的积极成果和不懈努力（见图 1）。此外，从重污染天数和优良天数的变化来看，这三个地区相较于 2013 年均有大幅改善。北京市、天津市和河北省的重污染天数分别减少了 50 天、37 天和 69 天，而优良天数则分别增加了 95 天、87 天和 121 天。这一系列积极的数字变化，不仅体现了环境质量的逐步好转，也彰显了人民群众对于蓝天白云、清新空气的美好愿景正逐步变为现实。

6. 京津冀地区大气污染综合治理案例教学目的。

以上从京津冀地区地理位置、战略意义、大气污染情况及有关政策文件和有关治理成果等方面，简要介绍了京津冀大气污染综合治理案例背景。

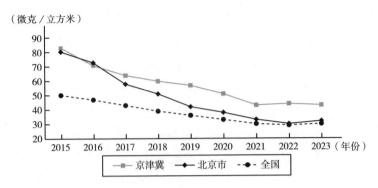

（微克/立方米）

图1　2015～2023年京津冀地区PM_{2.5}年均浓度对比变化情况

注：该折线图数据来源于生态环境部官网及国家统计年鉴等。图中"京津冀"地区包括京津冀及周边地区，在2018年及之后指"2+26"城市；图中"全国"指全国330余地级及以上城市，该指标2015开始报告，具体年份包含337～339个城市不等。

基于此，本文接下来将具体介绍该案例的内容、成效及有关经验，即以出台时间和逻辑联系为主要线索，梳理案例涉及系列政策文件主要内容以及相关治理行动的主要成果和有关经验，使学生整体了解京津冀大气污染综合治理过程，同时对区域生态环境治理产生更深刻的认识。进一步地，本文从案例出发，结合马克思主义哲学基本原理、区域经济学及空间经济学理论等，分析总结京津冀大气污染综合治理有关经验，并将经验、理论与现实结合以深化理解，提升学生发散与系统性思考能力。

二、案例内容

大气环境保护事关人民群众根本利益，事关经济持续健康发展，事关全面建成小康社会，事关实现中华民族伟大复兴中国梦。下面以出台政策为线索，具体梳理京津冀大气污染综合治理的主要内容。

（一）《大气污染防治行动计划》（第一个"大气十条"）

为应对大气污染，切实改善空气质量，2013年9月10日国务院印发《大气污染防治行动计划》（以下简称"大气十条"），并在具体指标层面要求，到 2017 年京津冀区域细颗粒物浓度下降 25%。同年 9 月 17 日，为贯彻落实《国务院关于印发大气污染防治行动计划的通知》，加大京津冀及周边地区大气污染防治工作力度，切实改善环境空气质量，环境保护部、发展改革委、工业和信息化部等六部门按照国务院要求印发《京津冀及周边地区落实大气污染防治行动计划实施细则》。

从整体政策来看，"大气十条"明确指出要加大对于大气污染的综合治理力度，加快调整能源结构，优化产业空间布局，同时涉及工业、建筑业、餐饮服务业和交通运输业等。具体而言，在能源结构方面，"大气十条"要求京津冀区域于 2015 年底前基本完成燃煤电厂、燃煤锅炉和工业窑炉的污染治理设施建设与改造，完成石化企业有机废气综合治理，同阶段力争实现煤炭消费总量负增长，区域内重点城市全面供应符合国家第五阶段标准的车用汽、柴油，新增天然气干线管输能力 1500 亿立方米以上，覆盖京津冀区域。在产业结构和空间布局方面，"大气十条"对京津冀区域提出更高的节能环保要求，指出要强化环境监管，严禁落后产能转移，新建火电、钢铁、石化、水泥、有色、化工等企业以及燃煤锅炉项目要执行大气污染物特别排放限值。"大气十条"首次提出由区域内省级人民政府和国务院有关部门参加，建立京津冀区域大气污染防治协作机制，统筹区域环境治理。2013 年底"京津冀及周边地区大气污染防治协作小组"在此背景下成立，共同研究部署京津冀及周边地区大气污染联防联控重点工作，协调解决区域污染治理难题。此外，"大气十条"还指出要综合整治城市扬尘、开展餐饮油烟污染治理以及强化移动源污染防治等。

（二）《大气污染防治行动计划》收官前后有关政策

1. 《京津冀大气污染防治强化措施（2016－2017 年)》。

为进一步加大治理力度，破解北京及周边大气污染防治中热点难点问题，全面推进京津冀区域联防联控，2016 年 6 月 17 日，环境保护部联合北京市、天津市和河北省人民政府印发《京津冀大气污染防治强化措施（2016－2017年)》（以下简称《强化措施》），要求京津冀以及保定、廊坊、沧州、唐山市组织制定本地 2017 年达到空气质量目标细化方案。

《强化措施》对京津冀地区 $PM_{2.5}$ 浓度提出总体目标要求，也分别针对京津冀三地情况提出更具体的工作重点。总体目标方面，《强化措施》要求，到 2017 年北京市细颗粒物（PM$_{2.5}$）年均浓度达到 60 微克/立方米左右，其中，南部四区（丰台、通州、房山、大兴）均达到 65 微克/立方米左右。天津市 PM$_{2.5}$年均浓度达到 60 微克/立方米左右，其中，武清区、宝坻区、蓟县分别达到或低于全市平均水平。河北省 PM$_{2.5}$年均浓度达到 67 微克/立方米左右，其中，保定、廊坊市分别达到 77 和 65 微克/立方米左右。工作重点方面，《强化措施》明确以北京市、天津市、河北省为责任主体，以"2 + 4"城市（北京、天津、保定、廊坊、唐山、沧州）为重点，以"1 + 2"城市（北京、保定、廊坊）为重中之重，京津冀及周边地区大气污染防治协作小组协调推进，在现有大气污染治理措施上，按照污染空间分布特征和来源成因，提高精细化管理水平，加大污染综合治理力度。北京市重点加快农村无煤化工程进程、加速淘汰污染严重的老旧机动车、加严高频度使用车辆污染防治力度、加速新能源汽车推广、加强重型大货车污染整治。提高扬尘控制和监管的精细化水平，限时清退"散、乱、污"企业。天津市全面落实《大气十条》要求，同时加大武清区农村采暖散煤污染治理力度。河北省以化解过剩产能为契机，加大产业结构和能源结构调整力度，深化工业污染治理。保定市和廊坊市大力推进农村"电代煤"和城区"气代煤"工程，加大燃煤小锅炉淘汰力度。处于传输通道上的其他城市加强"高架源"的治理和监管。

2. 《京津冀及周边地区 2017 年大气污染防治工作方案》。

2017 年是"大气十条"第一阶段的收官之年，为确保完成"大气十条"确定的 2017 年各项目标任务，2017 年 3 月公布的《京津冀及周边地区 2017 年大气污染防治工作方案》（以下简称《工作方案》），明确了"2 + 26"城市 2017 年的大气污染治理任务。"2 + 26"城市是指京津冀大气污染传输通道，包括北京，天津，河北省石家庄、唐山、廊坊、保定、沧州、衡水、邢台、邯郸，山西省太原、阳泉、长治、晋城，山东省济南、淄博、济宁、德州、聊城、滨州、菏泽，河南省郑州、开封、安阳、鹤壁、新乡、焦作、濮阳，这是"2 + 26"城市这一概念在官方文件中的首次提出。

《工作方案》明确以区域环境空气质量的实质性改善为核心目标，通过采取多方面措施强化冬季大气污染防治力度，涉及化解钢铁过剩产能、全面推进冬季清洁取暖、加强工业大气污染综合治理、部署大气污染源自动监控设施以及严格控制机动车排放、全面加强机动车排污监控能力等。

3. 《京津冀及周边地区 2017 - 2018 年秋冬季大气污染综合治理攻坚行动方案》。

为切实做好 2017～2018 年秋冬季大气污染防治工作，坚决打好 "蓝天保卫战"，在《京津冀大气污染防治强化措施（2016 - 2017 年）》《京津冀及周边地区 2017 年大气污染防治工作方案》的基础上，环保部等部门联合北京、天津、河北、河南、山东、山西 6 省份，于 2017 年 8 月公开了《京津冀及周边地区 2017 - 2018 年秋冬季大气污染综合治理攻坚行动方案》（以下简称《行动方案》），设定了 "2 + 26" 城市 2017 年 10 月～2018 年 3 月的环境质量改善目标：$PM_{2.5}$ 平均浓度和重污染天气的天数均同比下降 15% 以上，北京、天津、石家庄、太原等关键城市 $PM_{2.5}$ 平均浓度同比降低 25%

《行动方案》从能源结构调整、产业结构调整、工业深度治理、清煤降氮、清洁取暖、移动源和面源治理等方面，指出当时京津冀大气污染传输通道的 "2 + 26" 城市面临的各项问题和重点工作，并明确了治理行动的完成时限和工程措施。此外，《行动方案》还明确建设完善空气质量监测网络体系。具体要求主要包括，"2 + 26" 城市所有 327 个区县均需于 2017 年 10 月底之前建成包含二氧化硫（SO_2）、二氧化氮（NO_2）、可吸入颗粒物（PM_{10}）、$PM_{2.5}$、一氧化碳（CO）、臭氧（O_3）六项参数在内的空气质量自动监测站点，实时对外发布信息，所有站点原始监测数据实时上传中国环境监测总站。同时，为进一步提升监测数据的准确性和公信力，要强化监测数据的质量管理体系，加速推动社会环境监测机构和从业人员的能力提升与服务质量改进，坚决依法严厉打击任何试图通过篡改或伪造监测数据来干扰环境治理和公众知情权的行为，确保监测过程的透明度和可靠性。

（三）《打赢蓝天保卫战三年行动计划》（第二个 "大气十条"）

到 2017 年、2018 年，作为重点治理区域的京津冀地区的 $PM_{2.5}$ 平均浓度与 2013 年相比分别下降了 39.6%、48%，显示出区域空气质量改善的显著成效。北京市作为京津冀地区的核心，到 2017 年、2018 年，其 $PM_{2.5}$ 年均浓度成功降低至 58 微克/立方米、51 微克/立方米，充分展现了我国在空气质量治理上的坚定决心与显著成效。

　　为加快改善环境空气质量，打赢蓝天保卫战，2018 年 6 月，国务院印发《打赢蓝天保卫战三年行动计划》（以下简称《行动计划》），京津冀及周边地区也即"2+26"城市为该计划的重点区域范围之一。在《打赢蓝天保卫战三年行动计划》政策吹风会上，生态环境部副部长赵英民介绍，《行动计划》的总体思路可以概括为"四个四"，即突出四个重点、优化四大结构、强化四项支撑、实现四个明显。突出"四个重点"，涉及重点防控污染因子、重点区域、重点时段及重点行业和领域；优化"四大结构"，就是要优化产业结构、能源结构、运输结构和用地结构；强化"四项支撑"，就是要强化环保执法督察、区域联防联控、科技创新和宣传引导；实现"四个明显"则是在总体目标层面提出要求。

　　在总体目标层面，《行动计划》基于实现"四个明显"，要求未来三年间大幅减少主要大气污染物排放总量，同时协同推进温室气体减排工作。该计划也设定了到 2020 年的具体指标：二氧化硫与氮氧化物的排放总量均需较 2015 年减少 15% 以上；对于 $PM_{2.5}$ 浓度尚未达到国家标准的地级及以上城市，该污染物浓度需较 2015 年降低 18% 以上；同时，地级及以上城市的空气质量优良天数比率需提升至 80%，而重度及以上污染天气的天数比率则需较 2015 年减少 25% 以上。针对不同地区的进展情况，《行动计划》还提出了分类指导要求：对于已提前完成"十三五"期间环境保护目标任务的省份，需继续保持并巩固其改善成果；而对于尚未完成目标的省份，则需加大力度，确保全面达成"十三五"期间设定的各项约束性指标。特别地，北京市作为重点区域，其环境空气质量改善目标需在已设定的"十三五"目标基础上，进一步提出更高要求。

　　"四个明显"在总体目标和实施效果上提出要求；"四个重点"则明确了大气污染治理的工作领域和重点。具体而言，"四个重点"分别聚焦于污染因子、防控区域、治理时段以及行业和领域层面，为精准施策、有效改善空气质量提供了明确方向。首先，关于重点防控的污染因子，$PM_{2.5}$ 作为大气中直径小于或等于 2.5 微米的颗粒物，因其滞空时间长、传播距离远，对空气质量和人体健康构成严重威胁，被公认为是应对雾霾污染、提升空气质量的首要治理目标。其次，在防控区域上，京津冀及周边地区、长江三角洲以及汾渭平原等地，由于地理位置重要、经济发达且人口密度大，同时面临着较为严重的大气污染问题，被确立为重点防控区域。这些区域的大气污染具有复合型、区域性特征，需要区域内各省市协同作战，通过联合监测、信息共享、政策协同等手段，共同推进大气污染治理工作，实现区域空气质量的整体改善。再次，从治理时段来看，秋冬季节由于气象条件不利于污染物扩散、地形地貌影响污染物积累以及冬季采暖需求增加导致排放增加等多重因素叠加，使得这一时期成为大气污染最为严重的时段，秋冬季也被确定为大气污染治理的重点时段。最后，在行业和领域层面，钢铁、火电、建材等行业因其生产过程中排放的大气污染物占比重大，被明确为大气污染治理的重点行业。同时，散煤燃烧、柴油货车排放以及扬尘等也是不容忽视的污染源，它们一同构成了大气污染治理的重点行业和领域。

　　"四大结构"和"四项支撑"则分别概括任务措施和制度保障。《行动计划》基于此二者，针对优化产业结构和布局、调整能源结构、发展绿色交通体系、实施重大专项行动、强化区域联防联控、执法督察以及加强基础能力建设等方面提出一系列要求。具体而言，在优化产业结构和布局方面，《行动计划》指出要加大区域产业布局调整力度，严控"两高"行业产能，强化"散乱污"企业综合整治，大力培育绿色环保产业等，要求 2018 年底前京津冀及周边地区基本完成重点行业治理任务。在调整能源结构方面，《行动计划》明确要构建清洁低碳高效能源体系，推进北方地区清洁取暖，实施煤炭消费总量控制，提高能源利用效率，加快发展清洁能源和新能源。在发展绿色交通体系方面，《行动计划》要求优化调整货物运输结构，大幅提升铁路货运比例，到 2020 年京津冀及周边地区铁路货运量比 2017 年增长 40%，强化移动源污染防治，推广使用新能源汽车，大力淘汰老旧车辆，加快油品质量升级。在实施重大专项行动方面，《行动计划》从开展重点区域秋冬季攻坚行动、打好柴油货车污染治理攻坚战、开展工业炉窑治理专项行动、实施VOCs 专项整治方案四方面进行了规划。在强化区域联防联控方面，《行动方案》明确要建立完善区域大气污染防治协作机制，将京津冀及周边地区大气污染防治协作小组调整为京津冀及周边地区大气污染防治领导小组，负责组织推进区域大气污染联防联控工作，统筹研究解决区域大气环境突出问题等；建立汾渭平原大气污染防治协作机制，纳入京津冀及周边地区大气污染防治领导小组统筹领导。在加强基础能力建设方面，《行动计划》指出要完善环境监测监控网络，加强环境空气质量监测，优化调整扩展国控环境空气质量监测站点，加强区县环境空气质量自动监测网络建设和移动源排放监管能力建设，强化重点污染源自动监控体系建设和监测数据质量控制。

（四）京津冀及周边地区秋冬季大气污染综合治理攻坚行动方案

针对重点区域秋冬季重污染天气多发、频发情况，我国自 2017 年以来多次开展秋冬季大气污染综合治理攻坚行动。该系列文件主要包括：《京津冀及周边地区 2017－2018 年秋冬季大气污染综合治理攻坚行动方案》《京津冀及周边地区 2018－2019 年秋冬季大气污染综合治理攻坚行动方案》《京津冀及周边地区 2019－2020 年秋冬季大气污染综合治理攻坚行动方案》《京津冀及周边地区、汾渭平原 2020－2021 年秋冬季大气污染综合治理攻坚行动方案》《2021－2022 年秋冬季大气污染综合治理攻坚方案》《京津冀及周边地区、汾渭平原 2023－2024 年秋冬季大气污染综合治理攻坚方案》等。该系列文件为京津冀及周边地区各地市分别设定了具体 $PM_{2.5}$ 浓度控制目标（微克/立方米）和重度及以上污染天数（天）控制目标，并整体上从能源结构调整、产业结构调整、运输结构调整、用地结构调整、重污染应对和能力建设等方面明确了有关区域各地市治理行动的重点工作、主要任务、完成时限及工程措施等。

其中《京津冀及周边地区 2018－2019 年秋冬季大气污染综合治理攻坚行动方案》指出，要坚持稳中求进，在巩固环境空气质量改善成果的基础上，推进空气质量持续改善。《京津冀及周边地区 2019－2020 年秋冬季大气污染综合治理攻坚行动方案》强调，京津冀及周边地区秋冬季期间大气环境形势依然严峻，2019－2020 年秋冬季攻坚成效直接影响 2020 年打赢蓝天保卫战三年行动计划目标的实现，部分地区散煤复烧、"散乱污"企业反弹、车用油品不合格、重污染天气应对不力等问题仍然突出。《京津冀及周边地区、汾渭平原 2020－2021 年秋冬季大气污染综合治理攻坚行动方案》指出，自 2017 年起，鉴于重点区域在秋冬季频繁遭遇重污染天气的严峻形势，我国连续三年实施了针对性的秋冬季大气污染综合治理攻坚行动，取得了显著成效。具体表现为，2019 年秋冬季期间，京津冀及其周边地区 $PM_{2.5}$ 平均浓度相较于尚未开展秋冬季大气污染综合治理攻坚行动的 2016 年同期实现了 33% 的大幅下降，同时，重污染天气的天数也显著减少了 52%。尽管秋冬季攻坚行动取得了积极且可观的成果，但我们必须清醒地认识到，京津冀及周边地区、汾渭平原依然是全国范围内 $PM_{2.5}$ 浓度最为突出的区域。在这些地区，秋冬季的 $PM_{2.5}$ 平均浓度几乎达到其他季节的两倍，且重污染天数占据了全年总数的95% 以上，表明秋冬季大气污染治理工作依然任重而道远。

《2021—2022 年秋冬季大气污染综合治理攻坚方案》在总结过往大气污染治理成就的同时，也再次明确面临的挑战，指出在 2020 年秋冬季，京津冀及周边地区与汾渭平 $PM_{2.5}$ 浓度相较于 2016 年同期分别实现了 37.5% 和35.1% 的显著下降，重污染天数也大幅减少了 70% 和 65%，明显提升了人民群众的蓝天获得感与幸福感。然而，尽管秋冬季攻坚行动取得了积极成果，但空气质量改善的成果尚需巩固，特别是在京津冀及周边地区、汾渭平原等区域，秋冬季重污染天气依然频繁发生，不仅威胁着公众健康，也对"十四五"期间空气质量改善目标的顺利实现构成挑战。为应对上述挑战，提高大气污染治理效能，该方案根据各地秋冬季大气环境实际状况及区域间污染传输的影响，决定在原有的"2+26"城市和汾渭平原基础上，进一步扩大至包括河北北部、山西北部、山东东部和南部、河南南部等部分城市，以形成更为广泛和深入的治理网络。《京津冀及周边地区、汾渭平原 2023～2024 年秋冬季大气污染综合治理攻坚方案》将秉持稳中求进的原则，紧密结合 2023年年度目标及"十四五"空气质量改善的总体要求，对 2023～2024 年秋冬季的治理目标进行分阶段设定。该方案基于过去两年同期各城市的空气质量状况及改善程度，采取分类分档的方式，为各地市设定 $PM_{2.5}$ 浓度及重度及以上污染天数的控制目标。特别地，该方案对于 $PM_{2.5}$ 浓度较高且近两年改善成效不明显的城市提出更为严格的要求，以确保治理工作的针对性和有效性，推动空气质量持续改善。在涵盖范围上，该方案实施区域包括国务院 2023 年12 月印发的《空气质量持续改善行动计划》中新划分的由"2+36"城市组成的京津冀及周边地区和汾渭平原。

（五）《空气质量持续改善行动计划》（第三个"大气十条"）

经过一系列的努力，京津冀大气污染综合治理取得显著成效，三地空气质量显著改善。进入 2023 年，"2+26"城市群 $PM_{2.5}$ 平均浓度降至 43 微克/立方米，同比下降 2.3%，而相较于疫情前的 2019 年同期大幅下降了24.6%。北京市、天津市及河北省的 $PM_{2.5}$ 年均浓度分别达到了 32 微克/立方

米、41 微克/立方米和 38.6 微克/立方米，与 2013 年的水平相比，分别实现
64.2%、57.3% 和 64.3% 的降幅。从重污染天数和优良天数的变化来看，北
京市、天津市和河北省的重污染天数分别减少了 50 天、37 天和 69 天；而优
良天数则分别增加了 95 天、87 天和 121 天。

为持续深入打好蓝天保卫战，切实保障人民群众身体健康，以空气质量
持续改善推动经济高质量发展，国务院于 2023 年 11 月印发《空气质量改善
行动计划》（以下简称《计划》）。《计划》根据空气质量改善的现状和大气
传输的特点对京津冀及周边地区进行了新的调整，由原先"2 + 26"城市调
整为"2 + 36"城市，其中，"2"仍指北京市和天津市；"36"指的是河北省
石家庄、唐山、秦皇岛、邯郸、邢台、保定、沧州、廊坊、衡水以及雄安新
区和辛集、定州市，山东省济南、淄博、枣庄、东营、潍坊、济宁、泰安、
日照、临沂、德州、聊城、滨州、菏泽，河南省郑州、开封、洛阳、平顶山、
安阳、鹤壁、新乡、焦作、濮阳、许昌、漯河、三门峡、商丘、周口以及济
源，原"26"城市中山西省的太原、阳泉、长治、晋城不再纳入京津冀及周
边地区。在 2023 年 12 月国务院新闻办公室举办的《空气质量持续改善行动
计划》政策例行会议指出，当前，江苏、安徽、山东、河南四省交界地带的
城市 $PM_{2.5}$ 浓度达到 45 微克/立方米左右，成为大气污染问题较为突出的地
带，且每次污染过程发生时该区域往往成为污染扩散的起点。基于这一严峻
形势，结合多年的监测数据、气象参数和科学研究成果，《计划》把该交界
地带纳入到国家大气污染防治重点区域。此举在战略层面构建了一个空气流
域的概念，将京津冀及周边地区与长三角地区紧密联结起来，旨在通过跨区
域、系统性的协同治理策略，全面、系统地解决大气污染问题，推动空气质
量实现持续、显著的改善。

会议将《计划》的主要内容概括为"四个明确"，即明确了总体思路、
明确了改善目标、明确了重点任务及明确了责任落实。其中，在改善目标方
面，《计划》紧密契合国家"十四五"规划纲要、《中共中央 国务院关于深
入打好污染防治攻坚战的意见》等文件要求，明确设定了至 2025 年的具体目
标：全国地级及以上城市 $PM_{2.5}$ 平均浓度降低 10%，同时，将重度及以上污
染天气的发生频率控制在 1% 以内；针对氮氧化物与挥发性有机物（VOCs），
均要求排放总量实现超过 10% 的下降。特别地，对于生态环境敏感且治理任
务较重的区域，如京津冀及周边地区、汾渭平原，计划提出更为严格的减排

目标，PM₂.₅浓度须分别实现20%和15%的大幅下降。在重点任务方面，《计划》提出了九项重点工作任务，涉及产业结构、能源结构及交通结构的优化；面源污染治理及多污染物减排的强化；机制建设和能力建设的加强；法律法规标准体系的健全；各方责任的落实等方面。《计划》传承延续了"大气十条"和三年蓝天保卫战行之有效的经验做法，主要指"减煤、汰后、控车、治污和抑尘"的五大路径。在治理重点和措施方面，刘炳江指出，一是要突出工作重点，坚持PM₂.₅改善为主线，明确PM₂.₅的下降目标；二是要坚持系统治污，大力推进产业、能源、交通结构的调整；三是要强化联防联控。

三、案例简评

京津冀大气污染综合治理工作自启动以来，经过不懈努力与持续投入，至今已取得了令人瞩目的显著成效。这一成绩的取得，是区域内各级政府、企业和社会各界共同努力、协同推进的结果，彰显了我国在环境保护和大气污染治理方面的坚定决心与实际行动。

数据显示，北京市的PM₂.₅年均浓度已经降至32微克/立方米，这一数字相较于2013年水平实现了64.2%的大幅下降。这一成绩的取得，得益于北京市全面实施的清洁能源替代、机动车尾气排放控制、工业污染源深度治理等一系列有力措施，以及区域协同治理机制的不断完善。同时，天津市的PM₂.₅年均浓度也降至41微克/立方米，较2013年下降了57.3%，显示出天津市在大气污染治理方面的显著成效。天津市通过加强产业结构调整、推进燃煤设施超低排放改造、实施挥发性有机物综合治理等措施，有效降低了大气污染物排放强度，为改善区域空气质量作出了积极贡献。河北省作为京津冀大气污染联防联控的重要一环，其PM₂.₅年均浓度同样实现了显著下降，达到38.6微克/立方米，较2013年下降了64.3%。

综上所述，京津冀大气污染综合治理工作取得了显著成效，不仅有效改善了区域空气质量，也为全国其他地区的大气污染治理提供了宝贵经验和示范。未来，随着区域协同治理机制的不断完善和治理措施的持续深化，京津冀地区的空气质量有望进一步改善，为人民群众提供更加清新、宜居的生活环境。接下来，从"系统性综合治理""区域联防联控""因地制宜制定差异化政策目标""引入智能监控技术"等几方面结合具体政策进行案例简评。

（一）系统性综合治理

2014年2月，习近平总书记到北京考察，指出大气污染防治是北京发展面临的一个最突出的问题，对于特大型城市，环境治理是一个系统工程，治理大气污染、控制 $PM_{2.5}$，要从压减燃煤、严格控车、调整产业、强化管理、联防联控、依法治理等方面采取重大举措，聚焦重点领域，严格指标考核，加强环境执法监管，认真进行责任追究。这便强调了京津冀大气污染综合治理的系统性要求，又如莱斯特·R. 布朗（Lester R. Brown）在其著作《生态经济：有利于地球的经济构想》中所述，若是这里一项工程那里一个项目地头痛医头、脚痛医脚，是决然不会成功的。现在我们虽然也可以赢得几次间或发生的局部性小战役，但却终将会输掉整个这场战争。也强调了系统性思考、布局对于生态治理的重要性。

事实上，我国陆续出台的一系列有关政策也是基于系统性综合治理的视角。例如，第一个"大气十条"即体现了系统性治理方法，指出要加大对于大气污染的综合治理力度，加快调整能源结构，优化产业空间布局，综合整治城市扬尘、开展餐饮油烟污染治理以及强化移动源污染防治，同时涉及工业、建筑业、餐饮服务业和交通运输业等。第二个"大气十条"以"四个四"为整体思路，其中优化"四大结构"，指优化产业结构、能源结构、运输结构和用地结构；强化"四项支撑"，指强化环保执法督察、区域联防联控、科技创新和宣传引导，这进一步彰显了全面综合治理的思路。第三个"大气十条"传承延续了"减煤、汰后、控车、治污和抑尘"的五大路径，坚持系统治污，大力推进产业、能源、交通结构的调整。值得一提的是，区域联防联控也属于系统性综合治理的一部分，将在下小节具体介绍。此外，针对京津冀及周边地区、汾渭平原等区域秋冬季重污染天气仍高发、频发的情况，我国出台一系列京津冀及周边地区秋冬季大气污染综合治理攻坚行动方案，体现了两点论和重点论的统一。

（二）区域联防联控

大气污染物随大气运动而能够长距离传播、扩散，其中PM$_{2.5}$不仅滞空时间长、传播距离远，还会携带有毒物质，被认为是应对雾霾污染、改善空气质量的首要任务目标。面对这种情况，在单一、离散的行政区域内治理大气污染难以取得成效，必须依赖于区域内乃至更广泛地区之间的协同作战，进而区域联防联控逐渐成为共识。

2013～2023年的三个"大气十条"均涉及联防联控有关内容。具体而言，第一个"大气十条"首次提出由区域内省级人民政府和国务院有关部门参加，建立京津冀区域大气污染防治协作机制，统筹区域环境治理，同年底"京津冀及周边地区大气污染防治协作小组"在此背景下成立。为进一步加大治理力度，破解北京及周边大气污染防治中热点难点问题，全面推进京津冀区域联防联控，2016年6月17日，环境保护部联合北京市、天津市和河北省人民政府印发《京津冀大气污染防治强化措施（2016-2017年）》，明确提出由京津冀及周边地区大气污染防治协作小组协调推进工作。随后，《京津冀及周边地区2017年大气污染防治工作方案》首次提出"2+26"的京津冀大气污染传输通道城市，调整了联防联控范围。第二个"大气十条"明确要建立完善区域大气污染防治协作机制，将京津冀及周边地区大气污染防治协作小组调整为京津冀及周边地区大气污染防治领导小组，并建立汾渭平原大气污染防治协作机制，纳入京津冀及周边地区大气污染防治领导小组统筹领导。第三个"大气十条"根据空气质量改善的现状和大气传输的特点将京津冀及周边地区由原先"2+26"城市调整为"2+36"城市，形成空气流域概念。

此外，京津冀三地还联合制定实施或签署了一系列合作关于联防联控的政策和协议。2015年11月，京津冀三地原环保厅局正式签署以"统一规划、严格标准、联合管理、改革创新、协同互助"为主要指导性原则的《京津冀区域环境保护率先突破合作框架协议》，突出联合立法、统一规划和统一标准的三个重点工作，要求做好统一监测、协同治污、执法联动、应急联动和环评会商等方面的具体工作，还明确了信息共享和联合宣传等相关工作内容。2016年4月，京津冀三地统一实施机动车国五排放标准和油品标准，同年底，京津冀三地统一了空气重污染预警分级标准。2022 年初，京津冀三地生态环境部门联合发布了《关于加强京津冀生态环境联建联防联治工作的通知》，成立京津冀生态环境联建联防联治工作协调小组，2022 年 6 月，三地生态环境部门联合签署了《"十四五"时期京津冀生态环境联建联防联治合作框架协议》，进一步深化三地协同内容。2023 年 6 月，京津冀生态环境联建联防联治工作协调小组会议通过《推进京津冀生态环境联建联防联治走深走实的行动宣言》和《推进京津冀生态环境联建联防联治走深走实的措施清单（第一批）》，明确坚决筑牢生态环境联建联防联治"一道屏"，持续推进京津冀生态环境联建联防联治走深走实。

在 2023 年 7 月的全国生态环境保护大会上，习近平总书记指出，继续推进生态文明建设，必须以新时代中国特色社会主义生态文明思想为指导，正确处理几个重大关系。其中正包括"重点攻坚和协同治理的关系"。以上措施体现了在正确处理"重点攻坚和协同治理的关系"中，建立健全跨区域、跨流域的生态环境联防联控机制和分区管控体系，持续深化生态环境协同治理，以及坚持两点论和重点论相统一的辩证思维。

（三）因地制宜制定差异化政策目标

上一小节强调了区域联防联控、联合立法、统一规划、统一标准及统一监测的重要意义，但这与因地制宜制定差异化政策目标非但不矛盾，反而是相辅相成、相互促进的：前者为后者提供了宏观的框架与指导；而后者则在前者的基础上，实现了更加精准、有效的治理。事实上，各地市的经济发展水平、城镇化水平和产业结构等各不相同，在统一规划、统一标准、统一监测、协同治污的背景下，实事求是、因地制宜地设定差异化的工作重点和政策目标更有利于大气污染的综合治理，即要筑牢"一道屏"，不搞"一刀切"。

京津冀大气污染治理过程中的一系列政策也体现了这一思想。例如，《京津冀大气污染防治强化措施（2016 - 2017 年）》对 2017 年北京市、天津市及河北省指出不同工作重点，并对三地 PM$_{2.5}$ 年均浓度提出不同治理目标，具体对北京市丰台、通州、房山、大兴，天津市武清区、宝坻区、蓟县，河北省保定、廊坊等又设置了不同于其上级行政区的治理目标。《京津冀及周

边地区 2017 年大气污染防治工作方案》要求北京、天津、廊坊、保定市
2017 年 10 月底前完成"禁煤区"建设任务，同时期传输通道其他城市每个
城市完成 5 万~10 万户以气代煤或以电代煤工程等。此外，一系列京津冀及
周边地区秋冬季大气污染综合治理攻坚行动方案，也为京津冀及周边地区分
别设定了具体 PM$_{2.5}$ 浓度控制目标（微克/立方米）和重度及以上污染天数
（天）控制目标，并整体上从能源结构调整、产业结构调整、运输结构调整、
用地结构调整、重污染应对和能力建设等方面，明确了有关区域各地市治理
行动的重点工作、主要任务、完成时限及工程措施等。

（四）引入智能监控技术

能够实时且精准地监控与测量大气污染物的排放情况，不仅是构建大气污
染综合治理体系的基石，更是确保各项治理措施精准施策的前提与保障，以上
提到的几点在实施落地层面也都依赖于此。不断提升大气污染监控测量的技术
水平，完善监测网络，加强数据质量控制与共享，是推进大气污染综合治理工
作向纵深发展的关键所在。这种基础能力的不断强化，使得我们能够更加精准
地识别污染源头，制定针对性的治理措施，进而推动空气质量的持续改善。

加强基础能力建设，严格环境执法督察等工作任务在京津冀大气污染综
合治理系列文件中多有涉及。具体而言，《京津冀及周边地区 2017 年大气污
染防治工作方案》强调要全面加强机动车排污监控能力，加快推进京津冀地
区电子标识试点，加快遥感监测设备国家、省、市三级联网。《京津冀及周
边地区 2017－2018 年秋冬季大气污染综合治理攻坚行动方案》明确建设完善
空气质量监测网络体系。第二个"大气十条"强调了环境监测监控体系的完
善，具体措施包括：加强环境空气质量的监测力度，通过优化布局与扩展国
家级环境空气质量监测站点，提升监测网络的覆盖面与精准度；在区县层面，
加速构建环境空气质量自动监测网络，并强化对移动污染源排放的监管能力
建设，以实现对各类污染源的全面掌控；同时，重点推进污染源自动监控体
系的建设，并严格把控监测数据的质量关，确保数据的准确性和可靠性。第
三个"大气十条"进一步明确提升大气环境监测监控能力，提出要实现城市
空气质量监测网络的升级完善，目标基本覆盖至所有县城，构建起更为密集
和完善的监测网络；同时，加强监测数据的联网共享机制，促进信息的快速

流通与有效利用；在污染源自动监测方面，不仅要求设备的稳定运行，更强调对设备运行过程的严格监管，以确保监测数据的持续高质量输出和稳定传输，为大气污染防治提供更加坚实可靠的数据支撑。

四、问题探索和理论链接

京津冀大气污染综合治理的案例，作为区域协同治理的典范，特殊性与普遍性并存，为我国乃至全球的大气污染治理领域树立了鲜明的标杆。其特殊性体现在京津冀地区特定的经济和地理环境、产业结构、能源消费模式以及复杂的大气污染传输机制上，这些因素相互交织，构成了该地区大气污染治理的独特挑战。同时，京津冀大气污染综合治理的普遍性则在于其成功经验对于全国乃至全球其他地区具有广泛的借鉴意义。这一案例展示了如何通过政策引导、技术创新、产业结构调整、能源结构优化，以及区域联防联控等多种手段协同推进大气污染治理，深刻揭示了区域间合作对于解决跨界环境问题的重要性。这些经验和做法为全国其他地区开展大气污染治理提供了宝贵的参考和启示，有助于推动形成更多元化、更高效的治理模式和合作机制。此外，京津冀大气污染综合治理的案例还丰富了区域间合作的理论和实践经验。它证明了在全球化背景下，面对共同的环境挑战和发展需求，区域间的合作与协调至关重要。

综上所述，京津冀大气污染综合治理的案例以其特殊性和普遍性，不仅为我国大气污染治理树立了典范，也为其他方面的区域间合作提供了丰富的理论和实践经验，对于推动生态文明建设、实现可持续发展具有重要意义。以上简评部分已从"系统性综合治理""区域联防联控""因地制宜制定差异化政策目标"和"引入智能监控技术"等方面，具体讨论了该案例中涉及的值得参考学习之处。下面从简评出发，进一步结合马克思主义哲学基本原理、区域经济学及空间经济学等理论，讨论与京津冀大气污染综合治理有关的理论链接。

（一）马克思主义哲学的系统观念和具体问题具体分析的基本原则

案例简评提到的"系统性综合治理"和"因地制宜制定差异化政策目标"，分别体现了马克思主义哲学的系统观念和具体问题具体分析的基本原则。

　　马克思主义哲学的系统观念要求我们用动态、普遍联系的观点看待事物和问题，认为任何事物内部的不同部分和要素是相互联系的。该观念在"统筹山水林田湖草沙系统治理"中也得到了体现。习近平总书记指出，人的命脉在田，田的命脉在水，水的命脉在山，山的命脉在土，土的命脉在林和草，这个生命共同体是人类生存发展的物质基础；并强调，要坚持山水林田湖草沙一体化保护和系统治理。

　　具体情况具体分析是马克思主义活的灵魂，2016 年 1 月，习近平总书记在省部级主要领导干部学习贯彻党的十八届五中全会精神专题研讨班开班式上讲话指出，要坚持"两点论"和"重点论"的统一；坚持具体问题具体分析，"入山问樵、入水问渔"，一切以时间、地点、条件为转移。2019 年 7 月，生态环境部发文严禁"一刀切"和"滥问责"行为，也体现了具体问题具体分析的基本原则。这表明，在生态环境治理等方面的政策制定中，这些基本观念和原则具有逻辑上的相通之处，也是我们党不断推进马克思主义基本原理同中国具体实际相结合的体现。

（二）科学技术是第一生产力

　　"引入智能监控技术"则侧面反映了"科学技术是第一生产力"的重要论断。该论断由邓小平同志于 1988 年 9 月提出，继承并发展了马克思主义的生产力学说。科学技术的发展为包括大气污染治理在内的生态环境监管、治理提供了更为精确、锐利的手段。事实上，近年智能监控技术在大气污染治理中已得到较多运用，如山东烟台"环保医生"助力破解干扰自动监测设施案、江苏南京利用在线监控精准查处篡改伪造数据及超总量排放案、湖北宜昌市湖北帝缘陶瓷有限公司涉嫌篡改自动监测数据排放大气污染物案以及河北保定市温恒热力有限公司涉嫌篡改监测数据排放大气污染物案等，都体现了科学技术在大气污染治理一线的具体运用。

　　科学技术在生态环境治理领域的运用远不止于智能监控方面。2023 年 7 月，习近平总书记在全国生态环境保护大会上讲话指出，要加强科技支撑，推进绿色低碳科技自立自强，把应对气候变化、新污染物治理等作为国家基础研究和科技创新重点领域；建设绿色智慧的数字生态文明。这表明科技创新在生态文明建设方面具有广阔前景。

（三）区域经济学及空间经济学

"区域联防联控"的背后不仅涉及大气污染物能够随大气运动而长距离传播、扩散的气象物理原理，也包含区域经济学及空间经济学相关理论，这些理论不仅在生态环境治理中具有重要作用，近年也多被学术界用于研究区域发展和政策制定。

区域经济学的理论体系建立在生产要素的不完全流动性、生产要素的不完全可分性以及产品与服务的不完全流动性之上，关于其具体定义、研究范围及研究方法等，经历了一个不断发展、演化、丰富的过程，南开大学京津冀协同发展研究院院长、中央京津冀协同发展专家咨询委员会成员刘秉镰在其 2020 年发表的论文《中国区域经济理论演进与未来展望》中，将 1949 年以来我国区域经济理论的演进脉络划分为四个阶段，并对比介绍了中外区域经济理论及其研究历程和进展。这些理论不仅为我们理解大气污染的区域性特征提供了有力工具，也启示我们在制定环境治理政策时，必须充分考虑区域间的经济联系与空间特征。进一步地，"区域联防联控"背后的区域经济学理论不仅在生态环境治理领域得到了广泛应用，也是学术界研究区域协同发展和有关政策制定的重要视角。事实上，我国京津冀协同发展、长江经济带发展、粤港澳大湾区建设以及长三角一体化发展等区域重大战略，均蕴含着区域经济学的理论思想。

五、问题讨论

1. 三个"大气十条"之间是怎样的关系？其侧重点有何异同？请结合政策文件内容和出台背景谈谈你的理解与认识。

2. 区域联防联控在京津冀大气污染综合治理中起到了至关重要的作用。对此，请结合案例内容和有关理论谈谈你的理解与认识。

参考文献

[1] 李惠娟，周德群，魏永杰. 我国城市 PM2.5 污染的健康风险及经济损失评价

[J]. 环境科学, 2018 (08).

[2] 刘秉镰, 朱俊丰, 周玉龙. 中国区域经济理论演进与未来展望 [J]. 管理世界, 2020 (02).

[3] 刘海猛, 方创琳, 黄解军等. 京津冀城市群大气污染的时空特征与影响因素解析 [J]. 地理学报, 2018 (01).

[4] 生态文明典型案例 100 例编写组. 生态文明典型案例 100 例 [M]. 北京：中共中央党校出版社, 2022.

[5] 孙久文. 现代区域经济学主要流派和区域经济学在中国的发展 [J]. 经济问题, 2003 (03).

[6] 谢元博, 陈娟, 李魏. 雾霾重污染期间北京居民对稿浓度 PM2.5 持续暴露的健康风险及其损害价值评估 [J]. 环境科学, 2014 (01).

[7] 徐勇, 郭振东, 郑志威等. 运用地理探测器研究京津冀城市群 PM2.5 浓度变化及影响因素 [J]. 环境科学研究, 2023 (04).

[8] 杨新兴, 冯丽华, 尉鹏. 大气颗粒物 PM2.5 及其危害 [J]. 前沿科学, 2012 (01).

[9] 张小曳, 孙俊英, 王亚强等. 我国雾－霾成因及其治理的思考 [J]. 科学通报, 2013 (13).

[10] Brown L. R. Eco-Economy：Building an Economy for the Earth [M]. New York：W. W. Norton, 2001.

[11] Charlson R. J., Schwartz S. E. and Hales J. M. et al. Climate Forcing by Anthropogenic Aerosols [J]. Science, 1992, 255 (5043).

[12] Chen Z. Y., Chen D. L., Zhao C. F. et al. Influence of Meteorological Conditions on PM2.5 Concentrations Across China：A Review of Methodology and Mechanism [J]. Environment International, 2020, 139.

[13] Chen Z. Y., Xie X. M., Cai J. et al. Understanding Meteorological Influences on PM2.5 Concentrations Across China：A Temporal and Spatial Perspective [J]. Atmospheric Chemistry And Physics, 2018, 18 (8).

案例十

云南大理水生态环境治理

——以洱海为例

教学目的：使学生理解洱海生态环境治理的重要性和复杂性，掌握洱海治理模式的演进及其对可持续发展的贡献。

教学内容：介绍云南大理洱海生态环境的治理历程和治理模式的转变，以及如何通过生态修复、产业转型和社会参与实现洱海经济与生态的和谐共生，以促进可持续发展。

重点难点：分析洱海治理过程中经济、社会、环境三者之间的协调机制，以及如何在不以损害生态环境为代价的前提下促进经济发展。

课前思考题：谈谈你对湖泊治理的了解以及近年来洱海生态环境的变迁。

一、案例背景与教学目的

"苍山不墨千秋画，洱海无弦万古琴"，古往今来，众多文人骚客都留下了赞美其壮丽风光的诗词歌赋，一座山，一池湖，铸就了洱海月照苍山雪的大理名片。时光流逝，依靠洱海发展壮大的渔业、旅游业、种植业在作用于当地经济的同时，却让洱海承载的环境压力不断增加，"银苍"仍在，"玉洱"却难寻。为践行"绿水青山就是金山银山"的生态理念和落实习近平总书记提出的"守护洱海"切实任务，大理州委、州政府划定"三线"、开展"六个两年行动计划""七大行动"与"八大攻坚战"。目前，洱海未发生全湖性蓝藻暴发，水质总体呈优良水平，治理行动取得了阶段性胜利，也为全球的湖泊治理提供了"大理经验"与"洱海模式"。

1. 地理位置。

云南省大理白族自治州大理市以北，便是云贵高原的璀璨明珠、大理的"母亲河"——洱海所在，古时亦称叶榆泽、西洱河、昆弥川，它位于北纬25°40′~25°58′、东经99°55′~100°06′之间，坐落于滇中高原与横断山区的交界处，是地壳运动造就的显著断裂带的产物。洱海是中国第七大淡水湖、云南省第二大淡水湖，其湖面海拔高度约为1966米，东西方向最长处约为42.5公里，而南北方向最宽处则约为8.9公里，总体的水域面积约252平方公里，流域面积约2565平方公里，横跨16个乡镇和大理市的省级经济开发区和旅游度假区（项继权，2013）。

2. 历史渊源。

洱海地区的历史源远流长。隋末唐初，洱海周围分布着六诏，即蒙嶲诏、越析诏、浪穹诏、邆赕诏、施浪诏和蒙舍诏，它们由不同的部落联盟组成，各自为政。其中，蒙舍诏凭借其地理位置和政治手腕，逐渐在唐王朝的支持下崛起，首领皮罗阁最终统一了六诏，建立了南诏国，将洱海地区推向了政治和文化的高峰。南诏国的建立，不仅标志着洱海地区政治格局的重大转变，也促进了当地经济和文化的繁荣。在唐朝的影响下，南诏国吸收了中原的文化元素，发展了自己的文字和宗教信仰，形成了独特的南诏文化。随着南诏的衰落，公元937年，段思平在洱海地区建立了大理国，继承并发展了南诏的政治和文化遗产。大理国时期，洱海地区的经济和文化进一步发展，佛教、道教以及本土宗教在这里和谐共存，形成了独特的宗教文化景观。

洱海地区的主体民族为白族，白族的族源多元，包括洱海地区的土著居民洱海人和昆明人，以及南下的氐羌系统中的一支——僰人。汉晋时期，洱海地区的居民成分及分布发生了显著变化，出现了"上方夷"和"下方夷"。唐代初期，乌蛮、白蛮等众多部族在洱海地区出现，其中白蛮主要分布于洱海周围。随着南诏国的建立，白族共同体逐渐形成，至公元8世纪，白族作为一个独特的民族共同体已然成形。洱海地区的民族发展不仅体现在族群的融合与变迁，还表现在各民族之间的文化交流与共同发展。白族文化以本土文化为基础，融合了氐羌文化、古越文化、荆楚文化和汉族文化等众多文化元素，形成了独特的白族文化。

如今，洱海地区"银苍月洱"等自然风光与崇圣寺三塔等人文景观交相辉映，周边的白族、彝族等民族的交流融合共同创造了绚烂的民族文化。洱海，作为大理的母亲湖，见证了云南地区从部落联盟到统一国家的转变，承载了丰富的文化遗产和民族传统，是研究中国古代少数民族历史和文化的重要窗口。

本案例旨在以洱海治理为例深化学生对水生态环境治理复杂性的认识，并通过洱海的治理实践，探讨环境政策与治理策略的有效性。案例内容将引导学生从结构上分析洱海治理模式的演进，如从单一的工程治理向全面治理的转变，以及这一转变如何促进了生态、经济和社会目标的协调发展；从实践上分析洱海治理中"三线"划定方案、"六个两年行动计划"等相关具体政策，了解其对生态环境和社会经济的多维度影响。通过评估洱海生态环境治理带来的综合作用，学生将学习如何从多角度思考问题，并从中汲取对其他湖泊生态保护和可持续发展具有借鉴意义的经验，以及加深对生态整体主义与生态文明建设理论的实践认识。

二、案例内容

（一）洱海旧梦：水光万顷开天镜

1. 洱海的诞生。

洱海之"耳"，源自其形，或"形若人耳"，或"如月抱珥"。洱海之"海"，则一方面寄托了白族人民对于大海的向往之情；另一方面则源自云南的习俗，即云南十八怪其中一怪——"湖泊称作海"。对于"洱"字的起源，学术界有不同的看法。一些学者提出，它可能源自古代昆明夷的称呼"昆弥"，"弥"字在古汉语中与"弭"相通，而在加水旁后演变为"濔"，最终简化为"洱"。此外，还有观点认为其源自当地少数民族的语言，其中"洱"在古代发音上与纳西语中"鱼"的发音相似，因此"洱海"可能意味着"鱼多的河流"。

洱海属于构造湖，它的诞生源自漫长的地质演变，通过喜马拉雅的地壳运动与苍山几乎同步形成。在20亿年前的历史长河中，苍山区域的前寒武纪结晶底层已初现端倪，随着地球板块不断地运动，特别是印度板块脱离冈瓦纳大陆向北推进，与欧亚大陆碰撞，引发了强烈的造山运动，造就了苍山的抬升。同时在洱海区域，地壳陷落形成的断陷盆地积水成泽，大约350万年前，洱海就已形成初步的湖泊形态，山地剥蚀的沉积物通过填充断陷盆地形成了洱海北、西、南三面的洪积平原。此外，洱海东岸露出的石灰岩经过湖水长期的溶蚀作用，形成了蜿蜒曲折的湖岸线和石灰岩岛屿，为洱海增添了溶蚀构造湖的独特风貌。

在20世纪80年代之前，洱海的水质维持在Ⅰ类水标准，苍山十八溪的清泉汇入，为洱海提供了源源不断的优质水源，湖水可以直接饮用，居民们常常直接从湖中挑水回家。那时的洱海，不仅是白族人的"母亲湖"，亦是他们心中的"金月亮"，水面仿若"天镜"，终年不结冰，透明澄澈，湖色湛蓝。湖中生物多样性十分丰富，多种水生植物、特有鱼类与水禽在此繁衍栖息，有包含大理裂腹鱼（大理弓鱼）、大理鲤、春鲤、洱海鲤在内的17种土著鱼，亦有26科水生植物和42科藻类，多种多样的动植物在此构成了一个平衡的生态系统。

2. 洱海的环境特征。

（1）气候特征。洱海所处地区属于中亚热带西南季风气候，因西南季风的吹拂形成了独特的气候条件，冬春季节的平均风速达到4.1米/秒，大风时为12～14米/秒，极端情况下能达到20米/秒。湖区的春秋季节相对漫长，约为290天，而冬季仅为春秋季的1/4左右，温度差异不明显，终年约15℃的平均气温仿若四季如春。季风气候使得干湿季分明，降水集中在5～10月的雨季且雨量充沛，1000～1100mm年降雨量为洱海提供了源源不断的水源，但高强度的日照和季风活动亦使得蒸发量超1000mm（陈敬安等，1999），由此产生的丰富水汽创造了洱海湖面湿润的气候状态，通过促进水生植物的生长从而形成了生态系统的良性循环。

（2）水文特征。洱海的水源补给主要依赖于河流和大气降水。作为澜沧江水系的一部分，洱海北部有东湖、西湖、茈碧湖分别经过罗时江、永安江、弥苴河汇入；西部有"大理苍山十九峰，峰顶涌出十八溪"的十八条溪流，集聚于苍山东坡集水区对其进行滋养，在南部与波罗江、金星河相汇；东岸亦有着玉龙河等数十条集水沟渠，最终通过唯一的自然出水河道西洱河与漾江合流奔向澜沧江，注入太平洋。

（3）地形地貌。洱海流域地势总体呈现西高东低、北高南低的特征。其海拔约为 1972 米，属于高原湖泊，周围山脉大多属于云岭山脉，走势呈南北向，为洱海提供了天然的屏障和丰富的水源补给。从地貌类型来看，洱海流域地貌类型复杂多样，主要包括山地、峡谷、高原丘陵和盆地等。从地形起伏度来看，洱海流域地形起伏度较大，特别是苍山一侧和三营镇附近地区，地形起伏度最高。从坡向与坡度来看，西部（洱源县到苍山一带）坡向以东为主；而东部坡向则呈现出多样性。流域内整体坡度较高，但洱海周围及部分区域坡度相对较小，有利于水资源的稳定和湖泊生态的维护。

（二）洱海悲吟：碧波何日再逢春

1. 洱海生态环境的变迁。

（1）湖泊水位下降与容积减少。

在 1976 年之前，洱海的水位线在 1973.53 ~ 1974.30 米（海防高程）波动，多年的平均水位维持在 1974 米以上，当时的湖泊面积约为 255 平方千米，容积超过 29×10^8 立方米。然而，1977 年西洱河电站建成后，人为地将出湖口河床高程由 1972.5 米挖低至 1969.56 米，导致自然可控最低水位下降了 2.94 米。水位的急剧降低对洱海的生态系统产生了深远的影响，湖泊面积从大约 255 平方千米减少到 242 平方千米，容积也从 29×10^8 立方米减少到 24.9×10^8 立方米。20 世纪 90 年代初，由于过度放水发电，洱海的平均水位进一步下降到 1972.3 米，湖泊面积和容积的减少带来了难以恢复的环境创伤。1983 年，洱海出现了历史最低水位 1970.52 米，湖岸线大幅退缩，湖床露出了约 1000 公顷的区域。

近年来，洱海的水资源开发仍在继续，水位下降的趋势并未得到有效控制。据统计，洱海多年平均入湖水量为 8.25×10^8 立方米，而多年平均出湖水量为 8.63×10^8 立方米，存在 0.38×10^8 立方米的水量缺口。长期的低水位运行可能是洱海富营养化的重要原因之一。

（2）湖泊水质富营养化。

20 世纪 90 年代起，洱海流域的社会经济发展显著加速，经济的发展对湖泊的生态环境产生了深远的影响。在 20 世纪 70 年代之前，洱海以其丰富的水量和优良的水质著称，生物多样性也相当丰富。然而，随着人类活动的增加，湖泊开始面临富营养化的问题。具体来说，1985 年的数据显示，洱海的水质已经从贫营养级转变为贫中营养级，表明水质开始退化。到了 1988 年，洱海的水质进一步恶化，进入了中营养级。进入 20 世纪 90 年代，尽管洱海整体上仍处于中营养水平，但水体透明度从 3~5 米下降到 0.4~1.5 米，反映了湖水中藻类和其他悬浮颗粒物质增多，湖泊正在经历从中营养向中富营养级的转变（柯高峰，丁烈云，2009），1996 年和 2003 年甚至发生了全湖性的"水华"现象，这是富营养化的一个明显标志。

（3）水生生物种群的演变。

①浮游植物。从历史数据来看，洱海浮游植物细胞数量在不同年代有所变化。20 世纪 50 年代，洱海为贫营养湖泊，浮游植物细胞数为 64.90×10^4 个/升。然而，从 20 世纪 80 年代以来，随着水体营养盐浓度的不断升高，浮游植物数量急剧增加。1996 年蓝藻水华期间，浮游植物细胞数量达到历史高点，为 1219.6×10^4 个/升。2003 年蓝藻水华发生期间，浮游植物细胞数量达到 6000×10^4 个/升，年均值为 2553×10^4 个/升，为历年之最（卫志宏等，2012）。

近年来，洱海蓝藻水华优势种发生了很大变化。1996~2006 年洱海蓝藻水华优势种为鱼腥藻，而 2008~2010 年则由鱼腥藻演变为微囊藻。洱海浮游植物的组成及群落结构变化正在发生重大变化，生物多样性下降，水华藻类优势种由鱼腥藻演变为乌龙藻和惠氏微囊藻，绿藻门细胞数量占浮游植物总数的比例大幅增加，游丝藻成为秋季浮游植物优势种。洱海的浮游植物群落结构演替规律及其与环境因子的关系研究，表明洱海已由中营养向富营养转型。在 2016 年的逐月监测中，共检出浮游植物 173 种，其中绿藻门 89 种；硅藻门 32 种；蓝藻门 30 种。主要优势属为微囊藻属、脆杆藻属、直链藻属。浮游植物的丰度时间分布表现为双峰型，分别于 9 月和 11 月出现峰值，其中蓝藻占绝对优势（杨洪允等，2021）。

②底栖动物。自 20 世纪 80 年代以来，洱海的水质经历了显著的退化，水质生物学评价指数分析表明，洱海整体水质处于中度污染状态，其中南部污染较北部更为严重。水质的退化与底栖动物群落结构的演变紧密相关，2012 年的全面调查显示，洱海共采集到 1108 头底栖动物，涵盖 14 个分类单元，其中霍甫水丝蚓、分离底栖摇蚊和似羽摇蚊为优势种，分别占总丰度的 57.0%、20.3% 和 12.0%。与 20 世纪 80 年代相比，洱海的优势种由苏氏尾鳃蚓和分离底栖摇蚊，转变为耐污能力更强的霍甫水丝蚓和似羽摇蚊，表明

了水质的恶化和生物群落的单调化。此外，洱海的底栖动物密度和生物量在空间分布上表现出不均匀性，北部湖区以及南部沿岸带的生物量较高，这主要得益于软体动物特别是环棱螺的出现。聚类分析和 NMDS 排序将洱海底栖动物群落划分为北部、中部和南部三个类群，其中北部群落区系的主要类群是似羽摇蚊和萝卜螺；南部群落区系以寡毛类为主；中部群落区系则为过渡段，具有较高的多样性指数（段昌兵等，2014）。

③鱼类。洱海流域自古以来的鱼类资源就十分丰富，20 世纪 60 年代之前，居民的打捞方式仍以传统的木船撒网为主，维持着较为原始的鱼群结构，云南裂腹鱼、大理裂腹鱼、大理四须鲃、大眼鲤等 17 种大理土著鱼占渔获的绝大部分。然而，随着时间的推移，部分土著鱼类逐渐灭绝，经济鱼类产量下降，20 世纪 90 年代的大、中型鱼类占比较 20 世纪 60 年代下降了 36.3%（费骁慧等，2012）；而小型低质鱼类比例上升。1998 年的数据显示，洱海的太湖银鱼产量达到 287 吨，传统的投放鱼类如青、草、鲢、鳙等产量也达到 287 吨。但与此同时，小型杂鱼类如麦穗鱼的产量高达 1564 吨，洱海鱼类多样性面临严重危机。此外，银鱼以浮游动物为主要食物，导致轮虫、枝角类和桡足类等浮游动物的数量急剧下降，仅 1996 年与 1982 年相比，洱海的浮游动物数量就减少了 79%，这不仅影响了洱海的生物多样性，也是蓝藻水华暴发的诱因之一。

2. 洱海生态环境恶化的影响因素。

（1）自然因素。首先，洱海的气候特征会通过促进藻类的生长而影响水质。由于洱海所处地区属于中亚热带西南季风气候，每年仅有 8% ~ 15% 的时间平均水温低于 13℃，而在 7 ~ 10 月，洱海的平均水温能达到 20℃ 左右，夏季水温的升高加之太阳辐射的增强共同促进了蓝藻水华的发生。此外，洱海属碱性水质，加之氮含量较高，对藻类的生长亦发挥了催化作用。其次，水土流失与显著的地形垂直差异加剧了水质的恶化。洱海北部与南部的洱源盆地和凤仪盆地森林覆盖率较低，苍山的地形条件导致物质流失，进一步影响了湖泊水质。监测数据显示，洱海的总氮和总磷含量在十余年间均有显著增长，这与湖泊富营养化现象的加剧和水质恶化密切相关。

（2）人为因素。

①农业耕作实践的生态失衡。洱海流域的基础产业为农业，而当地最重要的农业生产基地位于洱海坝区，基地面积在 502 平方公里左右，占流域面

积的 19.6%。通过对洱海的污染源进行分析，农业面源污染在河流和湖泊的营养物负荷中占比超过 70%，成为洱海氮磷污染的主要来源（项继权，2013），这其中又以农田、畜禽养殖为最。从农田来看，为了带动经济发展，洱海流域的地方政府曾经将经济价值较高的独蒜种植业当作地方支柱产业之一，仅"十一五"期间的种植面积就从 4 万亩飙升至 10 万亩。然而为了达到更高的复种指数而投入相当于其他作物 8~10 倍的施肥量与单一的种植结构，一方面增加了农田氮、磷污染负荷，加剧了环境风险；另一方面也破坏了农田生物多样性，削弱了农田自身抗御病虫灾害的能力。当氮、磷随着地表径流汇入湖中时，致使了洱海的进一步富营养化（孙莉等，2016）。从畜禽养殖来看，仅"十一五"期间洱源县就规划将奶牛存栏数由 6 万头提升至 10 万头，一头奶牛的污染排放量与 30 个人的污染排放量相近，传统的人、牛同院的养殖方式使每年产生的上百万吨牛粪除了用于还田外，其余的便堆积在村民住房与道路河流旁，经雨水冲刷流入河中，畜禽粪便中富含的氮元素对于农田来说是"蜜糖"，对洱海来说却胜似"砒霜"。

②流域内的水土流失。水土流失是洱海水质恶化的重要原因之一（刘恩科等，2009）。洱海流域的土壤侵蚀面积曾一度占总流域面积的 66.6%；磷、氮流失量分别为 0.69 万 t/a、1.5 万 t/a；泥沙流失量为 211 万 t/a。水土流失问题的形成原因可能包含以下几点：首先，1958~1976 年的大砍伐使洱海流域的森林植被覆盖率由 50% 下降至 10.8%，且疏林多成林少、针叶林多而常绿阔叶林少的森林状态令水土保持能力较弱。其次，人为耕作、开垦强度大的粗放式耕作管理模式加之顺坡种植进一步削弱了水土保持能力，流失的水土在洱海内部形成淤积，洱海富营养化进程加速。此外，城镇化发展带来用地矛盾与 20 世纪末期采取"烤烟上山"来扩大种植面积以获得更多财富的利益驱使促成农民开垦出了更多的坡耕地，水土流失程度也随之恶化。最后，洱源县等地区的过量施肥导致氮磷流失量增加以及土壤质量下降，流失的水肥伴随降雨汇入洱海。

③人口增长与旅游业的污染排放。洱海流域的人口承载量应在 50 万人左右，而当前的人口总量却已由 2000 年的 82.14 万人增加至如今的近百万人，人口增长带来生活与生产的污染排放使洱海已"不堪重负"。除了常住人口之外，大理市苍山洱海的旅游名片亦是吸引了众多流动人口来此观光，截至 2023 年底，大理市海内外旅游者年接待总量达 9530.34 万人。人口集聚带动

了地区的经济发展，但由此产生的大量生活垃圾和蓬勃无序发展的民宿、温泉洗浴等产业产生的污水排放，无疑使当地水环境负重累累。

（三）洱海新生：碧波重现，天镜重开

洱海的生态改善不是一蹴而就的，早在 1993 年为发展渔业而展开的"围海建塘"就导致了洱海第一次大范围地发生蓝藻暴发，大理政府随即开展了取消洱海湖区网箱养鱼与机动捕鱼船的"双取消"政策，通过"退塘还海"抑制了蓝藻的生长。然而，为了改善家庭收入，洱海居民开始种植高环境成本的大蒜，"大水、大肥、高药"的大蒜种植再一次导致蓝藻暴发，部分水质甚至降为 V 类。为了兼顾洱海的生态与农民的生计，当地政府出资建设牛粪存储池以代替化肥，洱海水质又逐步恢复为 II 类。但湖泊的治理过程显然是艰难的，旅游业的井喷式发展一方面带动了大理当地的经济；另一方面也使违建的民宿与客栈越来越多，生活等用水的无节制排污再度令洱海水质下降为 IV 类。洱海生态环境情况的反复说明仅靠地方政府的力量难以从根本上使洱海获得新生，还需国家层面的介入。2015 年习近平总书记在视察大理州时作出了"一定要将洱海保护好"的相关指示，治湖工作随即展开。

1. 守护洱海绿韵，绘制生态农业与湖泊共荣新篇章。

为改善洱海及其流域的生态环境，实现区域的可持续发展，政府规划并采取的"六个两年行动计划""七大行动"与"八大攻坚战"均优化了农业面源污染控制与生态农业推广。在技术支持方面，科技小院立足于洱海的"清"与农民的"兴"，在洱海边具有 2000 多年历史的白族村落"安家落户"。这是一种集合创新、服务和教育的新模式，它依托研究生深入田间地头，专家和教授给予技术支持的方式，专注于解决农业发展的实际问题，旨在培育农业领域的专业人才，推动农业和农村的现代化进程。此外，智能农业管理系统与水稻覆膜节水节肥综合高产技术的引入对农业作物生长与洱海生态保护益处颇丰。在作物种植方面，首先，禁止种植大蒜后，地方政府通过补贴推广了水稻－油菜、水稻－蚕豆等更环保的种植系统。2022 年的农户调研结果显示，水稻－油菜轮作的农业系统平均每年氮素的使用量约为 360千克/公顷，而年盈余量则大约有 160 千克/公顷，较水稻－大蒜轮作在氮素的投入与剩余上下降幅达 60% 左右，但同时经济价值也下降了 60%～80%。其

次，徐玖亮教授通过优化配方，设计出了更具环境适应性的绿色智能肥料，将氮含量减少 11%，磷含量降低超 50%，同时肥料成本的降幅亦超过 60%。原本该地区水稻的平均产量大约为 680 公斤/亩，在应用了绿色智能肥料和相关技术后，亩产增至 808 公斤，每亩增收达到 1590 元。同时，政府也鼓励农民使用生物肥料和低毒生物农药以增加市场上绿色农产品的消费；反之则是通过补贴绿色农产品引导肥料的绿色化转型。再次，节水灌溉技术的推广对于洱海生态恢复亦有着重要意义，通过安装滴灌、喷灌等现代灌溉设施，农民有效减少了用水量，提高了水资源的利用效率。最后，深翻、轮作、种植绿肥等传统农业技术结合现代化的土壤调理剂和微生物肥料，有效提高了土壤的有机质含量和微生物活性，增强了土壤的保水和净化能力。在农业废弃物方面，政府一方面建立堆肥发酵池与畜禽粪便收集站，将鸡场、奶牛场等产生的畜禽粪便进行绿色处置，将其转化为有机肥料；另一方面鼓励企业申报环保项目，对其收购畜禽粪便的活动予以补助，如顺丰公司每收集 1 吨畜禽粪便，政府便会提供 40 元的运输成本补贴。在监测与评估方面，洱海流域建立了一套完善的农业活动监测与评估体系。通过定期的水质检测、土壤分析和生物多样性调查，及时评估农业措施对湖泊生态环境的影响。根据评估结果，政府和科研机构及时调整保护策略，确保洱海的生态保护工作始终科学、精准、有效。

2. 秉持绿色发展，塑造洱海生态旅游与文化共荣新高地。

伴随着 2016 年的暖冬，洱海较往年同期略高的水温引致蓝藻再现，在此情境下，"断然措施"与"抢救模式"势在必行。2016 年底至 2017 年初，洱海与河道沿岸的 2498 家客栈与餐馆全部停业至截污工程完成。然而，截污工程完成前，《洱海生态环境保护"三线"划定方案》的出台规定了洱海的"蓝线"（湖区界线）、"绿线"（向陆地延伸 15 米处，为湖滨带界线）与"红线"（水生态保护区核心区界线）。"蓝线"与"绿线"之间的区域被确定为水生态保护的重点管控区域。根据这一规定，位于"绿线"之外的民宿将重新开放；位于"绿线"以内的海景民宿和民居则面临拆除。面对洱海的生态保护需求，大理地区正努力通过推动文化旅游产业的转型与升级将旅游模式从传统的苍洱核心景区游览扩展到全域旅游的新格局。

双廊镇正致力于成为洱海生态治理、旅游规范和产业升级的示范区域。通过与艺术家合作培养舞蹈、电影和农民画等多元艺术形式，同时对当地的

215

餐饮和客栈业进行精细化管理，以质取胜，从而探索出一条生态、文化和艺术相融合的转型发展道路。

此外，大理把握滇西旅游环线的发展战略机遇，推出了一系列新的文化旅游品牌，如"有一种生活叫大理"和"中国最佳爱情表白地"，这些新的品牌形象正在助力文化旅游新业态的成长和发展。根据发展蓝图，由生态移民组成的"1806"小镇计划发展成包括南诏文化、健康养生、田园风光、喜洲特色和地方风味等具有独特主题的小镇，每个小镇都将融合生态、文化和旅游元素，打造具有特色的旅游服务产业。该规划旨在促进文化旅游产业的可持续发展，同时保护洱海的生态环境。

3. 综合施策，实现洱海流域的生态平衡与社会经济协调发展。

综合施策通过生态修复、环境监管、绿色基础设施建设、社区参与与教育、经济结构调整和跨区域合作等多方面措施，实现洱海流域生态平衡与社会经济的协调发展。

从生态搬迁与生态廊道建设来看，生态搬迁是洱海治理的关键措施之一，涉及 1806 户居民的搬迁工作，这不仅是为了减少人类活动对湖泊的直接影响，也是为了腾出空间建设环湖生态廊道。生态廊道的建设一方面提供了生态保护的物理隔离带；另一方面还为当地居民和游客提供了休闲和亲近自然的空间。如今，129 公里的生态廊道成为保护洱海的绿色屏障，有效隔离了开发活动对湖泊的潜在威胁，同时，廊道周围土地的价值也有所提升，带动了当地绿色经济的发展。从环湖截污与污水处理来看，环湖截污工程是洱海治理中的一项重大基础设施建设，总投资达 78.05 亿元。通过建设 19 座污水处理厂和 4503 公里的污水收集管网，实现了洱海流域内生活污水的全收集和全处理。这一系统不仅包括城镇污水处理厂，还涵盖了分散型农村污水处理设施，日处理能力达到 23.9 万吨。这些设施的建设和运行，显著减少了进入洱海的污染物总量，有效改善了洱海的水质，对控制和改善洱海的富营养化状态起到了决定性作用。从河道治理与生态修复来看，大理州完成了 344 公里河道的生态化治理，消除了 27 条主要入湖河道的 V 类及以下水体。通过"三库连通"清水直补工程已累计向洱海补水超过 2.2 亿立方米，有效提高了洱海的水动力和自净能力。此外，河道治理还包括生态护岸、河岸植被恢复等措施，这些措施不仅改善了河道的生态环境，也为洱海提供了清水补给，提升了洱海的整体生态健康。从流域面山绿化湿地建设来看，建成海东面山绿化 5.8 万亩、各类库塘 307 座以及环湖湿地 3.4 万亩，有效增加了洱海流域的绿色空间，提高了森林覆盖率。湿地建设不仅有助于提高生物多样性，还发挥了重要的水源涵养和洪水调蓄功能，对于维护洱海的生态平衡和水环境健康具有重要意义。从资金投入与社会参与来看，大理州累计投入洱海保护资金 339 亿元，确保了治理项目的顺利进行。同时，通过设立"洱海保护日"等活动，提高了全民的环保意识和参与度，形成了全社会共同参与洱海保护的良好氛围。从过度开发建设治理来看，为了遏制洱海流域的过度开发，大理州重新编制了国土空间规划，将城乡开发面积从 188 平方公里调减到 148 平方公里，人口规模从 105 万人调减到 86 万人。《洱海保护管理条例》等 11 个地方性法规的颁布将洱海流域划分为一、二、三级保护区，严格管控开发建设行为，有效遏制了无序开发对洱海生态环境的破坏。此外，政府还建立健全了河湖长制，明确了各级河湖长的责任，加强了河湖管理和保护。通过这些措施，大理州构建了完善的洱海保护治理体系，为洱海的长期保护和治理奠定了坚实的基础。

如今的洱海，长达 129 公里的生态廊道环湖而建，海菜花蓬勃盛放，山清水秀的苍山洱海再次吸引了人山人海，"山好、水好、人好"的洱海已焕然新生。洱海的治理经验表明，绿水青山就是金山银山，保护生态环境就是保护生产力，改善生态环境就是发展生产力。

三、案例简评

（一）洱海治理模式的演进：从工程治理转向全面治理

洱海治理模式的演进体现了对湖泊生态系统认识的深化和治理理念的更新，是从单一的工程治理向综合性、系统性治理的转变。自 20 世纪 80 年代起，大理市州政府与中央政府就对洱海开展了保护与治理工作，但财政投入、政策支持的重点一度聚焦于将工程技术运用在污水处理设施建设、污水处理技术提升以及增强水体自净能力当中，多数措施仅针对处理末端结果，而未能从整个流域的角度出发，对农业面源污染和生活污染等源头污染进行防治。这一模式的转变基于对洱海流域生态系统的全面性理解，由"一湖之治"转变为"流域之治"。

全面治理模式强调了"山水林田湖草"的系统治理，涵盖了生态修复、农业面源污染控制、生态廊道建设、截污治污等多个方面。例如，大理州实施的"三线"划定，即生态保护红线、湖泊生态黄线和湖泊生态绿线的划定，为洱海的保护提供了更为明确的空间管控。此外，生态搬迁、生态廊道建设等措施，不仅改善了洱海的生态环境，也为当地居民提供了更多的绿色空间和生态服务。

全面治理模式还兼顾了科技支撑和法治保障。大理州建立了洱海监控预警信息管理平台，提高了治理的科学性和精准性。同时，修订和实施了《洱海保护管理条例》等法规，为洱海的保护提供了法律保障。这种从工程治理向全面治理的演进，不仅提升了洱海的生态环境质量，也为其他地区的湖泊治理提供了可借鉴的经验。

（二）洱海地区的产业转型策略：经济与生态的和谐共生

在追求经济增长与维护生态环境平衡的双重目标下，大理州采取了一系列的转型措施，推动了产业结构的优化升级。通过结构调整、绿色产业发展、生态农业推广等渠道将"绿水青山"一步步转化为"金山银山"。

从农业来看，洱海流域的农业实践正从传统的污染型种植向生态友好型农业过渡。过去两年，大蒜种植已全面迁出洱海流域，转向弥渡、鹤庆等县份。此外，右所镇与云粮集团合作培育绿色水稻等新产业，同时开展烤烟、玉米、中草药和花卉等植物的种植，以确保农民收入的稳定增长。政策方面，大理州实施了"三禁四推"、《"十三五"洱海流域高效生态农业建设与面源污染防治规划》等多项政策，减少了化肥和农药的使用，推广了绿色生态种植。洱海流域内的种植业正向着绿色有机方向发展，建立了省级和州级的现代农业产业园，推动了农业节水减排的实践，并努力完善"种养＋加工＋销售"的产业链建设。

从工业来看，大理州积极引导洱海流域内的人口和产业向绿色、有机、低碳、环保的方向发展。原本的水泥产业与机械制造产业给生态环境带来了严重的破坏，当地政府鼓励在工业上重点发展数字经济等产业，从原先的"围湖开发"模式转变为"跳出洱海"的高质量发展策略。大理州通过建立绿色产业园区、引入环保项目来促进工业的绿色转型，并将传统工业迁移到洱海流域外的地区。云南省信创（大理）产业园、邓川工业园区的成立，以及与大型企业的合作，标志着大理州在数据治理和智慧城市建设方面取得了新的进展。

从旅游业来看，其转型体现在从单一的景区旅游向全域旅游的拓展。面对洱海生态保护与旅游业污染排放之间的矛盾，大理州在文化旅游的转型升级中融入"生态＋"的理念，以旅游产品转型、业态升级与特色小镇创建推动"旅游革命"，打造了以双廊镇为代表的示范区，发展了生态、文化和艺术融合的旅游模式。同时，大理州也在积极培育文旅新业态，通过影视合作推出的电视剧《去有风的地方》带火了凤阳邑、喜洲古镇、大理古城、沙溪古镇、弥渡密祉等剧中取景地，大理市春节期间的旅游订单量在该剧播出后环比增长超 11 倍。此外，以大理市为主 IP，"下关风，上关花，苍山雪，洱海月"中的"风""花""雪""月"为四个子 IP 等新的文旅 IP 吸引了更多的游客。

（三）面向未来的洱海：可持续发展与挑战应对

为了洱海的可持续性发展，应优化空间布局以实现"三生和谐"；发展生态农业、工业和旅游业实现"三产融合"；构建利益共享机制以实现"多方共赢"。"三生和谐"即采取科学的方法对洱海流域内生产、生活以及生态空间进行合理规划和布局，以形成人与自然和谐共存的空间布局。这要求在洱海生态保护与地区经济发展之间找到平衡点，以"三线"为基础确保生态空间得到合理保护，同时对农业、工业的生产区位和居民、游客的生活空间进行合理化调整和安排。"三产融合"即发展过程中注重生态保护，同时在保护过程中寻求发展机会。将生态理念融入到各个产业中，通过技术研发、产业转型、财政支持构建绿色高价值农业、高科技产业和"生态＋"旅游业，形成一个生态经济体系。从而提升生态环境的吸引力、增强产业的绿色价值，进而实现绿色经济的持续增长。"多方共赢"即建立一个包含公众、政府、企业、科研机构等多方参与的湖泊治理和保护机制，这一机制旨在确保所有利益相关者都能在洱海的保护和绿色发展中获得长远利益。通过这种合作模式，可以确保生态移民的生活稳定，帮助农民实现持续增收，并使广大民众从洱海的生态保护和绿色发展中获得长远收益，进而推动乡村的全面振兴。

时至今日，洱海已逐渐恢复"水光天镜"的绝美景色，成群的候鸟在此栖息，渔民在湖上捕鱼，游客在湖畔欣赏美景，人与自然和谐共生的场景再次呈现。然而，湖水的治理却非一日之功，为了让碧浪涟涟的洱海得以延续，我们仍有许多的挑战需要应对。首先，从污染源来看，如何精确地量化农业非点源污染一直是一个难点。居民房屋边种植的高投入蔬菜虽然仅占总种植面积的5%，却在雨季向洱海输送了54%的磷与29%的氮，但这些污染却很难被准确监测，原因在于对农业面源的污染监测集中于河流而忽视了小溪流与排水沟渠。经测量的点源污染负荷、修正后的河流总负荷、间接估算的农业面源污染可能会被高估，因此需制定覆盖各类污染源的系统监测方法。此外，生态补偿机制尚不健全，无法准确识别生态环境的破坏者与生态效益的创造者，导致补偿资金的来源与去处不明，而现有的"三退三还"政策因补偿额度较低而对农业生产亦缺乏激励。其次，从污染治理来看，污染的产生离不开人这个生产主体，人口增长数量超过环境承载力是洱海生态恶化的主要原因。为了转移洱海流域的过量人口，产业结构转型调整势在必行。目前农业的转型涉及对传统生产方式的调整，一方面会产生更多的富余劳动力，但该区域当下发展欠缺的第三产业与第二产业中数量稀少的劳动密集型企业的劳动力吸纳能力十分有限；另一方面，农民自身的风险厌恶倾向会降低他们学习绿色高产种植技术的意愿。此外，流域内劳动力素质普遍较低，高中学历以上的劳动人口仅占总劳动人口的4.91%。因此劳动力的域外流动缺乏稳定性，抵御市场风险的能力较弱，回流风险较高。最后，从污染治理与经济发展的矛盾来看，2015年环保政策的实施严格禁止了流域内高化肥投入作物的种植，大蒜等需要经常施肥的高经济价值作物的禁令给当地农民造成了巨大经济损失。为此，地方政府通过补贴推广了更环保的种植系统，如水稻–油菜和水稻–蚕豆。根据2022年农户调查，水稻–油菜轮作系统年氮素投入约为360kg/ha，氮素盈余约为160kg/ha，年产值约为6000元/ha。因此，与稻蒜轮作相比，水稻–油菜轮作的氮素投入和氮素剩余减少了约60%，但经济价值比稻蒜轮作低60%~80%。同时，为促进养分循环，2018年之后政府要求以有机肥替代无机氮肥和磷肥的使用。然而，有机肥提供的营养物质与作物所需的营养物质在时间进程上无法匹配，原因在于有机肥中矿化速率和氮的释放速率往往与作物对氮需求的时间不一致。因此在使用有机肥时，要么是有效氮的短缺，要么是磷的过剩，进而导致作物产量下降。为了在生态保护和经济收益之间寻求平衡点，迫切需要结合先进的施肥方法与精准的施肥时间开发出具有可持续性的绿色智能肥料，使洱海生态环境治理除了具有生态价值外，还兼具经济价值（Yong H et al.，2023）。

四、问题探索与理论链接

（一）洱海生态环境治理的问题分析

1. 全国水环境治理的普遍问题。

我国水环境治理面临的普遍问题主要包括工业污染的广泛性、农业面源污染的复杂性、生活污水的直排现象、河道生态破坏的严重性、地下水污染的隐蔽性、气候变化对水环境的双重影响、水环境管理与保护措施的不足以及公众环保意识的淡薄性。这些问题的存在，不仅威胁到水生态系统的健康，也对人类饮水安全和社会经济的可持续发展构成了挑战。

以工业污染为例，《中国环境状况公报》显示，2019年全国工业废水排放量高达约230亿吨，其中未经处理或处理不达标，且具有污染物种类多、浓度高、毒性强等特点的废水对水体造成了重大负担。农业面源污染方面，污染主要来源于化肥、农药的过量使用以及畜禽粪便的不合理处置。据统计，中国农业源氨氮排放量约占总排放量的57%。过量的氮、磷等营养物质随地表径流和地下渗透进入水体，导致水体富营养化，引发蓝藻水华等生态问题。生活污水问题也同样严峻，仅有约65%的生活污水得到了处理，直排现象普遍存在。河道生态破坏导致生物多样性下降，削弱了河流的自净能力。地下水污染存在隐蔽性强、监测和治理难度大的特点，根据《中国环境状况公报》，2019年全国地下水Ⅳ类和Ⅴ类水质监测点比例达到23.6%。气候变化导致的极端天气事件同样对水环境稳定性构成威胁。此外，水环境管理和保护措施执行不力、公众参与度不高，都是我国水环境治理普遍面临的问题。

2. 洱海生态环境治理的特质问题。

（1）差异性分析。与全国水环境治理的普遍问题相比，洱海特质问题在于其独特的地理位置和生态环境。首先，洱海位于云南省大理白族自治州，一方面，它是该地区的"母亲湖"，是周边地区重要的水源地，提供着农业灌溉、工业用水以及居民生活用水，哺育着一代又一代的洱海人，但目前流域的人口承载量已超过洱海的生态负荷；另一方面，渔业、旅游业均为该地区的支柱性产业，其水质与当地居民的日常生活和经济发展密切相关。其次，洱海的农业面源污染具有明显的区域性特征，如大蒜种植和奶牛养殖业的发展，对湖泊生态系统产生了较大压力。另外，洱海的生态廊道和湖滨带的破坏，以及中亚热带西南季风气候引致水质的季节性波动和蓝藻水华的周期性暴发，都是洱海特有的环境问题。

（2）针对性策略。为了解决洱海特有的生态问题，通过具体问题具体分析，可以采取以下策略。第一，对流域的农业面源污染进行精细化管理。洱海流域的农业面源污染曾占据总污染负荷的70%左右，因此有效治理农业面源的污染能使洱海环境治理进程事半功倍。监管方面，通过实施精准农业管理措施，如建立基于GIS的面源污染监控系统，精确记录化肥和农药使用情况；种植方面，研发并推广使用绿色智能肥料以及作物病虫害绿色防控技术；政府方面，通过补贴鼓励农民采用生物肥料和病虫害综合管理措施，减少农业源的氮、磷排放。第二，对生态环境进行系统性修复。洱海生态廊道和湖滨带的破坏削弱了其自然净化能力和旅客吸引力。应加快生态廊道建设，如已完成的129千米环湖生态廊道，在隔离人类活动的同时还修复了滨湖带生态系统。此外，还应加快植被恢复和湿地重建，增强生态廊道的水土保持和污染物拦截功能。同时，苍山十八溪生态的有效保护能确保清洁水源直接流入洱海，增加洱海蓄水量以降低富营养化倾向。第三，对水质进行科学调控。洱海水质受季节性因素影响较大，应利用"三库连通"清水直补工程，优化水资源配置，保持洱海生态流量和水位稳定。并通过动态监测和调整入湖河流的水质与水量，减少雨季营养盐输入，平衡干季湖泊蒸发与补给。第四，对蓝藻水华进行周期性防控。蓝藻水华是洱海面临的周期性问题，一般5~7年为一个周期。据上海交通大学云南（大理）研究院院长王欣泽观察，近年来洱海流域气温水温都不断升高，容易造成蓝藻的异常增殖。建议建立基于遥感和现场监测的蓝藻水华预警系统，结合物理和生物方法进行防控。例如使用藻类收割船进行打捞、投放食藻生物等，同时加强湖泊内部水动力调控以改善水体流动性。

（二） 洱海生态环境治理的理论链接

1. 生态整体主义与洱海治理。

生态整体主义的核心在于人与自然和谐共生，其在洱海治理中得到了深入实践，特别是在全流域系统治理策略中。大理州依据《联合国生态系统恢复十年》的指导，本着"尊重自然、顺应自然、保护自然"的原则底线，实施了以"山水林田湖草城"为核心的生命共同体理念，推动了洱海流域的综合治理。通过"三线"划定方案，确立了洱海保护的空间管控依据，体现了生态整体主义中蕴含的整体性和连续性思想。此外，大理州在治理中强调了《国家生态文明试验区（海南）实施方案》提倡的生态修复和生物多样性保护，如通过退耕还湖、湿地恢复等措施，增强了洱海生态系统的自我修复能力。这些措施不仅关注了洱海本身，还考虑到了流域内的苍山等自然景观，以及与之相连的农业、旅游业等社会经济活动，体现了生态整体主义对生态系统完整性的维护。

在生态整体性的探索中，一条"以洱海流域为核心、以生态保护为基础、以制度规划为保障、以空间管控为抓手、以绿色产业为支撑、以美丽大理为目标，着力打造国家大型湖泊流域生态保护和绿色发展典范"的绿色发展道路正在形成。

2. 生态文明建设与洱海治理。

洱海治理不仅是对一个高原湖泊生态系统的修复与保护，更是生态文明建设理论的具体体现和深入实践。在这一过程中，大理州坚持了生态优先、绿色发展的理念，将生态文明建设作为经济社会发展的重要指导原则。

生态文明建设的核心在于实现人与自然的和谐共生，洱海治理正体现了这一理念。通过生态搬迁、生态廊道建设、退耕还湖、湿地恢复等科学措施，洱海的自然生态空间得到了有效保护和恢复。这些措施不仅提升了洱海生态系统的自我修复能力，也改善了当地居民的生活质量，实现了生态效益与社会效益的有机统一。在洱海治理过程中，大理州依据《生物多样性公约》等国际公约和倡议，推动了对生物多样性的保护和生态系统服务质量的提升。同时，大理州积极响应《中国水污染防治行动计划》（亦称"水十条"），通过科学决策和民主决策来平衡经济发展与生态保护的关系，推动了生态农业和绿色产业的发展。在治理现代化方面，大理州依托国内一流科研单位和中国工程院院士领衔的专家团队，构建了健全的法治体系和科学的规划体系，如《云南省大理白族自治州洱海管理条例》，推动了治理体系和治理能力的现代化。通过水质科学监测分析、专家咨询论证、听证、协商以及征求各方意见，确保了决策的科学性和合理性。此外，大理州运用现代信息技术，如物联网（IoT）、大数据分析和人工智能（AI），建立了洱海智慧管理系统，提高了治理的智能化水平和决策支持的科学性。生态文明建设同时还强调了公众参与和文化引领的重要性。大理州通过生态文明教育、公众宣传和文化活动，提高了公众的环保意识，培育了绿色生活方式，形成了全社会人与自然和谐共生的良好氛围。

总之，洱海生态环境治理是生态文明建设理论在地方层面的具体实践，它不仅体现了生态文明建设的理念和目标，也为其他地区的生态环境保护提供了宝贵的经验和借鉴。通过洱海治理的成功实践，我们可以看到生态文明建设的中国智慧和中国方案，也为全球生态环境保护贡献了重要力量。

五、问题讨论

1. 在洱海治理过程中，是如何平衡生态保护与当地居民的生计需求的？

2. 洱海治理模式的转变给当地村落和环境带来了哪些积极和消极的影响？

3. 洱海的治理实践对于我国其他湖泊的生态保护和可持续发展提供了哪些值得借鉴的经验和启示？

参考文献

［1］陈敬安，万国江，陈振楼等. 洱海沉积物化学元素与古气候演化［J］. 地球化学，1999（06）：562 － 570.

［2］项继权. 湖泊治理：从"工程治污"到"综合治理"——云南洱海水污染治理的经验与思考［J］. 中国软科学，2013（02）：81 － 89.

［3］柯高峰，丁烈云. 洱海流域城乡经济发展与洱海湖泊水环境保护的实证分析

[J]. 经济地理，2009，29（09）：1546 - 1551.

[4] 孙莉，高思佳，储昭升等. 土地利用方式对洱海流域坝区土壤氮磷有机质含量的影响 [J]. 环境科学研究，2016，29（09）：1318 - 1324.

[5] 刘恩科，严昌荣，何文清等. 云南省洱海流域坡耕地水土流失现状以及防治对策研究 [C] //中国环境科学学会，中国环境科学研究院，武汉市人民政府，国际湖泊环境委员会，第十三届世界湖泊大会论文集上卷，中国农业科学院农业环境与可持续发展研究所，农业部旱作节水农业重点开放实验室，2009：2.

[6] 卫志宏，张利仙，杨四坤等. 洱海浮游植物群落结构及季节演替 [J]. 水生态学杂志，2012，33（04）：21 - 25.

[7] 杨洪允，周雯，乔永民等. 洱海浮游植物群落结构及其与环境因子分析 [J]. 环境科学与技术，2021，44（07）：123 - 132.

[8] 段昌兵，姜仕军，张恩楼等. 洱海底栖动物的分布格局及其对水质生物学评价的指示意义 [J]. 生态科学，2014，33（01）：68 - 75.

[9] 费骥慧，汪兴中，邵晓阳. 洱海鱼类群落的空间分布格局 [J]. 水产学报，2012，36（08）：1225 - 1233.

[10] Yong H., Wen X., Wen F. C. et al. Agricultural Green Development in The Erhai Lake Basin—The Way Forward [J]. Frontiers of Agricultural Science and Engineering，2023，10（04）：510 - 517.

案例十一

筑牢"中华水塔"
——三江源自然保护区

教学目的：使学生明确在国家生态文明建设战略背景下，以三江源国家公园为例的国家公园管理体系建设的重要意义，学习明确合作生产理论、可持续发展与生态保护之间的关系，增强对生态环境保护重要性的认识。

教学内容：向学生介绍三江源地区概况以及生态保护问题、三江源国家公园的筹建背景、建设历程、主要治理措施及成效与挑战。

重点、难点：本章重点在于三江源地区的重要性及面临的生态问题。三江源国家生态公园的建立背景、主要措施及成效；难点在于理解生态保护实践与合作生产理论的应用关系、分析三江源生态保护中的国家公园管理体系建设问题及其优化方案。

案前思考题：在三江源生态保护过程中，你认为还存在哪些挑战和问题？应该如何解决？

一、案例背景与教学目的

1. 三江源案例背景。

（1）三江源自然特征。三江源位于中国青藏高原腹地青海省南部，是长江、黄河、澜沧江（湄公河）的源头，地理位置独特，平均海拔3500～4800米。该区域总面积30.25万平方公里，约占青海省43%，是我国及亚洲气候变化的敏感区与启动区，是重要的生态屏障和水源涵养地，生物多样性丰富，对全球气候变化研究及国家生态安全具有重大意义。

三江源地区地质构造复杂，山脉纵横交错，河流密布。这里分布着可可西里山、唐古拉山等众多高大山脉，这些山脉的雪线以上分布着终年不化的积雪和冰川。这些冰川和积雪融化后形成的河流和湖泊是三江源地区的重要水源之一。同时，三江源地区还分布着众多断陷盆地和山间谷地，这些地区地质构造活跃，地震频发，但同时也为野生动植物提供了独特的生存环境。深入探索三江源这片神秘而壮丽的土地，我们不难发现，其独特的地貌与水文特征共同塑造了一个自然界的奇迹。在这里，可可西里山脉与唐古拉山系犹如两条巨龙，自青藏高原的腹地腾空而起，它们不仅构成了三江源地区的天然屏障，更以其巍峨的身姿，挺立于天际之间，展现了大自然的鬼斧神工。这些山脉的巅峰之上，终年积雪不化，它们不仅是寒冷与纯净的象征，更是无数冰川的摇篮。这些冰川，如同大地的银色绸带，缓缓流淌，为三江源乃至整个下游地区提供了宝贵的水资源。黄河、长江与澜沧江——这三条举世闻名的河流，竟然都发源于这片相对狭小的地域内。这一独特现象，不仅在全球范围内极为罕见，也充分证明了三江源地区在地球水循环中的重要地位。正因如此，三江源不仅是中国生态安全的重要屏障，也是全球气候变化研究的热点地区之一。其独特的地理位置和丰富的自然资源，不仅为青海省赢得了世界级的声誉，也为全人类的可持续发展贡献了宝贵的力量。

（2）三江源对经济社会发展的作用。三江源的自然资源对我国的生态状况和国民经济发展起着至关重要的作用。主要集中于水资源供给、生物多样性、生态安全屏障、经济社会可持续发展四个方面。

①水资源供给。三江源作为长江、黄河以及澜沧江（亦称国际河流湄公河）的起始之地，地域辽阔无垠。这一地区为三大河流提供了充沛的水资源，其贡献率分别为长江总水量的1/4、黄河总水量的几近半数（49%）以及澜沧江（湄公河）总水量的15%。因此，该区域享有"万水之源""中华/亚洲之水塔"的美誉。每年，它向国内外众多地区输送接近600亿立方米的优质水源，对于保障区域乃至全国的水资源安全具有举足轻重的地位。

②生态安全屏障。三江源地区拥有广泛的冰川雪山、高海拔湿地和高寒草原草甸，这些自然要素共同构成了我国重要的生态安全屏障。它们不仅涵养水源、保持水土，还防风固沙、维持生物多样性，对保障国家生态安全具有重要意义。

227

③生物多样性。三江源是全国 32 个生物多样性优先区之一，素有"高寒生物种质资源库"之称。三江源自然保护区是生物多样性的热点地区，拥有许多珍稀和濒危的野生动植物，如雪豹、藏羚羊、野牦牛等。这些物种不仅具有科学研究价值，也是生物多样性的重要组成部分。保护好这些物种，对于维护生态平衡和生物多样性具有重要意义。

④促进经济社会发展。随着三江源生态保护力度的加大和生态旅游的兴起，相关产业如生态旅游、绿色农业、生态畜牧业等得到了快速发展。这些产业的发展不仅为当地居民提供了就业机会和收入来源，也促进了区域经济的多元化和可持续发展；三江源地区的生态保护与建设还带动了当地基础设施的改善和居民生活水平的提高。例如，通过实施生态移民、退牧还草等工程，有效缓解了草场退化、生态恶化等问题，提高了牧民的生活质量和幸福感；三江源地区的生态保护与经济社会发展相协调的理念和实践，为全国其他地区树立了绿色发展的典范。通过推广绿色技术、发展循环经济等措施，三江源地区正在逐步实现经济发展与环境保护的双赢。

综上所述，三江源对经济社会的重要作用体现在水资源供给与生态安全、生物多样性保护以及促进经济社会发展等多个方面。保护好三江源地区的生态环境和生物多样性，对于维护国家生态安全、促进经济社会可持续发展具有重要意义。

（3）三江源地区的生态恶化及影响。尽管三江源地区拥有丰富的自然资源和独特的生态环境，但近年来也面临着日益严重的生态环境问题。三江源生态曾在近些年一度退化恶化：

①水土流失严重。三江源地区有严重的土壤风蚀、水蚀、冻蚀现象，生态环境极度脆弱。该地区总面积的是中度以上水土流失区，面积达 9.62 万平方千米。水土流失导致河流含沙量增加，中下游地区河道淤积严重，影响航运。同时，下游河道因淤积而抬高河床，加之水速减缓，易引发洪水灾害，还会导致水域面积减少，使得下游湖泊因泥沙沉积而大面积缩减，影响生态系统平衡。

②鼠虫害泛滥。鼠虫害会大量啃食草场植被，导致草场退化，植被覆盖度下降。三江源区主要害鼠为高原兔鼠与高原鼢鼠，特别是在黄河源区，鼠害造成了 50% 以上的黑土型退化草场。植被破坏后，土壤失去保护，更易受风蚀和水蚀，加剧水土流失，使得土壤侵蚀加剧。同时鼠虫害泛滥会破坏三

江源地区生物链，影响其他生物的生存和繁衍。

③草场退化、沙化。据报道，三江源地区已经有占可利用草地面积53%的1000多万公顷草地出现沙化和退化，其中250万公顷草地呈现沙漠化土地面积。草场是水源的重要涵养区，退化后涵养水源的能力减弱，影响河流径流量，导致水源涵养能力下降，同时植被减少导致土壤暴露，易受侵蚀，加剧水土流失。最终草场退化会破坏生物的栖息地，导致生物多样性锐减，给生态环境带来巨大危害。

④生物多样性锐减。尽管三江源地区生物多样性特别丰富，但由于生态环境的恶化，动物种类和数量都在减少。过度放牧和捕杀导致一些珍稀动物面临着灭绝的危险。生物多样性是生态系统稳定的基础，三江源多样性锐减会带来诸多危害激增，导致生态平衡被打破。进而影响生态系统的服务功能，如水源涵养、气候调节等。最终使得生物多样性的减少影响到诸如旅游业、医药业等相关产业的发展。

⑤冰川萎缩。三江源地区冰川萎缩，导致众多江河、湖泊和湿地缩小、干涸，这进一步加剧了该地区的生态问题。由于冰川是河流的重要水源补给，萎缩会导致河流径流量减少，影响中下游地区的水资源；而水源减少会加剧生态环境恶化，如湿地萎缩、湖泊干涸等。同时冰川萎缩是气候变化的指示器之一，其变化可能进一步加剧全球气候变化。

综上，"三江源"地区所面临的生态环境问题与挑战是多方面的，这些问题不仅威胁到该地区的生态环境安全，也对长江、黄河和澜沧江等河流的水资源安全产生重要影响。因此，加强"三江源"地区的生态环境保护与修复工作显得尤为迫切和重要。

2. 三江源案例概要。

青海省是中国三大江河：长江、黄河与澜沧江的起源地，不仅是青藏高原生态安全体系的基石，也是全球生物多样性保护的关键区域。其独特的地理位置，位于青藏高原的核心区域，赋予了它不可替代的生态价值。近年来，三江源地区正面临着一系列严峻的生态挑战，诸如剧烈的水土流失加剧、鼠虫害猖獗、草原生态系统退化与荒漠化扩展、生物多样性急剧减少以及冰川退缩等问题，严重威胁着区域的生态平衡与国家的生态安全。鉴于此，党中央与国务院对三江源生态保护工作给予了前所未有的重视。自2000年8月19日，三江源自然保护区正式宣告成立起，历经二十载春秋，三江源国家公园的建设与发展逐步迈过了五个关键性阶段，实现了从生态保护单一维度向生态保护与经济社会发展并重、人与自然和谐共生的多维转型。这一过程不仅见证了保护范围的精细划定、保护措施的持续强化，更体现了保护力度的显著增强，标志着我国生态保护理念的深刻变革与实践的积极探索。

作为国家公园体制创新的先行者，三江源国家公园不仅承载着探索全新生态保护模式的重任，更是我国生态文明建设蓝图中不可或缺的一环。自2005年1月国家发展改革委发布《青海三江源自然保护区生态保护和建设总体规划》以来，三江源国家公园便踏上了长达近二十年的建设征途。这一过程中，制度层面的创新成为推动生态文明建设的重要驱动力，不断激励着对体制机制、公园管理模式进行深度改革与完善，旨在构建更为科学、高效的监管体系与生态保护机制。

为此，我们需持续强化制度创新的力度，激发社会各界参与三江源国家公园建设的积极性与创造力，共同探索适合三江源特色的可持续发展路径。最终，旨在将三江源国家公园打造成为生态保护、体制机制创新以及国家公园建设的典范，引领我国国家公园体系向现代化、科学化、国际化方向迈进，为全球生态保护贡献中国智慧与中国方案。

二、案例内容

（一）三江源国家公园设立的意义

三江源国家公园位于青藏高原腹地、青海省南部，包括长江源、黄河源、澜沧江源3个园区，是我国重要的生态安全屏障和高原生物种质资源库，其保护价值对全国乃至世界都意义重大。具体表现为以下几个方面：

1. 建立国家生态安全屏障。

三江源地区被誉为"中华水塔"，是长江、黄河、澜沧江三大河流的发源地，其水源涵养功能直接关系到我国乃至东南亚多国的水资源安全。该区域生态系统的稳定与否，直接影响着下游数亿人的生产生活用水及生态环境质量。因此，建立三江源国家公园，旨在通过科学有效的保护管理，确保这一重要生态安全屏障的完整性和健康状态，维护国家生态安全大局。

2. 保护生物多样性。

三江源地区拥有丰富的高原生物种质资源，是众多珍稀濒危物种的栖息地。建立国家公园，意味着为这些物种提供更加广阔、连续且受保护的生存空间，有助于防止物种灭绝，维护生物多样性。

3. 推动贯彻落实绿色发展理念。

三江源国家公园的设立，是党中央、国务院深入贯彻"绿水青山就是金山银山"发展理念的生动实践。它摒弃了传统以牺牲环境为代价的发展模式，探索了一条生态优先、绿色发展之路，展示了人与自然和谐共生的美好愿景，为全国乃至世界提供了可借鉴的生态保护与经济社会发展相协调的范例。

4. 促进区域可持续发展。

2023年8月23日，青海省政府新闻办发布了《三江源国家公园总体规划（2023－2030年）》。此规划不仅明确了保护管理的具体措施，还涵盖了教育体验、和谐社区建设等内容，旨在通过科学规划和管理，实现生态保护与社区发展的双赢。这不仅能够提升当地居民的生活水平，还能增强他们的环保意识和参与保护的积极性，形成全社会共同参与生态保护的良好氛围，促进区域可持续发展。

5. 增强国际影响力与加强国际合作。

三江源国家公园的建立，对于提升我国在国际生态保护领域的地位和影响力具有重要意义。它将吸引更多国际关注和支持，促进国际合作与交流，共同应对全球气候变化、生物多样性丧失等全球性挑战，推动构建人类命运共同体。

因此，建立三江源国家公园是基于对国家生态安全、生物多样性保护、绿色发展理念、区域可持续发展以及国际影响力提升等多方面因素的深思熟虑；是党中央、国务院统筹推进"五位一体"总体布局的重大战略决策；是践行"绿水青山就是金山银山"理念的重要行动；是实现人与自然和谐共生的具体实践；是一项具有深远意义的战略决策。于是在2021年10月12日，三江源国家公园正式成为中国首批国家公园。

（二）三江源国家公园设立的过程

三江源国家公园的建立与完善主要分为五个阶段：

1. 筹备建立期。

2000 年伴随国家西部大开发战略的深入，党中央与国务院对设立"三江源自然保护区"的建议给予了空前重视，彰显了国家对西部生态保护的深切关怀与坚定决心。同年 3 月，国家林业局与青海省政府携手，在北京召开了三江源自然保护区建立的专家论证会，汇聚多方智慧，共谋发展大计。历经数载筹备与论证，2005 年 1 月，国务院正式批准了《青海三江源自然保护区生态保护和建设总体规划》，标志着三江源生态保护工程的全面启动。此举不仅确立了"三江源"的地理生态地位，也彰显了国家保护生态环境的坚定立场与责任感。随后，青海省成立了三江源生态保护和建设办公室，为保护工作提供了坚实的组织支撑。然而，工程初期亦面临挑战。政策体系的不健全与部门协作的缺失，导致政策执行存在零散性，缺乏整体战略部署。针对此，青海省及相关部门积极应对，通过完善政策、强化协作、加强监督等措施，逐步克服难题，推动保护工作向系统化、科学化迈进。在此过程中，三江源不仅成为国家生态保护的典范，也向世界展示了中国在生态环境保护方面的决心与能力。它不仅关乎一地之生态，更关乎全国乃至全球的生态安全与可持续发展。因此，持续加强三江源生态保护，不仅是对历史负责，更是对未来负责，是对子孙后代负责的体现。

2. 初始发展期。

初始发展阶段为 2006～2012 年，青海省政府积极响应并深入贯彻党中央与国务院针对三江源区域发展的战略性指导意见。在这一关键时期，为了有效推进三江源自然保护区的生态保护与建设工程，青海省政府不仅出台了《青海三江源自然保护区生态保护和建设工程管理暂行办法》这一核心指导文件，还配套实施了共计 8 项具体的管理办法与实施细则，全方位、多层次地构建了三江源生态保护的政策框架。地方政府展现出高度的政策敏锐性，主动将三江源地区的生态保护纳入其政策规划的核心范畴，并明确提出了三江源建设工程的总体指导思想，旨在通过科学规划与有效管理，实现生态与发展的双赢。在此阶段，"生态"二字无疑成为政策制定与执行过程中最为高频的关键词汇，它不仅深刻反映了三江源工程建设在这一时期的核心目标与价值取向，也见证了地方政府及社会各界对于生态环境保护工作的高度重视与不懈努力。同时，国家公园建设作为三江源生态保护的重要组成部分，也在科学发展观的引领下稳步前行，地方政府相继出台了一系列相关法律法规，为生态环境保护提供了坚实的法律保障，推动了相关法律法规体系的逐步完善。

3. 统筹规划期。

统筹规划阶段为2013～2016年，见证了三江源国家公园建设从国家顶层设计到地方具体实施的全面展开。2013年，党的十八届三中全会提出建立国家公园体制，将三江源纳入国家生态保护战略。2014年10月，国家发展改革委等六部委批复《青海省生态文明先行示范区建设实施方案》，探索国家公园制度。2015年，习近平主持会议审议通过《三江源国家公园体制试点方案》，标志试点正式启动。2016年，青海省委审议并通过《关于实施〈三江源国家公园体制试点方案〉的部署意见》后，三江源国家公园体制改革试点正式拉开帷幕。这一阶段，国家政策密集出台，中央统筹规划引领方向，青海省积极响应，出台系列具体方案。三江源地区生态保护与建设部署更加密集，试点工作稳步推进，取得阶段性成果。通过实施严格保护措施、推进生态移民、加强监测评估等措施，三江源生态环境显著改善，生物多样性得到有效保护。同时，国内外专家积极参与，提供智力支持，国际合作交流不断深化，提升三江源国家公园的国际影响力。这一时期的努力不仅为三江源地区带来了实实在在的生态福祉，也为我国国家公园体制建设积累了宝贵经验，对推动生态文明建设、实现可持续发展具有重要意义。

4. 全面升级期。

全面升级期为2017～2020年，这一时期是三江源地区全面升级的关键时期，期间多项重要政策密集出台，政策主体日益多元化。《三江源国家公园社区发展和基础设施建设专项规划》《三江源国家公园管理规划》《三江源国家公园产业发展和特许经营专项规划》《三江源国家公园生态体验和环境教育专项规划》《三江源国家公园生态保护专项规划》等相继出台，并向社会公开征求意见，展现了国家在生态保护与可持续发展方面的坚定决心。此阶段，政府通过一系列指令性政策，强化了社会各界对三江源保护的认知，推动了治理的法治化进程，并倡导公民依法参与生态保护。玉树市人民法院设立的三江源生态法庭及生态公益司法保护中心，成为司法保护生态的新亮点，公益生态保护岗位的设置更是将生态保护融入群众日常生活，实现了生态与民生的双赢。这一时期的特点在于，政府不仅注重顶层设计与规划引领，还强调政策执行的有效性与民众参与的广泛性。通过构建多元化、法治化的生态保护体系，政府成功引导社会资本与民间力量共同参与三江源的保护与建设，形成了政府主导、社会协同、公众参与的良好局面。这一系列举措不仅提升了三江源地区的生态环境质量，也为我国乃至全球的生态保护事业提供了可借鉴的经验与模式。

5. 体系完善期。

体系完善期为 2021 年至今，我国三江源国家公园正式步入体系完善期，标志着我国生态文明建设迈入新阶段。此阶段以 2021 年 10 月 12 日国家设立首批国家公园为起点，三江源国家公园的合法性得以确立，标志着前期准备工作的圆满结束与成效的初步显现。2023 年是三江源国家级自然保护区成立 20 周年。从建立自然保护区，到设立国家生态保护综合试验区，再到我国第一个国家公园体制试点，三江源历经 20 年保护建设的艰辛探索实践，集中体现了我国生态文明建设实现历史性转变、取得历史性成就。2022 年 9 月，国务院办公厅积极响应，转发财政部与国家林草局（国家公园局）联合制定的《关于推进国家公园建设若干财政政策意见》，旨在推动建立以国家公园为主体的自然保护地体系财政保障制度，为三江源国家公园的可持续发展提供坚实支撑。随后，2023 年 8 月发布的《三江源国家公园总体规划（2023－2030年)》进一步明确了三大建设目标：一是强化整体保护与系统修复，打造青藏高原生态保护修复示范区；二是促进生态保护与民生改善相协调，构建人与自然和谐共生的先行区；三是展现自然与人文之美，打造自然保护展示与生态文化传承的国际窗口。这一系列规划与政策的出台，体现了我国在三江源国家公园治理上的不断完善与深化。在体系完善期，我国不仅注重生态修复的科学性与系统性，还积极探索生态保护与民生改善的结合点，通过发展绿色产业、促进社区参与等方式，实现生态保护与经济发展的双赢。同时，加强国际合作与交流，向世界展示中国生态文明建设的成果与经验，为全球生态治理贡献中国力量。此外，我国还不断创新生态保护机制，如生态补偿、社区共管、智能化监测等，为三江源国家公园的生态保护提供了有力保障。随着公众环保意识的提升和社会力量的广泛参与，三江源国家公园的治理成效日益显著，成为人与自然和谐共生的典范。2023 年是三江源国家级自然保护区成立 20 周年。从建立自然保护区，到设立国家生态保护综合试验区，再到我国第一个国家公园体制试点，三江源历经 20 年保护建设的艰辛探索实践，集中体现了我国生态文明建设实现历史性转变、取得历史性成就。未来，我国将继续深化生态文明体制改革，推动三江源国家公园治理体系与治理能力现代化，为实现中华民族永续发展奠定坚实基础。

（三）三江源国家公园的政策实施与效果

三江源国家公园在坚持生态保护第一的前提下，实现了生态保护、绿色发展和民生改善三者的有机统一，走出了一条中国特色国家公园的建设与管理之路，具体举措和实施效果包括：

1. 恢复与保护植被。

三江源国家公园通过实施封山育林、人工种草等项目，有效遏制了植被退化趋势。实施"耕地向林地、牧地向草场"的有序退转策略，旨在将生态脆弱区的土地利用方式优化调整，逐步提升区域绿化覆盖率。同时，构建起严密的植被保护机制，对任何形式的滥伐、过度放牧行为实施严厉打击，确保植被资源得到有效恢复与持久维护。此外，针对沙漠化严峻区域，实施了针对性的植被恢复项目，通过种植适宜当地气候条件的林木与草本植物，有效遏制了土地沙化的蔓延趋势，重塑自然生态本底。

现如今，经过持续对植被的保护与治理，草地植被盖度和产草量显著提高，分别比10年前提高了11%和30%以上，有效改善了草原生态环境。植被恢复增强了其土壤保持和水源涵养能力，有助于维护三江源地区的水土安全。

2. 改善生态环境。

大力推广生态友好型设施，如生态厕所的建设与生态旅游的规范发展，旨在减少污染排放，提升生态系统自我净化能力，最终减轻人类活动对自然环境的负面影响。在水资源保护方面，实施了更为严格的水源地保护措施，有效防控了水体污染，保障了三江源地区水资源的可持续供给与安全。同时，通过植树造林、草方格固沙等措施，有效防治了沙漠化土地的扩张，保护了周边生态环境。

经过政府及社会各方面的不懈努力，三江源地区生态环境得到明显改善，生态系统退化趋势得到基本遏制，水资源总量明显增加，湖泊数量由4077个增加到5849个，湿地面积增加104平方公里。三江源生态环境的改善为园区内野生动植物提供了更好的栖息环境。

3. 保护生物多样性。

针对生物多样性面临的威胁，三江源国家公园强化了野生动物保护管理体系，严厉打击非法捕猎与交易行为，积极维护生物栖息地，为野生动植物提供了更加安全、适宜的生存空间，还设立了生态管护员公益性岗位，由当地牧民担任，负责巡护草场湖泊、救助野生动物、监测生物多样性等工作。同时，加强了对外来物种入侵的监控与防范，避免其对本土生态系统造成不可逆的损害，维护了区域内的生态平衡与稳定。

如今的三江源国家公园生物多样性得到有效保护，野生动物种群数量增加，生物多样性不断丰富。生态管护员制度的实施，不仅提高了当地牧民的收入水平，还增强了他们的生态保护意识，形成了良好的生态保护氛围。

4. 监控环境污染。

三江源构建了包括空气质量监测站、水质监测点在内的天空地一体化的监测平台，利用无人机、卫星遥感等先进技术对环境污染进行实时、全方位的环境监测网络，同时与"青海生态之窗"等平台的实时观测数据共享，实现了对环境质量的实时、精准监控以及时掌握环境动态。在此基础上，加大了对工业排放、农业面源污染等污染源头的监管力度，通过设定严格的排放标准与治理要求，有效遏制了环境污染的加剧，保障了区域环境质量的持续改善。

构建了天空地一体化的监测平台，让环境污染问题得到及时发现和有效处理，保障三江源地区的生态环境安全。监测数据的共享与分析，为科学决策提供了有力支持，推动了生态环境保护工作的精准化、智能化。

5. 推进生态产业发展。

积极引导企业向绿色、低碳方向转型，以实现经济发展与环境保护的双赢，鼓励发展绿色能源、环保材料等新兴产业，减少对自然环境的破坏。同时，推动农业向绿色化、有机化方向转变，提高农产品的生态价值与市场竞争力，促进农村经济的可持续发展。此外，依托丰富的自然风光与独特的民族文化，大力发展生态旅游产业，既带动了地方经济增长，又促进了生态文化的传播与普及。

如今，三江源国家公园的生态产业得到快速发展，为当地经济注入了新的活力。牧民群众获得稳定长期收益，生活水平显著提高，实现了生态保护与经济发展的双赢。

6. 加强保护意识。

为构建全社会共同参与的生态保护格局，三江源国家公园加大了对生态环境重要性的宣传力度，通过举办生态知识讲座、发放宣传资料、开展生态体验活动等多种形式，提高了公众对生态保护的认识与参与度。同时，将生态保护教育纳入学校课程体系，从小培养青少年的环保意识与责任感，为生态环境保护事业培养了一批又一批的接班人。通过这一系列努力，三江源地区已形成了良好的生态保护氛围，为生态文明建设的深入推进奠定了坚实的群众基础。

在多方宣传举措下，当地牧民和游客的生态保护意识显著增强，形成了良好的生态保护氛围。生态管护员的专业技能和生态保护意识得到提升，为三江源地区的生态保护工作提供了有力保障。

如今，三江源公园生物多样性逐渐恢复，这说明通过恢复与保护植被、改善生态环境、保护生物多样性、监控环境污染、推进生态产业发展以及加强保护意识等多方面的措施，可以为三江源地区创造一个美好的生态环境，实现人与自然的和谐共生。

（四）三江源国家公园建立后的维护与价值提升

1. 三江源国家公园的持续维护举措。

（1）继续加强生态保护与管理。实施严格的生态保护措施，制定并执行严格的生态保护法规和政策，确保公园内的生态资源得到有效保护。加强对重点生态区域的监管和保护，如水源涵养区、生物多样性保护优先区等。实行生态红线制度，明确禁止和限制开发的区域，防止人类活动对生态环境造成破坏；推进生态系统修复工程，针对受损的生态系统，实施科学的修复工程，如湿地恢复、草原改良、植被恢复等。加强对退化土地和生态系统的治理，恢复其生态功能和生物多样性；建立生态监测体系，利用现代科技手段，如无人机、卫星遥感、红外相机等，建立全面的生态监测体系。对公园内的生态环境进行实时监测和评估，及时发现和解决生态问题。

（2）优化管理体制与机制。建立统一的管理机构，明确国家公园的管理主体和职责分工，建立统一的管理机构，实现跨部门、跨区域的协同管理；完善政策法规体系，制定和完善国家公园管理的政策法规体系，明确生态保护、资源利用、社区参与等方面的规定和要求。加大执法力度，严厉打击破坏生态环境的违法行为。

（3）促进生态产业发展。发展生态旅游，在保护生态的前提下，合理开发公园内的生态旅游产业。推广低碳、环保的旅游方式，减少旅游活动对生态环境的影响；推动绿色产业发展，依托国家公园的生态资源，发展绿色农业、生态畜牧业等绿色产业。推广绿色生产技术和模式，提高产业的生态效益和经济效益。

（4）加强科技支撑与人才保障。加大科技研发投入，加强生态保护、生态修复、生态监测等方面的科技研发投入。引进和培育先进的生态保护技术和方法，提升生态保护的科技水平；培养专业人才队伍，加强生态保护、生态旅游等领域专业人才的培养和引进。建立高素质的专业人才队伍，为生态保护工作提供有力的人才保障；推广科技应用，推广先进的科技应用成果，如智能监测设备、生态修复技术等。提高科技应用的覆盖面和效果，提升生态保护的智能化水平。

2. 三江源国家公园建立后的生态和经济社会价值。

三江源国家公园建立后，其生态与经济社会价值得到了深入的挖掘和广泛的认可。本文分别从生态价值和经济社会价值两个视角进行分析：

（1）倾力打造三江源的生态治理样板。

①加强生态系统监测与保护。利用现代科技手段，如卫星遥感、无人机监测等，对三江源国家公园内的生态系统进行实时监测，及时发现并解决生态问题。加强对重点生态区域的保护力度，如水源涵养区、生物多样性保护优先区等，确保生态系统的稳定性和完整性。

②推动生态修复与治理。针对受损的生态系统，实施科学的修复工程，如湿地恢复、草原改良、植被恢复等，提升生态系统的服务功能。加强对退化土地和生态系统的治理，恢复其生态功能和生物多样性。

③提升生物多样性保护水平。加大对珍稀濒危物种的保护力度，如雪豹、藏羚羊等，确保其种群数量得到有效恢复和增长。建立生物多样性监测网络，对物种分布、数量、生态习性等进行长期跟踪监测，为生物多样性保护提供科学依据。

④加强国际合作与交流。与国际自然保护组织和研究机构建立合作关系，共同开展生态保护和生物多样性研究。分享生态保护经验和成果，提升三江源国家公园在国际上的知名度和影响力。

（2）推动实现绿水青山转化为金山银山。

①推动生态产品价值实现。提升生态产品价值认知水平，明确生态产品

的价值来源、使用价值、价值构成和价值量的动态性。健全生态产品价值评估体系，制定科学的评估方法和标准，为生态产品交易提供依据。拓展生态产品交易渠道，建立生态产品交易平台，促进生态产品的市场化运作。

②发展生态旅游产业。在保护生态的前提下，合理开发生态旅游资源，打造特色生态旅游品牌。提升旅游服务质量，推广低碳、环保的旅游方式，提高游客满意度和参与度。加强旅游基础设施建设，提高旅游接待能力，促进当地经济发展。

③促进绿色产业发展。依托三江源国家公园的生态资源，发展绿色农业、生态畜牧业等绿色产业。推广绿色生产技术和模式，提高产业生态效益和经济效益。加强绿色产业品牌建设，提升产品附加值和市场竞争力。

④推动区域协同发展。加强与周边地区的协同发展，推动区域生态保护和经济合作。建立跨区域生态保护补偿机制，实现生态保护和经济发展的双赢。加强区域间的政策协调和规划对接，形成协同发展合力。

⑤加强政策支持和资金保障。制定和完善相关政策法规，为三江源国家公园的生态与经济社会价值深挖提供政策保障。加大财政资金投入力度，支持生态修复、生态产品价值实现、绿色产业发展等项目实施。鼓励社会资本参与三江源国家公园建设和发展，形成多元化投入机制。

三、案例简评

（一）三江源对生态保护的经验总结

1. 强化生态系统治理。

在深入剖析三江源国家公园政策文本的过程中，一个显著的特点是"生态""保护"与"国家"这三个关键词的高频次出现，它们共同构成了政策制定的核心思想。具体而言，《三江源国家公园条例（2017）》的总则部分，第四条明确指出国家公园内的自然资源归国家所有，这一资源不仅面向全民开放，实现共享，而且承载着世代传承的重要使命。紧接着的第五条，则进一步阐述了公园保护、建设与管理的指导原则，即保护置于首位，辅以科学规划，鼓励社会广泛参与，同时不忘改善民生福祉，确保自然资源的可持续利用。这一系列规定深刻体现了三江源国家公园独特的治理哲学。进一步查阅政策细节，我们不难发现，在公园治理实践中，积极倡导构建社区共建共管的创新模式，特别关注民生领域的建设与发展。针对国家公园巡护任务与农牧民脱贫两大关键议题，政策制定者精心设计了多项措施，力求在保护生态的同时，促进社区经济的繁荣与居民生活水平的提高。这种"共享"与"民生"的核心理念，与合作生产理论所倡导的价值观不谋而合，共同指向了国家所有、全民共享这一开创性的治理新思路。

2. 构建多元化主体。

三江源的治理模式构建了政府主导、多元参与的治理格局，党中央全面深化改革领导小组在推动国家治理体系和治理能力现代化的进程中，多次从国家战略的顶层设计层面，对三江源国家公园的政策框架与制度设置给予了高屋建瓴的指导性意见。2017 年，标志着我国国家公园制度建设重要里程碑的《三江源国家公园条例（试行）》正式颁布，这是我国首部针对国家公园设立的地方性法规。该条例详细规定了"三江源国家公园实行集中统一垂直管理。建立以三江源国家公园管理局为主体、管理委员会为支撑、保护管理站为基点、辐射到村的管理体系"。三江源国家公园实行的高度集中、统一且垂直的管理体制，构建了一个以国家公园管理局为核心、管理委员会为辅助、保护管理站为基点、并广泛辐射至村级的全面管理体系。同时，规定中的"公园所在地县人民政府负责行使辖区经济社会发展综合协调、公共服务、社会管理和市场监管等职责"，明确了公园所在地县级人民政府的综合协调职责。该条例还鼓励"建立以财政投入为主、社会共同参与的资金筹措保障机制"，但是，"国家公园管理机构不得从事营利性的经营活动，不得将规划、管理和监督等行政管理职能委托给企业或者个人行使"的内容也明确界定了国家公园管理机构的非营利性质，强调其行政管理职能的不可转让性，即不得将规划、管理和监督等核心职能交由企业或个人执行。这一系列规定深刻揭示了政府在公园治理中的主导角色，同时也反映出在政策制定过程中对社会参与的多维度考量。通过深入分析文本中的词频数据，"社会"与"意见"等词汇的高频出现，不仅彰显了公共部门在决策过程中主动倾听社会声音、广泛征集民意的积极态度，还体现了对利益相关者直接利益诉求的高度重视。然而，在进一步梳理政策文本与实际情况时，不难发现一个现象：尽管公共部门致力于通过信息的高度透明与广泛获取来增强公众对公共服务结果的掌控力，但民众在主动参与公共服务生产与供给方面的意识仍显薄弱，其意愿表达往往呈现出被动性和单一性的特点，难以有效介入公园内公共服务供给的源头与过程。社会公众的积极性有待进一步激发。

3. 优化组织架构。

经过青海省在三江源自然保护区实施的多年探索性试点项目，该区域的管理体制取得了显著进展，具体表现为公园管理委员会创新性地整合了县级国土、环保、水利、林业等多个主管部门，成立了生态环境与自然资源管理局，直接隶属于管委会之下。同时，为加强执法效率，县级层面的环境执法、草原监管、渔政执法等职能机构也被统一归入管委会直接领导的资源环境执法局中。这一系列改革举措有效解决了以往多部门分散管理、缺乏协调的难题。然而，从省级视角审视，青海省生态环境厅、自然资源厅、林业和草原局及三江源国家公园管理局等机构，职能重叠的问题依然较为突出。作为省政府派驻机构的三江源国家公园管理局，其在组织架构上相对独立于省级以下地方政府，这种架构虽有助于高效管理，却也可能滋生多重领导与协调难题。此外，一个不容忽视的现象是，公共服务的终端用户——服务使用者，在现行政策框架下难以对决策过程施加实质性影响，反映出民众在公共服务供给体系中的相对被动角色。高频词汇"领导"的频繁出现，进一步凸显了民众在表达自身需求时多依赖于有限渠道的局限性，而非主动参与决策制定。这提示我们，在推进生态环境保护与自然资源管理的同时，也应关注并增强公众参与机制，以促进更加民主、高效的治理模式。

4. 激发合作动因。

三江源国家公园的治理动力源自两大核心激励机制：一是坚实的物质保障激励，旨在通过实际经济收益驱动参与热情；二是深厚的文化传承精神激励，强调人与自然和谐共处的理念与当地独特文化的融合。就物质激励而言，该公园积极响应国家扶贫号召，将"脱贫"视为重要任务。2014年底，青海省政府特别颁布了《关于三江源国家生态保护综合试验区生态管护员公益岗位设置及管理意见》，正式确立了生态管护员的岗位体系，他们不仅肩负起了生态巡护的神圣职责，还因此获得了更为可观的劳动收入。此外，为了进一步激发社会资本的活力，《三江源国家公园总体规划》精心规划了多元化的特许经营领域，涵盖生态体验、环境教育、有机畜牧产品加工、民族特色服饰、餐饮服务、住宿业、旅游商品销售以及文化产业等多个方面，明确鼓励并支持创办牧家乐、民间演艺团体、民族手工艺品制作及生态体验项目等，这一举措不仅有效促进了绿色产业的蓬勃发展，还显著提升了公共服务的供给效率，有效减轻了公共财政的负担。在精神激励层面，三江源国家公园深刻认识到"人与自然和谐共生"的哲学理念与藏传佛教生态文化的内在一致性。因此，它致力于保护并传承当地的传统文化与技艺，这些宝贵的非物质文化遗产成为激励当地农牧民精神世界的源泉，使他们在守护家园的同时，也感受到了心灵的满足与荣耀。

5. 创新问责方式。

目前，三江源国家公园的治理问责体系主要由党委作为引领力量，该体系构建在党委强大的政治影响力和公共部门内部的同体问责机制之上。在政治压力维度，青海省委为确保政策执行力度与效果，会定期或不定期地派遣巡视队伍深入三江源国家公园管理局，依据严格的政治巡视标准与强化的政治监督原则，对公园内各项管理工作进行细致入微的常规性巡查，以此形成自上而下的监督压力。而在同体问责层面，作为省政府直接派出的管理机构，三江源国家公园管理局主动承担起自我监督与整改的责任，不仅积极开展自查自纠行动，还针对发现的问题，进行深入剖析和通过重点检查机制，进一步巩固整改成效。管理局会系统梳理问题清单，并建立详尽的整改台账，确保每一项问题都能得到妥善解决。此外，管理局还接受来自上级部门的严格监督，以确保问责体系的全面性与有效性。根据《三江源国家公园总体规划（2018）》的明确要求，公园内实施了领导干部自然资源资产离任审计与生态环境损害责任追究的双重制度，旨在通过明确责任归属，构建一种责任到人、长期有效的管理机制。同时，公园内的建设项目也严格落实安全生产责任制，以确保生态保护与经济发展的和谐共生。然而，尽管这一问责体系在公共部门内部构建得相对完善，但它却在一定程度上忽视了来自公共部门之外的监督力量。社会公众的监督目前仍主要停留在社情民意反馈的初级阶段，难以对公园管理产生实质性的推动与影响。

（二）对三江源国家公园治理机制的优化建议

以三江源国家公园治理为例，为优化我国国家公园的治理政策体系，最终实现我国国家公园的可持续发展，现提出如下改进建议：

1. 深化国家公园治理理念。

"全民共享"作为三江源国家公园的管理哲学中的一项核心理念，虽其本质强调治理成果的普惠性，但实践中却往往局限于最终成果的分配层面，而未能充分激发非公共部门在公共服务供给链条中的积极作用与影响力。理想的公共服务供给模式，应根植于对当地居民需求的深刻洞察之上，将民众满意度提升与服务质量优化并列为不可偏废的核心目标，确保服务供给的每一个环节都体现出对"以人为本"原则的深切践行。为实现这一目标，深化"全民共治"的理论框架并付诸实践显得尤为关键。这不仅能够从源头上促进公共服务的生产与供给更加贴近民众实际需求，还能有效促进治理体系的多元化与包容性。

具体而言，实施路径可围绕以下几个方面展开：首先，需在相关法律法规及政策条例中明确嵌入"共治"理念，通过法律手段确立其合法性与权威性，为各利益相关方参与国家公园治理提供坚实的制度保障。这一举措旨在从顶层设计层面打破传统治理模式下的壁垒，为"全民共治"的实施奠定坚实的法律基础。其次，应制定并出台一系列激励性政策，以加速推动公园内部社区的协同建设与发展。政策应聚焦于鼓励社会组织、私营部门以及当地居民的深度参与，通过合作共建、资源共享等方式，形成多元主体共同参与的治理新格局。这不仅有助于提升公共服务的供给效率与质量，还能增强社区内部的凝聚力与自我管理能力。最后，广泛而深入的宣传工作同样不可或缺。通过媒体、网络、社区活动等多种渠道，大力宣传国家公园"共治"理念的重要性与意义，提高公众对于参与治理的认知度与积极性。同时，加强对多元主体在治理过程中角色与职责的普及教育，提升其主人翁意识与责任感，形成全社会共同参与、共同治理的良好氛围。因此，三江源国家公园在推进"全民共享"理念的同时，更应积极探索并实践"全民共治"的治理模式，提升多元主体的主人翁治理意识。通过制度保障、政策激励与宣传引导等多措并举，促进公共服务供给的民主化、多元化与高效化，真正实现国家公园治理的以人为本与可持续发展。

2. 整合多元主体价值取向。

在公园管理领域内，鉴于政策执行所触及的多元化主体群体之广，预先实施多元主体价值观的深度融合与协调显得尤为关键。这一过程的核心聚焦于决策机制的构建与优化，其实现途径既依托于公共部门信息的广泛流通与共享机制，也离不开政策框架下对参与主体合法性的明确赋予。具体而言，在促进信息透明化方面，公共部门作为信息资源的主要持有者，应积极推动数据资源的内外双向开放：对内，强化部门间信息共享，促进决策依据的多元化与全面性；对外，则确保公众能够便捷获取公园管理相关的数据信息，提升政策制定的透明度与公众参与度。而在合法性方面，虽然公共部门在公园规划、区划及功能布局等关键决策上享有法定的决策权，但为达成更为民主与科学的决策结果，需探索建立多元主体参与的新路径。当前，各利益相关方往往受限于传统反馈渠道，难以直接、有效地就公园管理议题发声。因此，通过政策创新，明确公民参与决策的法律地位与具体途径，成为破解此困局的关键。这不仅能够促进公民对公园信息的全面了解，更能赋予其参与决策过程的正式权利，使各方能够在协商共议中共同绘制公园的"价值蓝图"，最终实现多元价值观在政策层面的有机融合与统一。

3. 重构组织结构与文化。

重构组织结构实为一项深层次的资源整合策略，旨在高效辨识、筛选、整合及优化配置来自多元渠道、跨层级、异质性及内容丰富的资源，此过程彰显了高度的灵活性、逻辑严谨性、系统整合力及价值创造力。政策制定作为先导，需清晰界定各部门职责边界，同时构建包容性框架，促进政府、私营部门、社会组织和公民个人等多元主体在公园治理中的有序参与。公共部门应秉持开放合作的理念，充分认识到私人企业的创新活力、社会组织的专业优势及公民参与的社会价值，以共同福祉为导向，构建基于信任、有效沟通与紧密协作的行动框架。在此基础上，鼓励公共部门员工积极吸纳外部智慧，拓宽视野，提升部门整体的开放性和响应能力，从而构建一个更加协同高效、适应性强的治理体系，共同推动公园治理的可持续发展。

4. 构筑物质和精神双重激励机制。

在促进公园治理效能的激励机制构建上，地方政府扮演着至关重要的角色，首先政府机构可以设计一套既具体又有可操作性的物质奖励政策体系。此体系旨在针对那些在公园生态保护、基础设施建设及日常运营管理中作出卓越贡献的集体与个人，提供实质性的物质回馈。政府可设立专项基金，对符合奖励标准的项目或个人进行精准表彰，并通过实施绩效考核与劳动报酬挂钩的激励机制，直接关联工作成效与经济收益，从而有效激发各类主体参与公园治理的内在动力与积极性；与此同时，精神激励作为物质激励的重要补充，其重要性不容忽视。在精神层面的激励机制构建上，政府应采取双管齐下的策略：一方面，聚焦于树立国家公园治理的典范与标杆，通过广泛宣传与表彰，将那些在环境保护实践中勇于创新、成效显著的案例推广至社会各界，以此激发公众的环保意识与责任感，促进正向环保行为的广泛传播与模仿。另一方面，政府应深入挖掘并弘扬当地独特的生态保护文化，通过文化活动的举办、教育课程的开设以及媒体平台的宣传等多种方式，增强民众对生态环境保护的文化认同与情感共鸣。这一过程不仅有助于构建人与自然和谐共生的价值观念，还能为公园治理工作奠定坚实的群众基础。因而，地方政府在推动公园治理效能提升的过程中，应综合运用物质激励与精神激励两大手段，形成相辅相成的激励机制。物质奖励的直观性与即时性能够迅速激发参与热情，而精神激励的深远影响则能持久地塑造环保意识与文化认同。两者有机结合，不仅能够显著提升公园治理的参与度与成效，还能为生态文明建设注入源源不断的活力与动力。

5. 增强外部问责机制。

在探讨三江源国家公园的问责机制时，其核心特征聚焦于同体问责的广泛应用，同体问责这一模式构成了公共管理体系内部的自我审视与监督机制，具体表现为上级行政机关对下级单位的责任追究，以及部门内部的自我评估与纠偏。事实上这样的问责机制还需要依赖于外部力量的介入，即公共部门之外的多元主体参与，这要求一个更为开放和包容的问责环境。为确保外部问责机制的有效运行，双重支柱不可或缺：一是政策层面的合法性赋予，为外部主体参与问责提供坚实的法律基础与制度保障；二是激发并维持多元主体参与问责的积极性，这有赖于问责过程的透明度、公正性以及参与渠道的畅通无阻。因此，在政策设计之初，就需前瞻性地构建一套能够包容并促进各主体问责权利实现的机制框架。政策制定过程应是一个广泛吸纳、深入对话与充分协调的过程，旨在识别并回应来自不同主体的价值诉求与偏好。通过搭建平台，促进政府、社会组织、公众及专家学者等多方力量的交流与协商，不仅能够增强政策本身的科学性与民主性，还能在无形中培育并强化各主体参与问责的意愿与能力。如此，三江源国家公园的问责体系将得以在内外结合的双重保障下，更加高效、公正地运行，为生态保护与可持续发展目标的实现提供坚实支撑。

四、问题探索与理论链接

三江源地区，这片被誉为"中华水塔"的广袤土地，不仅是我国生态安全的重要屏障，也是全球生物多样性保护的热点区域。作为国家公园体制创新的试验田，三江源国家公园的设立与建设，不仅体现了国家对生态文明建设的高度重视，更是对全球环境保护承诺的积极践行。从政策层面来看，自国家发展改革委《青海三江源自然保护区生态保护和建设总体规划》发布以来，一系列科学规划、严格管理、多元参与的生态保护措施得以实施，有效促进了该地区生态环境的持续改善。在制度创新的道路上，三江源国家公园不断突破传统管理模式，积极探索生态补偿、社区共管、科技支撑等新型管理机制，为生态文明建设提供了丰富的实践经验。同时，通过加强与国际社会的交流与合作，三江源国家公园正逐步融入全球生态保护网络，展现了中国在应对气候变化、保护生物多样性等方面的责任与担当。

（一）三江源国家公园环境治理问题探索

1. 三江源国家公园面临的环境治理问题。

三江源国家公园面临的环境治理问题，既具有普遍性，也展现出独特的特质性。在三江源国家公园环境治理的过程中存在一些普遍性问题，诸如生态系统退化、生物多样性减少、管理体制不完善、资金投入不足、社会发展与生态保护矛盾等。同时，与全国国家公园治理的普遍问题相比，三江源地区也由于其独特的地理位置和生态环境存在一些特质性问题：由于其特殊的水资源地位，导致水土流失带来的水资源萎缩问题的重要性。由于其独特的高原生态系统，导致生物多样性锐减问题的危害性以及三江源国家公园内分布着众多牧民社区的多样性；导致多民族扶贫产业问题与可持续发展问题结合的复杂性。

2. 三江源国家公园对国家公园治理方式的针对性措施。

（1）推进生态环境保护法制化建设。青海省在推进三江源国家公园体制试点的进程中，持续深化法规政策体系的探索与构建，旨在对既有《自然保护区条例》等相关行政法规及部门规章中关于各类保护地的管理制度进行适应性调整与优化，实现"一法多效"的灵活应用，确保在体制转型过程中，保护面积不减、保护力度不降。2016 年，作为生态领域里程碑式的立法成果，《青海省生态文明建设促进条例》正式颁布实施，为全省乃至全国的生态文明建设提供了坚实的法律支撑。为精准对接三江源国家公园的特殊需求，青海省还制定了一系列专项法规与管理办法，包括《三江源国家公园体制试点条例》《三江源国家公园管理条例》等。这些条例不仅细化了国家公园的管理体制与运行机制，还明确了特许经营、生态管护公益岗位、志愿者服务等关键环节的管理规范，如《三江源国家公园特许经营管理办法》《三江源国家公园生态管护公益岗位管理办法》及《三江源国家公园志愿者服务管理办法》，共同构成了国家公园法治化管理的完整框架。尤为值得一提的是，青海省在全国率先垂范，创新性地启动了湿地生态管护员制度，这一举措不仅增强了基层生态保护的力量，也提升了公众参与生态保护的积极性与责任感。同时，青海省还勇于探索，率先实施了生态资产评估制度，为科学评估国家公园的生态价值、制定合理的管理策略提供了重要依据。这一系列法规政策的制定与实施，不仅为三江源国家公园的顺利运行提供了坚实的法治保障，也为我国国家公园体制的建设与发展积累了宝贵经验。

（2）优化政绩评价核算制度。青海省委与省政府在推进生态文明建设的过程中，作出了重大决策调整，不再将传统的国内生产总值（GDP）作为衡量包括三江源国家公园在内的三江源保护区发展成效的唯一标尺，而是转而采纳并实施一套更为科学合理的绿色核算体系。这一体系，旨在全面评估并反映区域经济发展的真实质量，通过从现行的国内生产总值中剔除因资源过度消耗、环境污染加剧、生态系统退化、人口增长失控，以及管理效能低下等因素所引发的经济损失成本，从而计算出更为真实的净国民财富总量。为确保绿色核算体系的有效实施，青海省还配套推行了严格的"一票否决"机制，对于在年度内发生严重生态环境破坏或重大环境污染事件的地区及单位，无论其在其他方面的表现如何，均将被直接取消考核评优及先进评选的资格。这一举措不仅彰显了青海省委、省政府对于生态环境保护工作的坚决态度与高度重视，也进一步强化了各级政府及社会各界对于绿色发展理念的深刻认识与自觉践行。绿色核算体系的引入及其配套的政绩评价机制，不仅是对传统发展观念的一次深刻变革，更是对可持续发展理念的具体实践。它要求我们在追求经济增长的同时，必须充分考虑生态环境的承载能力，努力实现经济发展与生态保护的双赢。通过这一体系的实施，青海省正积极探索一条符合自身实际、具有鲜明特色的绿色发展之路，力求在保护好三江源这一"中华水塔"的同时，也为全国乃至全球的生态文明建设贡献出宝贵的"青海经验"与"青海智慧"。此外，绿色核算体系的建立与实施，还促进了政府管理理念的转变与治理能力的提升。它要求政府不仅要关注经济发展的速度与规模，更要关注经济发展的质量与效益，特别是要关注经济发展对生态环境的影响。这种转变不仅有助于推动政府决策的科学化、民主化，也有助于提升政府服务社会的能力与水平。

（3）完善了生态补偿模式方案。在推动生态保护与社区协同发展的深度融合道路上，青海省将焦点放在了个体能力培育与社区主导型保护模式的同步推进上。在2011年正式颁布的《青海省人民政府关于三江源国家生态保护综合试验区生态管护公益岗位设置及管理意见》，标志着生态保护工作的精细化与深化迈入了一个新阶段。自2012年起，政府持续对生态公益岗位的布局进行优化调整，广泛覆盖了草原与湿地这两大核心生态区域，通过职责的明确细化，分别设立了10996名草原保护员与963名湿地保护员岗位，强化了对自然资源的保护力度。根据《三江源国家公园总体规划》的要求，明确设定了16621个生态管护岗位，这些岗位与公园内相应数量的牧民家庭紧密相连，预计年度投入资金将达到4亿元，旨在巩固生态保护的社会支撑体系。近年来，政府加大了与牧民的互动力度，实施了技能提升培训、法制知识教育及政策宣讲活动，营造了一个积极的双向沟通环境。同时，生态保护策略的制定、基础设施的建设及政策的落实，均充分吸纳了社区的反馈意见，确保了决策过程的民主化与科学性。与此同时，青海省还积极构建一个多元化、开放性的社会参与体系。为此，三江源国家公园志愿者服务体系实现了全面构建，从志愿者的招募选拔、能力培训、知识传授，到参与管理、激励措施等各个环节，均得到了周全的保障。借助媒体平台的广泛传播与政府的有力引导，有效激发了社会各界对国家公园志愿服务项目的兴趣及参与度。青海省还不断拓展国际合作版图，深化了与共建"一带一路"国家公园的交流与合作，既吸收了国内外先进的保护理念与实践经验，又主动参与到国际国家公园建设的对话交流中，促进了知识资源的跨国界流动与经验分享，为三江源国家公园的可持续发展注入了国际化的动力。这一系列战略举措，不仅为生态保护的实施路径增添了新的元素，也进一步提升了社会各界对国家公园建设事业的认知度与支持度。

（4）引入生态环境监测技术。在三江源国家公园生态体系的构筑中，科学技术的深度融合与高效能应用成为不可或缺的驱动力。截至目前，青海省已圆满构建了一个覆盖广泛、功能完备的三江源生态监测网络体系，该体系不仅实现了尖端监测设备的精准配置与高效运行，还精心策划并执行了一系列针对监测人员的综合能力提升培训项目，旨在打造一支技术精湛、素质过硬的监测队伍。在此基础上，青海省进一步拓展了监测的广度与深度，通过实施对草地、湿地、森林、荒漠化地带、水资源状况及环境质量等多元生态因子的地面精细化监测，同时结合对区域生态环境及其社会经济关键区域的遥感技术辅助调查，展现出了卓越的监测能力。这一举措不仅增强了监测数据的全面性与准确性，还创新性地将青海湖流域与三江源区域进行了有效整合，构建了一个"空—地协同"的生态监测综合系统，实现了监测数据的三维立体覆盖与深度信息融合，为生态保育工作提供了强有力的数据支持。面对国家公园可持续发展能力的迫切评估需求，资源环境承载力的科学评估被正式纳入国家公园建设战略规划的核心议题。为此，一套紧密围绕国家公园发展目标、具备高度适应性与前瞻性的资源环境承载能力评估体系及其标准体系应运而生。该体系在构建过程中，全面而系统地集成了生态监测评价指标体系、地面监测网络优化布局、前沿遥感监测技术、生态环境数据集成服务平台、高效预警评估机制以及精细化气候水文动态监测等关键要素。这一评估体系的建立，不仅为三江源国家公园的可持续发展提供了坚实的数据基础与决策参考，还为其他类似区域的生态保护与可持续发展提供了宝贵的经验与借鉴。

（二）三江源国家公园的理论链接

1. 合作生产理论与三江源国家公园治理。

从合作生产理论的视角来看，三江源国家公园的治理体现了多方参与、资源共享、风险共担和利益共生的特点。三江源国家公园的治理不仅仅是政府的责任，更是全社会共同参与的事业。政府、企业、社会组织、科研机构以及当地社区都成为治理的主体，共同参与决策、规划、实施和监督等各个环节。这种多方参与的模式，确保了治理的全面性和有效性；三江源国家公园拥有丰富的自然资源，包括水资源、草地资源、生物资源等。在治理过程中，这些资源被视为共享的财富，通过合理规划和利用，实现资源的可持续利用和生态系统的良性循环；三江源国家公园的治理面临着诸多风险和挑战，如生态退化、气候变化、人为破坏等。在治理过程中，各方主体共同承担风险，通过合作应对挑战，确保治理的顺利进行；三江源国家公园的治理旨在实现生态保护与经济社会发展的双赢。在治理过程中，各方主体的利益得到兼顾和平衡，形成利益共生的良好局面。从合作生产理论的视角来看，三江源国家公园的治理模式不仅有助于实现生态保护的目标，还能够推动区域经济社会的发展和文化传承与创新。

2. 国家公园管理体系建设与三江源国家公园治理。

不断强化管理机构运行机制，建立新型保护地管理体制：在推进三江源国家公园体制试点的进程中，首要且核心的任务聚焦于机构管理体系效能的持续精进与优化。青海省创新性地设立了高层级的领导小组，由省委书记与省长联袂挂帅，构建了以三江源国家公园管理局为中枢。伴随《三江源国家公园体制试点实施方案》与《总体发展规划蓝图》的相继出台，为试点工作的系统性推进与深度实施铺设了坚实的制度基石。

在三江源国家公园体制试点我们致力于探索并构建一种新颖的保护地管理模式，即依托中央授权与地方代管的创新机制。该模式明确了三江源国家公园内自然资源所有权的国家属性，并在试点期间赋予青海省政府代管职责。依据党委组织原则构建领导核心，旨在增强决策的科学性与执行的高效性。

五、问题讨论

1. 三江源国家级自然保护区对生态环境保护有何重要意义？
2. 当前三江源自然保护区面临的困境是什么？

参考文献

[1] 赵新全，徐世晓，赵亮等. 三江源国家公园生物多样性保护创新及实践 [J].

中国科学院院刊，2023，38（12）：1833－1844．

［2］龙珂，王熹微，李昌华．卫星通信在"三江源"生态监测中的应用［J］．数字通信世界，2018（03）：14－16．

［3］李业涵，刘楠，吴雪飞．一种基于多维度生态评估的自然保护地边界优化方法——以三江源国家公园黄河源园区为例［J］．中国园林，2024，40（01）：119－125．

［4］桑杰．三江源地区生态建设的调研思考［J］．红旗文稿，2015（21）：29－30．

［5］韩兆柱，刘新奇．我国国家公园政策的演进与改进——以三江源国家公园为例［J］．决策科学，2024（02）：18－30．

［6］马晓东，王冰洁．浅析国家公园体系管理体制中的制度创新——以三江源国家公园为例［J］．西安建筑科技大学学报（社会科学版），2019，38（03）：58－62．

［7］苏杨，王蕾．中国国家公园体制试点的相关概念、政策背景和技术难点［J］．环境保护，2015（14）：17－23．

［8］许海英，杨超，李清泉．三江源国家公园生态系统服务价值的时空演变［J］．生态学杂志，2024，43（06）：1881－1890．

［9］三江源国家公园总体规划［N］．青海日报，2024－01－15（009）．

［10］李得杰．青海湖国家公园管理体制建设研究［D］．西宁：青海师范大学，2022．

案例十二

"河长制"的探索之路

——以太湖为例

教学目的：使学生了解"河长制"的政策演进过程，以及其在现代化治水制度中的重要作用和意义，并把握"河长制"面临的困难和对应的应对策略。

教学内容：介绍"河长制"的背景、起源和演进历程，以及"河长制"的制度措施和内容、面临的困难和应对策略。

重点、难点：本讲的重点也是难点，即"河长制"的实施经验、对中国式环境治理政策的启示和如何改善现有制度难题。

案前思考题：谈谈"河长制"是如何从地方自主行为走向国家集中意志的。谈谈你对"河长制"制度未来发展的认识。

一、案 例 背 景 与 教 学 目 的

随着经济的迅猛发展和城市化步伐的加快，水的供需差距持续扩大，水体污染状况正在逐渐加剧，水资源问题成为制约中国发展的因素之一。中国的水环境问题主要表现在以下几个方面：

（1）水质污染普遍：工业废水、农业面源污染和生活污水的无序排放，导致许多河流、湖泊和地下水体受到污染。

（2）水资源短缺：中国北方地区尤其面临水资源短缺的问题，干旱频发；而南方地区也因过度开发和污染面临水资源危机。

（3）河湖生态退化：由于不合理的土地开发和水体污染，许多河湖的生态环境遭到破坏，水生生物多样性下降，一些珍稀水生生物面临灭绝风险。

（4）管理与保护不足：在一些地区，水资源管理和保护措施不到位，河湖非法采砂、侵占河道现象普遍，进一步加剧了水环境的恶化。

中国政府已经认识到水环境问题的严重性，并采取了一系列措施，以期改善水环境质量。然而，由于水环境问题的复杂性和长期性，这些措施仍面临诸多挑战，需要全社会的共同努力和持续的关注。"河长制"是中国针对日益严峻的水环境问题提出的一项创新性水治理制度。它的起源可以追溯到2007年，当时中国部分地区，特别是经济发达的东部沿海地区，正面临着严重的水污染和生态退化问题。工业快速发展、城市化进程加快以及农业面源污染等因素，导致许多河流和湖泊水质恶化，生态系统受损，甚至出现了水华等生态灾害。在这样的背景下，江苏省无锡市率先实施"河长制"，并用实践证明"河长制"能有效协调不同部门和区域之间的水资源管理，提高治理效率，改善水质（王勇，虞伟，2024）。随后，"河长制"被推广至全国，由地方党政主要负责人担任河长，负责流域的管理保护工作，这一举措将责任落实到人，明确界定了责任主体，具有重大的意义。第一，这一政策措施提高了政策执行力，它通过明确责任人，强化了地方政府在水环境治理中的责任，提高了政策的执行力和效率。第二，河流往往跨越多个行政区域，"河长制"有助于打破行政壁垒，实现上下游、左右岸的协同治理，实现了跨区域协同治水。第三，"河长制"的制度设计鼓励公众参与河流保护，通过设置群众监管平台提高了公众的环保意识和参与度，形成了政府主导、社会参与的共治格局。第四，"河长制"的实施有助于推动和深化绿色发展理念，促进中国经济社会发展与生态环境保护的协调统一。它基于综合治理和长效管理视角，将治水作为国家的长期重点工作任务，有助于实现水资源的可持续利用，保障和提升生态安全和人民福祉。"河长制"的提出和实践，不仅是对传统水治理模式的革新，更是中国生态文明建设实践探索过程中的智慧结晶，对于推动中国乃至全球的水环境保护均具有深远影响（杜海娇，邓群钊，2024）。

本案例致力于深化学生对"河长制"这一水环境治理制度的认识，重点探讨其政策演变、组织结构、运行机制及其在水资源管理中的关键角色。案例内容涵盖了"河长制"的历史背景、特定地区实践案例分析，以及其在水环境治理和区域协调中的作用。教学核心在于解析"河长制"的实施任务，如水资源保护和污染防治，及其对生态文明建设的促进作用，同时强调制度的复杂性和系统性。同时，需要引导学生深入理解"河长制"实施中的难题，如政策执行的不一致性和问责机制的缺陷，并讨论解决这些问题的策略。案例旨在培养学生的批判性思维，使其能够从多角度综合分析"河长制"的实施效果，同时，激发学生对"河长制"未来发展的思考，包括法治、技术和区域合作等方面。

二、案例内容

（一）"河长制"的起源与发展

1. 无锡市太湖蓝藻事件案例分析。

太湖作为中国第三大淡水湖，其水质问题直接关系到周边数百万居民的饮水安全和地区生态平衡。太湖地区经济发达，人口密集，长期以来，工业排放、农业面源污染和生活污水排放等问题一直存在，气温升高和降水减少均会为蓝藻的繁殖提供有利条件，从而导致水体富营养化问题的加剧。2007年5月，无锡市发生了严重的蓝藻水华事件导致居民自来水出现问题，引发了公众的恐慌。据报道，蓝藻水华事件对无锡市造成了多方面的负面影响：一是蓝藻大量繁殖导致水体中藻类毒素增加，影响了自来水厂的取水安全，居民饮水受到威胁；二是水产品养殖业受到重创，旅游业也因水质问题受到负面影响；三是事件引发了公众对水环境保护和政府治理能力的广泛关注和争议。面对蓝藻危机，无锡市政府不得不快速采取紧急措施：一是从其他水源地应急调水，保障居民基本生活用水；二是通过加强水厂处理工艺，采取物理和化学方法去除藻类和毒素进行深度的水质处理；三是通过加大污水处理设施建设，减少污染物排放，改善入湖水质；四是通过实施湖体生态修复工程，恢复水生生态系统，提高湖泊自净能力（刘劭婷，2024），以达到生态修复的目的。无锡市太湖蓝藻事件虽然得到了有效快速的处理，但仍然引起了政府和社会的警示，在追求经济发展的同时必须加强生态环境保护，保障人与自然和谐共生。同时，太湖蓝藻事件也不仅仅是一次生态危机，它更是一次对政府治理体系和治理能力的重大考验（孙芳城，丁瑞，2022），事件促使政府和公众更加重视水环境保护，并推动了"河长制"等水环境管理制度的建立和完善，对提升区域水环境治理具有深远影响（佘颖，刘耀彬，2023）。我们相信，通过科学治理和全社会的共同努力，必将克服水环境危机并守护好我们的绿水青山。

2. "河长制"的初步实施和地方实践。

"河长制"是中国为加强河湖管理、推进生态文明建设而创新实施的一项水治理制度。该制度通过设立河长，明确责任主体，强化河湖管理和保护工作（徐娟等，2022）。2007年夏季，江苏省无锡市太湖水质迅速恶化，温热潮湿的气候条件使得原本堪忧的水质雪上加霜，太湖开始大面积暴发蓝藻，水质状况惨不忍睹，这是一场严重的水危机。痛定思痛，无锡市政府认识到水质恶化、蓝藻暴发问题表象在"水里"，根子却在"岸上"（王勇，虞伟，2024）。想要从根上解决水问题，不仅要在"水上"下功夫，更要在"岸上"下苦心。而且，不仅要本地区河段治污，更要统筹河流上下游、左右岸地区政府，达到联防联治的最终目标。这场治理行动涉及面极广，不仅需要多部门的协作，更需要上下级政府协同和全社会参与。2007年8月，无锡市64条河流设置干部负责人，率先实施"河长制"并取得了优异成绩，太湖水质达标率从7.1%提升到了44.4%。

3. "河长制"的演进。

水是生态系统中的关键因素，河流湖泊是水资源的承载体，保护水体是生态文明建设的重要环节。"河长制"是中国为推动生态文明建设及水生态环境保护而制定的重要政策措施。江苏省的成功实践引起了中央和其他省份的关注。随后，浙江省、福建省等也开始推行"河长制"，根据自身特点进行调整和优化，形成了具有地方特色的"河长制"管理模式。同时，2016年12月中共中央办公厅、国务院办公印发《关于全面推行河长制的意见》，要求2018年底前全面建立河长体系，为"河长制"的全国性推广提供了明确的指导和要求。

"河长制"的演进历程包括：制度初创阶段、制度局部扩散阶段和制度全面推行阶段（毛寿龙等，2023）。其中制度局部扩散阶段又可以细分为扩散显现前期阶段和扩散显现后期阶段这两个阶段（许莹莹，唐培钧，2020）。图1报告了"河长制"各省市推行及相关中央政府文件出台的时间历程。

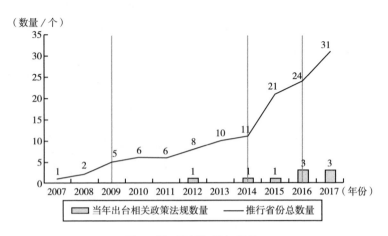

图1 "河长制"推行趋势

"河长制"的构想诞生于太湖蓝藻危机，江苏省无锡市首先意识到水质问题"病症在水里，病根在岸上"，创新性地实施地方性的"河长制"，并在水环境治理中取得了显著成效。此后，辽宁、贵州、黑龙江、四川等省份也相继采纳了这一制度。在2009年之前，由于缺乏中央层面的政策支持，这些地方的"河长制"实践主要是自发的，标志着这一时期为制度的初创阶段（2007~2009年）。

随着国家对环境问题的关注不断加深，地方政府实施的"河长制"虽然取得了一定成效，但也存在制度不完善等问题。2012年1月，国务院发布了《国务院关于实行最严格水资源管理制度的意见》，并在2014年修订了《环境保护法》，从法律层面加强了水资源管理。同时，"河长制"作为一种新型的水治理模式，开始在山东、浙江、云南、天津、福建、重庆等地推广，形成了制度的扩散前期阶段（2010~2014年）。

随着《关于全面推行河长制的意见》等政策的出台，国务院明确要求各地执行"河长制"，北京、湖北、广东、上海等13个省份迅速响应，推动了"河长制"的进一步扩散，这是制度扩散的后期阶段（2015~2016年）。

2017年，《水污染防治法》《宪法修正案》等法律法规的颁布与修订使得"河长制"正式成为国家层面的强制性政策。吉林、内蒙古、宁夏、西藏、山西、新疆、河南7个省份也相继实施了这一政策，标志着"河长制"进入了全面推行的新阶段（2017年至今）。

"河长制"推行历程见表1。

表1 "河长制"推行历程

年份	"河长制"推行阶段	"河长制"扩散省份	中央/地方行为	中央相关政策法规
2007	"河长制"起源	江苏	地方自主行为	无
2007~2009	"河长制"制度初创阶段	辽宁、贵州、黑龙江、四川	地方自主行为	无
2010~2014	"河长制"制度扩散前期阶段	山东、浙江、云南、天津、福建、重庆	地方自主行为	《国务院关于实行最严格水资源管理制度的意见》(2012)《环境保护法》(2014)
2015~2016	"河长制"制度扩散后期阶段	北京、湖北、广东、上海、河北、湖南、广西、安徽、陕西、海南、江西、甘肃、青海	地方自主行为	《水污染防治行动计划》(2015)《水法》(2016年7月)《关于全面推行河长制的意见》(2016年底)《关于全面推行河长制的意见》实施方案(2016年底)
2017年至今	"河长制"制度全面推行阶段	吉林、内蒙古、宁夏、西藏、山西、新疆、河南	中央政府执行	《河道管理条例》(2017年3月)《水污染防治法》(2017年6月)《宪法修正案》(2018年3月)

"河长制"从江苏省的局部实践发展成为全国性的水环境治理制度，这一过程中，江苏省的创新实践为其他省份提供了宝贵经验，国务院的顶层设计和政策推动为"河长制"的全国推广提供了坚实基础，各省份根据自身特点的积极实践和贡献，共同推动了"河长制"的有效实施和水环境的持续改善。随着"河长制"的不断深化和完善，中国的水环境治理将迈向更加科学、系统和有效的新阶段。

(二)"河长制"的组织结构与运行机制

1. "河长制"的组织结构。

"河长制"通过建立四级管理体系，确保了河湖管理工作的全面性和连贯性。

（1）一级管理体系：省级河长。

角色定位：省级河长通常由省委或省政府的主要负责人担任，是"河长制"中的最高层级，负责统筹全省的河湖管理和保护工作。

主要职责：制定省级河湖管理政策，监督和指导下级河长的工作，协调跨区域河流的管理和保护，确保河湖管理政策的贯彻执行。

组织架构：省级"河长制"办公室负责日常工作，由相关部门负责人组成，为省级河长提供决策支持和服务。

（2）二级管理体系：市级河长。

角色定位：市级河长由市委或市政府的主要负责人担任，是连接省级和县级河长的关键层级。

主要职责：负责本行政区域内河湖的管理和保护工作，执行省级河长的决策和部署，监督县级河长的履职情况。

组织架构：市级"河长制"办公室负责具体实施和协调工作，确保市级河湖管理措施的有效执行。

（3）三级管理体系：县级河长。

角色定位：县级河长由县委或县政府的主要负责人担任，是"河长制"中直接面向河湖管理的执行层级。

主要职责：具体负责本县内河湖的日常管理和保护工作，组织实施河湖治理项目，解决河湖管理中的具体问题。

组织架构：县级"河长制"办公室负责日常工作的组织和实施，协调相关部门和乡镇级河长的工作。

（4）四级管理体系：乡级河长。

角色定位：乡级河长由乡镇党委或政府的主要负责人担任，是"河长制"的基层实施者，直接负责河湖的日常巡查和保护。

主要职责：负责本乡镇内河湖的日常巡查，及时发现和处理河湖管理中的问题，向县级河长报告情况，并执行县级河长的决策。

组织架构：乡级"河长制"办公室或工作小组负责具体的巡查和管理工作，通常由乡镇政府工作人员和村级组织成员组成。

2. "河长制"的运行机制。

（1）组织运行机制。各级河长在管辖区域的河流湖泊管理中扮演着关键角色，他们的工作重点包括水资源的保护、水域界限的界定、污染的防治和水环境改善。各地根据自身情况设立"河长制"办公室，以确保"河长制"的日常工作得到有效协调和执行。清晰的管理职责促进了上下游及两岸的联合管理和控制，确保了河湖管理工作的连续性和高效性。同时，为了提升河湖管理和保护的质量和效果，建立了一套完善的监督、考核和责任追究体系和河湖管理保护的信息发布平台，以促进基础数据、监管情况、紧急事件处理和考核评估等信息的共享和交流，加强河长问责机制。此外，为了提高公众对河湖保护的参与度和责任感，引入社会监督员、设置河长公示牌鼓励社会公众参与监督，共同提升河湖保护工作的社会意识。

（2）跨区域协调机制。七大流域成立了专门的流域管理机构，与"河长制"办公室定期沟通协调，以实现跨区域流域管理保护。通过指定联合河长、湖长，共同开展巡查和执法工作，形成了强大合力监管和维护河湖。同时，积极推进横向生态补偿机制，通过经济激励手段鼓励上下游地区在水环境治理上的密切合作，以实现流域协同治理和环境可持续发展。

（3）监督考核机制。推行定制化的绩效评估与考核机制，针对每条河流湖泊的独特问题，制定针对性的评估体系，以确保评估的公正性和实用性。将"河长制"的执行情况和河湖的监管与保护任务纳入自然资源资产的离任审计中，作为衡量绩效的关键因素。对于造成环境损害的行为，实行严格责任追究，并确立了环境损害责任的终身追究机制。

（4）公众参与机制。通过公示牌、媒体等渠道向公众发布河长名单和河湖的基本情况，明确河长的职责和保护目标，以接受公众监督。此外，政府可以聘请公众监督员对河湖的治理成效进行监督，以提升公众的积极性。同时，加大河湖保护的宣传力度，以提升公众对河湖保护的认识。

（三）"河长制"的主要任务与实施成效

1. "河长制"的主要任务。

"河长制"担负着广泛的职责，包括但不限于水资源的合理利用与保护、水污染的有效防治、水环境的持续改善以及水生态系统的修复等关键领域（毛寿龙，栗伊萱，2023）。这一制度的实施旨在打造一个责任清晰、协调一致、监管到位的河湖管理体系（姚清等，2024），以保障河湖生态系统的健康，确保其功能的长期可持续利用，并为生态文明建设提供坚实的水环境支撑（杨毓康，栗伊萱，2024）。具体职责包括：（1）水资源保护。防止水资源的过度开发和浪费，提高用水效率，并坚守水资源管理的"三条红线"。（2）水域岸线管理。防止非法侵占和破坏，维护河流的自然形态和生态功能，依法划定河湖管理范围，并整治岸线问题。（3）水污染防治。落实《水污染防治行动计划》，明确河湖水污染防治的目标和任务，加强污染源治理。（4）水生态修复。修复受损的水生态系统，恢复生物多样性，禁止侵占自然水源涵养空间，进行健康评估和系统治理。（5）跨区域协调。协调跨区域河流的管理和保护，实现联防联控，建立流域管理机构与"河长制"办公室的联席会议制度，探索横向生态补偿机制。（6）公众参与和宣传教育。提高公众对河湖保护的认识和参与度，建立信息发布平台，接受社会监督，开展宣传教育活动。（7）信息化建设。利用信息技术提升河湖管理的智能化和精准化，建立管理信息系统，实现信息互联互通。（8）考核问责。建立考核问责机制，实行差异化绩效评价，对履职不力的河长进行问责。

2. "河长制"的实施成效。

"河长制"作为中国水环境治理的创新机制，自推行以来取得了显著的成效，对提升河湖管理水平、改善水环境质量、推动生态文明建设等方面起到了关键作用。（1）水资源保护成效。"河长制"加强了水资源监管，实施严格的水资源管理政策，有效控制了水资源的过度开发和浪费，推动了节水措施，提高了用水效率。（2）水域岸线管理成效。"河长制"明确了水域岸线的保护责任，对受损岸线进行了生态修复，恢复了河湖的自然形态和生态功能。（3）水污染防治成效。"河长制"推动了对各类污染源的排查和治理，减少了污染物排放，通过综合治理提升了河湖水质，恢复了水体自净能力。（4）水生态修复成效。"河长制"促进了水环境的全面整治，改善了河湖环境，恢复了水生态，针对城市黑臭水体问题，推动了治理措施，改善了城市水环境。（5）跨区域协调成效。"河长制"促进了跨区域河流的协同治理，通过流域管理机构和"河长制"办公室的协调，解决了流域治理问题，建立了联防联控机制。（6）公众参与和宣传教育成效。"河长制"提高了公众对河湖保护的意识，促进了公众参与，通过宣传教育活动普及了河湖保护知识，营造了良好的社会氛围。（7）信息化建设成效。"河长制"推动了河湖管理信息化建设，提高了管理效率和精准度，建立了管理信息系统，实现了数据共享和有效利用。（8）考核问责成效。"河长制"通过考核问责机制确保了河长责任落实，通过定期考核评价改善了河长的履职情况。

小结："河长制"的实施，通过明确责任、强化管理、鼓励公众参与等措施，在水资源保护方面取得了显著成效。这些成效不仅体现在河湖环境质量的改善上，也体现在社会公众环保意识的提升上，为推动中国生态文明建设和可持续发展做出了重要贡献。随着"河长制"的不断深化和完善，其在水环境治理中的作用将更加凸显，为实现人与自然和谐共生的目标提供更加坚实的支撑。未来，"河长制"需要进一步加强法规建设、提升管理水平、扩大公众参与，以应对水环境治理面临的新挑战。

三、案例简评

（一）"河长制"政策的成功要素分析

"河长制"政策作为中国水环境治理的创新实践，其成功实施依赖于多个关键要素。本节将深入探讨这些要素，以期为"河长制"的持续优化和推广提供参考。

1. 政策设计的科学性。

"河长制"的成功首先源于其政策设计的科学性。政策制定者充分考虑了中国河湖管理的实际情况，结合国内外水资源管理的先进经验，构建了一套既符合国情又具有前瞻性的管理体系。（1）系统规划："河长制"不是单一的政策，而是一个系统性的解决方案，涵盖了水资源保护、水污染防治、水环境治理和水生态修复等多方面（白晓旺等，2022）。（2）因地制宜："河长制"在实施过程中注重地方特色，允许各地根据实际情况制定具体的实施细则，增强了政策的适应性和有效性（李雪松等，2023）。

2. 组织领导的有效性。

"河长制"的核心在于明确责任主体，通过建立从省到村的四级河长体系，确保每条河流、每个湖泊都有明确的责任人。（1）行政首长负责制：河长通常由行政首长担任，这保证了"河长制"在实施过程中能够得到足够的行政资源和支持。（2）跨部门协作："河长制"要求水利、环保、农业等多个部门协同工作，形成了跨部门的协作机制，提高了政策执行的效率。

3. 监督考核的严格性。

"河长制"建立了一套严格的监督考核机制，确保各级河长履职尽责。（1）定期考核：通过定期的考核评估，对河长的履职情况进行监督，及时发现问题并督促整改（马鹏超，朱玉春，2022）。（2）责任追究：对履职不力或造成严重后果的河长，依法依规进行责任追究，增强了制度的约束力（王树文等，2022）。（3）大数据监管：应用现代监测技术，如遥感、无人机等，提高河湖状况监测的准确性和时效性。利用大数据、云计算等技术，提高河湖管理的智能化水平。

4. 法规政策的完善性。

"河长制"的有效实施需要完善的法规政策作为支撑。（1）法规建设：制定和完善相关法律法规，为"河长制"的实施提供法律依据（曾莉，吴瑞，2023）。（2）政策配套：出台一系列配套政策，如资金支持、技术支持、人才支持等，为"河长制"的顺利实施创造条件（杨志，曹现强，2023）。

5. 社会参与的广泛性。

"河长制"的成功还得益于广泛的社会参与。公众的参与不仅提高了政策的透明度和公信力，也为河湖保护提供了强大的社会支持。（1）公众监督：通过设立河长公示牌、发布河湖信息等方式，公众可以方便地了解河湖状况，参与监督河长的工作。（2）民间组织参与：鼓励和支持民间环保组织参与河湖保护，为"河长制"注入了新的活力。（3）信息公开：建立河湖管理信息平台，实现河湖信息的实时更新和共享，通过媒体、网络等多种渠道向社会公开河湖状况，接受社会监督。

小结："河长制"的成功实施是多方面因素共同作用的结果。政策设计的科学性、组织领导的有效性、社会参与的广泛性、监督考核的严格性、法规政策的完善性，这些要素相互支持、相互促进，共同构成了"河长制"成功的基础。未来，"河长制"应继续强化这些要素，不断优化和完善，以应对水环境治理的新挑战，为实现可持续发展目标作出更大贡献。

（二）"河长制"的经验总结与政策建议

本节旨在总结"河长制"实施的经验，并提出相应的政策建议，以期进一步提升"河长制"的实施效果。

1. 经验总结。

顶层设计与地方创新相结合。"河长制"的成功实施得益于中央政府的顶层设计与地方政府的创新实践相结合。各级政府根据实际情况，灵活调整"河长制"的具体实施策略，形成了一系列具有地方特色的管理模式（胡乃元等，2023）。

行政首长负责制的确立。"河长制"明确了由行政首长担任河长，有效提升了河湖管理的行政效能。河长的权威性和资源调配能力，为河湖问题的快速响应和有效解决提供了保障。

跨部门协作机制的建立。"河长制"打破了部门壁垒，建立了跨部门协作机制，实现了资源整合和信息共享，提高了河湖管理的协同性和整体性（伍先斌等，2023）。

公众参与和社会监督的推广。"河长制"鼓励公众参与河湖保护，通过社会监督机制，增强了政策的透明度和公众的满意度（丁瑞，孙芳城，2023）。

监督考核与责任追究的严格执行。"河长制"通过建立监督考核体系和责任追究机制，确保了河长履职的规范性和有效性（沈亚平，韩超然，2023）。

法规政策与技术手段的支撑。完善的法规政策和技术手段为"河长制"的实施提供了坚实的支撑，确保了政策的顺利执行和问题的及时发现。

2. 政策建议。

加强顶层设计与地方实践的结合。一是进一步优化顶层设计，为地方创新提供更多空间，鼓励地方根据实际情况制定和调整"河长制"实施方案（王川杰等，2023）；二是定期对河长履职情况进行考核评估，对履职不力或造成严重后果的河长，依法依规进行责任追究；三是定期对河长进行业务培训，提高河长的业务能力和管理水平，确保河长能够胜任河湖管理工作；四是加强"河长制"相关法规的宣传和教育，提高公众和相关部门的法规意识，加大违法违规行为的查处力度。

保障配套的资金保障与资源配置。一是通过增加河湖管理保护的财政投入，提高资金使用的效率和效益，确保"河长制"的顺利实施（庞锐，2023）；二是建立和完善跨区域河湖管理协作机制，促进信息共享和资源整合，提高河湖管理的整体性和协同性；三是加强河湖管理信息化建设，利用现代信息技术提高河湖管理的智能化和精准化水平。

增强公众意识与参与度。一是通过加大河湖保护的宣传教育力度，提高公众的环保意识，鼓励公众参与河湖保护的决策和监督；二是借助数字媒体平台实时反馈河流状况和河长治理情况；三是鼓励和支持社会资本参与河湖治理，探索政府与市场、政府与社会合作的多元化治理模式（蓝庆新，陈超凡，2015）。

"河长制"的实施经验表明，顶层设计与地方创新相结合、行政首长负责制的确立、跨部门协作机制的建立、公众参与和社会监督的推广、监督考核与责任追究的严格执行等是"河长制"成功的关键因素。未来，应进一步加强顶层设计与地方实践的结合、保障配套的资金保障与资源配置并增强公众意识与参与度，以实现"河长制"的持续优化和发展。

四、问题探索与理论链接

（一）"河长制"面临的挑战

"河长制"虽然取得了显著成效，但在实施过程中仍面临着多方面的挑战。

1. 政策注意力和持续性问题。

"河长制"作为一项旨在改善水环境质量的制度，其有效执行对于维护河流健康至关重要。然而，在实际执行过程中，"河长制"面临着政策注意力分散和持续性不足的问题。

政策注意力问题。（1）政策优先级波动：在一些地区，"河长制"可能因其他政策议题的紧迫性而未能持续获得足够的政策关注和资源配置（范庆泉，张同斌，2018）。（2）地方政府响应差异：不同地区的地方政府对"河长制"的重视程度不一，导致政策执行力度和效果存在显著差异（李灵芝等，2022）。（3）短期目标与长期规划冲突：地方政府可能更倾向于追求短期经济利益，而忽视了"河长制"所需的长期规划和持续投入（张继亮，张敏，2023）。

持续性问题。（1）资金持续性不足：河湖治理和保护需要长期稳定的资金支持，但许多地区面临资金短缺和不稳定的问题。（2）技术和人才支持不足：

"河长制"的有效执行需要专业的技术和人才支持，但一些地区在这方面的投入不足，影响了政策的持续实施。（3）公众参与的持续性：公众参与是"河长制"成功的关键，但如何激发和维持公众的长期参与热情是一个挑战。

对于这两个问题，具体成因包括：（1）经济发展压力：地方政府面临经济增长的压力，可能会牺牲环境保护以追求短期经济利益（李鹏，李贵宝，2021）。（2）政策协调不力：在政策制定和执行过程中，不同部门和地区之间缺乏有效的协调机制，导致政策执行力度不一。（3）监督和考核机制不完善：缺乏有效的监督和考核机制，使得"河长制"的执行效果难以得到持续的保障。

应对策略主要包括：（1）提高政策优先级：中央和地方政府应提高"河长制"在政策议程中的优先级，确保其获得持续的关注和资源投入。（2）建立长效机制：制定和实施长期规划，确保"河长制"的资金、技术和人才支持具有可持续性。（3）加强政策协调：建立跨部门和跨区域的政策协调机制，形成"河长制"执行的合力。（4）完善监督和考核：建立健全的监督和考核体系，确保"河长制"的执行效果能够得到有效的评估和反馈。（5）激发公众参与：通过教育、宣传和激励措施，提高公众对"河长制"的认识和参与度，形成全社会共同参与的良好氛围。

小结："河长制"的有效执行对于中国的水环境保护至关重要。面对政策注意力和持续性的挑战，需要从提高政策优先级、建立长效机制、加强政策协调、完善监督考核和激发公众参与等方面入手，确保"河长制"能够持续有效地推进水环境的改善和河流的可持续发展。

2. 问责机制的实施难题。

"河长制"问责机制是确保其有效执行的重要组成部分。问责机制在实施过程中遭遇了多重难题，包括问责标准的模糊性、问责流程的复杂性、问责力度的不足、跨区域河流的问责难题和技术与人力资源的制约。"河长制"问责机制目前缺乏全国统一且明确的标准，导致不同地区在执行时标准不一，难以准确衡量河长的工作成效和责任。其问责流程涉及多个部门和层级，流程烦琐，问题发现、责任认定到问责执行的过程缓慢，效率低下。当河流问题显现时，现行问责机制对于河长履职不力的惩罚措施过于轻微，缺乏足够的威慑力，导致一些河长对履职不够重视。同时，在跨区域河流的治理方面，多区域协同治理需要协调多个行政区域，如果不同地区的发展水平和政策执行力度不一，将导致问责难以公平实施（黄鑫，谢开智，2023）。此外，河湖环境精准监测和评估需要技术支持，一些地区在技术与人力方面的投入不足，面临专业人才缺乏的问题。

这一系列难题需要制定相应的应对策略解决。对于问责标准模糊性问题，可以通过增强标准的可量化性和可操作性，明确河长的职责范围和工作目标，制定和推行一套全国性的"河长制"问责标准，同时允许地方根据实际情况进行适当调整，以确保标准的适用性和有效性。对于问责流程复杂性问题，可以通过简化问责流程，减少不必要的行政环节以提高问责效率，通过建立快速响应机制，确保一旦发现问题能够迅速启动问责程序。对于问责力度不足的问题，可以通过加大对履职不力河长的惩罚力度，包括行政处分、公开曝光等措施，提高问责的威慑力，同时可以建立与河长绩效直接挂钩的奖惩机制，激励河长积极履职。对于跨区域河流的问责难题，现有研究表明可以推动建立区域间河湖治理合作协议，确保各地区在"河长制"问责上的协同一致，并建立跨区域河流管理协调机制，明确各区域河长的责任和义务，实现信息共享和资源整合。对于技术与人力资源的制约，一方面应该加大对河湖环境监测和评估技术的投入，引入先进的监测设备和方法；另一方面应通过政策引导和激励措施，吸引和培养更多的河湖管理专业人才，并加强河长及相关人员的专业培训，提升其河湖管理和保护的专业能力。

小结："河长制"问责机制的有效实施对于提升河湖治理效果至关重要。面对问责标准的模糊性、问责流程的复杂性、问责力度的不足、跨区域河流的问责难题以及技术与人力资源的制约等挑战，需要采取一系列切实有效的策略来加以解决。通过明确问责标准、简化问责流程、加大问责力度、建立跨区域协调机制以及加强技术和人力资源建设，可以有效提升"河长制"问责机制的实施效果，进而推动河湖环境的持续改善和水生态的健康发展。

3. 区域差异和财政投入的不平衡。

"河长制"旨在通过地方行政领导责任制来提升河湖管理效率。然而，由于区域经济发展水平、地理环境、政策执行力度等因素的差异，以及财政投入、社会资本参与不充分等问题的凸显，"河长制"在不同地区的实施效果存在差异。

区域经济发展水平差异。中国的区域经济发展不平衡导致东部与中西部地区在财政投入上存在较大差距。经济发达地区能够提供更多的资金支持河湖治理项目;而经济欠发达地区则面临资金短缺的问题(张敏纯,2022)。这种差异影响了"河长制"的实施效果和河湖治理的质量,加剧了地区间的水环境质量差异。

地理环境差异。不同地区的地理环境对"河长制"的实施也产生了影响。例如,山区河流治理的难度和成本通常高于平原地区;而干旱地区的水资源保护则面临不同的挑战(张治国,2023)。地理环境的差异要求"河长制"在不同地区采取差异化的治理策略和投入,但财政资源的不平衡分配限制了这种差异化管理的实施。

政策执行力度差异。即便在经济条件相似的地区,"河长制"的实施效果也会因地方政府的执行力度不同而有所差异(杨明一等,2022)。一些地方政府对"河长制"重视程度高,政策执行到位;而另一些地区则可能由于种种原因导致政策执行不力。政策执行力度的差异直接影响了"河长制"的治理效果,使得相同条件下的河湖治理出现不同的结果。

财政投入机制不完善。"河长制"的财政投入机制在一些地区尚不完善,缺乏稳定的财政支持和长效的资金保障机制。财政投入机制的不完善导致河湖治理项目难以持续进行,影响了"河长制"的长期效果。

社会资本参与不足。"河长制"的实施过度依赖政府财政投入,而社会资本的参与度不高,未能形成政府、市场和社会共同参与的多元化投资机制。社会资本参与不足限制了河湖治理资金的来源,加剧了财政投入的不平衡问题(熊烨,2022)。

具体的应对策略为:一是建立区域协调机制。中央政府应建立区域协调机制,促进经济发达地区与欠发达地区在"河长制"实施上的互助和资源共享。二是差异化治理策略。根据不同地区的地理环境和实际情况,制定差异化的河湖治理策略和财政支持政策。三是加大中央财政支持。中央政府应加大对经济欠发达地区"河长制"实施的财政转移支付力度,确保各地区河湖治理的基本需求得到满足。四是完善财政投入机制。建立和完善"河长制"的财政投入机制,确保河湖治理项目有稳定的资金来源和长效的资金保障。五是引导社会资本参与。通过政策激励和社会宣传,引导社会资本参与河湖治理,形成多元化的投资机制。

"河长制"的区域差异和财政投入不平衡问题是中国水环境治理中需要重点关注和解决的问题。通过建立区域协调机制、制定差异化治理策略、加大中央财政支持、完善财政投入机制以及引导社会资本参与等措施，可以有效缓解这些问题，推动"河长制"在全国范围内的均衡发展和有效实施。

（二）"河长制"的未来发展与策略

"河长制"作为一项创新的河湖管理模式，其未来发展需依托法治建设、数字技术应用以及跨区域合作等多方面的策略。

1. 完善法治建设和监管机制。

"河长制"的有效实施必须建立在坚实的法治基础之上。目前，"河长制"的法律体系尚需进一步完善，以确保各级河长依法行政、规范履职。具体来说，（1）监管机制的强化：一是建立和完善"河长制"相关的法律法规，明确河长的职责、权利和义务；二是加强河湖保护的立法工作，制定具体的水质、水量、生态保护标准。（2）责任追究的明确：一是确立明确的责任追究机制，对履职不力或违规行为的河长进行严格问责；二是通过案例分析，强化法律的威慑力和执行力。

2. 数字技术在"河长制"中的应用。

数字技术的引入能够极大提升"河长制"的管理效率和精准度。大数据、云计算、物联网、人工智能等技术的应用，可以使河湖管理更加智能化、自动化。具体来说，一是利用遥感技术进行河湖环境的实时监测，及时发现问题并快速响应；二是通过大数据分析，预测河湖环境变化趋势，为河湖治理提供决策支持；三是建立河湖信息管理平台，集成河湖数据，实现信息共享和资源优化配置。然而，数字技术在"河长制"中的应用仍然面临挑战：一是应该更多思考面对技术更新迅速，如何确保"河长制"的信息化建设与时俱进；二是继续探讨数字技术在不同地区河湖管理中的适用性和普及性。

3. 建立跨省区河长联席会。

河流的自然属性决定了河湖治理往往需要跨区域合作。然而，跨区域合作面临诸多挑战：一是在跨区域河湖治理中存在的协调难题；二是如何通过联席会机制实现流域内河湖治理的协同效应。建立跨省区河长联席会，是实现区域协同治理的有效途径。联席会的建立可以通过构建跨区域河湖治理的沟通协调平台，促进信息共享和资源整合，同时，通过制定跨区域河湖治理规划，联席会也可以实现流域内河湖治理的统一规划和管理。生态补偿与联合执法需要建立流域生态补偿机制，鼓励上下游地区共同参与河湖保护，同时也需要推动跨区域联合执法，共同打击河湖违法行为。

小结："河长制"的未来发展需综合考虑法治建设、数字技术应用和跨区域合作等多方面因素。通过完善法治环境、积极应用数字技术、建立有效的跨区域合作机制，"河长制"将更加科学、精准、高效，为实现生态文明建设提供坚实保障。

五、问题讨论

1. "河长制"在实施过程中面临的挑战有哪些？
2. 思考"河长制"未来的发展态势。

参考文献

[1] 王勇，虞伟. 水环境治理河长制实施机制探讨 [J]. 环境保护，2024（07）.

[2] 杜海娇，邓群钊. 河长制治理：政策工具、水利工程与系统治理效果 [J]. 中国人口·资源与环境，2024（02）.

[3] 毛寿龙，栗伊萱，杨毓康. 地方政策创新如何上升为国家行动：一个政策属性的分析视角——基于河长制的案例观察 [J]. 北京行政学院学报，2023（04）.

[4] 许莹莹，唐培钧. "河长制"政策效应及地区异质性研究 [J]. 生态经济，2020（12）.

[5] 刘劭婷. 河长制下水环境治理的阻滞因素与发展策略——基于公共价值视域的分析 [J]. 人民长江，2024（04）.

[6] 徐娟，马佳骏，邵帅等. "河长制"能实现地方政府跨域间的协同治理吗——基于"碎片化治理"的视角 [J]. 南方经济，2022（04）.

[7] 孙芳城，丁瑞. 河长制与产业结构升级："坐以待毙"还是"涅槃重生"？[J]. 济南大学学报（社会科学版），2022（04）.

[8] 佘颖，刘耀彬. "自下而上"的环保治理政策效果评价——基于长江经济带河长制政策的异质性比较 [J]. 资源科学，2023（06）.

[9] 毛寿龙，栗伊萱. 河长制下水环境治理的制度困境及其优化路径 [J]. 行政管理改革，2023（03）.

［10］姚清，毛春梅，丰智超．跨界河流联合河长制形成机理与治理逻辑——以长三角生态绿色一体化发展示范区跨界水体联合治理为例［J］．环境保护，2024（01）．

［11］杨毓康，栗伊萱．地方环境治理创新如何进入国家政策议程——"二阶耦合"框架下对河长制的案例分析［J］．河海大学学报（哲学社会科学版），2024（02）．

［12］白晓旺，赵培培，戴梦圆等．河长制下长江经济带水资源承载力研究［J］．生态经济，2022（11）．

［13］李雪松，周敏，汪成鹏．地方政府环境政策创新与企业环境绩效——基于长三角地区河长制政策的微观实证［J］．中国人口·资源与环境，2023（03）．

［14］马鹏超，朱玉春．河长制视域下技术嵌入对公众治水参与的影响——基于5省份调查数据的实证分析［J］．中国人口·资源与环境，2022（06）．

［15］王树文，周轩宇，王文颖．跨域生态治理模式：一个纵年第横双向权力关系视角——以赤水河流域治理为例［J］．农林经济管理学报，2022（04）．

［16］曾莉，吴瑞．从弱激励到强激励：河长制政策创新扩散研究——基于省级数据的事件史分析［J］．软科学，2023（02）．

［17］杨志，曹现强．地方政策再创新的策略类型及生成机理——基于从"河长制"到"X长制"演化过程的追踪分析［J］．中国行政管理，2023（07）．

［18］夏志强，唐纪航．边界的治理与治理的边界——跨省流域科层治理反思［J］．社会科学研究，2024（02）．

［19］胡乃元，张亚亚，苏丫秋等．关系治理会消解村干部政策执行力吗？——基于河长制政策的实证检验［J］．公共管理与政策评论，2023（05）．

［20］丁瑞，孙芳城．水环境治理对长江经济带经济绿色转型的影响——基于河长制实施的准自然实验［J］．长江流域资源与环境，2023（12）．

［21］伍先斌，张安南，胡森辉．整体性治理视域下数字赋能水域生态治理——基于河长制的实践路径［J］．行政管理改革，2023（03）．

［22］沈亚平，韩超然．"事责逆向回归"：行政发包中的事责纵向调节机制研究——基于对天津市"河长制"的考察［J］．理论学刊，2023（02）．

［23］王川杰，李诗涵，曾帅．"河长制"政策能否激励绿色创新？［J］．中国人口·资源与环境，2023（04）．

［24］庞锐．采纳与内化：多重制度压力如何影响河长制创新扩散——基于省级政府的定向配对事件史分析［J］．公共管理学报，2023（02）．

［25］蓝庆新，陈超凡．制度软化、公众认同对大气污染治理效率的影响［J］．中国人口·资源与环境，2015（09）．

［26］范庆泉，张同斌．中国经济增长路径上的环境规制政策与污染治理机制研究［J］．世界经济，2018（08）．

［27］李灵芝，羊洋，周力．河长的边界：对流域污染治理行政力量的反思［J］．中国人口·资源与环境，2022（06）．

［28］黄鑫，谢开智．河长制实践的现实困境与路径续造：基于重庆市 G 区的研究［J］．重庆社会科学，2023（03）．

［29］张继亮，张敏．横年第纵向扩散何以可能：制度化视角下河长制的创新扩散过程研究——基于理论建构型过程追踪方法的分析［J］．公共管理学报，2023（01）．

［30］张敏纯．党政协同视阈下的河长制体系定位与制度优化［J］．中南民族大学学报（人文社会科学版），2022（09）．

［31］张治国．河长制考核制度的双重异化困境及其法律规制［J］．海洋湖沼通报，2023（06）．

［31］熊烨．政策创新转移中的条块互动与政策建构——基于江苏省河长制转移的过程追踪［J］．中国人口·资源与环境，2022（08）．

［32］徐娟，彭千芸，杨继生．流域治理中跨域间治污成本分担失衡研究［J］．统计研究，2024（06）．

［33］张磊，谢颂华，莫明浩．江西省河长制效能分级分区评价体系构建［J］．长江科学院院报，2023（11）．

［34］王晓莹，孔千慧，戴梦圆．数字孪生水利技术赋能河长制的实现路径与对策［J］．水利经济，2023（04）．

［35］赵四清，彭穗，王紫涛．道县：以"河长制"促"河长治"［J］．中国环境监察，2023（07）．

［36］刘亦文，吴荆，蔡宏宇．湘江流域"河长制"的生态环境治理效应研究［J］．软科学，2022（03）．

［37］杨明一，秦海波，乔海娟．如何完善河长制——基于与流域综合管理比较的视角［J］．中国环境管理，2022（01）．

［38］李鹏，李贵宝．中国生态文明建设政府治理模式的形成与演进——基于河长制概念史［J］．云南师范大学学报（哲学社会科学版），2021（04）．

案例十三

绿水青山变金山银山

——安吉模式

教学目的：让学生了解"绿水青山就是金山银山"的内涵和重要性，"绿水青山"向"金山银山"转化的实现路径，把握"绿水青山"和"金山银山"、环境保护与经济建设之间的辩证统一关系。

教学内容：将案例教学目标与思政目标结合起来，树立生态观念。

重点、难点：深刻理解"绿水青山就是金山银山"的辩证统一关系。

课前思考题：挖掘现实生活中鲜活的事例，分析绿水青山是怎么转化为金山银山的。

一、案例背景与教学目的

1. 案例背景。

（1）中国实际对绿色发展理念的迫切需求。改革开放后，中国经济虽然实现了长期持续高速增长，但是主要依靠以要素投入为主的粗放式经济模式，造成了严重的环境污染问题，威胁人民群众生活质量和生命健康。这引起党中央的反思。中国工业化相对于西方国家起步较晚，在工业化发展初期主要模仿西方现代化过程，但是随着工业化深入以及现实条件约束，西方路径存在两个问题。第一，西方的工业化道路是先污染后治理的道路，付出了惨痛的环境代价，中国不能明知这种结果还照搬照抄，而且中国是社会主义国家，环境污染威胁人民生命健康，不符合以人为本的制度要求。第二，中国面对的是西方工业化污染后的世界，全球污染和气候危机严重，全球生态承载力不能够承受体量像中国这么大的经济进行西方式工业化。出于为人民发展的内在要求和全球气候变化的使命担当，中国迫切需要不同于西方观念、符合自身发展实际的绿色发展理念。

（2）浙江省安吉余村的基本情况。浙江省安吉余村位于浙江省西北部的山区，身处天目山大竹海之中，人均耕地不足0.7亩。安吉余村因为土地资源的匮乏，难以靠农业致富，一直是贫困县、贫困村。改革开放后，安吉余村为了摆脱贫困，将发展重点放在工业上。一时间，村村点火、户户冒烟。经济得以发展，生态环境却受到严重破坏。可以看到，这个时候的安吉余村其实就是中国改革开放初期的经济缩影。

2. 案例概要。

该案例阐释的是"绿水青山"和"金山银山"、环境保护与经济建设之间的辩证统一关系。2005年8月15日，时任浙江省委书记习近平来到浙江省安吉余村进行考察调研，首次提出"绿色青山就是金山银山"的重要理念（简称"两山理论"）。在"两山理论"的指引下，安吉县致力于推进生态文明建设，积极进行经济实践和制度实践，成为全国人民学习"两山理论"的示范区。全国人民在"两山理论"的指引下，从生产方式、生活方式和思维方式的转变做起，用实际行动深入持久地推进生态文明建设，并涌现出了很多值得国际社会借鉴的"中国做法""中国方案""中国经验"。

为此，本文以浙江省安吉余村为例，讲解"绿水青山就是金山银山"的提出及理念的形成，重点阐释"绿水青山"和"金山银山""双赢"的实践转换过程，启迪学生思考如何将"生态优势"转变为"经济优势"，更好地提升学生坚持树立自然生态观的信念，保持加强生态文明建设的战略定力。

二、案例内容

（一）"绿水青山就是金山银山"在安吉余村被提出

浙江湖州安吉余村三面环山，农业资源匮乏。改革开放初期，为了摘掉"贫困县"的帽子，安吉县将发展重心放在了工业，建立起水泥床、石灰窑、砖厂等一大批高能耗、高污染的粗加工企业。这促进了安吉县的经济发展，也为安吉县政府带来了可观的财政收入。但是，代价是惨痛的，青山被毁，绿色不在，烟尘漫天，生态环境受到了严重污染。1998 年，安吉县因太湖水系污染问题严重被国务院列为监管的重点区域，并且被发出了警告。

付出生态环境的惨痛代价后，安吉县政府下定决心全面整改，在整顿污染乱象的同时，逐步探索"生态立县"的绿色发展战略。安吉县政府考察后关闭 33 家污染企业，其中包括贡献全县 1/3 税源的孝丰造纸厂；关闭境内九成矿山企业，仅剩余达标的 17 家。同时，安吉县设置严苛绿色发展标准，禁止污染企业落户，比如印度尼西亚的西亚金光集团计划在安吉县投资近 50 亿元的造纸项目，但因为污染问题被拒绝落户。除此之外，安吉县积极开展村庄环境综合整治，其首创的"五整治一提高"工程成为浙江省"美丽乡村"建设的榜样。安吉县的绿色发展成果得到时任浙江省委书记习近平的重视。2005 年，习近平同志来到安吉县调研，实地考察了余村。在全面掌握余村生态环境和经济资料后，习近平同志指出，鱼与熊掌不可兼得的时候，要知道放弃，一定不要迷恋过去那种发展模式，其实绿色青山就是金山银山。随后，结合当时浙江全省大力推进生态省建设和各地的实践，习近平同志在余村进一步阐释了"绿水青山就是金山银山"的重要思想。

习近平同志指出，生态资源是这里最可宝贵的资源，应该说安吉人都强烈地感受到了，今后真正地扎扎实实地走一条生态立县道路。安吉县人民明白生态立县就是坚持生态优先原则，以尊敬自然、爱护自然为先，为自己开辟一条新的发展道路，为子孙后代留下最美好最宝贵的财富。2005 年 8 月 24日，习近平同志在《浙江日报》头版《之江新语》专栏，用笔名"哲欣"发表了评论文章《绿水青山就是金山银山》，他指出，浙江省"七山一水两分田"，许多地方"绿水逶迤去，青山相向开"，拥有良好的生态优势。如果人们能够开动脑筋，积极探索生态优势，将这些生态优势转化为经济优势，那么，绿水青山就变成了金山银山。

（二）"绿水青山就是金山银山"的经济实践

安吉县政府放弃高能耗、高污染的工业发展模式后，发展何种新产业成为新的问题。新的产业必须满足环境保护要求，还要有优势、有竞争力（俞小平，2023）。这时环绕在安吉漫山遍野的竹林打开了安吉县新的发展思路。

1. 翠竹。

安吉县被誉为"中国竹乡"，拥有约100万亩的竹林。竹子是世界上生长速度最快的植物之一，可以说是安吉县取之不尽用之不竭的绿色可持续材料，并且竹子可以替代生活中许多塑料制品，进而减少二氧化碳的排放，非常符合环境友好要求。发现翠竹产业优势后，安吉不仅加工制造出了传统的竹餐具、竹凉席、竹地板和竹家具，还创新出建筑、装饰、家具、包装、纺织和一次性使用品等领域的竹产品，比如啤酒杯、毛巾、内衣等。经过努力，安吉县建立了2000余家竹产品企业，解决约13万人的就业问题。全县形成了结构材料、装饰材料、日用品等八大系列竹产品格局，具有3000多种竹产品。其中，竹椅年产量3000万把，占据市场份额1/3以上，出口量占全国的一半，是名副其实的"中国椅业之乡"；竹地板占世界产量的一半以上，荣获"中国竹地板之都"美誉；竹工机械制造业占据国内市场的八成，年销售收入亿元以上的企业有11家。安吉县以立竹量、商品竹年产量、竹业总产值、竹制品出口量、竹产业专利数五个"第一"成为中国第一竹乡。2023年，安吉竹产业年产值达到180.28亿元，同比增长8.65%[①]。

安吉县除了拥有享誉国内外的竹产品，还建立了竹林碳汇收储交易平台。通过竹林流转和碳汇配套工程建设，实现了竹林产业链的全方位建设和管理，进而完善生态价值向经济价值的转变过程，进一步践行"绿水青山就是金山银山"的发展理念。

2. 安吉白茶。

安吉县除了挖掘出翠竹产业，还挖掘出白茶产业。安吉县所处的地理位置光照充足、气候温和、雨量充沛、四季分明，气候特别适宜茶树生长。20世纪80年代，安吉县溪龙乡开始种植"白叶一号"茶树品种。这种白茶属于绿茶，其外形形似凤羽，叶底芽叶细嫩成朵，叶白脉翠，故称"白茶"。安吉白茶色泽翠绿间黄，光亮油润，香气清鲜持久，滋味鲜醇，富含18种人体所需的氨基酸，氨基酸含量在5%～10.6%，是普通绿茶的三四倍，并且多酚类物质少于其他绿茶，因此滋味特别鲜美，没有苦涩味。虽然安吉白茶品种、口感比其他绿茶具有优势，但是安吉县想把白茶这种生活中的食品类

① 新华网，http://www.zj.xinhuanet.com/20240815/fb204b5e20b542f0842f5d9e244a69ac/c.html.

消费品做成产业也不容易。对此，安吉县做了三件事。

第一，首创"母子商标"品牌模式，品牌化引领安吉白茶发展。"母子商标"模式是指安吉白茶认证商标为"母商标"，便于树立区域品牌形象；企业商标为"子商标"，便于明确生产权责。白茶产品同时加注两类商标，既使得安吉当地企业生产的白茶有了质量监督，又使得消费者可以将安吉白茶同其余白茶区别开来，一举两得。这种先进的商标管理模式也助推安吉白茶成为全国唯一取得"中国驰名商标"和"中国名牌农产品"的区域公用品牌。2018 年，安吉白茶同时荣获"中国地理标志证明商标"和中国农业农村部"农产品地理标志"认证；2019 年，安吉白茶作为浙江省唯一代表在第十七届中国国际农产品交易会的全国农业品牌专场上展示；2020 年，安吉白茶入选"全国首批中欧地理标志协定保护名录"；2022 年，"中国传统制茶技艺及其相关习俗（安吉白茶）"成功入选联合国教科文组织人类非物质文化遗产代表作名录；2023 年，安吉白茶在浙江大学中国农村发展研究院中国农业品牌研究中心发布的《2022 中国地理标志农产品品牌声誉评价报告》中获得"品牌声誉十强"称号；2023 年，安吉白茶在"2022 年中国产业区域公用品牌价值评估"中获得"最具品牌传播力的三大品牌"称号。品牌化发展不仅使得安吉白茶声名远扬，吸引众多消费者慕名购买，也使得安吉白茶获得了"产地－产品－品牌"全方位的知识产权保护，为其产业化发展打下法律基础。

第二，采取多模式、多渠道销售方式，提高安吉白茶销售量。一方面，安吉县推广"公司＋合作社（基地）＋农户"的订单农业发展模式，形成长效合作机制。农户不用担心茶卖不出去，企业也不担心收不上来茶，提高了种植专业化、规模化水平。另一方面，安吉白茶通过线上电商平台、线下专卖店、体验店等多渠道销售，拓宽市场，提高白茶销量。

第三，数字化支撑原产品和质量监管，严格把控产品质量。安吉县利用数字化手段，建立起安吉白茶大数据交易平台，通过数字测绘全面把控茶园情况，形成加工、销售、品牌、溯源一体化高效管理模式。同时，为了加强质量监管，安吉县创新实施了"安吉白茶金溯卡"质量安全管理机制，将正规的安吉白茶企业纳入安吉白茶协会，进而统一编码、统一印制防伪标识。

经过安吉县政府及人民的多年努力，安吉白茶从无到有，变成了中外闻名的驰名品牌。2023 年，安吉白茶的产量在 2300 吨左右，产值达到了 35.88

亿元人民币，品牌价值高达 52.06 亿元①，为全县农民人均增收 9960 元②。

3. 绿色旅游。

安吉县自然和人文资源均较为丰富，如安吉古城、中国大竹海、黄公望隐居地、百笋宴等，加之近年来翠竹产业和白茶产业的发展，环境更加清新秀丽，吸引来的游客络绎不绝。安吉县全力打造绿色乡村旅游，建成"中国美丽乡村"精品村 177 个，100% 覆盖 15 个乡镇，形成"一村一品、一村一韵、一村一景"。安吉县通过将翠竹、白茶等元素与旅游发展融合，成为发展绿色旅游的示范区。在此期间，来安吉县旅游的游客从 2010 年的 648 万人增加到 2019 年的 2807.4 万人；旅游收入从 2010 年的 35.18 亿元增加到 2019 年的 388.2 亿元。受疫情影响，2020 年旅游人数小幅下降至 2221.69 万人，旅游收入为 305.04 亿元；2022 年恢复至 2721 万人，旅游收入为 393.3 亿元；2023 年旅游人数突破 3000 万人，旅游收入为 448 亿元，创历史新高。

安吉县一系列"绿水青山就是金山银山"的经济实践，大幅增加了政府财政收入，使其从 2010 年的 23.5 亿元增加至 2022 年的 109.69 亿元，翻了近五倍，并且绿色产业对农村的开发较大，安吉县农村人均可支配收入从 2010 年的 12840 元增加到 2022 年的 42062 元，增长两倍多，促进了城乡协调发展。

（三）"绿水青山就是金山银山"的制度实践

1. 生态环境治理制度。

安吉县既在生产中严禁污染行为，也整治居民生活中的环境破坏问题。在生产中，除了上文中提到的严禁重污染企业落户，安吉县还在 2013 年发出禁药令，草甘膦等高毒、高残留农药，不准进入安吉县销售使用，实现了农业的无害化。在居民生活方面，安吉县实施了一系列"美丽乡村"建设活动。首先在固体污染方面，实施城乡垃圾分类制度。全县建成垃圾回收站点208 个，对各类可回收物和有害垃圾开展全品类回收，资源利用率达 97%。其次，对于水环境，安吉县实施全县行政村农村生活污水处理覆盖率达

---

① 安吉县人民政府，https：//www.anji.gov.cn/art/2024/4/16/art_1229518652_3967146.html.
② 新华网，http：//www.zj.xinhuanet.com/20231214/4dc7bb362dbf4bac955617acd47bffd4/c.html.

100%的标准，高标准推进"五水共治"，率先落实"河长制"，全面剿灭 V
类水。安吉县的水环境保护行为始终走在浙江省前列。再次，在大气污染方
面，安吉县协调秸秆综合利用作用，将全县秸秆利用率提高到 94.79%，守
护住了蓝天白云。最后，在农村居民环境美化方面，安吉县竭力推行"千村
示范、万村整治"工程，通过建立"财政补一点、镇里配一点、村里凑一
点"三级资金筹措模式以推进整治工程长效运行。安吉县专设 5000 万元财政
引导资金，推动农村整治工作中的改路、改房、改水、改厕、改线以及环境
美化等内容。上述行为不仅极大优化了农村环境，还提高了农民生活质量和
生活水平。

但是，安吉县的环境治理仍未结束，计划迈入生态环境保护修复新阶段。
"十四五"期间，安吉县计划通过山水林田湖草生态保护修复国家试点、水
生态环境质量提升等生态环境保护修复工程，增强生态系统服务功能，提升
生态系统质量和稳定性，进一步促进生态系统与经济社会系统的协同性。

2. 环境保护制度。

安吉县选择了绿水青山，更希望青山永驻、绿水长流。对此，安吉县在
行政手段和市场手段两方面"双管齐下"积极探索多元化生态保护补偿机
制。在行政手段方面，安吉县统筹 4.9 亿元生态综合补偿资金，将单一环境
要素补偿拓展至均衡发展综合激励奖补，如茶山茶园生态修复补偿、乡镇
GEP 综合奖补等奖励项目，形成生态环境保护的激励性机制。同时，自 2012
年起，安吉县设立每年 2500 万元水源地保护专项资金以用于重大水源地的水
质保护、封山育林补贴以及水库库面保洁等方面，2018 年该项专项资金金额
提高至 4500 万元以加大对水源地的保护力度。除此之外，安吉县考虑水污染
的扩散性，积极与周边长兴、德清等县市签订流域上下游横向生态保护补偿
协议，建立起跨区域生态补偿机制，综合提高流域水质管理水平。在市场手
段方面，安吉县在土地出让、竹林碳汇、生态产品价值等方面均有所建树。
安吉县研究了开展土地出让生态溢价、生态资源占补平衡补偿、生态权益交
易、水资源优质优价等市场化交易的可行性，并且以竹林碳汇改革为突破口，
与国家开发银行达成战略合作意向，以百亿元融资规模启动毛竹林林权集中
流转，为参与项目的村合作社年均增收 100 万元以上，林农户均年增收 8000
元以上。除此之外，安吉县探索建立生态产品价值年度目标考核制度，完善
生态转移支付制度，创建生态效益补偿基金制度，进而健全多元化生态补偿

机制，推进绿色低碳发展。

除了上述环境保护制度，安吉县人民还认识到如果想真正实现青山常在、绿水长流，就要把"绿水青山就是金山银山"理念种进一代又一代人的心田。安吉县将水土保护知识作为开学第一课，将《生态文明地方课程》设置为 10 课时的必修课。安吉人编写了 48 字的《生态安吉县民守则》，"生态县、人人建、爱环境、洁家园……"这些朗朗上口的词句记在了孩子们的心间。同时，安吉县全县居民坚持每月一次生态日和环境综合整治，为子孙后代作表率。

3. 市场制度。

安吉县探索环境污染风险市场化。安吉县将环境污染纳入地区生产总值的核算中，并以此探索以绿色地区生产总值为主导的考核体系，将生态文明建设权重占乡镇党政实绩考核 40% 以上，对于以生态保护为主的乡镇，考虑其生态价值对经济价值的重要作用，不再考核财政收入、招商引资等指标。同时，安吉县的乡镇党政干部在离任时要进行自然资源资产审计，共涉及 5 大类、56 项审计指标体系。除此之外，安吉县将企业环境污染损害风险纳入保险机制，建立健全企业环境污染责任险制度。

安吉县通过推进要素市场化配置提高企业综合效益。为推动经济要素向高效领域集中，安吉县实施企业亩均效益综合评价与资源要素差别化配置，引导社会资本向现代绿色产业流动。同时，安吉县借助翠竹、白茶等绿色产业，大力发展生态旅游，积极探索"全域旅游"模式，以市场为检验标准，充分挖掘各类生态产品或服务的经济价值。

4. 社会治理制度。

安吉县在社会治理方面采取了多项措施，推动社会治理现代化。首先，根据中央和地方的要求，安吉县制定了乡村治理体系建设试点方案。安吉县政府以民为本，积极推进"自治、法治、德治"三治融合，因村施策，加快乡村治理体系和治理能力现代化。其次，安吉县设置了县、乡、村三级社会矛盾纠纷化解中心，并且通过数字化赋能提高了办理效率和调解成功率。最后，安吉县将综合行政执法与服务结合，通过"软办法"和"硬功夫"的结合，开展了市容秩序"清扫"专项行动，在严格执法的同时提供温情引导和贴心服务，全面提升街道的美观度。

安吉县不仅积极学习社会治理经验，并且取得了不错的成果，还根据自身情况，创新社会治理新模式。安吉县设立融合型"熟人社区"，通过党建统领、服务赋能、多元协同等方式优化提升了社区居民的归属感和认同感，提升了社区治理水平。安吉县探索建立"支部带村、发展强村、民主管村、依法治村、道德润村、生态美村、平安护村、清廉正村"的乡村治理新模式，创新"众人事情众人商量""群众说事室""两山议事会"等基层协商议事机制。安吉县作为"两山理论"的诞生地，坚持以人为本，将绿色发展与社会治理相结合，走出了社会治理的现代化新道路。

5. 生态惠民制度。

安吉县在努力实现生态致富的同时，也致力于完善生态惠民制度，以便共创共享绿色发展成果。安吉县推进农村产权制度改革，将社会资金引入绿色生态产业领域。例如，鲁家村投入 3 亿元财政资金和吸引几十亿元社会资金共同参与田园综合体项目建设，用一辆"小火车"串起各个村庄，形成"村连村"的大景区，提高了村民之间的共同受益。类似的项目还有美丽乡村精品观光带、四好农村路，这些项目被赞美为安吉县生态惠民的"一带一路"。同时，安吉县创造性发挥绿色普惠金融制度，成立浙江省"两山农林合作社联合社"，以"财政资金＋配套资金"的模式建立风险资金池，尽力向农民提供能够发家致富的第一桶资金。除此以外，安吉县积极探索林地、耕地保护补偿（奖励）机制，每亩补贴 7～30 元，让老百姓享受到生态产品的经济价值。

总结安吉县的制度实践，安吉县政府以全面推进美丽环境、美丽经济、美好生活的"三美融合"为目标，构建起绿色发展管护、转化、共享三大"绿色机制"，保证了"绿水青山就是金山银山"的长效运行。

三、案例简评

（一）安吉余村践行"两山理论"，创造美丽家园

安吉余村通过"两山理论"的相关实践，成功创造了新的美丽家园。安吉余村在工业建设时期，生态环境极差，绿水青山变成黑水黑山，空气、水和土地均受到了严重了的污染和破坏。通过环境治理、生态修复保护等措施，

矿山生态环境修复、水土流失、土壤问题均得到了有效解决，实现了"山峦青翠、河流清澈、空气清新、经济结构合理、社会和谐稳定、人居环境优美"的"生态安吉，美丽乡村"。安吉县全县的森林覆盖率达到59.62%，林地面积达到176.5万亩；空气质量优良率保持在90%以上；地表水、饮用水、出井水达标率均为100%，被誉为气净、水净、土净的"三净之地"①。凭借优美的生态环境，安吉县收获"美丽中国最美城镇""联合国人居奖""国家级生态县"等荣誉称号。

（二）安吉余村践行"两山理论"，将生态优势转变为经济优势

安吉县之所以能够实现"绿水青山就是金山银山"，在于其将生态优势成功转变为经济优势，取得了生态经济化和经济生态化两方面成果。

1. 生态经济化。

安吉县挖掘翠竹和白茶两大生态产品的商品价值，并将其发展为绿色产业。安吉县的自然气候非常适宜翠竹和白茶的生长，安吉县种植两类作物几乎没有生态成本，还会带来碳汇、林汇等正向的生态效益，具有其余地区无法比拟的生态优势，因此安吉县政府将目光放在了它们上面。按照经济学一般规律，农产品属于原材料类，其市场利润较低，正常情况下，单纯靠翠竹和白茶实现发家致富很难。对此，安吉县提出了两个生态经济化思路。第一个思路是构建绿色产业链。安吉县同时具有农户—供应商—加工企业—销售商，它们以"产业链"的形式集聚在安吉县，节省了信息、交通、运输等成本，这些成本最终转化为村民、居民以及企业钱包里的利润。第二个思路就是通过精细化和品牌化形成一定的垄断优势，提高产业利润。翠竹本身不值钱，但是一旦将其加工成为生活用品、工艺品、装饰品等，翠竹产品就有了许多附加价值。产品中凝聚的设计思路、制作工艺既提高了市场竞争力，也为安吉县带来更多经济收入。对于另一个生态优势，安吉县依据其特点，又采取了不同的思路。白茶属于食品类，入口的东西不适宜深加工，也无法加工成工业制品，对此安吉县致力于将白茶品牌化。品牌化建设不仅有助于宣传产品优势，提高知名度，提高销售量，而且有助于形成文化优势，提高市

---

① 浙江省林业局网站，http://lyj.zj.gov.cn/art/2024/8/16/art_1285508_59076513.html.

场竞争力。中国具有深厚的茶文化底蕴,人们喝茶时不仅体会茶的味道,也体会中国文化。经过多年的品牌化建设,人们看到"安吉白茶"很容易就想起或者发现其中"绿水青山就是金山银山"的故事,以及体会到其中的人与自然和谐共生意蕴,这有力助推了产业发展。

安吉县挖掘自然、人文资源等生态产品的服务价值,配合本土绿色产业形成绿色多元化产业体系。生态产品的价值除了商品形式,还有服务形式。上文分析到安吉县的自然景观丰富,拥有诸多名胜古迹,气候适宜,正是旅游休闲的好去处。安吉县凭借这个生态优势大力发展旅游业,开辟了多种旅游形式,最大化满足了旅游多元化的消费需求,最大化提高自身收入。上文分析道,安吉县多山,不方便游客走动,其实这对观光旅游来讲,是个劣势。但是,安吉县利用政府招商引资项目轻松化解,化劣势为优势,在通过兴建小火车项目增加就业、提高收入的同时,也进一步增加了轻松愉悦的旅游项目,提高对游客的吸引力。与此同时,旅游业和翠竹、白茶产业可以相互支撑,翠竹、白茶是旅游观光的亮点,旅游为翠竹、白茶带来新的客源,形成了绿色多元化的产业体系。这种多元化的产业体系也提高了安吉县的经济韧性,比如在新冠疫情期间,旅游业遭受了巨大的负面冲击,但翠竹、白茶还是为老百姓维持了一定的经济来源。

总的来说,安吉县通过挖掘自身生态优势,合理遵循经济市场规律,成功实现了生态经济化。

2. 经济生态化。

安吉县严禁高污染、高排放企业落户,打下经济生态化基础。安吉县在尝到重工业污染的恶果后,坚定"腾笼换鸟",除了通过大力发展本土的绿色产业外,还慎重选择落户的外来企业。翠竹、白茶是农产品,其生产靠农业,加工制作、销售是靠工业和服务业。因此,安吉县想要绿色产业做得好,必须要有工业、服务业,还要有好的工业、服务业。安吉县的自身基础差,主要靠外来引进,在选择的过程中实际就围绕着自身生态优势实现经济生态化,推动了本地经济发展。

安吉县设立环境治理、环境保护、生态保护等制度,夯实了经济生态化成果。通过上文分析发现,经济生态化的过程其实与工业化联系较为紧密。为了防止污染问题重现,安吉县通过设立环境治理、生态保护制度设置底线,从而确保经济生态化的方向不乱。

（三）安吉余村践行"两山理论"，推进人与自然和谐共生

人与自然和谐共生既包含人与自然关系和谐，也包含人与人关系和谐，两类关系相辅相成（解保军，2019）。安吉县创建美丽家园，并且成功探索出如何将生态优势转变为经济优势，有力促进了人与自然关系和谐。这些行为提高了居民满意度，增加了居民收入，在一定程度上也促进了人与人关系和谐。经济发展除了经济增长问题，还有分配问题，公平分配对经济体的稳定至关重要。对此，安吉县注重共建共享绿色发展成果，不仅以经济价值分配经济成果，而且以生态价值分配经济成果，体现在干部考核选拔、生态保护地居民补贴等相关政策中。有些生态价值尚未发现经济价值，但是可能存在潜在价值；有些生态价值承担着生态系统稳定的职能，如一些濒危珍稀的动植物，不适宜挖掘成经济价值。此时，仅以创造的经济价值大小分配经济成果是不合理的，也是不可取的。安吉县考虑到了这个问题，结合生态价值进行分配，促进了人与人关系和谐，也激发了人们进行生态文明建设的热情，进一步促进了人与自然关系和谐，有力推进了人与自然和谐共生进程。

四、问题探索和理论链接

（一）"两山理论"的渊源基础

1. 马克思主义人与自然关系思想。

早在150多年前，马克思在《德意志意识形态》中就提出了自然界与人类社会的辩证关系，阐释了自然界对人类的优先地位。马克思将其称为外部自然界的优先地位，具体表现为两方面。

第一，外部自然界的优先地位来源于自然界的客观实在性和存在的先在性。自然界是客观的，自然规律是不以人的意识为转移的。自然界是人类生存的基本条件，是人类社会存在的客观基础，进而自然环境在不同社会发展阶段的社会生产和人类生活具有决定性的基础作用。这表明了"绿水青山"对人类经济社会的重要作用。如果没有"绿水青山"，经济社会就失去了客

观基础，人类社会就会走向衰退。

第二，外部自然界的先在性既表现在自然界对于人及其意识的先在性上，也表现在人的生存对自然界本质的依赖性上，更突出地表现在自然界及其物质固有关联性的遵循上。这解释了"绿水青山"为什么能转化为"金山银山"。无论人类如何想象，"绿水青山"和"金山银山"都脱离不开物质性，而物质间存在着固有关联性。传统的工业发展模式片面重视"金山银山"的经济价值，既看不到上文分析中"绿水青山"的基础性作用，也看不到"绿水青山"与"金山银山"的物质关联。习近平总书记正是在浙江余村的考察调研中发现了"绿水青山"与"金山银山"存在本质联系，生态价值和经济价值可以相互转化。

在上述思想基础上，马克思提出，劳动不是一切财富的源泉；自然界同劳动一样也是使用价值（而物质财富就是由使用价值构成的）的源泉。恩格斯也提出，劳动和自然界在一起才是一切财富的源泉，自然界为劳动提供材料，劳动把材料转变为财富。这说明两点问题：一是"绿水青山"是自然生产力，其对经济社会具有价值，此时生态价值和经济价值等同；二是通过劳动，自然界中的材料可以转变为社会财富，这说明生态价值可以转变为经济价值（陈云，2023）。习近平总书记正是通过安吉余村的实践调研，发现了生态价值可以通过科技、制度、市场等手段转变为经济价值，即"绿水青山就是金山银山"。

因此，"绿水青山就是金山银山"是生态价值与经济、社会价值相互转化的一种内在的、本质的必然趋势和客观过程，是不以人们意志为转移的客观规律，是现代人类社会寻求进步需要遵循的基本准则。

2. 中华优秀传统文化中的生态智慧。

中华民族具有悠久璀璨的历史文明，"天人合一"的自然观是保持文明可持续性的重要原因。古中国、古巴比伦、古楼兰、古埃及都曾依托所属流域的肥沃土地和温暖气候，发展出璀璨绚烂的物质文明，但是除了中国外，其余文明均因为环境恶化而走向衰败直至消失。中国文明得以延续的重要原因就是中华民族认识到自然与人类社会的辩证关系，提倡爱护自然、保护自然，自然也给予了中华民族生生不息的力量。"天人合一"是指人与自然和谐共生的理想状态，是中华文化自然观的核心理念。中国儒家、道家等哲学思想中认为人类与自然界是统一的有机整体，人的行为只有顺应自然规律、尊重生命才能维持经济社会的持久运行。儒家主张"仁民爱物""天何言再，四时生焉，百物生焉"，孔子提出"钓而不纲，弋不射宿"，孟子提出"斧斤以时入山林"，两者均是说明只有保持自然界的活力，才能长久地收获鱼、鸟和木材，体现出生态价值可以转化为经济价值的朴素思想。而道家提出"道法自然"，庄子提出"物得以生，谓之德"，这些都体现出古人对自然规律及其作用的深刻认识。同时，中华民族古代的文学作品中也充满着对自然的赞美和尊重，如杜甫写出"迟日江山丽，春风花草香"；李商隐写出"忍剪凌云一寸心"等。

中华民族除了在哲学思想上树立起"天人合一"思想，在实践方面也进行了有益探索。中国古代曾设立环境保护法律体系，如《周礼》中巡视山林、整治河湖的"虞衡制度"；《秦律十八种》中提倡资源与环境保护的《田律》，以及禁猎区、禁伐区等生态保护措施。在古代的农业实践中，农村会通过轮作、休耕等方法合理利用和保护土地资源，进而保持土壤肥力，提高土地使用的效率和持久性。例如，《吕氏春秋》中提到了"地可使肥，又可使棘"的土地养护辩证观；"代田法"等垄沟互换的耕种方法。

习近平总书记以大历史观把握自然环境与人类文明演替间的客观规律，继承与发展中国传统文化中"天人合一"的自然观，挖掘出"绿水青山"和"金山银山"的内在关联，创新性地提出"两山理论"。

（二）"两山理论"的内涵特征

1."两山理论"的形成与发展。

"两山理论"具有不同表现层次，经历了从"索取"，到"兼顾""取舍"，最后到"共生转化"的升华（赵建军和杨博，2015；王会等，2017；江小莉等，2021；郭亚军和冯宗宪，2022）。"绿水青山"换取"金山银山"这是"索取"思路，也是西方工业化先污染、后治理的老路，事实证明这条路是不可取的。中国社会主要矛盾已经转化为人民日益增长的美好生活需要和不平衡不充分的发展之间的矛盾，民众已经从追求生活温饱转变为追求美好的生态环境和生活质量，环境问题已经成为关系民生的重大问题。如果继续坚持"绿色青山"换取"金山银山"的老路，极易引起民众不满，造成群体性事件。针对这一问题，"既要绿水青山，也要金山银山"的"兼顾"思路被提出，这种思路主要强调环境治理，最大限度清洁干净生态系统中的污染物。但是，这种思路没有触及经济发展模式，环境污染物仍然在源源不断地产生。此时，中国壮士断腕，提出"宁要绿水青山，不要金山银山"，这表明如果在"绿水青山"和"金山银山"之间选出选择，要秉承生态优先理念，放弃"金山银山"，守护好一方水土。没想到，正是"我报青山以桃，青山还我以李"。习近平总书记在余村调研时发现，生态价值可以转化为经济价值，"绿水青山"和"金山银山"存在"共生转化"关系。据此，习近平总书记提出"绿水青山就是金山银山"这一重大理论表述。

"两山理论"的形成以及发展过程符合马克思主义辩证法规律，具有否定之否定特征，是科学理论。人们发展工业化经济是为了积累社会财富，但是工业经济带来了严重的环境破坏问题，产生"绿水青山"与"金山银山"的对立状态。长时间以来，人们只是较大关注了"绿水青山"与"金山银山"的矛盾对立关系。习近平总书记总结实践，发现了"绿水青山"与"金山银山"具有辩证统一关系，进行否定之否定，超越性提出"绿水青山就是金山银山"。"绿水青山就是金山银山"是对肯定、否定阶段的超越，该理论不是简单回归到"绿水青山"和"金山银山"的能否兼顾或者取舍问题上，而是包含前两阶段的某些元素，形成了更高级的形态。这种高级形态的形成得益于发展思路的转变，在西方掠夺式的发展思路中，"绿水青山"和"金山银山"总是两难，总是要先污染、后治理或者边污染、边治理，怎么都实现不了"既要绿水青山，也要金山银山"。但是，当中国摒弃西方掠夺式发展思路后，选择"宁要绿水青山，不要金山银山"，反而得益于自然界与经济社会的整体性和互益性实现了"既要绿水青山，也要金山银山"，此时的状态是已经超越升级的"绿水青山就是金山银山"。

2. "两山理论"的内涵特征。

"绿水青山就是金山银山"，看似一句话，实际上是三句话构成的完整表述："我们既要绿水青山，也要金山银山。宁要绿水青山，不要金山银山，而且绿水青山就是金山银山。"由此可见，"两山理论"的科学内涵包含下列三个方面。

第一，兼顾"绿水青山"和"金山银山"。生态环境和经济增长之间并非处于对立关系，而是具有辩证统一关系。"绿水青山就是金山银山"同时纠正了传统观点中对环境保护和经济增长的两方面片面观点。一方面，"金山银山"不能以牺牲"绿水青山"为代价，长此以往，"金山银山"也没了，甚至会像古巴比伦、古印度、古埃及的文明一样，消失于现实世界。另一方面，选择"绿水青山"不是回到原始社会，也不是回到田园生活，而是通过挖掘"绿色青山"的价值意义，发展出更美好、更可持续的经济社会，得到世世代代的"金山银山"。

第二，"绿水青山"是"金山银山"的前提。虽然中国发展要兼顾"绿水青山"和"金山银山"，但是两者的地位不是等同的，这有着深刻的自然理论基础和哲学社会理论基础。生态学、物理学、天文学等自然学科理论以物质属性及其运行规律为研究对象，实际上就是深刻阐释了人类的物质属性，阐释了人类与自然界其他生物、物质如何相互影响，许多理论证明人类如果污染和破环自然界，受污染、受损伤的终究会是人类自己。在此基础上，哲学与社会科学总结出人类与自然界的伦理关系以及其中经济社会的运行规律。千年来的理论和实践表明，生态环境具有优先地位，"绿水青山"的地位高于"金山银山"。对此，习近平明确指出，"宁要绿水青山，不要金山银山"，一旦绿水青山被破坏往往是不可逆转的，留得青山在，才能不怕没柴烧。这就是说，无法做到"绿水青山"与"金山银山"两者兼顾的特殊情况下，要有所选择，必须要坚持生态优先发展。

第三，"绿水青山就是金山银山"阐明了"绿色青山"与"金山银山"的转化机制。"绿水青山就是金山银山"实际上就是"绿水青山"可以转化为"金山银山"。生态环境、生态产品都来自自然界，都是经济资源，都可以转化为金山银山（朱竑等，2023）。通过诸如浙江安吉余村的实践，可以发现，生态产品的价值可以转变为经济价值，保护好生产产品的源头，"绿水青山"就是拥有的"金山银山"。退一步讲，许多"绿水青山"不能像白茶、翠竹一样带给人们即时的经济价值，但是它们对支撑自然界平稳运行具有重要作用，具有巨大的潜在价值。因此，"绿水青山就是金山银山"不是单方面地依靠"绿水青山"去生产具有经济价值的产品，而是在经济发展过程中，将社会经济建设"友好"地融入到生态环境中，真正实现人与自然和谐共生的现代化。综上，"绿水青山"不能仅仅理解成生态经济化，而是生态经济化和经济生态化的有机统一。它既要强调生态环境的价值转化，又要强调经济活动的绿色转型。"两山理论"点明了生态环境与经济社会之间的辩证统一关系，指出自然财富与社会财富、生态财富与经济财富、生态效益与经济社会效益可以相互转化。在处理这些关系中，习近平总书记要求始终坚持"生态优先，绿色低碳发展"。绿色发展观是"两山理论"的精神实质（黄承梁，2019；庄贵阳，2024）。

（三）"两山理论"对生态文明建设的实践指引

因地因村制宜，推进美丽乡村建设。"两山理论"是对马克思主义理论的继承和发展，汲取了"天人合一"的优秀传统文化观念，具有丰富的科学内涵和时代价值。"两山理论"指导安吉县人民取得了巨大的生态文明建设成就，如获得首批中国文明奖、全国首个气候生态县等荣誉称号。2018年9月26日，习近平总书记亲自倡导并在践行中不断深化的"千村示范、万村整治"工程被联合国授予"地球卫士奖"。安吉的实践，实现了绿水青山与金山银山"双赢并进"，实现了生态经济与环境保护的"双赢"。安吉生态经济发展的做法概括起来就是：一靠产业升级驱动绿色发展，转变一产方式，优化二产结构，提升三产层次；二靠生态优势支撑绿色发展，依托独有的动植物、历史文化优势，安吉县的区域竞争力大幅提高，吸引了大量外来投资。优美的生态环境不仅释放了自然生产力，也促进释放了社会生产力，而高效的政务环境产生了竞争力；三靠制度改革和机制创新激活了人民挖掘生态优势的热情，使得经济要素向生态领域或者生态化领域流动，释放了巨大的政策红利，有力推进了安吉的绿色发展进程。

着力发展生态经济。安吉县的成功实践表明实现"绿水青山就是金山银山"的关键在于人是否重视生态环境，是否能够打开思路发现生态价值与经济价值的转换路径。"绿水青山"从古至今始终存在，"绿水青山"也不只存在于安吉县，而安吉县能够在当代率先成功实现"绿水青山就是金山银山"，是因为安吉县政府及其人民首先将生态环境放在首位，首先打开生态价值向经济价值转变的思路。因此，想要成功实践"两山理论"的前提是树立生态优先思想，以此为前提去思考如何实现经济价值。

具有复制推广效应。"两山理论"从安吉推而广之到浙江全省乃至全国，成为全国人民拥护和认同的发展新理念和政策措施。河北塞罕坝林场的探索实践，是习近平总书记批示赞扬的生态文明建设范例。塞罕坝林场的实践，是将荒原沙地变为绿水青山、再将绿水青山转化为金山银山的典型范例，生动诠释了习近平总书记"两山理论",体现了保护与发展的和谐统一,对确立绿色发展理念具有重要的示范意义。

五、问题讨论

1. "安吉模式"是如何将生态优势转变为经济优势的?
2. "两山"理论如何指引中国生态文明建设?

参考文献

[1] 朱竑,陈晓亮,尹铎. 从"绿水青山"到"金山银山":欠发达地区乡村生态产品价值实现的阶段、路径与制度研究 [J]. 管理世界,2023,39 (08):74-91.

[2] 陈云."绿水青山就是金山银山"的学理阐释——自然资源价值论的辨正与马克思劳动价值论的交汇 [J]. 南昌大学学报(人文社会科学版),2023,54 (03):38-46.

[3] 俞小平."绿水青山就是金山银山"理念指引下的余村蝶变 [J]. 环境保护,2023,51 (Z2):46-47.

[4] 郭亚军,冯宗宪."绿水青山就是金山银山"的辩证关系及发展路径 [J]. 西北农林科技大学学报(社会科学版),2022,22 (01):8-14.

[5] 赵建军,杨博."绿水青山就是金山银山"的哲学意蕴与时代价值 [J]. 自然辩证法研究,2015,31 (12):104-109.

[6] 王会,姜雪梅,陈建成等."绿水青山"与"金山银山"关系的经济理论解析 [J]. 中国农村经济,2017 (04):2-12.

[7] 黄承梁. 论习近平生态文明思想历史自然的形成和发展 [J]. 中国人口·资源与环境,2019,29 (12):1-8.

[8] 江小莉,温铁军,施俊林."两山"理念的三阶段发展内涵和实践路径研究 [J]. 农村经济,2021 (04):1-8.

[9] 庄贵阳. 习近平生态文明思想的内在逻辑与世界意义 [J]. 当代世界,2024 (02):12-17.

[10] 马克思,恩格斯. 马克思恩格斯全集:第3卷 [M]. 北京:人民出版社,1960.

[11] 解保军. 人与自然和谐共生的现代化——对西方现代化模式的反拨与超越 [J]. 马克思主义与现实,2019 (02):39-45.

案例十四

"沙漠变林海"的绿色奇迹
——塞罕坝机械林场

教学目的：使学生了解塞罕坝精神的核心价值和生态文明建设的实践意义，培养学生的环保意识和责任感。

教学内容：阐释三代塞罕坝人建设林场的经历，阐释如何防沙固绿书写绿色奇迹的。

重点、难点：理解和把握塞罕坝精神的精神。

课前思考题：了解塞罕坝的前世今生。

塞罕坝，这个曾经被称为"沙漠之海"的地方，如今却是一片绿色的海洋，是全球生态文明建设的标杆，是中国绿色发展的典范。它的前世今生，是一部人与自然和谐共生的史诗，是一部艰苦创业、自强不息的传奇。在这里，塞罕坝人用汗水和智慧，创造了一个世界级的绿色奇迹；在这里，塞罕坝精神诞生了，成为中华民族伟大复兴的强大动力；在这里，人与自然和谐相处，美丽的绿水青山也变成带领居民致富的金山银山。

一、案例背景与教学目的

1. 案例背景。

塞罕坝机械林场是在 20 世纪 60 年代为应对京津地区风沙侵袭而建立的，通过三代人的努力，将一片荒原沙地转变为世界上最大的人工林，成为生态文明建设的典范和绿色发展的标杆，了解其独特的地理位置和气候条件是深入认识塞罕坝林场生态修复与绿色发展之路的关键。

"塞罕坝"这个名称源自于蒙语"塞堪达巴罕色钦"的译音，其中"塞罕"意味着"美丽"，而"坝"是"达坝"的简化，汉语中指代"山梁"或"高坡"，尤其在蒙汉民族交流中常被简写，更特指"平缓宽阔的高原"；"罕"在蒙语中象征"人之领主"或"山之高峰"，"罕山"则指"高且植被茂盛"的地方，综合这些含义，塞罕坝指的是一个美丽、高耸、植被丰富的平缓高原。塞罕坝机械林场位于河北省承德市围场满族蒙古族自治县的北部，北邻内蒙古赤峰市克什克腾旗，是一个具有重要生态地位的地区。它处于内蒙古高原的南缘，以丘陵、曼甸为主，而坝下则是阴山山脉与大兴安岭余脉交汇处的典型山地地形，是滦河与辽河的发源地之一，因此有"河的源头、云的故乡、花的世界、林的海洋"等美誉。塞罕坝的总面积约为 933.33 平方千米（140 万亩），海拔高度在 1500~2067 米，属于中温带向寒温带过渡的气候，夏季凉爽，最高气温一般不超过 25℃，年均气温 −1.4℃，气候凉爽，冬季寒冷，积雪时间长达 7 个月。这样的地理位置和气候条件为塞罕坝林场的生态修复和绿色发展提供了得天独厚的条件。

2. 案例概要。

塞罕坝机械林场的发展历程是从昔日的荒原到今朝的林海，生动体现了生态文明建设的巨大成就，铸就了人类与自然和谐共生的时代典范。历史上，塞罕坝曾是水草丰美、森林茂密的地区，但清末由于开围垦荒、砍伐森林，逐渐退化成荒原沙地。20 世纪 60 年代初，为了改变风沙紧逼北京的严峻形势，国家决定在河北北部建立塞罕坝大型机械林场，恢复植被，阻断风沙。经过三代人 60 多年的努力，塞罕坝人听从党的召唤，用青春与奋斗，创造了荒原变林海的人间奇迹，铸就了"牢记使命、艰苦创业、绿色发展"的塞罕坝精神。塞罕坝林场的建设，不仅是对自然环境的改善，更是对生态文明理念的深刻实践。从 1962 年建场开始，塞罕坝人克服了极端气候和地理条件的困难，通过科学育苗、攻克技术难关、加强森林抚育、严格资源保护等措施，成功营造了世界上面积最大的人工林，森林覆盖率由 11.4% 提高到 82%，为京津冀筑起了绿色生态屏障。塞罕坝的实践证明，通过人工修复措施，可以加速生态恢复进程、提升恢复效能，同时也创造了巨大的生态、经济和社会效益。塞罕坝的绿色奇迹得到了国际社会的认可，2017 年，塞罕坝机械林场被授予联合国环境荣誉最高奖项——"地球卫士奖",成为全球环境治理的"中国榜样"。这一荣誉不仅是对塞罕坝人长期以来的坚守和奉献的高度肯定,更是对持续推进生态文明建设的大力鼓舞。塞罕坝精神,作为中国共产党精神谱系的组成部分,将继续激励我们推进生态文明建设,在新征程上再建功立业。

为此,本文以塞罕坝机械林场的发展历程为例,介绍生态文明建设的重要性和紧迫性,重点阐释了人与自然和谐共生的理念,以及通过科学方法和持续努力实现生态环境改善和恢复的可能性,使学生了解塞罕坝精神的核心价值和生态文明建设的实践意义,培养学生的环保意识和责任感,为推动生态保护和绿色发展提供理论支持和实践指导。同时,通过塞罕坝的成功案例,增强学生的民族自豪感和自信心,激励他们为构建美丽中国而努力。

二、案例内容

(一)历史上"千里松林"变荒漠

塞罕坝意为"美丽的高岭",曾是皇家的后花园。辽金时期,塞罕坝是绿洲一片,号称"千里松林",森林茂密,鸟兽繁多,水草肥美,花香怡人,呈一片祥和之气。塞罕坝位于内蒙古高原的东南缘,当时的北方地区基本上属于游牧部落所有,主要以放牧狩猎的游牧生活为主,在长期的历史进程中形成了适应自然条件的游牧文化,游牧文化是与草原生态环境相适应的文化,体现了对自然环境的尊重和适应。游牧和渔猎等传统活动对生态环境的影响相对较小,生态环境主要以草原和森林为主,具有丰富的生物多样性。公元1681年,清朝康熙大帝在平定了"三藩之乱"之后,巡幸塞外,看中了这块"南拱京师,北控漠北,山川险峻,里程适中"的漠南蒙古游牧地,并在此设立"木兰围场",作为哨鹿狩猎之地。"木兰围场"最初拥有丰富的自然资源和生物多样性,它以森林、草原和湿地等多样的生态系统而著称,为多种野生动物提供了栖息地。根据文献记录和区域考察收获,围场建置初期,即清朝康熙年间建立木兰围场时,森林覆盖率约在60%以上,拥有丰富的动植物种类,并因其气候凉爽,清幽雅静、情致醉人,也成为清帝避暑的风水宝地，是闲游、静修之所。据历史记载，自康熙二十年到嘉庆二十五年的139年间，康熙、乾隆、嘉庆三位皇帝共举行木兰秋狝105次。后来，在乌兰布通之战胜利结束后，康熙曾登临亮兵台，检阅得胜凯旋的清军将士。这时，塞罕坝也是水草丰沛、物产富饶、景色优美的皇家猎场。

清朝末期，国势衰微，内忧外患。随着实行开围募民、垦荒伐木，加之连年战火，到新中国成立初期，原始森林退化为"飞鸟无栖树，黄沙遮天日"的高原荒丘。作为中国历史上最后一个封建王朝，清朝的历史可划分为初期、中期和末期三个阶段。清朝初期的"木兰围场"不仅是生态系统多样、生物资源丰富的自然资源宝库，也是清朝政治、军事的重要场所，但是随着频繁的狩猎行动，带来了生态系统的失衡。据记载，至乾隆年间木兰围场的大型动物数量锐减；至嘉庆年间，"鹿只已属无多"。清朝中期，清政府为了满足建筑需求，开始大规模砍伐围场林木，导致生态系统的稳定和平衡遭到破坏，特别是乾隆中期的围场地区还出现了人口增长和农业开发，加剧了对自然资源的破坏性开发，同时民间盗猎偷伐行为也日益严重，生态环境进一步遭受了严重的破坏。当时围场内植被覆盖率下降，野生动物大量减少，水土流失和沙化问题开始显现。清朝末期，由于政府内忧外患、财政困顿，无力维护围场的严格保护，允许放垦和商业开发，导致大量森林被砍伐，野生动物数量锐减，直接导致了生态环境的破坏。太平天国运动、列强的侵略等，使得清朝深陷财政危机，政府收入捉襟见肘，无法满足日益增长的开支需求，并且人口的激增，农业生产无法满足人口增长带来的需求，导致社会矛盾的激化和经济的衰退。为了解决财政问题，清政府采取了一系列措施，包括增加税收、开放围场放垦等。随着放垦政策的实施，大量汉族、满族、蒙古族等民族涌入围场地区开始了更大范围的农业开垦和开发活动，原生的森林、草原被大量砍伐和耕种，生态环境进一步恶化。森林覆盖率大幅下降，水土流失和沙化问题加剧，许多物种濒临绝迹或完全消失。围场地区的生态环境由原来的森林郁蔽、水草丰美、牲兽繁育，演变为生态破坏、水土流失、沙化严重的地区。到新中国成立初期，围场的森林覆盖率仅为7.62%，天然残次森林面积仅105.4万亩，不合理的开发利用最终导致了生态环境和生物多样性的破坏。不足百年，"美丽的高岭"便梦碎荒原，沦落成"黄沙遮天日，飞鸟无栖树"的苍凉大漠，原始森林近乎绝迹。

（二） 荒原变林海的人间奇迹

新中国成立后，在党的领导下，三代塞罕坝人在荒漠沙地上创造出荒原变林海的人间奇迹，诠释了绿水青山就是金山银山的理念。新中国成立初期的塞罕坝草木不见、黄沙弥漫、风起沙涌，这片昔日有"千里松林"之称的美丽高岭，已荡然无存，着实成了看不到尽头的一片荒原，已经彻底荒漠化。塞罕坝地处内蒙古高原浑善达克沙地南缘，而浑善达克沙地与北京的直线距离只有180公里，浑善达克沙地的海拔高度1400米左右，北京的海拔43.71米，紧邻的浑善达克、巴丹吉林等沙地沙漠继续南侵，像两头饿狮，直犯京城，是京津地区主要的沙尘起源地和风沙通道，风沙紧逼北京城。其实，不仅仅是首都告急，当时全国都面临着森林退化的严峻形势。

1956年3月，毛泽东发出了"绿化祖国"的伟大号召，将有计划地绿化这些荒山荒地，实现绿化祖国的伟大目标。身肩护卫京津冀地区城市环境和华北地区水源安全的围场被列为国家造林育林、治理风沙的重点区域——塞罕坝应运而生！1961年10月，为了破解风沙南侵的困境，时任林业部国营林场管理局副局长刘琨，率专家组来到已是冰天雪地的塞罕坝，考察研究治理土地沙化问题的出路。经过3天的努力，林业部专家组终于在塞罕坝发现一棵落叶松，它证明塞罕坝上可以长出参天大树，从而坚定了建立大林场的决心，并且完成了我国北方第一个机械林场选址。1962年，国家林业部决定在塞罕坝建设大型机械林场，开荒拓林，修复生态，为京津抗风沙、涵水源。从全国18个省市调集来的127名大中专毕业生和242名林场干部职工，组建了一支高规格的创业队伍，开始了艰辛的创业征途。在建场初期，由于气候恶劣、沙化严重，并且缺乏在高寒地区造林的成功经验，1962年、1963年连续两年造林成活率不到8%，造林成活率极低，但塞罕坝人并没有放弃，很快找到了造林失败的原因，他们创新育苗方法，攻克了高寒地区全光育苗技术难关，实现就地育苗。1964年春季，塞罕坝机械林场在马蹄坑摆开机械造林战场，创业者们奋战三个昼夜，通过技术改革和人工措施，将516亩幼苗根治地下，机械造林成活率提高到了95%以上。但是，创业之路充满坎坷，塞罕坝人要经受的考验并没有结束。1977年10月28日塞罕坝遭遇了一次罕见的雨凇灾害，一夜之间，57万亩树木被厚厚的冰凌包裹，20万亩树木全部被毁，十几年心血换来的劳动成果损失惨重。1980 年夏天塞罕坝林场又遭遇了百年难遇的大旱，12 万亩落叶松难逃厄运，塞罕坝人只能挑水抗旱。但生来不服输的塞罕坝人怎么能被连番的天灾打败，只不过是从头再来。在接下来的岁月里，塞罕坝机械林场不断改革完善技术，再一次将希望的树苗栽到了荒原之上，开始大规模造林。截至 1982 年，塞罕坝成功在荒原沙地上造林 96 万亩，总计 3.2 亿余株，造林保存率达到了 70.7%，创下了当时全国同类地区保存率之最，超额完成了建场时国家下达的造林任务，"美丽高岭" 重现生机。

1983 年塞罕坝机械林场完成了大规模人工造林，从 "以造林为主" 转入了 "以营林为主、造林为辅" 的时期，开始走上 "育、护、造、改相结合，多种经营，综合利用" 之路，这一转变意味着塞罕坝林场从单纯的造林转向了森林资源的全面经营和保护，旨在实现森林资源的可持续经营和生态、经济、社会价值的最大化。具体来说，林场在森林经营上主要通过对已有的森林进行养护培育、严格保护、科学造林和合理改造，以促进林木健康成长，提高林分质量，确保森林资源安全，并适应环境变化，实现可持续发展；此外，除了传统的森林保护和木材生产外，还包括发展森林旅游、林下经济、碳汇交易等多元化的经营方式。随着林场的积极推行改革和科学管理，在营林上始终坚持造林与抚育残破天然林并重，实现了林木总蓄积量的显著增加，单位面积林木蓄积量达到全国人工林平均水平的 2.8 倍，展现了科学营林的卓越成果。具体来说，从 1983 ~ 1990 年，林场活立木总蓄积量由 123 万立方米增加到 254.5 万立方米，实际增加量为 131.5 万立方米，占基数的106.9%，翻了一番。其间，总生长量为 187.8 万立方米，同期消耗量为 29.9万立方米，占生长量的 15.9%。到 1995 年末，总经营面积 9.4 万公顷，有林地 6.74 万公顷，其中以落叶松为主的人工林 5.07 万公顷，林场活立木总蓄积量由 254.5 万立方米增加到 277 万平方米，天然次生林 1.67 万公顷，活立木蓄积 90 万立方米。森林覆盖率 71.63%；从 1995 ~ 2000 年，林场活立木增加到 544.5 万立方米，增加量为 267.5 万立方米，占基数的 98.4%，蓄积量又接近翻了一番。但是，与造林和抚育相比，森林的保护、病虫害防治也是关键。林场始终坚持把资源保护作为全场首要工作来抓，建立了完备的管理体系。塞罕坝森林多为人工针叶林，树种单一，森林自动调节能力弱，极易暴发大面积病虫害。同时森林呈集中连片分布，林下、路边蒿草茂密，可燃物载量丰厚，加之降水较少，物干风大，一旦发生火灾，极易造成 "火烧连营"之势,后果不堪设想。因此,塞罕坝人始终把保护森林资源安全作为事关林场生死存亡的头等大事来抓,建成了森防、监测检疫队伍体系,配备了100余名专、兼职监测人员,健全了预测预报网络;建立了完整的防扑火指挥体系和300余人的专业扑火队伍,现代化的防火车辆、扑火工具一应俱全,有备无患;2012年以来,共投入资金近1200万元,完善防火隔离带、防火通道建设,将万顷森林分隔成网格状;不断加强防火监测系统建设,9个望火楼全部安装了林火红外视频监控系统,将林地全部纳入监控范围。挖设防护沟、架设围栏,构筑了造林地块立体防护网络,保护幼林不受牲畜危害,造林保存率达到了93%以上。通过不断强化指挥系统、预警监测、防火阻隔、基础设施和扑火队伍等方面建设,塞罕坝森林灾害综合防控能力达到国内领先水平,取得了建场57年来无森林火灾、有虫不成灾的好成绩。总的来说,自1962年建场以来,三代塞罕坝人用50多年时间,在极其恶劣的自然条件和生态环境下建成了世界上面积最大的人工林,创造了沙漠变绿洲、荒原变林海的绿色奇迹,从一棵树繁衍出一片"海",每棵树的年轮都见证了塞罕坝的成长,记载着生态文明建设的进程。

(三) 美丽高岭变身"绿色引擎"

进入新时代,随着生态文明建设的发展,塞罕坝机械林场拥抱新的历史机遇,担起新的历史使命,改变发展理念,坚持生态优先的原则,推动和发展绿色产业和碳汇项目,实现了生态效益和经济效益的双赢。塞罕坝地处国家级贫困县境内,脆弱的生态环境和区域贫困在地理空间上高度耦合,如何找到经济发展与环境保护之间的平衡点,是摆在新时期塞罕坝人面前的最大考题。按照国有林场传统经营方式,塞罕坝林场曾经严重依赖木材销售,大面积采伐似乎是塞罕坝机械林场增加收入的唯一来源,曾占总收入的90%以上,但木材产业带来增加收入的同时也面临着林木资源的快速消耗。然而,随着务林人有了更为自觉的生态文明意识和绿色发展理念,认识到种树的目的不是伐木取材,提供木材产品,而是增林扩绿,提供生态产品,林场开始转变发展模式,发挥它更大的生态效益。从2012年开始大幅压缩木材采伐量,在森林经营方面"自断一臂",将每年正常木材砍伐量从15万立方米调减至9.4万立方米。截至2017年,林场大幅压缩木材采伐量,木材产业收入占总收入的比例持续下降，最近这五年已降至50%以下。林场认为既要做资源消耗的减法，也要做绿色产业的加法，即林场减少对木材的依赖，主动降低木材蓄积消耗，按照"利用森林而不破坏森林"的理念，通过建设国家森林公园，培育山地园林大苗基地，改变以木材生产为核心的单一产业结构，构建可持续经营的绿色产业体系，实现产业转型。截至2017年，林场已建设苗木基地8万多亩，成为华北地区重要的园林树种培育基地，从砍树到卖树苗，林场不但改变了以木材生产为核心的单一产业结构，而且实现了森林蓄积量、林地面积双增加。塞罕坝林场的林木总蓄积量，由建场前的33万立方米增加到1012万立方米，增长近30倍，单位面积林木蓄积量，是全国人工林平均水平的2.8倍；林地面积由建场前的24万亩增加到112万亩，成为世界上面积最大的一片人工林；森林覆盖率由12%提高到80%；如果林木按一米的株距排列，可以绕地球赤道整整12圈，给这个蓝色星球系上12条漂亮的"绿丝巾"。如今，森林面积在不断增加，森林质量越来越好。

"既要绿水青山，也要金山银山。"今天的塞罕坝，绿水青山带来真金白银，绿色发展之路越走越宽。郁郁葱葱的林海，成为林场生产发展、职工生活改善、周边群众脱贫致富的"绿色银行"。2012年开始，塞罕坝在苗木、旅游、风电等方面的年均收入近2亿元，森林旅游、苗木等绿色产业收入已占林场总收入的50%以上。塞罕坝四季皆有美景，是华北地区知名的森林生态旅游胜地。塞罕坝林场在保证生态安全的前提下，依托良好的生态环境，丰富的森林资源，广阔的草原和冷凉资源、冰雪资源以及湿地资源，林场适度发展生态旅游，基本形成"吃、住、行、游、购、娱"旅游配套产业链。塞罕坝的森林生态旅游事业起步于塞罕坝营林阶段，把发展森林旅游作为二次创业的支柱产业。1993年5月，塞罕坝国家森林公园获批组建，开启了森林旅游的新纪元，产业家族增添了精兵强将。1999年6月，塞罕坝森林旅游开发公司应时而生。截至2018年，塞罕坝国家森林公园年入园人数由2001年的9万人次，增加到60万人次，年旅游直接收入由原来的104万元，增加到现在的6200多万元；公园累计接待中外游客超过520万人次，实现直接经济效益近4亿元，年均纳税700余万元，每年为社会提供就业岗位2.5万个，累计创造社会综合效益近30亿元，有力地拉动了景区周边乡村游和县域经济的发展，有效发挥了旅游扶贫、旅游富民的功能作用。随着各地生态环境建设力度空前加大，绿化苗木需求大增。一棵苗木的收益是一棵木材收益的几倍甚至到几十倍，塞罕坝人把最擅长的育苗投入产业经营，几年时间，塞罕坝林场建设了 8 万多亩绿化苗木基地，培育了云杉、樟子松、油松、落叶松等优质绿化苗木。1800 万余株多品种、多规格的苗木，成为绿色"聚宝盆"。林场的绿化苗木，销往京津冀、内蒙古、甘肃、辽宁等全国十几个省份，每年收入超过 1000 万元，多的时候达到 2000 多万元。在林场的带动下，周边地区的绿化苗木产业也迅速发展起来。林场还启动了营造林碳汇项目让林地生金，开辟了新的经济收益渠道。营造林碳汇项目能够通过植树造林和森林经营等方式，增加森林的碳吸收能力，从而吸收和储存大气中的二氧化碳。这不仅有助于改善生态环境，提高生物多样性，而且通过碳汇交易，为参与项目的相关方带来经济收益。与草原、湿地以及农田、荒漠等生态系统的固碳效果相比，森林吸收固定的碳大部分储存在林木生物质中，具有储存时间长、年均累积速率大等明显优势，哪怕林木转化成木产品也同样能够储碳。从各方面对照中可以看出，通过森林来实现降碳，是成本最低的一种方式。塞罕坝不断探索建立森林生态效益补偿市场化新机制，将林场的生态优势转化为发展优势。2015 年林场启动开发森林管理碳汇项目，2016 年 8 月塞罕坝林业碳汇项目首批国家核证减排量（CCER）获得国家发展改革委签发，成为华北地区首个在国家发展改革委注册成功并签发的林业碳汇项目，也是迄今为止全国签发碳减排量最大的林业碳汇自愿减排项目。2017 年，塞罕坝的造林和营林碳汇项目经国家发展改革委备案，总减排量为 475 万吨二氧化碳当量。2018 年 8 月 7 日，塞罕坝林场造林碳汇在北京环境交易所与北京兰诺世纪科技有限公司达成首笔交易，首笔造林碳汇交易 3.6 万吨，标志着塞罕坝的碳汇产业迈出实质性一步。塞罕坝首批森林碳汇项目计入期为 30 年，其间预计产生净碳汇量 470 多万吨。如果造林碳汇和森林经营碳汇项目全部实现交易，保守估计可带来超亿元的收入。塞罕坝人在已经取得的造林成果基础上，进一步通过发展绿色经济、生态保护和可持续利用自然资源，实现了林场产业转型和升级，成为推动林场经济增长的"绿色引擎"。

（四）"二次创业"续写新的绿色奇迹

近 60 年来，塞罕坝机械林场的建设者们听从党的召唤，在"黄沙遮天日，飞鸟无栖树"的荒漠沙地上艰苦奋斗、甘于奉献，创造了荒原变林海的人间奇迹，成为世界上面积最大的人工林场，用实际行动诠释了绿水青山就是金山银山的理念，铸就了"牢记使命、艰苦创业、绿色发展"的塞罕坝精神。随着进入新时代新征程，塞罕坝人致力于实现林场更高质量的发展，努力实现生态效益、社会效益与经济效益的和谐统一，进一步发挥生态文明建设的示范引领作用，在"二次创业"中为续写绿色奇迹而奋斗。2021年8月23日，习近平总书记在塞罕坝机械林场考察时强调：我国人工林面积世界第一，这是非常伟大的成绩。塞罕坝成功营造起百万亩人工林海，创造了世界生态文明建设史上的典型，林场建设者获得联合国环保"最高荣誉——地球卫士奖"，机械林场荣获全国脱贫攻坚楷模称号。希望你们珍视荣誉、继续奋斗，在深化国有林场改革、推动绿色发展、增强碳汇能力等方面大胆探索，切实筑牢京津生态屏障。如今，塞罕坝机械林场正在弘扬塞罕坝精神，奋力开启"二次创业"新征程，打造高质量发展先行示范区，为全球生态文明和绿色发展提供样板。

从建场以来，塞罕坝的创业路，是播种绿色之路、捍卫绿色之路，更是一条绿色发展之路。塞罕坝百万亩林海筑起绿色屏障，有效阻滞了浑善达克沙地南侵，每年为滦河、辽河下游地区涵养水源、净化淡水2.84亿立方米，每年防止土壤流失量513.55万吨，每年可固定二氧化碳86.03万吨，释放氧气59.84万吨；塞罕坝良好的生态环境和丰富的物种资源，使其成为珍贵、天然的动植物物种基因库；有陆生野生脊椎动物261种、鱼类32种、昆虫660种、大型真菌179种、植物625种；塞罕坝的森林湿地生态系统提供着超过155.9亿元的生态服务价值；与建场初期相比，塞罕坝及周边区域小气候得到有效改善，无霜期由52天增加至64天，年均大风日数由83天减少到53天，年均降水量由不足410毫米增加到460毫米；这是大自然回馈给塞罕坝的巨大财富。近年来，塞罕坝机械林场不断助力脱贫攻坚、乡村振兴，通过驻村帮扶、生态旅游、苗木生产，使4万多名群众受益，带动2.2万名贫困人口实现脱贫。60年，塞罕坝人走的是坚持绿色发展理念、爱绿植绿护绿、持之以恒推进生态文明建设、以绿水青山换取金山银山的绿色发展道路。2021年，塞罕坝全面开展二次创业，走好新时代塞罕坝新的长征路，力争经过10年的建设发展，实现生态功能显著提升、生活条件明显改善、管理机制全面创新、绿色产业健康发展、生态成果区域共享，生态保护、绿色发展和民生改善良性循环的目标。2024年是塞罕坝机械林场"二次创业"的第一年。河北省政府办公厅日前印发的《关于河北省塞罕坝机械林场"二次创业"高质量发展的实施意见》提出，到 2026 年，林场森林覆盖率由 82% 提高到 84%；单位面积森林蓄积量由 2021 年的 135 立方米/公顷增加到 142 立方米/公顷；森林湿地资产总价值由 2021 年的 231 亿元提高到 237 亿元。到 2030 年，森林覆盖率提高到 85%，森林碳汇能力较 2021 年提高 10% 以上，森林生态系统更加稳定、健康、优质、高效，生态服务功能显著增强。到 2035 年，森林覆盖率提高到 86%，森林湿地资产总价值达到 260 亿元，完成燕山-塞罕坝国家公园创建，打造全球生态文明和绿色发展示范区。

三、案例简评

（一）坚持"一张蓝图绘到底"，一代接着一代干

三代塞罕坝人时刻牢记改善自然环境、修复生态的建场初心，在"黄沙遮天日，飞鸟无栖树"的荒漠沙地上艰苦奋斗、甘于奉献，通过培育优质壮苗、攻克技术难关、加强森林抚育、严格资源保护等措施，使塞罕坝林场成为一道牢固的绿色屏障。截至目前，塞罕坝机械林场总经营面积 140 万亩，林场内石质荒山全部实现绿化，建起了世界上面积最大的人工林。与建场初期相比，目前林场林地面积由 24 万亩增加到 115.1 万亩，林木蓄积量由 33.6 万立方米增加到 1036.8 万立方米，森林覆盖率由 11.4% 提高到 82%，单位面积的林木蓄积量达到了全国人工林平均水平的 2.76 倍。现如今，塞罕坝以其独特的地理位置，以及森林、草地、湿地共存的和谐生态系统，在阻沙源、保水源，维护京津冀生态安全的同时，还是重要的储碳库、能源库、蓄水库，在防风固沙、调节气候、维持生物多样性、涵养水源、净化水质等方面作出卓越的生态贡献。

塞罕坝通过大规模植树造林，增加了地表植被覆盖，减少了风蚀作用，有效固定了流动沙丘，防止了沙尘暴的形成和扩散，形成了一道天然的生态屏障，有效阻滞了浑善达克沙地南侵，保护了周边地区的生态环境和农业生产；同时也减少了大风和沙尘暴等极端天气事件的发生，近十年与建场初期十年相比，无霜期由 52 天增加至 64 天，年均大风日数由 83 天减少到 53 天，

年均降水量由不足 410 毫米增加到 479 毫米，成为津冀和华北地区的风沙屏障。森林的根系不仅牢固地抓紧土壤，减少水土流失，维持土壤结构稳定，而且其枯枝落叶的分解增加了土壤有机质，提升了土壤肥力和微生物活性；林木根系的生长改善了土壤的通气透水性，而森林的蒸腾作用有效调节了土壤水分，减轻了干旱和雨季地表径流的负面影响，每年减少土壤流失量 513.55 万吨。除了树，塞罕坝机械林场内还有草原、湿地交错带自然生态系统及其天然植被群落；良好的生态环境和丰富的物种资源，使塞罕坝成为天然的动植物物种基因库，丰富的植被为动植物提供了丰富的栖息地，增加了生态系统的稳定性，有助于维持生态平衡；目前在该地区森林、湿地、草原等多种生态系统中，栖息着陆生野生脊椎动物 261 种、鱼类 32 种、昆虫 660 种、大型真菌 179 种、植物 625 种，其中国家重点保护动物有 47 种，国家重点保护植物有 9 种。不仅如此，据中国林业科学研究院评估，塞罕坝林场森林和湿地每年能够涵养水源、净化淡水达到 2.84 亿立方米，相当于 4.7 个十三陵水库，这为滦河、辽河等下游地区提供了重要的水源支持，成为京津冀和华北地区的水源卫士。此外，森林作为陆地生态系统的主体，是生态系统中最大的碳库，塞罕坝林场为"双碳"目标作出了巨大贡献。森林当中每增加 1 立方米的蓄积量，能够吸收 1.83 吨二氧化碳；一棵树 1 天可以蒸发 400 公斤水，1 年可储存一辆车行驶 16 公里所排放的污染物；一亩树林 1 天可吸收二氧化碳 67 千克并释放氧气 49 千克，1 年放出的氧气可供 65 人呼吸 1 年，1 年可吸收各类粉尘 20~60 吨；整个塞罕坝机械林场百万亩人工森林生态系统，每年可吸收二氧化碳 74.7 万吨，释放可供 199.2 万人呼吸的 54.5 万吨氧气，林区空气负离子平均含量比北京城区高出 5 倍；据中国林科院估算，塞罕坝百万亩林海每年可固定二氧化碳 86.03 万吨，相当于中和 86 万辆家庭燃油轿车一年的二氧化碳排放量。美国《科学》杂志刊登的一项新研究说，全球植树造林的潜力巨大，如果将可绿化面积全部用上，这些树木有望储存自工业革命以来约 2/3 由人类活动导致的碳排放，有效帮助应对全球变暖。党的十八大以来，我国坚持数量质量并重，深入实施大规模国土绿化行动，每年造林面积都在 1 亿亩以上，森林面积和森林蓄积量连续 30 年保持"双增长"。2020 年，我国人工造林面积达 289 万公顷，造林总面积达 677 万公顷；实现碳达峰、碳中和是一场硬仗，也是对我们党治国理政能力的一场大考。塞罕坝的每一棵树、每一片林都诉说着中国的绿色发展，描绘着美丽中国的绿色底色，也成为中国对全球的绿色贡献。

（二）掌握一套"换算公式"，知道眼前利益与长远利益如何换算

塞罕坝林场不仅以其卓越的生态效益著称，成为京津冀地区重要的绿色生态屏障，有效改善了当地的气候条件、涵养水源、防止土壤流失，并通过其丰富的生物多样性为野生动植物提供了宝贵的栖息地，而且通过森林资源的可持续经营发展了多元化产业，实现了显著的经济效益，促进了当地经济的繁荣和社会的可持续发展。60 年，塞罕坝人走的是坚持绿色发展理念、爱绿植绿护绿、持之以恒推进生态文明建设的绿色发展道路，使塞罕坝的可持续经营之路越走越宽，既保住了绿水青山，也创造了金山银山。塞罕坝成功营造起百万亩人工林海，不仅创造了世界生态文明建设史上的典型，荣获联合国环保最高荣誉——地球卫士奖，而且截至目前，林场有林地面积增加到115.1 万亩，林木总蓄积由 33 万立方米增加到 1036.8 万立方米，增长 30 倍，森林覆盖率已达到 82%，生态系统每年提供着超过 100 亿元的生态服务价值，成为全球生态保护和可持续发展的杰出代表。现如今，塞罕坝以其良好的生态系统为基础，积极发展生态旅游、绿化苗木、森林碳汇等绿色生态产业，形成了良性循环发展链条，推动了当地经济的多元化发展，确保了可持续发展的长远利益，实现了显著的经济效益。

20 世纪 90 年代林场通过多种经营拓宽利润渠道，生态旅游发展成为支出产业之一。1993 年 5 月，塞罕坝国家森林公园正式成立，以"以林建园、以游促林、多种经营、全面发展"为指导方针，依托"皇家、生态、民俗"三大品牌，自主打造了白桦坪、亮兵台、七星湖等 18 处景点，延长了游客驻留时间，增加了经营收入。塞罕坝国家森林公园从 2014 年开始将每年接待游客稳定在 50 万人次以上，科学核定承载力，将年接待游客数量增长率控制在 3% 以下，即便是这样，每年门票收入仍可达 4000 多万元；2001 年年入园人数 9 万人次，2017 年增加到 60 万人次，年旅游直接收入由原来的 104 万元，增加到 2017 年的 6200 多万元，公园累计接待中外游客超过 520 万人次，实现直接经济效益近 4 亿元，年均纳税 700 余万元；旅游门票直接收入之外，林场周边地区乡村游、山野特产、手工艺品、交通运输等产业也被带动起来，产生大量就业机会，每年贡献产值 6 亿多元。除了生态旅游塞罕坝林场依托

百万亩森林资源，积极发展绿化苗木生态产业，通过建立绿化苗木基地，塞罕坝机械林场培育了云杉、樟子松、油松、落叶松等优质绿化苗木，形成了1800万余株多品种、多规格的苗木资源；这些苗木销往当地及周边地区每年可为林场带来超过1000万元的收入，有时候甚至达到2000多万元。塞罕坝作为全国乃至世界最大的人工林林场，有丰富的山野菜、食用菌、药材、花卉等非木质林产品；因其生长范围广、过于散生、采集成本高等因素，难以进行商品化管理，多被附近农民自行采集销售，成为其家庭经济的重要组成部分，有的家庭靠采集山珍年收入就达几万元。此外，森林靠"呼吸"也能挣钱，2016年12月，塞罕坝林业碳汇项目已成功在国家发展改革委备案474万吨，保守估计经济收益可达数亿元；塞罕坝从2015年首次通过首批造林碳汇已销售16.2181万吨，实现收入309万元；到2017年，据中国碳汇基金会的测算，塞罕坝机械林场有45万余亩森林可以包装上市，碳排放权交易总额可达3000多万元。总的来说，截至2023年，塞罕坝林场依托绿化苗木、森林旅游等绿色生态产业实现了林场年主营收入26.4亿元，其中，森林抚育与利用原木产品17.5亿元，工程造林与园林绿化苗木1.8亿元，生态旅游5.6亿元；建场以来，累计向财政上缴利税超过5000万元，为社会提供造林绿化苗木2亿多株，为当地群众提供劳务收入15000多万元，有力地拉动了地方经济的增长；每年带动当地实现社会总收入超过6亿元，辐射带动近4万人受益；通过碳汇交易等市场化手段，不仅增加了当地财政收入，还有助于推动绿色低碳发展，促进生态产品价值实现，为中国碳中和的过程贡献力量。塞罕坝的每一项生态产业、每一次碳汇交易都映射着中国的绿色经济，展现了中国低碳发展的生动实践，也成为中国对全球可持续发展的经济贡献。

（三）持续推进生态文明建设，增强绿色亮丽名片

塞罕坝，这片绿色奇迹之地，不仅以其卓越的生态效益和日益增长的经济效益著称，更通过其深远的社会效益，展现了对当地就业、改善环境、示范带动、弘扬文化、促进地区经济繁荣和改善居民生活质量的积极影响。近年来，塞罕坝机械林场不断助力脱贫攻坚、乡村振兴，通过驻村帮扶、生态旅游、苗木生产，使4万多名群众受益，带动2.2万名贫困人口实现脱贫。2021年2月，塞罕坝机械林场获得全国脱贫攻坚楷模荣誉称号。塞罕坝机械

林场最直观的社会效益就是带动了地区经济的繁荣，增加了周边群众的收入，帮助当地群众实现了脱贫致富。具体来说，在毗邻塞罕坝机械林场的围场满族蒙古族自治县哈里哈镇哈里哈村只用了 5 年的时间，从人均年收入不足 2000 元的穷村，到成为人均年收入 9000 多元的"塞罕坝下生态第一村"；哈里哈村利用当地生态优势，用好绿色资源，推动乡村生态振兴创新发展，坚持以"森林＋康养＋旅游"为产业发展模式，因地制宜挖掘乡村生态价值，建设旅游综合服务节点，加快基础设施配套，成为通往塞罕坝途中一道独特的风景；哈里哈村 2016 年的时候拥有 300 多个建档立卡贫困户，目前全村农家游户已达十余户，从业人员超过了 50 人，户均增收实现了 6 万元以上，成为"绿水青山就是金山银山"的生动实践。塞罕坝建场以来，创造了大量的劳动就业岗位，林场的营造林生产活动每年为当地提供了 4000 多个就业岗位，生态旅游业提供临时就业岗位约 1.5 万个，有效吸纳了当地和周围地区的剩余劳动力转移；同时，随着林场各项事业的发展，林场所在地已经形成了一个包括公检法、医院、学校、邮局以及银行、商业、市政、通信等在内的比较完整的社会体系为社会提供了大量的就业岗位。塞罕坝林场通过三代人的努力，创建世界上面积最大的人工林场，不仅为京津冀地区提供了风沙防治、水源涵养和水质净化的生态屏障，有效解决了群众健康受损的环境问题，还提升了公众环保意识，推动了生态文明理念的普及和实践。

塞罕坝林场在创造人工林海的过程中，推广和应用了育苗、混交林营造、病虫害防治等方面的科学技术，为国内其他地区开展人工林繁育提供了宝贵经验，起到了示范作用。塞罕坝机械林场的建设是在物质和技术几乎一片空白的条件下开始的，但塞罕坝人以艰苦奋斗的优良作风、科学求实的严谨态度，攻克了高寒地区育苗、造林、营林等技术难关，实现了一次又一次的超越与突破。建场以来，共完成育苗、造林、营林、有害生物防治、林副产品开发利用等 9 类 73 项科研成果，编写技术专著 12 部，发表论文 800 余篇，多项科研成果荣获国家级奖励，5 项成果达到国际先进水平。可以说，塞罕坝机械林场的发展史，也是一部中国高寒沙地造林的科技进步史。在造林初期，主要针对人工造林进行一系列的研究创新，在 1962～1982 年获得诸如樟子松引种造林技术、樟子松引种育苗技术等 11 项课题，推动了林业技术的创新和应用。1983 年大面积造林结束后，人工森林进入抚育与利用阶段，林场通过设置大面积的科研标准地进行实地调查、科研分析，逐步完善了落叶松、云杉、樟子松三大树种的科学经营理论体系，同时也对森林保护、野生花卉利用、森工机械等方面进行了探索研究。进入 21 世纪，林场开展学术专题、技术推广等活动，与北京大学、清华大学、中国农业大学等科研院校通力合作，取得了很多实质性的技术成果，积极整理编制技术标准，出版学术专著，开展技术推广；还为北京冬奥会张家口赛区等提供绿化苗木的技术支持。

塞罕坝通过其生态文明建设的生动实践，不仅成功地将荒漠转变为绿洲，而且在弘扬文化精神方面发挥了重要作用，为构建人与自然和谐共生的社会提供了丰富的精神滋养和实践范例。弘扬塞罕坝精神，传播生态文化规划的实施，将进一步扩大塞罕坝精神在国内外的知名度和影响力。塞罕坝林场的创业史，就是一部不断开拓奋进、攻坚克难的奋斗史。塞罕坝带动周边区域生态修复、产业发展，构建健康稳定、优质高效的生态系统，全面提升周边区域生态系统服务功能，为推进京津冀协同发展，建设美丽河北作出新的更大贡献，为新时代的生态文明建设贡献新的力量。塞罕坝林场走在生态文明建设的领域前沿。"牢记使命、艰苦创业、绿色发展"刻在每一代塞罕坝人身上，也成为一代又一代人信念的坚守。人与自然和谐共生，经济与生态协调发展。如今，塞罕坝建场时营造的树苗，已经变成了浩瀚林海，正发挥着无可替代的效益，造福当地，泽被京津，恩及后世。践行生态文明，积极推进环境保护，扬起生态文明的旗帜，将生态文明理念深入人心。鸣奏时代音韵，将新发展理念融入改革发展实践，延续这一抹绿色，再创人间奇迹。

四、问题探索和理论链接

塞罕坝的生态环境是经过几十年的不懈努力，由曾经的荒原沙地转变为现在壮阔的林海，创造了生态修复的奇迹，它的转变不仅是生态文明建设的生动实践，也提供了对于其他地区特别是生态脆弱区进行环境修复与可持续发展的宝贵经验与理论指导，对全球同类地区的生态恢复与绿色转型具有重要的启示和借鉴意义。

（一）问题探索

沙漠环境的恶劣条件对生态修复技术提出了更高要求，如干旱、土壤贫瘠、风蚀等问题需要特定的技术来克服。塞罕坝林场在建场初期，由于缺乏在高寒、高海拔干旱瘠薄沙地造林的经验，塞罕坝机械林场连续两年造林成活率仅有8%；高寒地区造林存在如坡陡栽植施工难、少土保墒难、贫瘠成活难等；同时，生态脆弱区具有环境变化的敏感性，会加剧退化过程，并对植被生长、水资源保持和生物多样性构成挑战，从而提高了生态修复的复杂性和难度，需要采取更为谨慎和综合的修复策略。除了技术难关，塞罕坝还存在产业结构单一问题。林场最初依赖于单一的林业产业来推动当地经济发展，在一定时期内，这种以林业为主导的产业结构对地区经济具有显著的推动作用。然而，随着中国经济结构的升级和生态保护意识的增强，林业产业的单一性逐渐暴露出局限性。这种单一的产业结构使得塞罕坝在遭遇市场不稳定、极端气候或生物灾害等外部因素时，表现出较弱的抗冲击性和恢复力。若这些风险发生，可能会对林场的经济发展和生态安全带来深远的负面影响。

（二）理论链接

自2012年党的十八大以来，塞罕坝林场积极响应习近平总书记提出的生态文明建设战略，利用时代赋予的机遇，致力于创新与发展，在森林经营、生态产业培育和自然资源保护等多个领域实现了新的突破，成为生态文明实践的典范，为全国范围内的生态保护和可持续发展提供了值得借鉴的模式。

首先，生态文明理念指引林场建设。塞罕坝林场的发展历程，从最初的绿化行动起步，已成长为一个生态文明建设的典范，实现了生态、经济和社会效益的和谐统一。它从简单的防沙固土、水源保持的角色，演变成了今天涵盖山水林田湖草的生态系统，展现了生态保护和环境治理理念的持续深化和实践。当前，塞罕坝的自然生态系统已经得到有效修复和重建，森林资源显著增长，其净化水源和空气的能力得到了充分发挥，经济效益也在稳步提高，真切地体现了绿色发展理念的实质——绿水青山就是金山银山。这一转变提醒我们，生态文明建设应从中国式现代化建设的宏观角度来认识和推进，将生态文明的理念和实践融入到经济社会发展的每一个环节。通过这样做，我们可以确保良好的生态环境成为提升人民生活质量的新领域，并成为支持经济社会可持续发展的关键力量，共同致力于把我们的国家建设得更加美丽富饶。

　　其次，技术创新是林场建设的关键。几代塞罕坝人在与高寒、干旱、风沙做顽强抗争的同时，不断开展科技攻关，摸索总结出全光育苗、"三锹半"植苗、困难立地造林等一套在高寒地区科学造林育林的成功经验和先进理念。在土壤贫瘠、岩石裸露的石质阳坡启动了攻坚造林工程，探索出取石客土、覆土防风、覆膜保墒、防寒越冬等一整套造林技术，推行了网箱式储苗、生根粉浸根与保水剂混泥浆蘸根造林、10% 备补苗、机械整地等新措施，成活率达到98.9% 的历史最高值。科技创新有力支撑和驱动了塞罕坝林业高质量发展。

　　最后，绿色发展方式是林场建设的重要基础。建场以来，塞罕坝林场始终秉承绿色发展理念，深化了生态环境对于生产力的支撑作用，引领林场实现了由单一林业向多元化生态产业的转型。从最初的植树采伐到如今的生态服务功能拓展，塞罕坝不仅增加了森林面积，还发展了绿色苗木、林下经济、生态旅游、清洁能源和碳汇交易等产业，成为林业发展模式转型的标杆和生态功能区建设的先锋。当前的塞罕坝，通过生态优势的发挥，促进了经济社会的全面发展，形成了绿色发展的良性循环。这一成就告诉我们，坚持新发展理念至关重要，必须平衡经济发展与环境保护，推进资源节约、环境治理和生态保护，以实现更高质量、更高效、更公平、更可持续的发展目标。

五、问题讨论

1. 讨论塞罕坝人是如何正确处理眼前利益与长远利益的？
2. 讨论生态文明理念是如何指引塞罕坝林场建设的？

参考文献

[1] 郭香玉.（长篇通讯）塞罕坝，京城绿色屏障的前世今生 [EB/OL]. 新华网，2018 – 09 – 25.

[2] 司瑞雪. 塞罕坝国家森林公园旅游资源调查与单体定量评价 [J]. 河北林业科技，2011（02）：23 – 25, 33.

[3] 陈媛媛. 塞罕坝机械林场可持续发展现状评价研究 [D]：北京：北京林业大学，2019.

［4］任少华，孙一博．基于 SWOT 分析的塞罕坝国家自然保护区旅游资源现状分析 ［J］．林业勘察设计，2023，52（06）：70－74．

［5］安长明．林业发展助力乡村振兴的探索与实践——以河北省塞罕坝机械林场为例［J］．河北农业大学学报（社会科学版）．2022，24（06）：51－56．

［6］刘海燕，郑爽孙，艺珈，于胜民．基于塞罕坝 CCER 项目视角的林业碳汇市场发展问题及对策［J］．气候变化研究进展，2023，19（03）：381－388．

［7］王立军，王金香，王利民，孙利革，王树新．塞罕坝机械林场森林社会效益评价［J］．河北林果研究，2011，26（02）：150－152．

［8］彭志杰．塞罕坝机械林场森林资源评价与森林经营成效分析［J］．安徽农学通报，2023（22）：74－79．

［9］于洋．浅析塞罕坝林场生态旅游产业发展［J］．安徽农学通报，2021，27（21）：39－40．

案例十五

林改让"绿色群山"成为
"幸福靠山"

——武平经验

教学目的：厘清我国集体林权制度改革的变迁过程，介绍武平二十年林改之路的探索与突破，引导学生学习领会林改的核心要义、重大意义和实现路径，提高贯彻落实践行习近平生态文明思想、建设林业强国的坚定性、科学性和时效性。

教学内容：（1）介绍昔日集体林权的制度变迁与林业发展困境；（2）阐明武平县林改的具体举措及其绿色发展模式；（3）整理并归纳出集体林权制度改革的"武平经验"。

重点难点：本案例的重点也即难点在于，根据马克思主义政治经济学理论和新制度经济学理论，廓清武平林改的理论逻辑与实现路径。

课前思考题：

1. 请尝试思考为什么曾经全国多地会出现"守着林场难致富"问题。

2. 请谈一谈你对集体林权制度改革的认识。

林草兴则生态兴，生态兴则文明兴。推进林业高质量发展，建设林业强国，是推进生态文明建设和经济社会可持续发展的重要任务，攸关中华民族永续发展的千年大计。党的十八大以来，我国累计造林 10.2 亿亩，森林覆盖率提高至 24.02%。其中，人工林保存面积达 13.14 亿亩，位居世界第一名；集体林达 25.68 亿亩，占全国林地总面积的 60%；2023 年，全国林业产业总产值超过 9.2 万亿元。然而，中国林业在蓬勃发展之余，还暗含着诸多缺陷。21 世纪以前，由于林业产权界定不清、利益分配不合理、管理机制不健全等诸多因素，各地林农护山育林的积极性不高，乱砍滥伐事件频发，地方林业产业难以做大做强，人民群众脱贫致富事业受阻。

为破解集体林经营管理的困局，自改革开放以来，我国先后开展多轮集体林权制度改革，虽然取得了重要成效，但是上述难题始终是林业产业发展挥之不去的梦魇，中国林业呼唤更深一步的集体林权制度改革。党的二十大报告明确提出要"深化集体林权制度改革"；2024 年 1 月国家林业和草原局发布的《关于做好深化集体林权制度改革有关工作的通知》进一步强调，要"稳定林地长期承包关系，积极稳妥推进林权流转"。中国作为林业大国，持续深入推进集体林权改革，是国家战略、发展需求、人民期盼的必然要求。而要追溯中国林改事业的最初起点，就要将目标聚焦于福建省武平县。

一、案例背景与教学目的

1. 地理位置。

武平县位于福建省西部，隶属于龙岩市，地处中南亚热带过渡地带，辖区总面积 2630 平方公里，全县共管辖 1 个街道、14 个镇、2 个乡。武平县是福建省林产品生产重点县与林产品出口重点基地之一，林业在武平县的国民经济结构中占有十分重要的地位。武平县地理位置十分重要，是福建、江西和广东三省交界处重要的交通枢纽。武平始建于北宋淳化年间的 994 年，距今已有 1020 年的历史，堪称千年古县。武平还拥有丰富独特的客家文化，被称为客家祖地。截至 2023 年末，全县户籍人口 38.62 万人，常住人口 27.0 万人，城镇化率达到 55.9%。武平县现有耕地面积 44.19 万亩，林地面积 324.9 万亩，森林覆盖率 79.69%，拥有河流共 234 条，水力资源丰富。全县境内年均气温 17℃~19℃，年均降水量在 1700 毫米左右，富含铁、锰、铜、锌、锡、稀土、石灰石、白云石、高岭土、水晶等十多种珍贵矿藏。

2023 年，武平县地区生产总值实现 312.84 亿元，增长 3.8%。其中：第一产业增加值 40.4 亿元，增长 3.9%；第二产业增加值 122.63 亿元，增长

3.5%；第三产业增加值 149.81 亿元，增长 4.1%①。

2. 案例概况。

2001 年以前，武平县虽然坐拥 300 余万亩林区，但全县林农的林业收入仅占其总收入的 1/6，林业大县的林农竟然收入微薄甚至长期贫困。2001 年，武平县得到时任福建省省长习近平关于林改事业的重要指示，率先探索中国集体林权制度改革实践，并在新时代进一步丰富林改"武平经验"的内涵，享有"全国林改第一县"的美誉。现如今，发端武平的集体林权制度改革已逐渐在全国"生根发芽"，对于巩固和完善农村基本经营制度、推动乡村全面振兴、增加人民群众福祉、实现绿色发展发挥了重要作用。当时，万安镇捷文村打起推进集体林权制度改革的头阵，全村商品林按人口平均分山到户。此后，武平县持续积累林改经验，在习近平生态文明思想的正确指导下，探索出可持续"造血式"林改富民模式，先后培育出林下经济、生态旅游和林产品精深加工等优势特色产业，走出了一条"生态环境美、经济发展好、乡村治理优"的振兴之路，人均 GDP 由 2000 年的 0.55 万元提高至 2023 年的 11.09 万元，获评"国家生态文明建设示范县""全国首批森林康养基地""全国森林旅游示范县"等一大批荣誉称号。武平林改的成功实践，开创了中国林权制度改革先河，为我国持续深入推进集体林权制度改革作出了历史性贡献。

他山之石，可以攻玉。本案例立足全国集体林权制度改革方向，详细介绍福建武平二十年林改之路的背景、挣扎与创新，重点廓清武平林改的理论逻辑与实现路径，引导学生归纳总结出武平林改首创经验，自解"武平何以成为林改策源地"的问题，最终深入领悟建设林业强国、践行习近平生态文明思想的重要性与紧迫性。

二、案例内容

2017 年 5 月，习近平总书记作出重要指示，强调要"继续深化集体林权制度改革，更好实现生态美、百姓富的有机统一"；2018 年 10 月，汇集众多

---

① 《武平县 2023 年国民经济和社会发展统计公报》。

专家学者智慧结晶的《武平：全国林改第一县乡村振兴之路》一书正式由社会科学文献出版社出版问世；2022 年，经济日报整版刊发《20 年林改改出了啥—来自"全国林改第一县"的调查》，重点报道了武平县集体林权制度改革二十年来的突出事迹。武平林改为何如此备受关注且成为改革开放走向纵深的一个缩影？武平又是如何迈出中国林改事业探索的第一步，继而走出一条绿色发展道路的？这就要从集体林权制度变迁和武平县当时的县情讲起。

（一）集体林权制度变迁与林业发展困境

1. 我国集体林权制度的变迁与改革。

俗话说，"聚木成林，厚积薄发"。林业发挥着巨大的经济效益和生态效益，不仅蕴含助力农村产业振兴的资源，也日益成为改善生态环境的坚实保障。新中国成立以来，我国的集体林权制度共经历四次较大变动（张旭峰等，2015），一是土地改革时期的林权私有化阶段（1950～1953 年），也即"分山分林到户"；二是农业合作化及人民公社时期的私有林权集体化阶段（1953～1978 年），也即"山林入社""山林集体所有、统一经营"；三是改革开放初期的"林业三定"阶段（1978～1991 年），也即"划定自留山、稳定山权林权、确定林业生产责任制"；四是集体林权非公有化改革期（1991 年至今）。可以看出，新中国成立以来的集体林经营制度变迁虽然非常频繁，但每一次变动皆未涉及产权问题，这导致昔日的集体林权制度存在如下三大问题：首先是产权模糊。主要表现为山界不清和主体虚置，山界不清是从土改时期就遗留的乡与乡之间、国营与集体之间权属不清界址不明的问题；主体虚置是因为农民没有收益权，林木销售不走市场价，导致林农不愿意去管理林地和林木。其次是产权不稳。《孟子》有云：有恒产者有恒心，如若产权不稳就无法给产权所有人或相关利益方稳定的收益预期，产权激励也就无从谈起。最后是产权残缺，由于林业重要的生态价值，国家制定了一系列政策法规限制林业产权的变更，导致一定程度上不易于产出林业的经济价值而损害了林农的利益。

2. 武平林业发展的"五难"困境。

此前，不合理的集体林权制度给全国林业发展产生了不小的阻碍。如林业"三定"政策推进后，全国部分地区违背了改革初衷，出现了大规模的林区乱砍滥伐现象（温映雪等，2020）。根据政府主管部门的数据，20世纪80年代中期，全国集体林区蓄积量在300万立方米以上的林业重点县已不足100个，仅三十余年就锐减了约37%；全国可提供商品材的县仅有172个，仅三十年余间约锐减了42%①。1984～1988年的第三次森林资源清查数据也显示，福建、广西、浙江、江西、广东等南方集体林区10个省共计减少了1.59亿立方米的森林蓄积量。具体来看，根据林业"三定"政策，村集体要落实林区管护主体，将林地分配至每户负责管护，也就是"各管各的林区"。然而，在政策实行过程中，林农由于缺乏经济收益还要承担管护责任，对山林的管护意愿极低，甚至出现"山林起火，群众观火"的极端情况。

如此庞大的林区为什么无法让林农获得经济效益呢？答案在于林业发展的"剪刀差"政策。当时，集体林砍伐销售仍然沿袭计划经济管理方法，地方林业部门负责林产品的统购统销工作。林业部门先以低于市场价的原则规定好林木的价格后，再组织村集体在林区采伐，所得货款的一部分还要被村集体截留，实际向林农分配的收入少之又少。而林业部分在市场售卖林产品时，却又是根据市场价。通过"剪刀差"赚取的收益成为地方政府的重要财政来源。林改以前，南方地区诸如武平、资溪、靖安这样的林业大县，林业"剪刀差"政策所得的收入，最高能占到当地财政收入四成以上。

因此，由于林农既没分到经济收益，林产品也存在"剪刀差"，当时作为森林覆盖率一直稳居全国首位、南方集体林区十省之一的福建，辖区内超过80%的山林资源未得到合理利用，占全省人口总数约70%的山区林农收入微薄。数据显示，福建省山区与沿海的城乡人均收入比持续扩大，1985年比例是1∶1.87，到2004年就扩大为1∶2.73。那个时期，武平全县的乱砍滥伐现象屡禁不止，令当地管理部门焦头烂额。

为此，龙岩市在全市范围率先取消林木统购统销政策和林产品"剪刀差"政策，还利于林农。然而，即使林产品按市场价销售获取了不错的收益，村集体又要截留相当一部分"肥肉"，林农仅仅只能"喝一喝汤"。总而言之，由于当时缺乏健全的林业管理体制，出现了林业版本的"公地悲剧"——林农认为"山是公家的，山林大家都有份"、林农"没有林地经营

---

① 《温铁军：我国集体林权制度三次改革解读》，https：//www.hswh.org.cn/wzzx/llyd/sn/2013 -05 -02/12917.html.

权、处置权，没有收益权"，林业经营主体严重错位，农民压根没有耕山育林的意愿。故而全国林业陷入了乱砍滥伐难遏制、护山育林难投入、林业产业难发展、林火扑救难动员、守着青山难增收的"五难"困境。

山雨欲来风满楼，何去何从？武平人在思考和抉择，武平县林业发展来到了十字路口。其时，武平县为破解林业困境，正酝酿着一场"明晰集体林权，改革山林产权"的惊雷。

（二）武平林改发令枪响，引领全国林改浪潮

1. 明晰产权，林农变为林地主人。

1999 年 7 月，龙岩市林委发布《关于深化林业经济体制改革的报告》，该文件率先涉及"林权改革"事项。在无上级授权、无先例可循、无法律可依的情况下，武平县的集体林权制度改革就仅仅依靠这一份报告就展开了。然而，在"前无古人"的情况下，摸着石头过河又何其艰难！林权改革要怎么改，武平县领导班子一度举棋不定。其中，领导班子围绕"山要怎么分，山要由谁分"问题展开了十分激烈的探讨。领导班子内部在达成改革方向后，进一步结合翔实的调研信息和群众意见，最终做出了"分山到户，全体村民平均分配"的决策。2001 年 6 月，万安镇捷文村主动向上级部门争取林改试点机会，率先将所有集体林地分配到户并发放林权证，以此实现了"山权到户人心定"。经过林改后，捷文村的林地所有权依然属于集体所有，但林地经营权、林木所有权及使用权 3 项林权划归林农；同时，为保证公平性，村集体将公益林分配给新增人口和占林面积较小的村民；此外，全村的林区按质量好坏划分成四个等级。随后两个月，测绘人员为全村勘分林地边界，解决了此前的山界不清问题。

2. 武平林改经验，得到全国推广。

2002 年 4 月，在捷文村的林改试点稳步推进后，武平县总结经验教训，加强理论研讨，听取群众意见，进一步公布了《关于深化集体林地林木产权制度改革的意见》文件，由此燃起了全县林改的星星之火。然而，在实施一系列的林改举措后，由于缺乏健全的配套机制等问题，县领导班子一度担心改革失败，甚至可能加剧乱砍滥伐现象；省里有些上级领导也向武平县"泼冷水"，直言"搞不成"。此外，虽然分林到户了、林农有林权证了，但没有

得到上级部门的肯定，武平县的干部群众心里始终没底，分出去的山林会不会被收回呢？就在这一关键时刻，2002年6月，在武平县推进集体林权改革的第二年，时任福建省省长习近平到万安镇捷文村实地调研，在现场肯定林改的正确方向，并勉励县领导班子踏实推进林改，继续为老百姓谋福利。自此，发源于武平的林改终于得到上级部门的充分肯定，全国"林改第一县"的美誉由此而来，各地先后开始吹响林改号角，林改"春风"由武平逐渐推至福建、到全国。

此外，事实证明，县领导班子的担心也没有发生。林改明确了林业的权责关系，实现了林业产业效益与林农收入挂钩，有效调动了林农护山育林的积极性，甚至有大量林农主动要求造林，山林成为"聚宝盆"。同时，武平县大力引进先进的林业管理模式，致力于提高林地单位面积产出效益。武平林改实实在在的阶段性成果，受到了广泛的关注，中央及全国其他地区也在逐渐吸收武平林改经验。2003年6月，中共中央、国务院出台《关于加快林业发展的决定》，文件内"实行林业分类经营管理体制"和"发展非公有制林业"等要求举措无一不呼应着此前的武平林改实践。2008年7月，《中共中央　国务院关于全面推进集体林权制度改革的意见》进一步明确了明晰产权、勘界发证、规范林地林木流转等林改任务，为林业高质量发展提供制度保障。

（三）直面"新五难"，武平林改步入纵深发展

随着集体林权改革的深入，新的改革矛盾出现，武平林业发展也遇到了"评估难、担保难、收储难、流转难、信贷难"的"新五难"问题①。为破除这些瓶颈，武平县又一次拿出敢为人先的改革精神，直面林改瓶颈，立足自身优势，创造"三个率先"等更多经验，高举新时代林改旗帜。对此，武平县具体的举措如下：

1. 勇啃硬骨头，巩固林权改革成果。

（1）明晰林权主体，维护林农利益。切实维护林区群众利益是深化集体林权制度改革的重点，尊重林农意愿是改革的第一原则。为此，武平县牢记

---

① 《勇当林改探路者！"林改第一县"青山变金山》，http://news.sohu.com/a/643363609_426502.

"林改要让老百姓真正受益"的叮嘱，进一步明确林业产权，"让林农真正成为山林的主人"。近年来，为解决家庭承包林地流转问题，武平县出台《关于林权三权分置办证的通知》，规范林权登记、抵押、担保、查询等流程，加快推进林地经营权流转，探索构建"归属清晰、权责明确、保护严格、流转顺畅"的现代林权制度。具体而言，武平县向承包规范、产权清晰的集体林地发放林权证，从政策法规层面保障林农的林业产权。对于依然由集体经营的山林，武平县采取林业股权量化到户的手段；对于以往采取联产承包的集体林地，武平县则向愿意分户经营的林农发放不动产权证书。2021 年 10 月，武平县不动产登记中心颁发了实行集体林地"三权分置"以来的首本林地经营权证。

（2）破解经营分散化，放活林业经营权。为解决林农实力孱弱、林地经营规模小且分散等问题，武平县持续引导和鼓励林权有序流转，通过不断发展起来的家庭经营、集体经营、企业经营等多种经营形式加强机制改革，以此促进小林农与现代林业的有效衔接，激发乡村林业振兴的内生动力。武平县基于《福建省森林资源流转条例》《福建省集体林权流转交易规范》等政策文件，重视全县林权的规范化流转，构建武平县林权"一站式"服务平台，以此促进林业发展质量，打通社会资本直接投资林业的新途径，提高林业经营收益。由此，武平先后探索出"专业大户＋基地""民营林场＋基地＋农户""专业合作社＋基地＋农户"等林业经营模式。目前，全县目前累计流转林权 43.03 万亩，培育林业新型经营主体 352 家[①]。

（3）完善配套服务，确保林农收益权。明晰产权之后，能否切实保障收益权，关系到林业产权制度改革的成败；只有进一步落实处置权，才能确保收益权。为此，武平县通过养山就业、林农入股和育林基金零计征等手段，进一步提高林农收益。同时，面对林木生长周期长、投资变现慢等问题，武平县致力于提振林农的生产积极性，在严格保护生态的前提下，适度放宽林木采伐限制。具体而言，改革后，全县取消了人工商品林主伐的年龄限制，林农在乡镇一级的林业部门就可以办理采伐许可证。同时，若申请者所申请采伐的商品林蓄积量不超过一定规模，仅仅在签署承诺书并登记采伐地点、

---

① 《多点突破！武平绿水青山，有"颜"亦有"值"！》，https://mp.weixin.qq.com/s?__biz = MjM5NTYyOTMxNQ = = &mid = 2656854521&idx = 2&sn = 1cfd5f191fae8461d61d399eb50ac955&chksm = bc41af147bde3d2029c003282a4afc73252f426e60835177143fdec4bf09461396e3828e7be4&scene = 27.

规模、方式等信息后，就可以办理采伐许可证，无须再向林业部门上报往日所需复杂的设计资料，这极大地节约了调查设计时间和中介费用，便利了林业生产。更灵活的林木采伐改革，让林农受益，同样也改善了采伐区秩序。

2. 稳扎稳打，"三个率先"破除难题。

（1）率先创新林业金融模式，解决"资金从哪里来"问题。为了破除林业发展的资金瓶颈，武平县于2004年开始在全国率先试点"林权抵押贷款"项目，此后多年的林权金融实践推动其初步构建起"评估、担保、收储、流转、贷款""五位一体"的林业金融服务体系。2013年，武平在全县率先推出林权抵押贷款，实现林业资源向林业资产转化零的突破。2015年，武平制定了林权抵押贷款村级担保合作社管理办法和资金扶持办法。2017年，武平又率先打造林业普惠金融，向用林权证直接抵押贷款的申请者发放"惠林卡"，进一步为深入林权改革注入"金融活水"。截至2020年，全县的林权抵押贷款累计达到4.2亿元；授信"惠林卡"共计5785张，金额达5.32亿元，用信约3.82亿元[1]。2017年，武平还设立专门的林权服务机构，并打造林权"一站式"服务平台，集中办理县级涉林行政审批事项，进一步便利林权的流转、变更、抵押等事项。这些都成为解决林业企业融资难问题的有力举措。

（2）率先探索重点生态区位商品林赎买政策，促进林业收益变现。2009年，捷文村在县委、县政府的支持下，率先将武平县城饮用水源地捷文水库周边山林划为县级生态公益林，以租赁形式优先赎买、补偿林农，让老百姓获得更多的收益，同时保护了绿水青山。此后，武平全县开始总结赎买经验并继续优化赎买政策，通过赎买、合作、租赁等手段将城区公园、国省道高速公路沿线山林等林区调整为生态公益林。仅2023年，全县的重点生态区位商品林赎买面积就达到了6512亩，森林覆盖率、森林积蓄量皆明显增长。通过实施赎买政策，武平县建立起重点区位商品林的长效保护机制，确保了广大林农的合理收益，真正实现了"社会得绿"和"林农得利"的双赢。

（3）率先探索借林扶贫机制，推动"不砍树也能致富"。曾经，武平县长期被乱砍滥伐现象所困扰，广大林农"守着青山饿肚皮"。近年来，武平

---

① 《奋斗百年路 启航新征程｜以林改实践持续推进生态文明建设》，https：//www.sohu.com/a/454269066_120034505.

因地制宜，通过发挥林下经济完成全县精准扶贫任务。2013 年，武平县借力打造"国家林下经济示范基地"的春风，进一步迈出了探索借林扶贫机制的坚定步伐。武平随即在全县开展激励性产业扶贫工作，推广"专业合作社 + 基地 + 农户"等现代林业运作模式，出台科技特派员、税收优惠等专项惠民政策扶持林业一二三产业融合，重点打造"一鸡一果一菌"林下经济产业，陆续形成了林药、林菌、林果、林蜂、林花、林禽等 11 种林下经济类型，仅2021 年就实现林业产业总产值共计 84.03 亿元。其中，"武平百香果"的销量尤其火爆，撑起了武平产业扶贫的一片天。多年来推进的借林扶贫机制，不仅帮助武平县打赢了脱贫攻坚战，还极大地增强了该县县域经济发展活力。继 2016 年获评"全国扶贫系统先进集体"以来，武平县已经连续 6 年蝉联福建省县域经济"十强县"。

（四）武平绿色崛起道路的具体模式

昔日贫困县武平的绿色崛起之路绝非偶然，而是坚持以习近平生态文明思想为指导，抓机遇、补短板、强产业，坚定不移走生态立县、绿色崛起之路的必然结果。武平模式具主要包含如下三个要点：

1. 发扬捷文示范效应，助推乡村振兴新路。

作为全国林改的发源地，万安镇捷文村在全国林改浪潮中发挥着极强示范效应。2020 年，捷文村成功入选福建省践行习近平生态文明思想示范基地。2021 年，为弘扬林改首创精神，武平县召开"讲好林改故事，打造捷文示范"座谈会，全力总结归纳新时代武平林改经验，让绿水青山与金山银山交织的美丽画卷在武平大地展开，推动全国更多地区"点绿成金"。自 2018 年起，捷文村加强特色党建的引领作用，创新"四联四共"党建工作机制，发扬林改标杆优势，积极发展林下经济、乡村旅游，实现党建引领乡村治理、助力乡村全面振兴。该村先后荣获"全国乡村旅游重点村""福建省乡村振兴试点村""全国民主法治示范村（社区）"等荣誉称号。数据显示，截至 2021 年，捷文村人均可支配收入达到 28860 元，森林覆盖率达 84.2%，超过全省平均水平 5 个百分点，由昔日穷山村变成了如今的明星村。

发轫于捷文村的"武平林改经验"正在源源不竭地发挥出示范效应。近年来，龙岩大力尝试制发林票、创新林业金融服务体系、取消人工商品林主

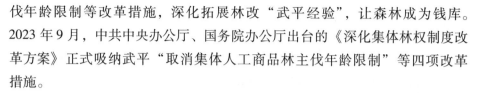

伐年龄限制等改革措施，深化拓展林改"武平经验"，让森林成为钱库。2023 年 9 月，中共中央办公厅、国务院办公厅出台的《深化集体林权制度改革方案》正式吸纳武平"取消集体人工商品林主伐年龄限制"等四项改革措施。

2. 完善体制机制，畅通"两山"转换通道。

近年来，武平县人大常委会认真贯彻习近平生态文明思想，抓住"绿水青山"如何转化为"金山银山"这个根本问题和迫切任务，开展专题调研，提出要坚持规划引领，做好转化的"路径设计"。围绕林业体制机制创新，武平县开展了抵押、担保、授信的一体化林业融资服务，同时在全省率先打造"e 林通"平台，推动实现林权落界可视化、一体化、精细化管理，并与政务公众端"i 武平"系统打通，为林农、林企提供数字资源流动共享、用户信息有效交互，以数字赋能续写林业改革发展新篇章。目前，全县已发放林权证 2.23 万本、发证面积高达 309.5 万亩，新型林业经营主体累计达 281 家，建设林下经济基地 328 个、经营面积 160.33 万亩、实现年产值 46.89 亿元，平台汇集 14 家金融机构提供 69 种专属产品，累计放贷 7.4 亿元。此外，武平也在积极探索创新生态价值实现路径，致力实现林库变碳库、生态优势变产业优势、森林资源变旅游资源。三年以来，武平县先后开展林业金融区块链融资服务、研发智慧林业掌中宝 App、打造基于林业碳汇的"碳汇银行"及其碳普惠激励机制，有效促进了林业发展、林农增收。

同时，全县还强化林业政策支持，增强转化的"路径驱动"；加大项目实施，推动转化的"路径变现"等建议。县政府及有关部门积极作为，不断探索"两山"转化机制路径，出台扶持政策，鼓励引导群众大力发展林菌、林药、林蛙、林蜂、林花、林果等 11 种林下经济模式，打造起一批品种优良、经济效益好、示范推动作用强的林下经济示范基地。目前，武平县的百香果、象洞等特色农产品驰名全国、远销海外，带动了数万农户增收致富。全县的林下经济经营面积达到 160 多万亩，涉及农户 3.43 万户。

此外，值得一提的是，武平县在全市率先实行县级"林长 +"联席会议制度，加快形成森林资源的保护合力，建立起"林长 + 警长 + 检察官 + 法官"融合协作机制，推广林业无人机运用，实现巡林更智慧、全覆盖。武平通过压实层层责任，以《全面推行林长制工作实施方案》为工作指导，构建起林长制工作的一系列配套制度，完善县、乡、村三级林长责任体系和"一网格—林长—警长—护林员"护林网格巡护责任体系，挂牌成立乡镇（场）林长制指挥分中心，创新护林员"乡聘、站管、村监督"管护新机制，持续巩固提升护林员管护水平，构建责任主体清晰、监管有效的森林资源保护新格局。目前，全县先后建立起乡镇一级的林长办公室、乡镇（场）林长制指挥分中心等机构，共计拥有各级林长 685 人，共有网格 427 个、护林员 372 名、森林警长 76 名。

3. 依托禀赋优势，推进生态产业化。

自推进林改后，武平县因势利导，依托辖区内生态资源，围绕乡村旅游、森林康养旅游等代表性生态旅游产业，逐渐打响旅游胜地的品牌知名度。一方面，武平重视发挥优质旅游品牌的标杆示范作用，围绕梁野山国家 4A 级风景区建设，着力提升景区基础设施质量和综合服务水平，挖掘客家文化、红色文化内涵，加强林下经济观光园、养生木屋度假村、森林步道等项目建设，提高了生态旅游产业的多样性，丰富了广大游客的游玩体验。另一方面，武平大力推进森林资源开发，在梁野山国家级自然保护区获评"梁野山国家级自然保护区"后，积极开发森林露营、森林探险、森林徒步、森林康养等一系列文旅产品，为游客打造出身心双养的森林养生地。此外，武平还针对目前方兴未艾的全域旅游趋势，迅速研究出台促进旅游业发展政策，以"天然氧吧，生态之旅"为主题，实施"一村一品"战略，先后开发出十里花廊、云中村寨、淘宝客都、开心田园等乡村旅游项目，建设起诸多极富特色、玩法多样的精品旅游路线，基本形成休闲康养游、生态观光游、红色文化游、乡村民俗游等结合的全域旅游格局。目前，武平县已建成 2 个全国乡村旅游重点村、3 个省级金牌旅游村，先后获评"全国森林旅游示范县""首批国家全域旅游示范区""首批国家森林康养基地"等称号。

三、案例简评

作为习近平生态文明思想最为著名的科学论断之一，"两山论"是人类社会实现可持续发展的共同财富，显示出持久的生命力、强大的引领力，生动反映了社会经济发展与生态环境保护的辩证统一关系。党的二十届三中全会指出，必须完善生态文明制度体系，加快完善落实绿水青山就是金山银山理念的体制机制。巩固和完善农村基本经营制度,构建产权明晰、分配合理的运行机制,赋予农民更加充分的财产权益。20 多年以来,福建武平拿出"全国林改第一县"的责任担当,扛起新时代林改大旗,持续激发广大林农的积极性和创造力,不仅保住了绿水青山,还持续创造出金山银山。我有青山,守之有道、取之有道、用之有道。发端于武平的林改经验,是"两山理论"在中国大地开花结果的缩影,是一个促进人与自然和谐共生的典型案例。武平经验至少给予我们如下启示:

(一) 推进生态文明建设必须尊重群众首创精神

武平林改开启之初,既无上级政策可借力,亦无各地成功先例可借鉴。从最初的"山林要怎么分"问题,再到组建林业专业合作社、发行林票等举措,武平县的林改过程汇集着广大群众的无限智慧。2021 年 3 月 23 日,习近平总书记在福建省三明市道出了武平林改成功的秘诀——共产党做事的一个指导思想就是尊重群众首创精神,群众是真正的英雄(尹双红,2024)。武平林改告诉世人,推进生态文明建设只有充分尊重人民意愿,发挥全体人民的主人翁精神,形成广泛共识,继而进一步全面深化改革,才能凝聚最坚实的依托、最强大的底气、最澎湃的动力。

(二) 推进生态文明建设必须重视民生福祉

生态文明建设事关民生福祉,把生态与民生紧密结合在一起,充分体现了坚持人民至上、坚持问题导向的立场。二十年来,武平持续推进的集体林权制度改革,引领着全县农村居民收入的不断增加。2023 年,武平县农村居民人均可支配收入达到 19244 元,是 2001 年的 8.67 倍,年平均增长10.6%①。这启示我们,建设生态文明一定要坚持从维护最广大人民根本利益的高度,在环境治理工作中不断提高人民群众的幸福感、安全感和获得感,真正做到生态利民惠民为民。

---

① 《武平县 2023 年国民经济和社会发展统计公报》。

（三）推进生态文明建设必须遵循适宜的产业链发展模式

要推进生态文明建设，实现高质量发展与高质量保护，就必须加快发展方式绿色转型。现如今，产业的转型升级不仅是乡村振兴的重点，也是生态文明建设的重要"支撑力"。武平县发挥创新思维，立足自身资源禀赋和比较优势，围绕壮大林业经济规模、建设林业产业集群和培育"林业＋"新业态等视角，重点发展林下经济、生态旅游、森林康养等优质产业，出色地实现了生态产业化、产业生态化。武平县的产业发展模式体现出因地制宜、精准施策的原则，其培育状态特色优势产业的做法，必将成为打造新时代生态文明建设示范的时代样板。

（四）推进生态文明建设必须加强体制机制创新

改革永不止步，制度创新是关键。二十年来，武平县坚持体制机制创新，持续以集体林权改革调动市场机制的积极性，努力探索政府主导、社会资本参与、市场化运营、可持续的生态产品价值实现路径，使得生态增绿、产业增效、群众增收的可喜局面逐渐显现。比如，为解决"林农单打独斗"问题，武平创新林业规模经营模式，建立林权交易市场；为解决"资金短缺"问题，武平创新林业金融机制，优化金融服务模式，拓宽林业发展融资渠道；为解决"科学砍树"问题，武平加快推进"智慧林业"建设，建立森林资源综合数字化管理平台，通过放宽采伐制度、放活采伐政策和完善补偿机制等手段创新林木采伐管理机制推进生态文明建设极具艰巨性和复杂性，不能单靠政府推动和行政力量，还需要市场内社会资本的有力支撑和保障，必须在林改事业中重视引入市场机制。同时，推进生态文明建设还需要考虑各地发展差异，分类施策，在顶层设计方面进一步完善生态文明制度体系建设，坚持用最严格制度保护生态环境。

（五）推进生态文明建设必须强化科技支撑引领

近年来，武平县以建设国家创新型县为抓手，持续抓好科技创新和成果转化，不断深化科技特派员制度，通过打造"e 林通"平台、林业金融区块链融资服务等手段探索数字赋能林业改革发展，为武平高质量发展筑牢创新之基，全面激发了全社会创新创业活力。我们能够发现，生态文明离不开科技创新，推进林改事业需要有坚实的科技支撑。当前，我国生态文明建设仍然面临严峻的环境考验，必须强化科技创新的引领作用，持续做精做强优势产业，向科技创新寻破题、要答案，加快推动发展方式绿色低碳转型，构建人与自然和谐发展的中国式现代化建设新格局。

四、问题探索和理论链接

（一）集体林权制度改革的理论逻辑

首先，从本质逻辑视角，根据马克思主义政治经济学理论，生产力决定生产关系，有什么样的生产力就有什么样的生产关系；而生产关系也要适应生产力的发展需要并反作用于生产力。因此，集体林权制度改革的本质是生产力和生产关系的动态调整过程，是在习近平生态文明思想的正确指引下，尊重群众首创精神，发扬迎难而上的勇气，以实现经济发展与生态文明建设有机统一为目标，以完善林业发展体制机制、优化林业生产要素配置为手段，向着推动林业高质量而进行的伟大理论创新和实践（张毓峰，胡雯，2017）。中国的集体林权改革就是马克思主义政治经济学在新时代中国林业生态文明建设的应用样板，在全国推行武平林改经验的过程中，必须要紧紧围绕生产力和生产关系的理论逻辑做文章，对症下药，分类施策。

从制度变迁视角，根据新制度经济学理论，集体林权制度改革的本质就是制度变迁，在不同的发展阶段采用不同适应性制度。在 21 世纪伊始的武平林改初期，出于改善林农生活水平和发展地方经济的考量，当地政府率先响应国家林权制度变迁和林农制度创新需要，出台林改政策并发放林权证，由此带动福建全省乃至全国集体林权制度改革政策的落实。武平县政府是自发开展林改、进行变更制度创新的第一行动集团，事后得到国家及上级部门的认可，这属于典型的"中间扩散型制度变迁"模式。此后，随着《中共中央 国务院关于全面推进集体林权制度改革的意见》等文件的出台，集体林权制度改革成为生态文明建设顶层设计的一部分，属于"供给主导型变迁"模式（黄丽等，2020）。此外，全国林改的全过程，诸如林农入社、林票发放和林业区块链等举措，也贯穿着"需求诱导型变迁"模式。由此可见，"武平林改"到全国各地的林改实践，是地方政府推动改革过渡到国家推动改革的过程，是微观林农、地方政府和上级政府协同推进制度变迁的过程，说明推动顶层设计与基层探索的有机结合，实现上下各个层面的良性互动对于制度变迁具有重要意义（周泽建，2017）。

（二）集体林权制度改革的堵点与难点

1. 林地权有序流转滞后。

近年来，随着相关理论与实践的推进，我国林业生产力明显提高，林业整体性、系统性保护不断加强，但各类林地资源的流转效率仍然不高（黄虹，黄可权，2022）。问题的原因在于：一是各地区的林地确权颁证不合理，涉林纠纷处置不到位。部分地区的林地确权颁证质量有待提高，部分乡镇村组的林权证没有到户；一些林区存在自留山界址模糊、联户共证、林权重登漏登等问题，产生了相当规模的涉林矛盾纠纷，许多陈年林权纠纷依旧未解决；由于发展基础等因素差异，各地的林权交易市场不完善，林地流转行为不规范甚至出现违规违法等。二是林地经营权流转不畅，部分林农"不愿转、不会转、不敢转"。三是林地经营权模式亟待完善。目前，我国严格管理林木采伐活动，森林经营方案也对林农经营行为多有限制，致使林农护山育林、社会资本投资林业的积极性严重受挫。四是林地利用的组织化、规模化、市场化水平仍然有限，整体上家庭农场、专业合作社和龙头企业等新型林业经营主体较少。五是林业生态产品价值转化程度有限，林地资源产出率仍然很低，部分产品无法有效转化为经济价值，林业生态资源价值挖掘度不够。

2. 林业发展的要素支撑不足。

构建现代林业产业体系必须要有相当规模的林业生态实体经济、健全的林业科技水平、稳定的林业金融机制和充足的林业人力资源。然而，目前林业发展的要素支撑明显不足，林业产业转型升级遭遇瓶颈。实体经济方面，全国林下经济发展规模仍然相对有限，也尚未建立起现代生态林业经济体系，以林业龙头企业、林业专业合作社为代表的新型林业经营主体数量少且实力孱弱，不能发挥起示范带动作用。科技方面，现有科技水平还无法完全契合不同地区的生产要求，如山地丘陵地区的专业化林业机械设备与社会化服务供给少，林业产业链条短；涉林企业数量少、规模少，缺乏科技含量，林业产品的精深加工度不够、附加值低。金融方面，随着全国林改的推进，传统的林业金融体系跟不上林权流转与适度规模经营进程，先后出现办理手续繁杂、整合涉林信息成本高、风险监管难等问题，在一定程度上不利于解决林业融资难、融资贵现象。劳动力方面，近年来，城镇化长足发展使农村出现空心化，导致集体林权制度改革主体缺位。由于林业生产缺乏吸引力等原因，全国林业的人才集聚作用很差，专业技术人才严重不足，尤其是文旅、电商等领域的专业人才紧缺（张琦，万志芳，2021），且同现有的职业教育培训体系不能适应林业生产者的需要。市场营销方面，一方面目前林业产品品牌化建设力度不够，新开发产品少，没有形成品牌和规模效应；另一方面，支撑生态康养、文旅融合等林业新业态的基础设施较为薄弱，导致相关项目迟迟无法落地并实现成果转化。

3. "绿水青山就是金山银山"在林业的双向转化通道有待扩展。

目前，各地林改仍然无法完全做到经济价值与生态价值的有机统一。一方面是无法调动林农的生态保护积极性。有数据显示，整体上，全国生态公益林补偿和天然林停伐补助标准偏低、林农收入微薄①，纵使林农获得了林地承包权，但林业生产的经济效益竞争力远远不如其他行业，导致林农保护林业生态功能的意愿显著下降，实现"不砍树也能致富"难度高。此外，目前全国还有相当地区树种结构不合理，单位林木积蓄量不高，林地质量偏低，再加之地方政府财政有限，很难紧靠政府力量改善现状。这些问题的根源在于，推动林业发展的经济内驱力不够，现有经济利益还不够形成坚实的林业生态保护力量。

（三）集体林权制度改革的发展对策与实践路径

1. 坚持习近平生态文明思想，践行新时代林改思路。

自2001年以来，习近平同志针对"武平林改"与深化集体林权制度改

---

① 《广西壮族自治区林业局对关于提高森林生态效益补偿标准及天然商品林停伐管护补助标准问题的建议答复》。

革作出的重要指示，为新时代持续深化集体林权制度改革指明方向、提供遵循、凝聚力量。受习近平生态文明思想的指导，自党的十八大以来，党和国家引领新时代生态文明体制改革向纵深发展，取得了一系列标志性成果，为建设美丽中国迈出重大步伐。在习近平生态文明思想的诸多重要内容中，"绿水青山就是金山银山""推动经济社会发展绿色化、低碳化"和"要按照绿色发展理念实行最严格的生态环境保护制度"等科学论断，从更高维度和更深层次为深化集体林权制度改革提供了实践路径。因此，推动新时代林权制度改革必须要坚持习近平生态文明思想的正确指引，坚持全局性思维和系统性思维，加强林业产权制度革故鼎新，强化林业高质量发展的要素支撑，拓宽"两山"转化通道，打好法治、政策、市场、科技"组合拳"，着力解决制约林改的方式、保障、活力、效率等问题。

2. 放活林地经营权，提高生产要素配置效率。

深化集体林权制度改革，应注重从放活林地经营权、优化要素配置两个方面着力。一是持续放活林地产权权能。一方面，为保证持续放活林地经营权，必须在坚持现有林地承包关系长期不变的前提下，深入推进集体林地"三权分置"改革，规范林权类登记、发证流程，集中清理林权历史遗留问题；另一方面，大力培育新型职业林农主体，健全林业社会化服务体系，创新林地租赁、股份合作和林权赎买等经营模式；此外，因地制宜推动林农转移人口的市民化，加快林地资源有序流转与集约利用，由此助力发展林业产业的规模经济。二是优化林业生产要素配置。一方面，要加强林业科技创新，重视诸如林业产品精深加工、选育良种、水土保持、病虫害防治等方面的技术攻关和推广，加强数字化林业建设，探索搭建智慧林业体系；另一方面，要坚持林业金融体制机制创新，不断丰富林业金融产品供给，加强林业普惠金融服务水平，完善林业保险体系，推动林业金融区块链融资服务平台建设，有效缓解林业经济发展与生态保护的资金困境；此外，还要大力培养新时代职业林农，加强林业职业技能培训，促进"林科教"深度融合，为增强林业产业竞争力注入原动力。

3. 构建现代生态林业产业体系，激发林业产业活力。

深化集体林权制度改革，应该构建起现代生态林业产业体系，进一步壮大林下经济规模，因地制宜选择各地区的林业发展项目、生产规模和管理方式，打造生态优先、绿色发展、优势互补的林业发展模式，充分释放集体林权改革红利。探索林下经济与森林康养深度融合，围绕康养健身、观光休闲等"林业+"新业态，打造森林特色旅游项目，推进森林特色小镇、森林旅游示范市县建设，走出一条由"卖树木"转变为"卖生态"的森林旅游产业发展道路。为增强林业高质量发展的内生动力，必须进一步壮大新型林业经营主体规模，鼓励农民合作社、国有林场和龙头企业等社会资本涉足林下经济，打造优质生态林业经济品牌，推动林业标准化生产和产业集群，畅通电子商务等林下经济销售渠道。此外，还要完善涉林政策体系，从经济产业、科技服务、投融资和社会化服务等角度完善政策体系，加大对深化林改、生态环保、产业转型等的扶持力度，最大程度地发挥林业资源的价值。

4. 围绕林改参与主体，推动制度变迁纵深发展。

深化集体林权制度改革，需要微观林农、地方政府和中央政府三方合力完成，需要供给主导型、需求诱导型和中间扩散型制度变迁模式的深度融合。一方面，要重视激发微观林农参与林改的积极性和主动性，充分尊重其经济利益诉求和生产意愿，在法律法规、奖补政策、便利服务等方面激活市场活力，探索"林票制""碳票制"和"共享森林"等生态林业新路，以股份化、市场化等手段管理林业产业，缓解林业产业资金不足、人才短缺的问题，促进林业经济价值与生态价值相互转换的良性循环（符超，2024；坚瑞等，2024）；另一方面，要进一步完善国家顶层设计，健全自然资源资产产权制度，通过宏观制度支持建立起有效的林碳交易市场、林权交易市场；此外，中央政府应赋予地方政府更多林权自主改革权，通过政策奖励和政绩考核等手段引导地方政府开展林业"放管服"综合改革，从而调动地方政府的林改热情，形成"动林业发展、林农增收、林区繁荣"的良好局面。

五、问题讨论

1. 在引领全国林改浪潮的过程中，武平如何解决林业发展的"新五难"？
2. 思考中国深化集体林权制度改革的未来发展趋势。

参考文献

[1] 张旭峰，吴水荣，宁攸凉. 中国集体林权制度变迁及其内在经济动因分析 [J].

北京林业大学学报（社会科学版），2015，14（01）：57－63

[2] 温映雪，黄秀玲，刘伟平. 武平集体林权制度改革经验与发展研究 [J]. 福建教育学院学报，2020，21（04）：64－69.

[3] 尹双红. 尊重群众首创精神 [N]. 人民日报，2024－07－16（004）.

[4] 黄虹，黄可权. 打造"武平林改"升级版的理论逻辑与实践路径 [J]. 福建商学院学报，2022（04）：1－10.

[5] 张毓峰，胡雯. 西部民族地区集体林权制度改革路径优化 [J]. 中国人口·资源与环境，2017，27（11）：169－175.

[6] 黄丽，黄安胜，朱春奎. 中国新一轮集体林权制度改革的研究图景 [J]. 林业经济问题，2020，40（05）：473－482.

[7] 周泽建. 集体林权制度改革对速生丰产林经营模式的影响——以广西为例 [J]. 林业经济问题，2017，37（01）：18－24，100.

[8] 张琦，万志芳. 林业产业高质量发展系统动力机制研究 [J]. 林业经济问题，2021，41（06）：607－613.

[9] 符超. 福建三明将集体林权制度改革进行到底 [J]. 绿色中国，2024（07）：46－51.

[10] 坚瑞，谢晓佳，廖林娟. "中国之治"的生态探索：森林"四库"的思想内核、实践探索及经验镜鉴 [J]. 安徽农业大学学报（社会科学版），2024，33（03）：118－124.